应用技术型高校汽车类专业规划教材

# Fadongji Yuanli
# 发动机原理

訾　琨　邓宝清　主　编
关　怀　杨志勇　副主编

## 内 容 提 要

本书内容包括：热力学知识及能量转换、换气与压缩过程、燃烧与膨胀做功过程、发动机工况及特性、发动机热力循环分析。全书介绍了汽车发动机在实现能量转换过程中所发生的热力学现象并论述了它们对发动机性能的影响以及为了描述这些现象和影响所采用的科学方法和理论。

本书可作为交通运输、汽车服务工程、车辆工程等应用型本科专业的教材，也可作为在上述领域从事科研、技术管理工作的科技人员参考书。

**图书在版编目(CIP)数据**

发动机原理／訾琨，邓宝清主编. —北京：人民交通出版社，2014.6

应用技术型高校汽车类专业规划教材

ISBN 978-7-114-11280-5

Ⅰ.①发… Ⅱ.①訾…②邓… Ⅲ.①汽车－发动机－理论－高等学校－教材 Ⅳ.①U464

中国版本图书馆 CIP 数据核字(2014)第 050595 号

应用技术型高校汽车类专业规划教材

**书　　名：**发动机原理
**著 作 者：**訾　琨　邓宝清
**责任编辑：**夏　韡
**出版发行：**人民交通出版社
**地　　址：**(100011)北京市朝阳区安定门外外馆斜街 3 号
**网　　址：**http://www.ccpress.com.cn
**销售电话：**(010)59757973
**总 经 销：**人民交通出版社发行部
**经　　销：**各地新华书店
**印　　刷：**北京市密东印刷有限公司
**开　　本：**787×1092　1/16
**印　　张：**18.5
**字　　数：**440 千
**版　　次：**2014 年 7 月　第 1 版
**印　　次：**2014 年 7 月　第 1 次印刷
**书　　号：**ISBN 978-7-114-11280-5
**定　　价：**40.00 元

# 应用技术型高校汽车类专业规划教材编委会

# 前言

FOREWORD

当前随着汽车行业的快速发展,汽车人才需求激增,无论是汽车制造企业对于汽车研发、汽车制造人才的大量需求还是汽车后市场对于汽车服务型人才的大量需求,这些都需要高校不断地输送相关人才。而目前,我国高等教育所培养的大部分人才还是以理论知识学习为主,缺乏实践动手能力,在进入企业一线工作时,往往高不成低不就,一方面企业会抱怨招不到合适的人才,另一方面毕业生们又抱怨没有合适的工作可找,主要问题就在于人才培养模式没有跟上社会发展实际需求。

《国家中长期教育改革和发展规划纲要(2010—2020 年)》中明确指出,要提高人才培养质量,重点扩大应用型、复合型、技能型人才培养规模。培养理论和实操兼具的人才,使之去企业到岗直接上手或稍加培养即可适应岗位。2014 年 2 月 26 日,李克强总理在谈到教育问题时指出要建立学分积累和转换制度,打通从中职、专科、本科到研究生的上升通道,引导一批普通本科高校向应用技术型高校转型。可见国家对于应用型技术人才的培养力度将持续加大。

教材建设是高校教学和人才培养的重要组成部分,作为知识载体的教材则体现了教学内容和教学要求,不仅是教学的基本工具,更是提高教学质量的重要保证。但目前国内多家高校在应用型人才培养过程中普遍缺乏适用的教材,现有的本科教材远不能满足要求。因此,如何编写应用型本科教材是培养紧缺人才急需解决的问题。正是基于上述原因,人民交通出版社经过充分调研,结合自身汽车类专业教材、图书的出版优势,于 2012 年 12 月在北京组织召开了"高等教育汽车类专业应用型本科规划教材编写会",并成立教材编写委员会。会议审议并通过了教材编写方案。

本系列教材定位如下:

(1)使用对象确定为拥有车辆工程、汽车服务工程或交通运输等专业的二三本院校;

(2)设计合理的理论与实践内容的比例,主要解决“怎么做”的问题,涉及最基本的、较简单的“为什么”的问题,既满足本科教学设计的需要,又满足应用型教育的需要;

(3)与现行汽车类普通本科规划教材是互为补充的关系,与高职高专教材有明显区别,深度上介于两者之间,满足教学大纲的需求,有比较详细的理论体系,具备系统性和理论性。

《发动机原理》系根据“高等教育汽车类专业应用型本科规划教材编写会”会议精神而编写,它是汽车类专业的专业基础课。本书编写具有以下特色:

(1)以能量转换这一主线编排本书的结构体系和内容。

(2)章节编排更符合人们对发动机原理的认知规律——分析、归纳、综合。

(3)适应面宽。第一章、第五章的主要内容和理论方法对所有的热力发动机都是适用的。

(4)针对性强。第二、三、四章内容是针对汽车发动机展开论述的,特别是关于工作过程、燃烧新技术的论述更是结合当前汽车发动机的实际,有很强的针对性。

本书由宁波工程学院訾琨教授、吉林大学珠海学院邓宝清教授担任主编,黑龙江工程学院关怀教授、广东白云学院杨志勇高级工程师担任副主编。其中:第一章、第五章由訾琨教授、杨志勇高级工程师共同完成;第二章、第四章由邓宝清教授完成;第三章由关怀教授完成;最后由訾琨教授对全书进行了修改、补充和定稿。

本书适用于应用型本科院校交通运输、汽车服务工程、车辆工程等应用型本科专业的学生(48 学时)教学。加 * 号的内容建议不讲或少讲。

本书在编写过程中,参考了大量国内、外著作和文献资料,在此一并向有关作者表示真诚的感谢。由于编者水平有限,难免有错误和遗漏,欢迎广大读者批评指正。

**应用技术型高校汽车类专业规划教材编委会**

**2014 年 3 月**

# 目录

CONTENTS

# 第一章　热力学知识及能量转换

## 教学目标

1. 了解变质量系统热力学过程分析方法。
2. 了解发动机燃烧热化学；理想混合气体。
3. 理解多变过程 $p$-$V$ 图及 $T$-$S$ 图分析。
4. 理解机械损失的测量。
5. 掌握变质量系统热力学过程定律。
6. 掌握发动机能量转换的评价。
7. 掌握发动机燃料与工质；多变过程中热力参数的计算。

## 教学要点

| 知识要点 | 掌握程度 | 相关知识 |
| --- | --- | --- |
| 变质量系统热力学简介 | 学会 | 变质量系统热力学的基本特点；变质量系统热力学的分析方法 |
| 变质量系统热力学过程分析方法 | 知道 | 变质量系统基本方程及过程方程；输运方程；均态、不稳定流动过程能量方程；变质量系统热力学第二定律表达式 |
| 变质量系统热力学过程定律 | 掌握 | 热力学参数；状态方程；变质量系统质量守恒方程；变质量系统热力学第一定律表达式(开口系统能量方程)；稳定流动过程能量方程 |
| 多变过程中热力参数的计算 | 掌握 | 理想气体热力过程中热量和功的计算；多变过程曲线的斜率；多变过程的 $p$-$V$ 图及 $T$-$S$ 图 |
| 多变过程 $p$-$V$ 图及 $T$-$S$ 图分析 | 理解 | 多变过程曲线在 $p$-$V$ 图和 $T$-$S$ 图上的变化规律 |
| 理想混合气体 | 理解 | 理想混合气体的成分；道尔顿分压定律；分容积定律；各成分间的关系；混合气体的折合气体常数 |
| 发动机燃料与工质 | 掌握 | 工质的主要热力参数；比热容的计算；工质作为混合物时的热力特性 |
| 发动机燃烧热化学 | 知道 | 燃料燃烧与燃烧生成物；可燃混合气的燃烧热 |
| 发动机能量转换的评价 | 掌握 | 发动机指示性能指标；发动机有效性能指标；指示指标的测量及换算；燃料能量转换的总效率；发动机动力性及经济性影响因素分析 |
| 机械损失的测量 | 学会 | 影响机械损失的因素；机械损失的测量方法 |

众所周知,工程上可以通过很多种方法获得机械能,例如,可以直接利用风与水的机械能,还可以将太阳的热能、原子核反应产生的热能、燃料燃烧产生的热能变成机械能。所有这些获得机械能的机器被称之为热力发动机。本章介绍与热力发动机有关的热力学知识。

工程热力学研究的对象是热机,即一种将燃料燃烧的热能变成机械能的机器。热机的发展已有上百年的历史。按照工作方式的不同它可以分成蒸汽动力装置和燃气动力装置。燃气动力装置是指燃料的燃烧过程和工作过程都在一种设备中的机器,其主要形式有往复活塞式内燃机和燃气轮机,而蒸汽动力装置则是指燃料的燃烧过程和工作过程分别在两种不同设备中的机器,其主要形式有蒸汽机、蒸汽轮机等。这些热机结构及工作方式的不同,导致了热能变成机械能的效率不同,工程热力学就是研究热能变成机械能的规律以及如何提高这种转换效率。

在工程热力学中,主要以热力学第一定律、热力学第二定律、气体状态方程式、工质的热力性质、热化学平衡等基本定律和理论作为总的依据,并根据各种问题的具体条件,推导出一些工程上实用的公式,得出一些有工程实际应用价值的重要结论。由于工程问题的复杂性,为突出本质及主要矛盾,一般在研究方法上普遍采用了抽象、概括、理想化及简化的手段。例如,理想气体及可逆过程等理想化的假定,活塞往复式内燃机中循环简化的处理,都是成功应用这些手段的例子。

考虑到大学物理中有关热力学的内容已做了一定的介绍,为避免重复,对大学物理中已涉及的热力学基本概念、基本分析方法、基本关系式不再论述。本书结合热力发动机的实际工作过程是一个变质量热力系统,从变质量热力系统的角度对热力学的基础知识作了拓展和介绍,并在此基础上论述了过程方程式、热力学第一定律、热力学第二定律等热力学内容。

## 第一节　热力学知识

我们一般所称的热力学,主要研究平衡态或准静态,所以又称平衡热力学。它们都是热运动的特殊形态,它们的各种变化过程都是一系列平衡态或准静态的连续变化。这种变化从理论上讲需要无限长的时间,因而热力学中没有时间变量,它不涉及过程的速率。近几十年来发展起来的有限时间热力学就是考虑了时间变量,考虑了热力过程的速率问题。它属于不可逆过程热力学,但又与传统的不可逆热力学不同。

工程热力学是研究热和功之间的转换规律,是研究热力学及其在涉及能量利用的各种过程、装置和系统的工程设计中的用途,以造福于人类的学科,它是宏观热力学的一个重要分支。随着科学技术的飞跃发展,工程中遇到各种各样的热力学问题,从而使工程热力学的内容不断的丰富和向前发展,变质量系统热力学就是工程热力学的拓展。

发动机作为将燃料燃烧产生的热能转换为对外输出机械能的热机,较其他形式的热机有着效率高的特点。作为一个热力系统,发动机工作过程是一个典型的变质量工作过程。在发动机的热力过程中,工质首先经过发动机进气系统进入汽缸,形成可燃混合气并在汽缸中燃烧,发生化学反应产生新的工质,放出热量,高温高压下的工质膨胀做功,转换为活塞运动的机械能,膨胀做功后的废气最后经排气系统排入周围环境。在整个工作过程中,工质与汽缸壁及相关外界存在着热量传递,发动机通过进、排气系统与外界发生着质量的交换。可以看出发动机各系统之间不但存在着能量的传递。还存在着质量的交换,下面我们将介绍与变质量系统有关的热力学基本知识。

## 一、变质量系统热力学简介及分析方法

变质量系统热力学是研究变质量系统热功转换的规律和方法。变质量热力系统是指热力系统在进行热力过程时,系统中工质的数量也同时发生变化。例如工程中经常遇到的内燃机工作过程、压缩机热力过程、火箭发动机工作过程等都是变质量热力系统的实例。对于这样的变质量热力系统,表征系统状态的参数除了压力、温度、容积以外,工质的数量也是表征系统状态的参数,有时它是一个关键的参数。

1. 变质量系统热力学的基本特点

变质量系统热力学主要研究以下内容:适用于变质量系统热力学的基本定律表达形式;变质量系统热力过程的参数变化规律;系统与外界进行热量、功量以及质量交换的规律等。

变质量热力系统与常质量热力系统有着本质的差别。常质量热力系统,也就是说进行热力过程和热力循环时,系统内工质的数量保持不变,而且每个工质微团所经历的热力过程和热力循环均相同。对于开口系统,常质量热力学只研究稳定流动。对于一个常质量热力系统,每个工质微团经历的状态变化相同,因此在研究过程中,我们可以取单位工质作为分析对象。而对于变质量系统热力过程,每个工质微团经历的热力过程不完全相同,况且系统中工质的数量也在变化,因而不能取单位工质作为分析对象,而只能取微元工质作为研究对象,并且假定:

(1)微元工质进入系统之前和离开系统之后,工质发生的一切变化与所考察的变质量热力系统无关;

(2)微元工质从进入系统的瞬时起,即属于系统的一部分,与其他工质一样参与系统的状态变化。

对于只有工质流入的系统(例如:对刚性容器的充气)和只有工质流出的系统(例如:自刚性容器的放气)。微元工质进入系统后,即与系统中原来的工质处于同一状态,流出工质的状态是该时刻系统的状态。

由热力学知,对于简单可压缩常质量系统其状态方程是三个变量的函数,独立变量只有两个,而对于变质量系统,其状态方程是四个变量的函数,独立变量有三个。

对于常质量系统,状态方程一般形式为

$$f(p,V,T)=0$$

对于变质量系统,状态方程一般形式为

$$f(p,V,T,m)=0$$

例如:对于一个简单可压缩系统来说,只有容积变化的边界功,其表达式为

$$\delta w = p\mathrm{d}v \tag{1-1}$$

或

$$\delta W = p\mathrm{d}V$$

对于常质量系统,则有

$$\delta W = p\mathrm{d}(mv) = mp\mathrm{d}v \tag{1-2}$$

对于变质量系统,则有

$$\delta W = p\mathrm{d}(mv) = mp\mathrm{d}v + vp\mathrm{d}m \tag{1-3}$$

很显然，对于常质量系统，当 $dv=0$ 时，则有 $\delta W=0$，对于变质量系统，虽然比体积不变，即 $dv=0$，但质量是可变的，即 $dm\neq 0$，所以这时的功 $\delta W\neq 0$。

在热力学中，我们用工质比体积 $v$ 的增大还是减小来定义工质的膨胀和压缩。由以上分析可以看出，对于常质量系统，$v$ 和 $V$ 有同样的作用，$v$ 增大，$V$ 也增大，系统膨胀对外做功，反之亦然。可是对于变质量系统则不然，所谓的膨胀和压缩是以系统容积 $V$ 的增大还是减小来定义的。由 $dV=mdv+vdm$，可以看出，当工质膨胀做功时，即 $dV$ 大于零时，但 $dv$ 不一定大于零，当 $dV$ 小于零时，$dv$ 也不一定小于零。很显然，这是因为 $dm$ 引起的。即 $V$ 的增大或减小(即 $dV>0$ 或 $dV<0$)要由 $mdv+vdm$ 的综合效果来决定，而不仅仅决定于比体积的变化，还要取决于工质质量 $m$ 的变化。

必须要指出的是，系统与外界传递的热量 $\delta Q$、系统做的功 $\delta W$ 两者都不能储存，它们是传递过程中的能量，不是系统的状态参数，是与过程有关的物理量。在本书中，我们用“δ”表示过程中某物理量的微元量，用“d”表示过程中某物理量的微元变化量(微小增加量或减少量)。“δ”(某物理量的微元量)的积分是表示热力过程中某物理量的总量，“d”的积分则表示热力过程中某物理量初、终态变化的增量。例如：

$$Q=\int\delta Q;\Delta U=U_2-U_1=\int_1^2 dU$$

式中：1、2——热力系统中某物理量在热力过程中的初、终态。

2. 变质量系统热力学的分析方法

变质量系统热力过程其基本特点是每个工质微团所经历的热力过程并不完全相同，这时若任取单位工质作为研究对象，已不能代表整个工质的热力过程。同时，整个工质的循环也不可能在热力学坐标图上用一条简单的封闭曲线表示出来。因此，在分析方法上与常质量热力系统不同，这就是以控制容积为分析对象，采用控制容积分析方法。而且广泛采用的是 $P$-$V$ 图，而不是一般的 $P$-$v$ 图或 $T$-$s$ 图。

控制容积分析方法，是变质量系统热力学的基本分析方法。

在下面的分析中，我们将热力系统按其与外界是否有质量交换而分为开口系和闭口系(或称封闭系)。在进行热力分析时，若取一定容积的空间为热力系统，则称此空间区域为控制容积，对所取定的控制容积进行热力分析的方法就是控制容积法。其基本特点如下。

控制容积是一个可以流过流体的、虚构的、固定的体积，在一般情况下，控制容积可以改变其形状和空间位置。控制容积的表面，我们称为控制面，它是一个虚构的、可渗透的、包围全部控制容积的表面。

与控制容积对应的是体系分析方法(又称为控制质量法)。体系是物质的集合，对于一个体系，既没有物质的进入，也没有物质离开，体系之外的一切都称为外界或环境。

变质量系统热力学主要研究的是变质量的开口系。正如前面指出，工质流经一个开口系统，这时工质微团所经历的过程不完全相同。在控制容积中，工质不断地进出，控制容积中的工质不断更新，这时以跟踪某一微元工质来考察它与周围工质的相互作用是不可能的。我们的研究集中在所选取的控制容积上，要确定出工质占据此控制容积的瞬时特性。控制容积中工质的参数可以是不稳定的(随时间变化)，也可以是不均匀的(随地点变化)。若不稳定，但是均匀的，可用瞬时参数来描绘；若不均匀，则需划分为若干局部均匀的小系统来描绘。因此研究变质量热力过程,采用控制容积法是很方便的,也是行之有效的。

当对控制容积列出质量平衡、能量平衡、熵平衡方程时,不仅需要分析热和功的相互作用,还要计算由于工质质量的进出而引起的各种相应热力学参数的变化。由于微元工质在穿过控制面时,参数可能急剧的变化,这时难以确定工质在控制面上的参数。为此需假定在开口系统的界面上取一微元容积,其中的微元工质处于局部平衡,处于局部平衡的微元工质的参数就可用来表示工质在开口界面上的参数。

我们采用控制容积法分析热力系统的目的是导出基本方程式,即以控制容积为研究对象的质量平衡方程式,能量平衡方程式和熵平衡方程式。但是,这些平衡方程式都是依据基本定律导出的,而基本定律都与一个固定的、可以识别的物质集合有关,即基本定律都是针对某一个体系而言(即控制质量)。因此,在导出各平衡方程式时,要由体系分析方法(控制质量方法)入手,取包括控制容积中的质量和即将流入或流出的微元工质质量之和为控制质量,然后根据控制质量在所考察的时间内的变化列出各种相应的平衡方程式。最后要转化为用控制容积的参数和控制面上的参数所表示的各种平衡方程式。

在用控制容积方法分析热力系统时,我们认为热和功的作用发生在没有质量交换的那部分控制面上,质量的交换和伴随着质量交换发生的能量的变化和熵的变化等则仅仅发生在开口系统进、出口的控制面上。

## 二、变质量系统热力学基本方程

1. 热力学参数

1)广延量与强度量

热力学参数可以是与所含质量多少无关的物理量,也可以是取决于所含质量多少的物理量。我们一般定义:与所考察对象的质量有关的量称为广延量。例如:体系的体积、质量、动量等。另一类是与所考察对象的质量无关的量,称为强度量。例如:压力 $p$、温度 $T$,它们是明显不依赖所含物质的质量。上述两类物理量是体系的状态参量,我们又称为第一类强度量。第二类强度量则称为比广延量,即单位质量的广延量。

例如:我们已经在大学物理中学习过的对于一个热力系统,其热力学参数比内能 $u$(单位质量的内能),比焓 $h$(单位质量的焓),比熵 $s$(单位质量的熵),比体积 $v$(单位质量的体积),等等。若令系统的质量为 $m$、内能为 $U$、焓为 $H$、熵为 $S$、体积为 $V$,则

$$u = \frac{U}{m};\quad h = \frac{H}{m};\quad s = \frac{S}{m};\quad v = \frac{V}{m} \tag{1-4}$$

显然,广延量具有可加性,总量为各部分的相应量之和。而对单位物质质量而言,比广延量就是强度量。强度量反映系统的内含性质,与分子的运动有关,没有可加性。无论是广延量还是强度量,对于一个热力系统,当系统处于平衡时,状态一定,上述两类物理量也随之确定。

在本章的内容中,一般的广延量我们用 $N$ 表示,一般的比广延量用 $\eta$ 表示。$\eta$ 的定义为

$$\eta = \lim_{\Delta m \to 0}\frac{\Delta N}{\Delta m} = \frac{\mathrm{d}N}{\mathrm{d}m}$$

因此,体系的一般广延量 $N$ 为

$$N = \int \eta \mathrm{d}m$$

若体系占据的体积为 $\tau$,由于 $\rho = \frac{\mathrm{d}m}{\mathrm{d}\tau}$,因此一般广延量 $N$ 为可以表达为

$$N = \int_\tau \eta\rho \mathrm{d}\tau$$

式中:$\rho$——广延量密度。

2)储能

对于一个质量为 $m$ 的封闭体系,它经历了包括对外界传热和做功的过程,假定该热力过程构成一个循环,则根据热力学第一定律有

$$\oint(\delta Q - \delta W) = 0 \tag{1-5}$$

式中:$\delta Q$——体系与外界在 $\Delta t$ 时间内的热交换量;

$\delta W$——体系在该循环中 $\Delta t$ 时间内完成的功。

由于式(1-5)表示一个沿任意封闭曲线的线积分为零,所以积分号内的量($\delta Q - \delta W$)表示了一个与过程无关的状态参数。我们定义该状态参数为储能,并用 $E_n$ 表示,即

$$\mathrm{d}E_n = \delta Q - \delta W \tag{1-6}$$

储能包括了能够储存在体系中的所有能量形式。一般包括以下几种能量:热能(内能 $U$)、动能($\frac{mc^2}{2}$)、重力势能($mgh$)、化学能,核能以及其他形式的能。一般情况下,在热力过程分析中,只考虑内能、动能、重力势能三种能量形式。因此可以得到以下形式的能量方程:

$$\mathrm{d}E_n = \mathrm{d}\left(U + \frac{mc^2}{2} + mgh\right) = \delta Q - \delta W \tag{1-7}$$

对于质量为 $m$ 的常质量系统,以单位质量为分析对象,若令:$\delta q = \frac{\delta Q}{m}$,$\delta w = \frac{\delta W}{m}$,$\mathrm{d}e_n = \frac{\mathrm{d}E_n}{m}$则有

$$\mathrm{d}e_n = \mathrm{d}\left(u + \frac{c^2}{2} + gh\right) = \delta q - \delta w \tag{1-8}$$

式中:$c$——速度。

3)内能

物质由分子所组成,在分子运动论中,我们称物质由于分子热运动和分子相互空间位置所具有的能量为内能,用符号 $U$ 表示。

对于一个质量为 $m$ 而不考虑宏观动能和势能的封闭体系,则有以下能量方程:

$$\mathrm{d}U = \mathrm{d}(mu) = \delta Q - \delta W = \delta Q + \delta U_f - p\mathrm{d}V$$

若为常质量系统则有

$$\mathrm{d}u = \delta q + \delta u_f - p\mathrm{d}v \tag{1-9}$$

式中:$\delta U_f$——系统内考虑摩擦耗散效应引起的内能的变化。

4)焓

热力学中根据定义:对于单位质量工质,$(u + pv)$所表示的状态参数称为焓,用符号 $h$ 表示。即

$$h = u + pv$$

将式(1 -9)代入上式的微分式,则有

$$dh = \delta q + \delta u_f + v dp \tag{1-10}$$

若考察的热力过程为可逆过程,则有 $\delta u_f = 0$,这时式(1-10)为

$$dh = \delta q + v dp \tag{1-11}$$

若过程为等熵过程,则有

$$dh = v dp$$

5)熵

克劳修斯(1850 年)将关系式 $dS = \frac{\delta Q}{T}$ 表达的参数 $S$ 称之为熵。根据比广延量的定义,将 $s = \frac{S}{m}$ 称之为比熵。

对于理想气体的可逆过程,根据定义及大学物理中我们已经学习过的关系式:

$$\delta q = du + p dv = dh - v dp$$

可得

$$ds = \frac{du + p dv}{T} = \frac{du}{T} + \frac{p}{T} dv$$

或

$$ds = \frac{dh}{T} - \frac{v}{T} dp$$

将理想气体的关系式及状态方程

$$du = c_v dT、dh = c_p dT、pv = RT$$

代入上式得

$$ds = c_v \frac{dT}{T} + R \frac{dv}{v} (\text{以 } T, v \text{ 为变量})$$

$$ds = c_p \frac{dT}{T} - R \frac{dp}{p} (\text{以 } T, p \text{ 为变量})$$

$$ds = c_v \frac{dp}{p} + c_p \frac{dv}{v} (\text{以 } p, v \text{ 为变量})$$

以上诸式为理想气体熵的微分关系式。

对于定比热容的理想气体熵的变化,将以上三式两边积分,有如下的积分关系式:

$$s_2 - s_1 = c_v \ln \frac{T_2}{T_1} + R \ln \frac{v_2}{v_1}$$

$$s_2 - s_1 = c_p \ln \frac{T_2}{T_1} - R \ln \frac{p_2}{p_1}$$

$$s_2 - s_1 = c_v \ln \frac{p_2}{p_1} + c_p \ln \frac{v_2}{v_1}$$

由上述诸式可以看出,热力过程中理想气体熵的变化完全取决于它的初、终态,而与过程无关,这也就证明了理想气体的熵是一个状态参数。虽然上述诸式是在可逆过程前提下推导出来的,但由于熵是一个状态参数,其变化与过程无关,因而上述诸式可用于任何热力过程中熵的变化的计算。

6)比热容

比热容是物质重要的热力性质之一。按定义,比热容 $c$ 是系统温度升高 1K(或 1°C)所需要的热量。热容的单位取决于热量和物质量的单位,如果物质量的单位用 kg,则相应的比热容称为质量比热容。一般用 $c$ 表示,单位为 J/(kg · K),或 kJ/(kg · K). 它表示的是系统单位质量的物质在热力过程中温度升高 1K(或 1°C)所吸收或放出的热量,即

$$c = \frac{\delta q}{\mathrm{d}T}$$

因热量是过程量,故比热容也是一个与过程有关的量。如果热力过程为定容过程,则称比热容为比定容热容,即

$$c_v = \frac{\mathrm{d}q_v}{\mathrm{d}T}$$

如果热力过程为定压过程,则称比热容为比定压热容,即

$$c_p = \frac{\mathrm{d}q_p}{\mathrm{d}T} \tag{1-12}$$

下标 $v$、$p$ 分别表示定容过程和定压过程的参数。故

$$c_v = \left(\frac{\mathrm{d}u}{\mathrm{d}T}\right)_v ; \quad c_p = \left(\frac{\mathrm{d}h}{\mathrm{d}T}\right)_p \tag{1-13}$$

对于理想气体,由于不考虑分子间的作用力,即不考虑分子间的位能,那么理想气体的内能仅取决于分子间的动能。由于动能仅取决于温度,所以理想气体的内能也仅是温度的函数,即 $u = u(T)$。由 $h = u + pv = u(T) + RT$ 得知,焓也是温度的单值函数,所以

$$c_{v0} = \frac{\mathrm{d}u}{\mathrm{d}T} \quad 或 \quad \mathrm{d}u = c_{v0}\mathrm{d}T \tag{1-14}$$

$$c_{p0} = \frac{\mathrm{d}h}{\mathrm{d}T} \quad 或 \quad \mathrm{d}h = c_{p0}\mathrm{d}T \tag{1-15}$$

下标 0 表示理想气体。

由式(1-14)和式(1-15)可看出比定容热容和比定压热容也是温度的单值函数。这一函数通常可表示为温度的三次多项式:

$$C_{v0} = a_0 + a_1 T + a_2 T^2 + a_3 T^3$$

$$C_{p0} = a_0' + a_1' T + a_2' T^2 + a_3' T^3$$

不同的气体有不同的系数。

当比热容为温度的函数时,热力过程 1-2 中内能和焓的变化则可通过积分求得,即

$$\Delta u = \int_1^2 c_{v0}\mathrm{d}T; \quad \Delta h = \int_1^2 c_{p0}\mathrm{d}T$$

为了计算的方便,在精度允许的情况下,可以取比定容热容和比定压热容为定值,即不考虑它随温度的变化,相应的比热容称为定值比定容热容和定值比定压热容。某些常用气体定值比定容热容和定值比定压热容的具体数据可查阅有关热力学表。

当比热容取定值时,有

$$\Delta u = c_{v0}\Delta T \tag{1-16}$$

$$\Delta h = c_{p0}\Delta T \tag{1-17}$$

比定容热容和比定压热容之间存在一定的关系,可由式(1-14)及式(1-15)推得,即

$$c_{p0}=\frac{\mathrm{d}h}{\mathrm{d}T}=\frac{\mathrm{d}(u+pv)}{\mathrm{d}T}=\frac{\mathrm{d}(u+RT)}{\mathrm{d}T}=c_{v0}+R>c_{v0}$$

另外,比定压热容与比定容热容之比称为等熵指数,用 $k$ 表示,即 $k=\frac{c_{p0}}{c_{v0}}$。等熵指数反映了两者之比的关系,当取定值时,也可认为一定,且因 $c_{p0}>c_{v0}$,故对理想气体,有 $k>1$。对于液体来说,$c_{p0}=c_{v0}$,有 $k=1$。

在后面章节对于理想气体的讨论中,为了书写简便比热容不再带有下标,将下标0省略。

7)流动功

图1-1表示一个有固定边界并包含有固定质量 $m$ 的系统。假设在边界 $A$ 处有一微元质量 $\delta m$ 被压力为 $p$ 的环境推动通过边界 $A$ 进入体系,这时,环境对包括质量 $m$ 和 $\delta m$ 的系统所做的功称为流动功,并用符号 $\delta W_{\mathrm{j}}$ 表示。

根据以上分析可以得出

$$\delta W_{\mathrm{j}}=F\mathrm{d}x=(pA)\mathrm{d}x=p\mathrm{d}V=pv\delta m \tag{1-18}$$

对于单位质量的工质,系统所做流动功则有

$$w_{\mathrm{j}}=\frac{\delta W_{\mathrm{j}}}{\delta m}=pv$$

我们规定:当质量被推入体系时,流动功 $pv$ 的值为负,而当质量被推出体系时,其值为正,因此流动功也称为推动功。单位质量工质的流动功在数值上等于其压力和比体积的乘积。它是工质在流动中向前方传递的功,并且只有在工质的流动过程中才出现。当工质不流动时,虽然工质也具有一定的状态参数 $p$ 和 $v$,但这时的乘积 $pv$ 并不代表流动功。

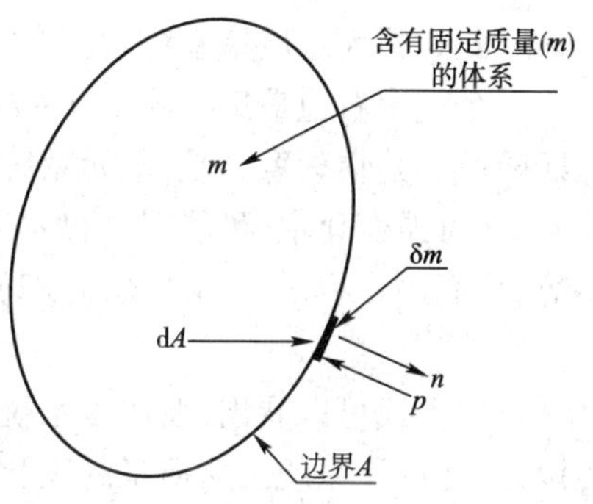

图1-1 流动功示意图

以上我们讨论了几个热力学参数,对于一个质量为 $m$ 的热力系统,理想气体的内能 $U$、焓 $H$、熵 $S$,只需用总质量 $m$ 分别乘以比内能 $u$、比焓 $h$、比熵 $s$ 即可得到。这时若取比热容为定值,以0(K)时的内能和焓为基点,取其值为零,则任一温度 $T$ 时的内能和焓、熵为

$$U=mu=mc_vT$$

$$H=mh=mc_pT$$

$$S=ms$$

对于常质量热力系统,其微分表达式为

$$\mathrm{d}U=m\mathrm{d}u=mc_v\mathrm{d}T$$

$$\mathrm{d}H=m\mathrm{d}h=mc_p\mathrm{d}T$$

$$\mathrm{d}S=m\mathrm{d}s$$

对于变质量热力系统,其微分表达式为

$$\mathrm{d}U=\mathrm{d}(mu)=m\mathrm{d}u+u\mathrm{d}m=mc_v\mathrm{d}T+c_vT\mathrm{d}m$$

$$\mathrm{d}H=\mathrm{d}(mh)=m\mathrm{d}h+h\mathrm{d}m=mc_p\mathrm{d}T+c_pT\mathrm{d}m$$

$$dS = d(ms) = mds + sdm$$

2. 状态方程

对于单相纯物质所构成的简单热力学系统，作为变质量系统，其状态方程的一般形式为

$$f(p,V,T,m) = 0 \tag{1-19}$$

若工质为理想气体，则状态方程为

$$pV = mRT \tag{1-20}$$

式中压力 $p$、容积 $V$、温度 $T$ 和质量 $m$ 都是变量，$R$ 为气体常数。

在变质量系统热力学分析中经常用的是式(1-20)的微分形式。

对式(1-20)两边取对数，然后求微分有

$$\frac{dp}{p} + \frac{dV}{V} - \frac{dm}{m} - \frac{dT}{T} = 0 \tag{1-21}$$

此式即为常用的状态方程的微分形式。

*3. 变质量系统基本方程及过程方程

对于准静态系统我们在大学物理中已熟知的关系式：

$$Tds = du + pdv$$

当应用于变质量系统时，将变质量系统的基本关系式代入上式，化简后有

$$TdS = dU + pdV - (u - Ts + pv)dm \tag{1-22}$$

此式即为变质量系统的基本方程。

令式中右边最后一项中 $u - Ts + pv = h - Ts = g$，根据定义我们将 $g$ 称为单位物量的吉布斯函数。其物理意义是，单元系统在等温、等压条件下的热力势。表示的是每减少单位质量时，在可逆变化中，可能对外做的最大有用功。单位物量的吉布斯函数称为单元系的化学势，我们用 $\mu$ 表示。因此式(1-22)化简为

$$dU = TdS - pdV + \mu dm$$

由上式可以看出，变质量系统工质内能的变化除了由热交换，对外膨胀做功引起的变化以外，还由于系统工质质量的变化引起的内能变化。

总结上述论述，对于变质量系统，其状态方程我们可以表示为以下四个参数的函数关系：

$$f(p,V,S,m) = 0$$

或

$$p = f(V,S,m)$$

写为微分形式则有

$$dp = \left(\frac{\partial p}{\partial S}\right)_{V,m} dS + \left(\frac{\partial p}{\partial V}\right)_{m,S} dV + \left(\frac{\partial p}{\partial m}\right)_{V,S} dm \tag{1-23}$$

对于不同的过程，可以将上式中的三个偏导数分别求出。

例如对于定比热容的理想气体，当热力过程中 $V$、$m$ 不变时，则有

$$dU = TdS, dU = mc_v dT$$

以及由状态方程得

$$dT = d\left(\frac{pV}{mR}\right) = \frac{V}{mR}dp$$

因此,可以得到关系式

$$\left(\frac{\partial p}{\partial S}\right)_{V,m}=\frac{p}{mc_v}$$

利用相同的分析方法,对于 $S$、$m$ 和 $S$、$V$ 不变的过程,可以导出关系式:

$$\left(\frac{\partial p}{\partial V}\right)_{m,S}=-k\frac{p}{V}$$

$$\left(\frac{\partial p}{\partial m}\right)_{V,S}=\frac{p}{m}\left(k-\frac{s}{c_v}\right)$$

将上述诸式代入式(1-23)后,得

$$\mathrm{d}p=\frac{p}{mc_v}\mathrm{d}S-k\frac{p}{V}\mathrm{d}V+\frac{p}{m}\left(k-\frac{s}{c_v}\right)\mathrm{d}m$$

将 $\mathrm{d}S=\mathrm{d}(ms)=m\mathrm{d}s+s\mathrm{d}m$ 代入上式化简后,得

$$\frac{\mathrm{d}p}{p}=\frac{\mathrm{d}s}{c_v}-k\frac{\mathrm{d}V}{V}+k\frac{\mathrm{d}m}{m} \tag{1-24}$$

将式(1-24)积分得

$$\ln\frac{p_2}{p_1}+k\ln\frac{V_2}{V_1}-k\ln\frac{m_2}{m_1}-\frac{s_2-s_1}{c_v}=0 \tag{1-25}$$

式(1-24)、式(1-25)就是变质量系统过程方程式一般表达式的微分形式和积分形式。利用状态方程还可以将上式转换为分别由 $T$、$V$、$s$、$m$ 和 $T$、$p$、$s$、$m$ 表达的过程方程式。

*4. 输运方程

在图1-2中,控制容积用 $\tau$ 表示,其相应的控制面用 $A$ 表示。在图中,我们划定了一个有限大小的体系在 $t$ 时刻和 $t+\Delta t$ 时刻的状态。假设控制容积固定在 $xyz$ 坐标系中,在 $t$ 时刻体系和控制体占据相同的空间,即用Ⅰ和Ⅱ表示的区域,在 $t+\Delta t$ 时刻体系占据了区域Ⅱ和Ⅲ表示的区域。

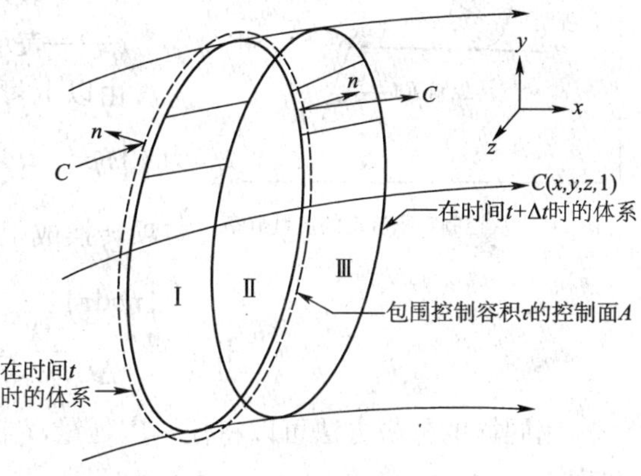


图1-2 控制容积与体系

体系任意广延量 $N$ 在 $t$ 时刻对时间的变化率,即物质导数由流体力学知:

$\frac{DN}{Dt}=\left(\frac{\mathrm{d}N}{\mathrm{d}t}\right)_{体系}=\lim\limits_{\Delta t\to 0}\left(\frac{\Delta N}{\Delta t}\right)_{体系}$ = 体系在 $t$ 时刻任意广延量 $N$ 对时间的变化率 = 控制容积中物质的任意广延量 $N$ 在 $t$ 时刻对时间的变化率

即

$$\frac{DN}{Dt}=\left(\frac{\mathrm{d}N}{\mathrm{d}t}\right)_{体系}=\lim_{\Delta t\to 0}\left(\frac{\Delta N}{\Delta t}\right)_{体系}=\lim_{\Delta t\to 0}\left(\frac{N_{t+\Delta t}-N_t}{\Delta t}\right)_{体系}$$

而

$$(N_{t+\Delta t})_{体系}=(N_{Ⅱ}+N_{Ⅲ})_{t+\Delta t}=\left(\int_{Ⅲ}\eta\rho\mathrm{d}\tau+\int_{Ⅱ}\eta\rho\mathrm{d}\tau\right)_{t+\Delta t}$$

$$(N_t)_{体系}=(N_{Ⅱ}+N_{Ⅰ})_t=\left(\int_{Ⅰ}\eta\rho\mathrm{d}\tau+\int_{Ⅱ}\eta\rho\mathrm{d}\tau\right)_t$$

所以

$$\frac{DN}{Dt}=\lim_{\Delta t\to 0}\left(\frac{\left(\int_{\mathrm{II}}\eta\rho\mathrm{d}\tau+\int_{\mathrm{I}}\eta\rho\mathrm{d}\tau\right)_{t+\Delta t}-\left(\int_{\mathrm{II}}\eta\rho\mathrm{d}\tau+\int_{\mathrm{I}}\eta\rho\mathrm{d}\tau\right)_{t}}{\Delta t}\right)+$$

$$\lim_{\Delta t\to 0}\frac{\left(\int_{\mathrm{III}}\eta\rho\mathrm{d}\tau\right)_{t+\Delta t}}{\Delta t}-\lim_{\Delta t\to 0}\frac{\left(\int_{\mathrm{I}}\eta\rho\mathrm{d}\tau\right)_{t+\Delta t}}{\Delta t} \tag{1-26}$$

当 $\Delta t$ 趋近于零时,区域Ⅱ与控制容积 $\tau$ 重合,即上式中的第一项为 $\frac{\partial}{\partial t}\int_{\tau}\eta\rho\mathrm{d}\tau$, 式中 $\int_{\tau}\mathrm{d}\tau$ 表示对控制容积的积分。第二项注意到 $\left(\int_{\mathrm{III}}\eta\rho\mathrm{d}\tau\right)_{t+\Delta t}$ 表示广延量 $N$ 在 $\Delta t$ 时间内进入区域Ⅲ的总量,因而它也就是 $N$ 在 $\Delta t$ 时间内离开控制容积的总量,而用 $\Delta t$ 除上式并取极限则表示单位时间内离开控制容积的总量。

也可以用下述的方法表示单位时间内离开控制容积的广延量 $N$ 的总量,如图 1-3 所示。

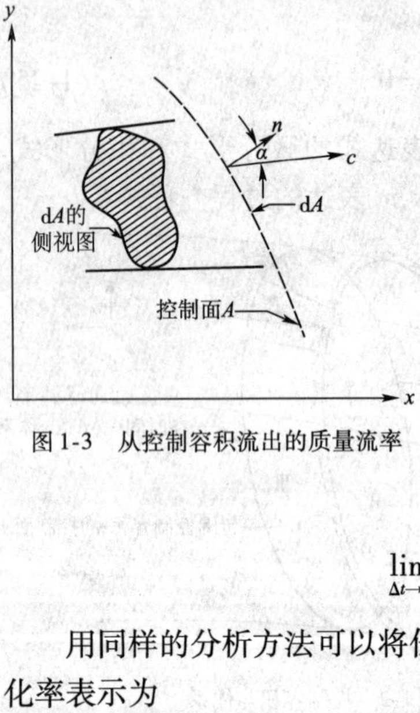

在图 1-3 中我们将通过控制容积的某一微元面积 $\mathrm{d}A$ 上的任一广延量 $N$ 的质量流率表示为

$$\eta\rho c\cdot\mathrm{d}\boldsymbol{A}=\eta\rho\boldsymbol{c}\cdot\boldsymbol{n}\mathrm{d}A=\eta\mathrm{d}q_m$$

式中:$\mathrm{d}q_m=\rho c\cdot\boldsymbol{n}\mathrm{d}A$;

$\boldsymbol{n}$——表示微元面积的外法线方向;

$\boldsymbol{c}$——表示流动速度向量。



图 1-3 从控制容积流出的质量流率

由以上可以看出流过控制容积控制表面 $A$ 的总流出量为 $\left(\int_{A}\eta\rho\boldsymbol{c}\cdot\boldsymbol{n}\mathrm{d}A\right)_{\mathrm{e}}$。通过以上变换就可以将式(1-26)中的第二项转换成了用控制面表示的面微分,即

$$\lim_{\Delta t\to 0}\frac{\left(\int_{\mathrm{III}}\eta\rho\mathrm{d}\tau\right)_{t+\Delta t}}{\Delta t}=\left(\int_{A}\eta\rho\boldsymbol{c}\cdot\boldsymbol{n}\mathrm{d}A\right)_{\mathrm{e}} \tag{1-27}$$

用同样的分析方法可以将任一广延量 $N$ 在 $\Delta t$ 时间内进入控制体内的总量对时间的变化率表示为

$$\lim_{\Delta t\to 0}\frac{\left(\int_{\mathrm{I}}\eta\rho\mathrm{d}\tau\right)_{t+\Delta t}}{\Delta t}=\left(\int_{A}\eta\rho\boldsymbol{c}\cdot\boldsymbol{n}\mathrm{d}A\right)_{i} \tag{1-28}$$

式(1-27)、式(1-28)中积分下标 $e$、$i$ 分别表示流出控制体和进入控制体。

通过以上分析可以将式(1-26)变换为

$$\frac{DN}{Dt}=\frac{\partial}{\partial t}\int_{\tau}\eta\rho\mathrm{d}\tau+\left(\int_{A}\eta\rho c\cdot\boldsymbol{n}\mathrm{d}A\right)_{i}-\left(\int_{A}\eta\rho c\cdot\boldsymbol{n}\mathrm{d}A\right)_{\mathrm{e}}$$

即

$$\frac{DN}{Dt}=\frac{\partial}{\partial t}\int_{\tau}\eta\rho\mathrm{d}\tau+\int_{A}\eta\rho\boldsymbol{c}\cdot\boldsymbol{n}\mathrm{d}A \tag{1-29}$$

式(1-29)积分下标 $A$ 表示整个控制面。

由此,我们将任一广延量 $N$ 对体系的时间变化率转换成了对控制容积的体积分和对控制面的面积分。从而我们得到结论:体系的任一广延量 $N$ 在 $t$ 时刻对时间的变化率表现为两个效应,一个是相对于控制容积,另一个是相对于控制面,即式(1-29)中第一项表示在控制容积中,任一广延量 $N$ 在 $t$ 时刻对时间的变化率,第二项表示在同一时刻 $N$ 通过控制面的净流动速率。

式(1-29)通常称为输运方程。

以上我们通过输运方程式建立了控制容积方法和体系分析方法(即控制质量法)之间的联系。由于控制容积的体积是固定的,因此在式(1-29)中,控制容积对时间的偏导数可以移入积分号内,这时该式转换为

$$\frac{DN}{Dt} = \int_{\tau} \frac{\partial(\eta\rho)}{\partial t} \mathrm{d}\tau + \int_{A} \eta\rho \boldsymbol{c} \cdot \boldsymbol{n} \mathrm{d}A \tag{1-30}$$

利用奥托公式可以将上式转换为全部用体积分表示的形式,即

$$\frac{DN}{Dt} = \int_{\tau} \left[ \frac{\partial(\eta\rho)}{\partial \tau} + \nabla \cdot (\eta\rho\boldsymbol{c}) \right] \mathrm{d}\tau \tag{1-31}$$

式(1-29)、式(1-30)、式(1-31)即为输运方程的各种形式的表达式。

*5. 变质量系统质量守恒方程

根据体系质量守恒定律的描述,即:体系的质量 = 常数。因此,$\frac{DN}{Dt}=0$。

由于控制容积的选取是任意的,所以根据式(1-31)有

$$\frac{\partial\rho}{\partial t} + \nabla \cdot (\rho\boldsymbol{c}) = 0$$

此式即为适用于控制容积的变质量系统质量守恒定律的微分形式。在一般的热力学分析中,经常遇到的是一维的情况,这时上式可简化为

$$\frac{\partial\rho}{\partial t} + \frac{\mathrm{d}(\rho\boldsymbol{c})}{\mathrm{d}x} = 0$$

若工质的流动速度为常数,控制面用 $A$ 表示,则有

$$\frac{\mathrm{d}q_m}{\mathrm{d}x} = -A\frac{\partial\rho}{\partial t}$$

考虑到 $\rho = \mathrm{f}(p,T)$,所以上式又可改写为

$$\frac{\mathrm{d}q_m}{\mathrm{d}x} = -A\left[\left(\frac{\partial\rho}{\partial p}\right)_T \frac{\mathrm{d}p}{\mathrm{d}t} + \left(\frac{\partial\rho}{\partial T}\right)_p \frac{\mathrm{d}T}{\mathrm{d}t}\right]$$

以上两式表示了通过微元控制容积质量流率的变化与控制容积中工质密度变化之间的关系,它对于理想气体和实际气体都是适用的。若工质为理想气体,则有

$$\frac{\mathrm{d}q_m}{\mathrm{d}x} = -\frac{A}{RT}\left(\frac{\mathrm{d}p}{\mathrm{d}t} - \frac{p}{T}\frac{\mathrm{d}T}{\mathrm{d}t}\right)$$

下面将依据输运方程导出变质量系统热力学第一定律表达式,即能量守恒方程。

## 三、变质量系统热力学定律

1. 变质量系统热力学第一定律表达式(开口系统能量方程)

热力学第一定律实质是能量守恒定律,可以写为如下的形式:

$$\mathrm{d}E_n = \delta Q - \delta W \tag{1-32}$$

根据储能的定义,这里 $\mathrm{d}E_n$ 包含了所有形式的工质储能变化。对于流动的工质,若储能限于内能、动能和势能,则单位质量流体的储能为:$e_n = u + \dfrac{c^2}{2} + gz$,对于总质量为 $m$ 的体系,则总储能为 $E_n = me_n$。

如前所述,基本定律都是对体系而言的,将式(1-32)表示为对时间的变化率,则有

$$\frac{DE_n}{Dt} = \frac{\mathrm{d}E_n}{\mathrm{d}t} = \Phi - P \tag{1-33}$$

式中:$\Phi$——热流量,$\Phi = \dfrac{\delta Q}{\mathrm{d}t}$;

$P$——功率,$P = \dfrac{\delta W}{\mathrm{d}t}$。

将式(1-33)左边通过输运方程可表示为

$$\frac{DE_n}{Dt} = \int_\tau \frac{\partial}{\partial t}\left[\rho\left(u + \frac{c^2}{2} + gz\right)\right]\mathrm{d}\tau + \int_A \left(u + \frac{c^2}{2} + gz\right)\rho \boldsymbol{c}\cdot\boldsymbol{n}\mathrm{d}A = \Phi - P \tag{1-34}$$

为了将式(1-34)表达为用控制容积表示的热力学第一定律形式,须将 $\Phi$、$P$ 转换为用与控制容积有关的流动参数表示。

控制容积对外界所做的功定义为正功,它主要以两种形式表现出来。第一种是用 $W_0$ 表示的轴功,它是带动通过体系边界的转轴所做的功。第二种形式是工质通过控制容积的边界或控制容积的边界运动时,表面力做的功。表面力分解成法向力和切向力,切向力所做的功用 $W_\tau$ 表示,保留在相应的方程中。法向力做的功可以是将物质推出控制容积所做的功(正功),也可以是外界将物质推入控制容积时,控制容积所接受的功(负功),如图(1-4)所示。

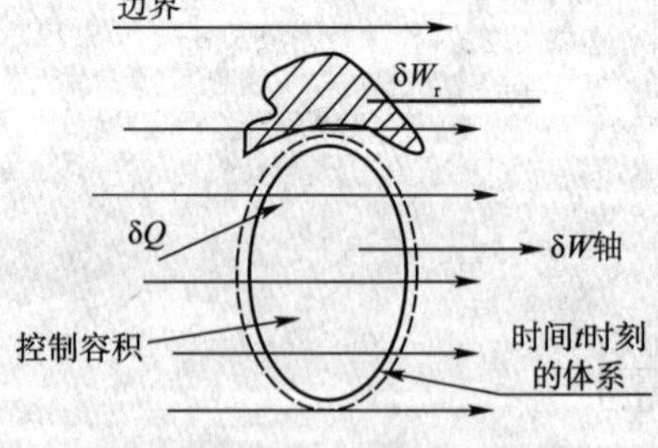


图 1-4　控制容积法推导热力学第一定律示意图

由图 1-4 可以看出,作用在微元面积 $\mathrm{d}A$ 上的法向力为

$$\mathrm{d}\boldsymbol{F}_n = p\boldsymbol{n}\mathrm{d}A$$

式中的微元力 $\mathrm{d}\boldsymbol{F}_n$ 是控制容积中的流体对外界的作用力,因此是正的。所做功的功率等于 $\mathrm{d}\boldsymbol{F}_n$ 在速度 $\boldsymbol{c}$ 方向的分量与此速度的乘积,即有表达式:

$$\delta P_n = \mathrm{d}F_n \cdot c\cos\alpha = \mathrm{d}\boldsymbol{F}_n \cdot \boldsymbol{c}$$

或

$$\delta P_n = p\boldsymbol{c}\cdot\boldsymbol{n}\mathrm{d}A = pv(\rho\boldsymbol{c}\cdot\boldsymbol{n}\mathrm{d}A) \tag{1-35}$$

式中:$\alpha$——法向力与速度方向之间的夹角。

因为$(\rho\boldsymbol{c}\cdot\boldsymbol{n}\mathrm{d}A)$在工质离开控制容积时是正的,而在工质进入控制容积时是负的,所以

法向力做的功 $\delta W_n$ 同样是工质流出控制容积时是正的,工质流入控制容积时是负的。我们讨论的体系所做的功与上述规定是一致的。即体系将工质通过控制面推出控制容积时,体系做了功(正功),反之则接受了功(负功)。

对式(1-35)在控制容积的整个控制面上进行积分,可以得到法向力所做功的总功率,即

$$P = \int_A \delta P_n = \int_A pv(\rho \boldsymbol{c} \cdot \boldsymbol{n} \mathrm{d}A) \tag{1-36}$$

式(1-36)中功的正负由矢量 $\boldsymbol{c} \cdot \boldsymbol{n}$ 的乘积决定,因此控制容积对外界所做的功的功率可表达为

$$P = P_0 + P_\tau + P_n = P_0 + P_\tau + \int_A pv(\rho \boldsymbol{c} \cdot \boldsymbol{n} \mathrm{d}A) \tag{1-37}$$

将式(1-37)代入式(1-34),并考虑到工质的比焓为 $h = u + pv$,得

$$P_0 + P_\tau - \Phi + \int_\tau \frac{\partial}{\partial t}\left[\rho\left(u + \frac{c^2}{2} + gz\right)\right]\mathrm{d}\tau + \int_A\left(h + \frac{c^2}{2} + gz\right)(\rho \boldsymbol{c} \cdot \boldsymbol{n} \mathrm{d}A) = 0 \tag{1-38}$$

式(1-38)即为控制容积参数表示的适合于控制容积的热力学第一定律表达式。该式对不稳定、不均匀、变质量、变体积的热力系统都适用。

由上述方程的推导可以看出,控制容积内能量的变化$\frac{\mathrm{d}E_n}{\mathrm{d}t}$是由两种不同的作用引起的。一种原因是,在没有质量迁移的那部分边界有热和功的作用,其数值可由外部测量得到,另一种能量变化的原因是由于在开口界面上有质量迁移而引起,其数值可通过该控制面上的参数来计算。

2. 均态、不稳定流动过程能量方程

若工质流动过程是均态、不稳定的,即在整个过程中控制容积内的工质状态参数是随时间而变化的,这时工质质量流率也随时间变化。在这种情况下,虽然整个流动过程是不稳定的,但我们认为任一瞬时控制容积内的工质参数仍是均匀的。

$$P_0 + P_\tau - \Phi = \left[q_m\left(h + \frac{c^2}{2} + gz\right)\right]_e - \left[q_m\left(h + \frac{c^2}{2} + gz\right)\right]_i + \frac{\partial}{\partial t}\left[m\left(u + \frac{c^2}{2} + gz\right)\right]$$

上式中各项对整个时间 $t$ 积分,则可得到均态、不稳定流动过程的第一定律表达式:

$$Q = \left[m\left(h + \frac{c^2}{2} + gz\right)\right]_e - \left[m\left(h + \frac{c^2}{2} + gz\right)\right]_i + \left[m\left(u + \frac{c^2}{2} + gz\right)\right]_2 - \left[m\left(u + \frac{c^2}{2} + gz\right)\right]_1 + W_0 + W_\tau$$

若忽略工质流动动能和位能差以及控制容积中工质的动能和位能的变化,则可简化为

$$Q = (m_e h_e - m_i h_i) + \Delta(mu) + W_0 + W_\tau \tag{1-39}$$

3. 稳定流动过程能量方程

若工质流动为稳定流动,即工质流动过程中各点的状态参数不随时间变化,则整个流动过程中的流动情况也不随时间变化。在工程应用中多数是这种情况,在这种情况下,式(1－38)中的第一个积分式等于零。由于是稳态流动,所以通过开口系统界面上的工质质量流率不变,即

$$(q_m)_e = (q_m)_i = q_m$$

由于开口界面上的工质参数不变,通过控制面的热流量,功率也不变。即式(1-38)中各项均与时间无关。这时系统能量方程式(1-38)可改写为

$$P_0 + P_\tau - \Phi + q_m\left[(h_e - h_i) + \frac{c_e^2 - c_i^2}{2} + (gz_e - gz_i)\right] = 0$$

变换后为

$$q = (h_e - h_i) + \frac{c_e^2 - c_i^2}{2} + (gz_e - gz_i) + w \tag{1-40}$$

其中

$$q = \frac{\Phi}{q_m}; w = \frac{P_0 + P_\tau}{q_m}$$

上式即为均态稳定流动过程的热力学第一定律表达式。这里要注意,在给定的时间间隔里,进入控制容积的工质质量和从控制容积离开的工质质量只是数值上相等,而不是同一部分工质。讨论的方程也仅仅适用对于控制容积的分析。

式(1-40)可改写为

$$q = \Delta h + \frac{1}{2}\Delta c^2 + g\Delta z + w \tag{1-41}$$

或

$$\delta q = dh + \frac{1}{2}dc^2 + gdz + \delta w \tag{1-42}$$

式(1-41)、式(1-42)就是工质流动为稳定流动时,变质量系统热力学第一定律表达式(能量方程)的积分形式和微分形式。

在表达式(1-40)中,$q$ 代表单位质量工质流经开口系统时与外界交换的热量,单位为 J/kg 或 kJ/kg。$w$ 表示系统单位质量工质与外界交换的净功量,单位为 J/kg 或 kJ/kg。当不考虑工质的黏性时,此时由于无其他的边界功,所以开口系统的净功只有系统与外界交换的机械功。这个机械功常常通过转动的轴输入、输出,就是前述的"带动通过体系边界的转轴所做的功",因此工程上一般称之为轴功 $w_0$。即

$$q = (h_e - h_i) + \frac{c_e^2 - c_i^2}{2} + (gz_e - gz_i) + w_0 \tag{1-43}$$

令 $w_t = \frac{c_e^2 - c_i^2}{2} + (gz_e - gz_i) + w_0$,称为技术功,即工程中可利用的能量。

为了方便,我们用下标 1、2 分别表示进、出口的流动参数。因此,系统稳定流动能量方程则有如下不同的形式:

$$q = h_2 - h_1 + w_t = \Delta h + w_t \tag{1-44}$$

$$\delta q = dh + \delta w_t$$

$$Q = \Delta H + W_t$$

$$\delta Q = \delta H + \delta W_t$$

以上诸式表明,在开口热力系统中系统与外界交换的热量等于工质比焓的变化与系统所做技术功的代数和。

在应用上述公式时应注意以下几点:

(1)以上诸式是稳定流动能量方程的不同形式,导出过程中除了应用稳定流动的条件外,没有其他任何限制,因此这些方程对于任何过程,任何工质都是适用的。

(2)可逆过程中,技术功可表现为某些状态参数的关系。由关系式:

$$q = u_2 - u_1 + p_2v_2 - p_1v_1 + w_t$$

及准静态过程中

$$q = u_2 - u_1 + w_p$$

式中:$w_p$——容积功。

因此,得到关系式:

$$w_t = q - (u_2 - u_1) - (p_2v_2 - p_1v_1) = w_p - (p_2v_2 - p_1v_1)$$

$$= \int_1^2 p\mathrm{d}v - \int_1^2 \mathrm{d}(pv) = -\int_1^2 v\mathrm{d}p$$

或对微元过程:

$$\delta w_t = -v\mathrm{d}p \tag{1-45}$$

由上式可以看出,当 $p$ 减小,$w_t > 0$,表示系统对外做功;当 $p$ 增大,$w_t < 0$,表示外界对系统做功或系统消耗功;当 $p$ 不变化时,$w_t = 0$。

如图 1-5 所示,技术功在 $p$-$v$ 图上可用过程曲线 1-2 与纵坐标轴包围的面积 1-2-b-a-1 表示,若热力过程是 1-2,则 $p$ 减小,则技术功为正,工质对外做功;若热力过程是 2-1,则 $p$ 增大,$w_t < 0$,即技术功为负,表示外界对工质做功或工质消耗功。

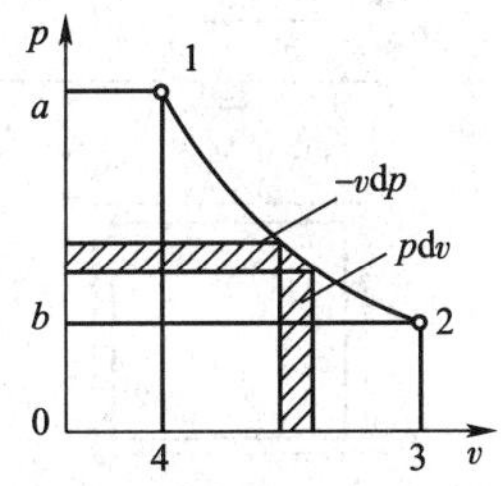

图 1-5 技术功的几何表示

(3)不同功量之间的关系。对于由工质组成的简单可压缩系统,考虑到在准静态过程中:

$$q = \Delta h + w_t; \quad q = \Delta u + w_p$$

技术功与容积功的关系

$$w_t = q - \Delta h = w_p - \Delta(pv) \tag{1-46}$$

轴功与容积功的关系

$$w_p = \frac{1}{2}\Delta c^2 + g\Delta z + \Delta(pv) + w_0 \tag{1-47}$$

由上式可以看出,工质在稳定流动过程中所做的容积功一部分消耗于维持工质进出开口系统时的推进功代数和,一部分用于增加工质的宏观动能和重力位能,其余部分才作为系统对外输出的轴功。

(4)由闭口系统能量方程式 $q = \Delta u + \int_1^2 p\mathrm{d}v$ 和开口系统能量方程式 $q = \Delta h - \int_1^2 v\mathrm{d}p$,可以看出它们具有相似的形式,尽管表达形式上不同,其实质是一样的,都属于热力学第一定律的表达式,既适用于闭口系统准静态过程,也适用于开口系统准静态稳定流动过程。

**【例 1-1】** 压力为 0.25MPa,容积为 $0.35\mathrm{m}^3$ 的空气在定压条件下膨胀,容积变成 $0.5\mathrm{m}^3$,此时,内能增加了 22kcal,试求空气所做的容积功及膨胀过程中所需要的热量(1kcal = 4.1868J)。

**解** 已知 $p_1 = 0.25\mathrm{MPa}$,$v_1 = 0.35\mathrm{m}^3$,$p_2 = p_1$(定压),$v_2 = 0.5\mathrm{m}^3$,$\Delta U = U_2 - U_1 = 22\mathrm{kcal}$。

因为压力一定，所以容积功为

$$W_{1-2}=\int_1^2 p\mathrm{d}V=P(V_2-V_1)$$
$$=[0.25\times10^5\times(0.5-0.35)]=37.5(\mathrm{kJ})$$

膨胀过程中所需热量为

$$Q=U_2-U_1+W$$
$$=(22\times4.1868+37.5)=1219.6(\mathrm{kJ})$$

【例1-2】 某输气管内气体的参数为 $p_1=40\mathrm{bar}, t_1=30℃, h_1=303\mathrm{kJ/kg}(1\mathrm{bar}=10^5\mathrm{Pa})$。设该气体是理想气体，气体常数 $R=0.287\mathrm{kJ/(kg\cdot K)}$。现将 $1\mathrm{m}^3$ 的真空器与输气管连接，打开阀门对容器充气，直至容器内压力达40bar为止。若气体的比内能与温度之间的关系为 $u=0.72T$，充气时输气管中气体参数保持不变，问充入容器的气体量为多少千克？

**解** 图1-6中为输气管及容器的示意图。

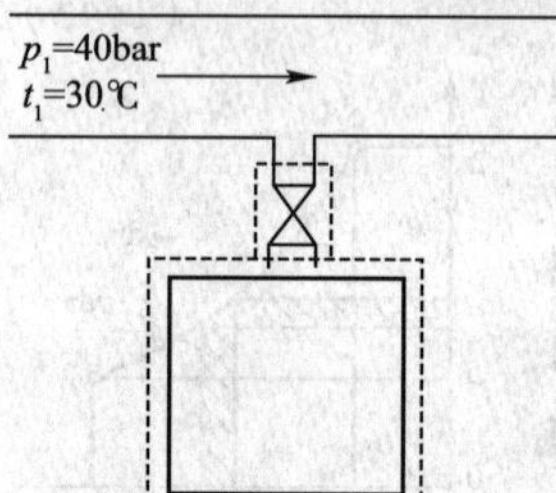


图1-6 输气管及容器的示意图

若取容器为热力系统，则该系统为一开口系统，可利用方程式(1-42)计算。由题意，充气过程的条件为

$$\mathrm{d}Q=0;\quad \mathrm{d}W_0=0;\quad \mathrm{d}m_2=0;\quad \frac{c_1^2}{2}=0;\quad z_2=z_1$$

将上述条件代入式(1-42)，$\mathrm{d}m_1$ 表示进入容器的质量，$h_1$ 表示进入容器的每千克工质的焓，于是得

$$\mathrm{d}E_1=h_1\mathrm{d}m_1$$

取容器为热力系统控制容积。在充气过程中系统本身的宏观动能可忽略不计，因此，系统的总能即为进入容器的内能，即

$$mu=E_1$$

对上式进行积分，可得

$$\int\mathrm{d}(mu)=\int h_1\mathrm{d}m_1$$

现因输气管中参数不变，故 $h_1$ 为常数，上式简化为

$$(mu)_2-(mu)_1=h_1m_1$$

即

$$U_2-U_1=h_1m_1$$

容器在充气前为真空，即 $m_1=0$，充气后质量为 $m_2$，它等于充入容器的质量 $m$，这时上式又可写成：

$$U_2=m_2u_2=h_1m_1$$

对1kg气体，有 $u_2=h_1$，即

$$u_2=h_1=303(\mathrm{kJ/kg})$$

因此，由题意可得

$$T_2=\frac{u_2}{0.72}=\frac{303}{0.72}=420.83(\mathrm{K})$$

由状态方程式可得充入容器的气体质量为

$$m=\frac{p_1V}{R_gT_2}=\frac{40\times10^5\times1}{0.287\times420.83}=33.12(\text{kg})$$

*4. 变质量系统热力学第二定律表达式

通过大学物理课程的学习,大家已经了解到,即使在一个可逆过程中,也不可能把加给工质的热能全部转化为有用功。事实表明,热与功的转化不可避免地伴随有一部分能量变为无用功。例如:在内燃机工作过程中,燃料燃烧后产生的热能不可能完全转化为汽缸内工质膨胀时的机械功。这是因为工质的热能是同工质内部气体分子无规则运动相联系,是不能控制的。

按照热力学第二定律,一个孤立体系假如不受外界作用,它将自发地变化而趋向一个平衡态或静止态。这个过程是不可逆的,与体系自发变化能力相联系的参数称之为熵 $S$。一个经历循环变化的封闭体系,在绝对温度 $T$ 下质量为 $m$ 的工质可逆地接受 $\delta Q$ 的热量,可以得到下列表达式:

$$\oint\frac{\delta Q}{T}=0 \tag{1-48}$$

式(1-48)中$\frac{\delta Q}{T}$定义了体系的一个热力学参数,克劳修斯(1850 年)称之为熵。根据定义则有

$$\mathrm{d}S=\frac{\delta Q}{T} \tag{1-49}$$

式(1-49)表明两个给定状态之间熵的变化,对于联系这两状态之间的一切过程都是相同的。所以一个不可逆过程的熵变就可以用与之有相同初终态的任意选择的可逆过程的$\int_1^2\frac{\delta Q}{T}$的值来量度。

大学物理中我们熟悉的热力学第二定律表达式为

$$\mathrm{d}S\geqslant\frac{\delta Q}{T} \tag{1-50}$$

在变质量系统中,$Q$ 沿有热交换的整个体系边界的温度不均匀,这时沿有热量进出的整个边界积分,需以某一微元边界上的 $\delta Q$ 进行,即$\frac{\delta Q}{A}$。因此,有关系式:

$$\frac{\delta Q}{T}=\int_A\left(\frac{\delta Q}{AT}\right)\mathrm{d}A$$

将式(1-50)与上式一起代入输运方程,有

$$\int_\tau\frac{\partial(s\rho)}{\partial t}\mathrm{d}\tau+\int_A s\rho\boldsymbol{c}\cdot\boldsymbol{n}\mathrm{d}A\geqslant\int_A\left(\frac{\Phi}{AT}\right)\mathrm{d}A \tag{1-51}$$

此式即以控制容积表示的变质量系统热力学第二定律。

## 四、理想气体热力过程中热量和功的计算

1. 多变过程与基本热力过程

前面分析了变质量系统热力学的基本方程和过程方程以及热力学第一定律的各种表达

形式,对热力系统中热功转换规律有了更深刻的认识。从热力学中关于功和热量的论述知道,热量和功量都是过程量,不是状态参数。因此,公式中热量、功量的定量计算有赖于热力过程的性质,即不同的热力过程中由于变化规律不同,结果导致热功转换过程中热量、功量大小的不同。这一节将分析典型热力过程中能量转换的规律(即分析过程方程式中 $p$、$v$、$T$ 等参数间的关系),考虑到大学物理中已对典型热力过程中热量、功量的具体计算公式进行了推导。本节将从变质量系统过程方程出发,讨论典型热力过程的过程方程,而热量、功量的具体计算公式则采取归纳总结的方式予以介绍。

由前述变质量系统过程方程式有如下形式:

$$\frac{\mathrm{d}p}{p}=\frac{\mathrm{d}s}{c_v}-k\frac{\mathrm{d}V}{V}+k\frac{\mathrm{d}m}{m}$$

$$\ln\frac{p_2}{p_1}+k\ln\frac{V_2}{V_1}-k\ln\frac{m_2}{m_1}-\frac{s_2-s_1}{c_v}=0$$

对于常质量系统的过程方程是上述两式的待例。对于常质量系统等熵过程则有

$$m_1=m_2;\quad s_2=s_1$$

这时可以推导出:

$$pV^k=常数 \tag{1-52}$$

此式即为常质量系统的等熵关系式。

与等熵关系式非常相似,将热力过程方程式凡是符合以下形式的,称该热力过程为多变过程。方程形式为

$$pV^n=常数 \tag{1-53}$$

式中:$n$——多变指数。

在某一多变过程中,$n$ 为定值。不同的多变过程其 $n$ 值各不相同,$n$ 可以是 $+\infty\sim-\infty$ 的任何一个实数。因此,相应的多变过程就有无数多个。换句话说,多变过程就是所有符合 $pV^n=$ 常数这一规律的热力过程的总称。

由于实际的热力过程很多,而且状态参数的变化规律也是千变万化的,使得人们不能对这些众多的热力过程逐一加以分析,而只能对一些工程上常见的热力过程进行讨论。这些过程主要有定容过程、定压过程、定温过程及定熵过程。上述四种热力过程也称基本热力过程,虽然各基本热力过程中状态变化规律及热功转换形式互不相同,但它们的过程方程式同属一类,是常质量系统理想气体多变过程的特例。需要特别指出的是,下面的讨论都是建立在热力过程是准静态的基础上的。

四种基本热力过程的多变方程式如下:

(1)当 $n=0$ 时,$pv^n=pv^0$,即 $p=$ 常数,表示过程中工质压力不变,称为定压过程。

(2)当 $n=1$ 时,$pv^n=pv$,即 $T=$ 常数,表示过程中工质温度不变,该过程称为定温过程。

(3)当 $n=k$ 时,$pv^k=$ 常数,即过程中工质与外界无热交换,该过程称为绝热过程。

(4)当 $n=\infty$时,$pv^n=pv^\infty=p^{\frac{1}{\infty}}v=v$,即 $v=$ 常数,过程中工质比体积不变,该过程称为定容过程。

既然基本热力过程只是多变过程方程式中,当 $n$ 取不同值时的特例,那就可以从描述多变过程状态参数关系的一般过程方程式 $pv^n=$ 常数出发,推导出适应所有多变过程的热量、功量计算公式,找出其热功转换的共性,然后再从一般到特殊,分别代入不同的 $n$ 值或用相

似的分析方法引出四个基本热力过程相应的计算公式，进而讨论它们之间存在的差异。

2. 多变过程中热力参数的计算

由多变过程方程式 $pv^n=$ 常数，状态参数 $p$、$v$、$T$ 间的关系也可表示为

$$p_1v_1^n=pv_2^n=\text{常数}\quad \text{或}\quad \frac{p_1}{p_2}=\left(\frac{v_2}{v_1}\right)^n \tag{1-54}$$

将式(1-54)代入理想气体状态方程式可得 $v$、$T$ 间的关系

$$\frac{T_1}{T_2}=\left(\frac{v_2}{v_1}\right)^{n-1} \tag{1-55}$$

也可得 $p$、$T$ 间的关系：

$$\frac{T_2}{T_1}=\left(\frac{p_2}{p_1}\right)^{\frac{n-1}{n}} \tag{1-56}$$

下面讨论理想气体经过多变热力过程后，工质热力参数的变化。

1）熵的变化

在变质量系统过程方程式 $\ln\frac{p_2}{p_1}+k\ln\frac{V_2}{V_1}-k\ln\frac{m_2}{m_1}-\frac{s_2-s_1}{c_v}=0$ 中，令 $m_1=m_2$，则得常质量系统中熵的变化为

$$\Delta s=c_v\ln\frac{p_2}{p_1}+c_p\ln\frac{v_2}{v_1}$$

利用理想气体的状态方程，将上式变换后可以得到熵的变化的不同表达式：

$$\Delta s=c_v\ln\frac{T_2}{T_1}+R\ln\frac{v_2}{v_1} \tag{1-57}$$

$$\Delta s=c_p\ln\frac{T_2}{T_1}-R\ln\frac{p_2}{p_1} \tag{1-58}$$

可以看出这里导出的理想气体熵的变化式与前面导出的公式完全一致，但导出过程要简便得多。

对于多变热力过程我们将导出更为简单的计算公式。

将多变关系式 $\frac{T_2}{T_1}=\left(\frac{p_2}{p_1}\right)^{\frac{n-1}{n}}$ 代入式(1-58)有

$$\Delta s=c_p\ln\frac{T_2}{T_1}-R\ln\frac{p_2}{p_1}=c_p\ln\frac{T_2}{T_1}-R\frac{n}{n-1}\ln\frac{T_2}{T_1}=\left[c_p-(c_p-c_v)\frac{n}{n-1}\right]\ln\frac{T_2}{T_1}$$

化简后得

$$\Delta s=c_v\frac{n-k}{n-1}\ln\frac{T_2}{T_1} \tag{1-59}$$

令 $c_n=c_v\frac{n-k}{n-1}$，则有

$$\Delta s=c_n\ln\frac{T_2}{T_1} \tag{1-60}$$

式中，$c_n$ 称为多变过程的比热容，上式即为多变热力过程中熵的变化表达式。

根据多变过程比热容的定义，对于等温过程、等容过程、绝热过程和等压过程的比热容

则分别为：

等压过程

$$n=0, c_n=kc_v=c_p$$

等温过程

$$n=1, c_n=\infty$$

绝热过程

$$n=k, c_n=0$$

等容过程

$$n=\pm\infty, c_n=c_v$$

因此，不同热力过程熵的变化为：

等压过程

$$\Delta s=c_p\ln\frac{T_2}{T_1} \tag{1-61}$$

绝热过程

$$\Delta s=0 \tag{1-62}$$

等容过程

$$\Delta s=c_v\ln\frac{T_2}{T_1} \tag{1-63}$$

等温过程

$$\Delta s=R\ln\frac{v_2}{v_1}=R\ln\frac{p_1}{p_2} \tag{1-64}$$

2）功的计算

如果热力系统为闭口系统，经历一多变过程后，工质对外界所做的容积功 $w_p$ 为

$$w_p=\int_1^2 p\mathrm{d}v=\frac{1}{n-1}(p_1v_1-p_2v_2)=\frac{1}{n-1}(RT_1-RT_2)$$

即

$$w_p=\frac{R}{n-1}(T_1-T_2) \tag{1-65}$$

如果系统是开口系统，则工质经过一多变过程1-2后与外界交换的技术功 $w_t$ 为

$$w_t=-\int_1^2 v\mathrm{d}p=\int_1^2 p\mathrm{d}v-\int_1^2\mathrm{d}(pv)=\frac{n}{n-1}(p_1v_1-p_2v_2)$$

即

$$w_t=\frac{nR}{n-1}(T_1-T_2) \tag{1-66}$$

对比式(1-65)和式(1-66)有

$$w_t=nw_p \tag{1-67}$$

对于等温过程、等容过程、绝热过程和等压过程，根据过程方程式则分别为：

等压过程

$$n=0,w_p=R(T_2-T_1)=p(v_2-v_1);\quad w_t=0$$

等温过程

$$n=1,w_p=pv\ln\frac{v_2}{v_1}=pv\ln\frac{p_1}{p_2};\quad w_t=w_p$$

绝热过程

$$n=k,w_p=\frac{R}{k-1}(T_1-T_2)=\frac{1}{k-1}(p_1v_1-p_2v_2);\quad w_t=kw_p$$

等容过程

$$n=\pm\infty,w_p=0;\quad w_t=v(p_1-p_2)$$

3)交换热量的计算

热力系统中工质与外界的热量交换为

$$\begin{aligned}q&=\Delta u+w_p\\&=c_v(T_2-T_1)+\frac{R}{n-1}(T_1-T_2)\\&=c_v(T_2-T_1)+\frac{c_v(k-1)}{n-1}(T_1-T_2)\end{aligned}$$

$$q=c_n(T_2-T_1)\tag{1-68}$$

对于等压过程、等温过程、绝热过程和等容过程,根据过程方程式则分别为:

等压过程

$$n=0,q=c_p(T_2-T_1)$$

等温过程

$$n=1,q=w_p=pv\ln\frac{v_2}{v_1}=pv\ln\frac{p_1}{p_2}$$

绝热过程

$$n=k,q=0$$

等容过程

$$n=\pm\infty,q=c_v(T_2-T_1)$$

由以上导出的公式可以看出,并不是所有多变过程的计算公式均允许将不同的 $n$ 值代入即可得到表达式的,对有些特殊过程(如定容过程 $n=\infty$,等温过程 $n=1$)当将这些 $n$ 值代入某些多变过程的公式时,会出现无意义的结果。这时应该针对过程特点加以分析,通过热力参数的定义表达式,最终求得这些参数的计算式,这就要求对参数的定义、概念准确理解,灵活运用。

**【例 1-3】** 把 1kg 空气由温度为 10℃压力为 1bar,容积为 0.8m$^3$的状态,按照 $pV^{1.3}$ = 常数的关系,压缩至压力为 7bar。

试求下列各值:①压缩终点的温度;②压缩比 $v_1/v_2$;③压缩所需的功;④内能的变化;⑤工质与外界交换的热量。

**解** (1)由多变过程中状态参数关系式可计算出压缩终点的温度:

将有关参数代入关系式: $\dfrac{T_2}{T_1}=\left(\dfrac{p_2}{p_1}\right)^{\frac{n-1}{n}}$

得 $$T_1 = 443.6(\text{K})$$

(2)由$\frac{p_1}{p_2} = \left(\frac{v_2}{v_1}\right)^n$可计算出压缩比：

$$\frac{v_1}{v_2} = 4.47$$

(3)已知空气气体常数 $R = 287\text{J/kg} \cdot \text{K}$，压缩过程所需功量则可由$\frac{R}{n-1}(T_1 - T_2)$计算得

$$\text{总功量} = mw_p = \frac{mR}{n-1}(T_1 - T_2) = -153.7(\text{kJ})$$

(4)已知空气定容比热容 $c_v = 0.716\text{kJ/kg} \cdot \text{K}$，总内能变化为：

$$\Delta U = m\Delta u = mc_v(T_2 - T_1) = 115(\text{kJ})$$

(5)工质与外界交换的热量：

$$Q = W + \Delta U = -153.7 + 115 = -38.7(\text{kJ})$$

计算结果表明，在该压缩过程中外界对系统工质(空气)做了功，因此功为负值，表明系统获得了能量；系统对外放出了热量，因此热量为负值；系统获得的能量使工质压力、温度升高，内能增大。

**【例 1-4】** 在容积为 $30\text{dm}^3$ 的汽缸内装入 1bar、10℃的空气，其压缩比为 20，试求：定温过程和等熵过程中压缩后的压力、温度和在压缩中所需的功量，如图 1-7、图 1-8 所示。

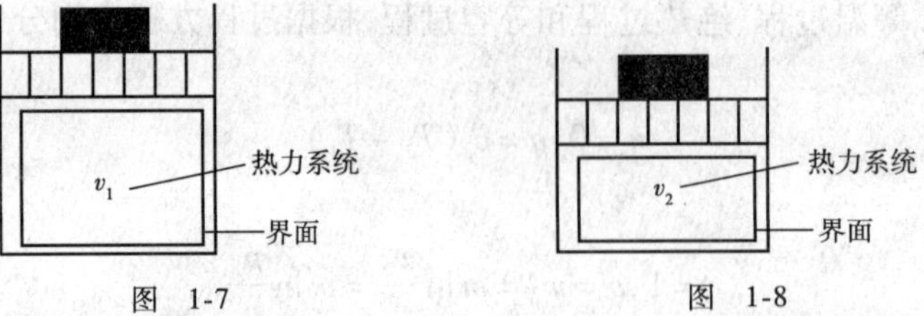


图 1-7　　　　图 1-8

**解** 已知条件：$v_1 = 30 \times 10^{-3}\text{m}^3$，$p_1 = 1\text{bar}$，$T_1 = 10 + 273 = 283\text{K}$，压缩比 $\varepsilon = 20$。

(1)定温过程中：由 $\varepsilon = \frac{v_1}{v_2}$得：

$$v_2 = \frac{v_1}{\varepsilon} = 0.0015(\text{m}^3)$$

压缩后得压力为 $$p_2 = \frac{p_1 v_1}{v_2} = 20(\text{bar})$$

定温过程中温度不变，故： $$T_2 = T_1 = 283(\text{K})$$

定温过程中所需的功量由计算表达式得：

$$w = p_1 v_1 \ln\frac{v_2}{v_1} = -8.99(\text{kJ})$$

(2)等熵过程中

压缩后的压力为

$$p_2 = p_1\left(\frac{v_1}{v_2}\right)^k\text{，即：}p_2 = 66.29(\text{bar})$$

对于空气，式中等熵指数 $k = 1.4$。

压缩后的温度为

$$T_2 = T_1\left(\frac{v_1}{v_2}\right)^{k-1} = 938(\text{K})$$

等熵过程中所需的功量由计算表达式得

$$w = \frac{1}{k-1}(p_1v_1 - p_2v_2) = -17.35(\mathrm{kJ})$$

由结果可以看出,系统虽然初始状态相同,被压缩时压缩比的大小也相同,但经历的热力过程不相同,因而过程中工质与外界交换的功量和传递的热量也不相同。

## 五、多变过程的 *p-V* 图及 *T-S* 图

1. *p-V* 图及 *T-S* 图

图 1-9 表示了汽缸内活塞的运动。如果活塞的运动是一个准静态过程,则活塞从位置 1 移动到位置 2,系统在整个过程中所做的功为

$$W = \int_1^2 p\mathrm{d}V \tag{1-69}$$

这种在准静态过程中完成的功称为准静态功。也就是前述的容积功的表达式。

准静态功可以仅通过系统内部的参数来描述,而无须考虑外界的情况,只要已知过程的初、终状态以及描写过程性质的 $p = f(V)$,就可确定准静态的容积变化功。在以压力 $p$ 为纵坐标、以容积 $V$ 为横坐标的坐标图中(简称 $p$-$V$ 图),积分 $\int_1^2 p\mathrm{d}V$ 相当于过程曲线 1-2 下的面积 $12nm1$,所以,这种功在 $p$-$V$ 图上可用过程曲线下的面积表示,也因此 $p$-$V$ 图又称为示功图。

对于常质量系统,在示功图中一般横坐标用比体积 $v$ 表示,这时示功图用 $p$-$v$ 图表达。

通过示功图($p$-$V$ 图)可以更深刻地认识系统容积功的物理意义。

从示功图上可以看到,若过程曲线不同,即使从同一初态过渡到同一终态,容积变化功是不相同的,如图中面积 $1a2nm1$ 与 $1b2nm1$ 所示,可见容积变化功是与过程特性有关的过程量,而不是系统的状态参数。

此外,如果活塞向右运动,表明汽缸容积增大,气体膨胀。在 $p$-$V$ 图上表示沿过程曲线向容积增大的方向变化,这时 $\mathrm{d}V > 0$,因而 $\delta W > 0$,功量为正,表示气体对外做功。反之,如气体被压缩,在 $p$-$V$ 图上表示沿过程曲线向容积减小的方向变化,这时 $\mathrm{d}V < 0$,因而 $\delta W < 0$,功量为负,表示外界对气体做功。

需要特别指出的是,容积变化功只涉及气体容积变化量,而与此容积的空间几何形状无关。因此,不管气体的容积变化是发生于如图 1-9 所示的汽缸等规则容器内,还是发生在不规则流道的流动过程中,其准静态功都可用式(1-69)计算。

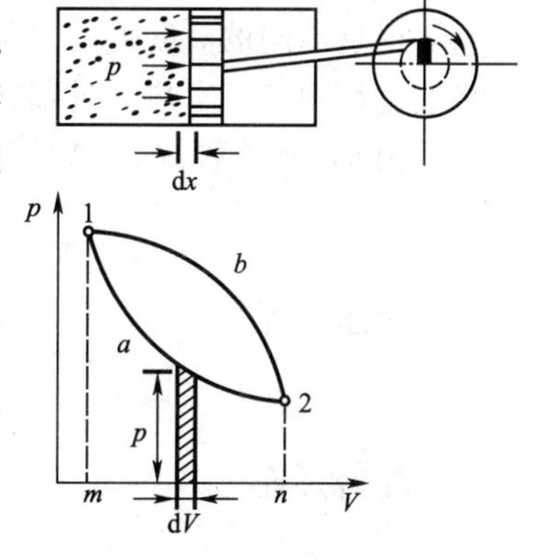

图 1-9 容积功及 $p$-$V$ 图

还应注意,可逆过程是无耗散效应的准静态过程。因此,可逆过程的容积变化功显然也可用式(1-69)确定。但是,非准静态过程就不能用式(1-69)确定,即不能在示功图上表示。

与 $p$-$V$ 图类似,在以温度 $T$ 为纵坐标,熵 $S$ 为横坐标的

坐标图中(简称 $T$-$S$ 图),准静态过程中的任一热力过程也可以用坐标图中的相应曲线表示。如图 1-10 所示的 1-2 过程曲线。

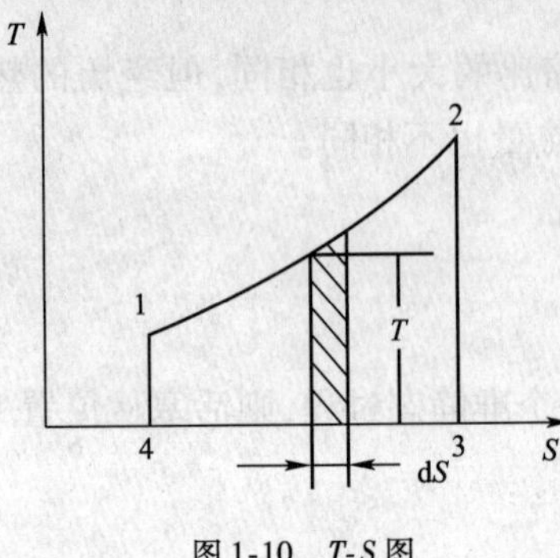


图 1-10　$T$-$S$ 图

该过程的任一状态若产生一个 $\mathrm{d}S$ 的微小变化,则系统与外界交换的微元热量 $\delta Q$ 相当于图中画剖面线的微小面积。整个可逆过程 1-2 中系统与外界交换的热量 $Q$ 可以用过程线 1-2 下的面积代表。

即
$$Q = \int_1^2 T\mathrm{d}S \tag{1-70}$$

因此,$T$-$S$ 图是表示和分析热量的重要工具,称为示热图。

根据 $\delta Q = T\mathrm{d}S$,且热力学温度 $T>0$。可以看出,如 $T$-$S$ 图中沿热力过程线熵增加,则该过程线下的面积所代表的热量为正值,即系统从外界吸热;反之,所代表的热量为负值,即系统向外界放热。

这里特别强调的是:无论是在 $p$-$V$ 图还是 $T$-$S$ 图中,热力过程必须是准静态过程才能通过相应的过程曲线表达该热力过程,若不是准静态过程是不能表达的。因为,$p$、$V$、$S$、$T$ 都是系统的状态参数,以它们为变量的坐标图(也称状态图)表示的是系统状态参数的变化。如果是非准静态过程,系统处在非平衡状态,状态参数是不确定的,因而也就不可能在状态图上找到一个确定的状态点。图上任何一点表示系统的一个平衡态,任何一条光滑曲线表示无数个连续变化的平衡态。因此,任何一条光滑曲线都可以表达一个准静态过程,非准静态过程一般用虚线表示。

用公式对多变过程进行热功转换过程中参数的定量计算是分析热力过程的主要内容。但是,并不是所有场合都需要定量计算的,例如,在对两热力过程进行比较时,就往往只需作定性分析,而借助于热力过程的 $p$-$V$ 图及 $T$-$S$ 图可以非常简单地进行不同热力过程间的定性比较,其中包括过程功量、热量及内能变化等的比较。因此,找出多变过程的 $p$-$V$ 图及 $T$-$S$ 图规律是分析热力问题的另一重要内容。

2. 多变过程曲线的斜率

在多变过程中,$pV^n$ = 常数,不同的多变过程指数 $n$ 代表不同性质的热力过程,它们各自状态参数变化及热功转换规律是不同的。因此,这些热力过程在 $p$-$V$ 图及 $T$-$S$ 图上的变化趋势也是不同的。我们首先通过研究各热力过程在 $p$-$V$ 图及 $T$-$S$ 图上曲线的斜率,来考察多变过程中各基本热力过程在 $p$-$V$ 图及 $T$-$S$ 图上的变化趋势。

由 $pV^n$ = 常数,对上式两边微分有 $V^n\mathrm{d}p + npV^{n-1}\mathrm{d}V = 0$,故斜率为

$$\frac{\mathrm{d}p}{\mathrm{d}V} = -n\frac{p}{V} \tag{1-71}$$

定压过程

$$n = 0, 斜率\left(\frac{\mathrm{d}p}{\mathrm{d}V}\right)_p = 0$$

定容过程

$$n = \infty, 斜率\left(\frac{\mathrm{d}p}{\mathrm{d}V}\right)_V = \infty$$

定温过程

$$n=1,斜率\left(\frac{\mathrm{d}p}{\mathrm{d}V}\right)_T=-\frac{p}{V}$$

等熵过程

$$n=k,斜率\left(\frac{\mathrm{d}p}{\mathrm{d}V}\right)_s=-k\frac{p}{V}$$

多变过程在 $T$-$S$ 图上的斜率，由 $\mathrm{d}S=\frac{\delta Q}{T}$ 及 $\delta Q=C_\mathrm{n}\mathrm{d}T$，得 $\mathrm{d}S=\frac{C_\mathrm{n}\mathrm{d}T}{T}$，即

$$\left(\frac{\mathrm{d}T}{\mathrm{d}S}\right)_\mathrm{n}=\frac{T}{C_\mathrm{n}} \tag{1-72}$$

定压过程

$$n=0,C_\mathrm{n}=C_p,\left(\frac{\mathrm{d}T}{\mathrm{d}S}\right)_p=\frac{T}{C_p}$$

定容过程

$$n=\infty,C_\mathrm{n}=C_V,\left(\frac{\mathrm{d}T}{\mathrm{d}S}\right)_V=\frac{T}{C_V}$$

定温过程

$$n=1,C_\mathrm{n}=\infty,\left(\frac{\mathrm{d}T}{\mathrm{d}S}\right)_T=0$$

等熵过程

$$n=k,C_\mathrm{n}=0,\left(\frac{\mathrm{d}T}{\mathrm{d}S}\right)_S=\infty$$

式中：$C_\mathrm{n}$——多变过程热容，$C_\mathrm{n}=\frac{n-k}{n-1}C_V$；

$C_V$——定容过程热容；

$C_p$——定压过程热容。

下面将根据得出的多变过程曲线的斜率，分析各典型热力过程的 $p$-$V$ 图及 $T$-$S$ 图。

3. 多变过程的 $p$-$V$ 图及 $T$-$S$ 图

定压过程：定压过程在 $p$-$V$ 图上为一水平线（也称为定压线），如图 1-11 所示。其中，1-2 过程为定压膨胀过程，而 1-2′过程为定压压缩过程。

定压过程在 $T$-$S$ 图也是一条斜率为正的对数曲线，但因 $c_p>c_v$，故定容线在 $T$-$S$ 图上是一条比定压线陡的曲线。如图 1-12 所示，其中 1-2 线为定压吸热过程，而 1-2′为定压放热过程。

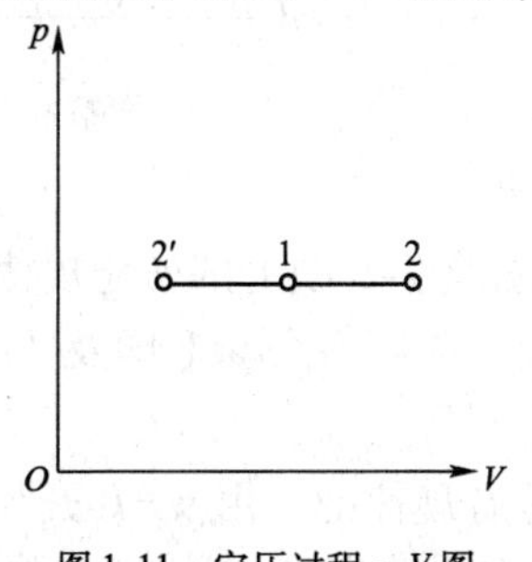

图 1-11　定压过程 $p$-$V$ 图

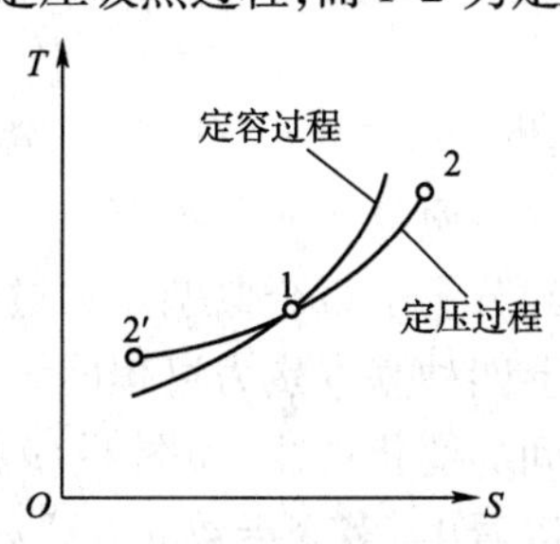

图 1-12　定压过程 $T$-$S$ 图

定容过程:定容过程在 $p$-$V$ 图上为一垂直线(称定容线),如图 1-13 所示。其中 1-2 为压力升高的定容过程,而 1-2′为压力降低的定容过程。

定容过程在 $T$-$S$ 图是一条斜率为正的对数曲线,如图 1-14 所示,其中 1-2 过程为定容吸热过程,而 1-2′过程为定容放热过程。

等温过程:由过程方程式 $pV$ = 常数,可知等温过程在 $p$-$V$ 图上为一斜率为负的等边双曲线(称等温线),如图 1-15 中 1-2 为等温膨胀过程,而 1-2′为等温压缩过程。

等温线在 $T$-$S$ 图上为一水平线,如图 1-16 所示。其中 1-2 为等温吸热过程(因 $\Delta s>0$),而 1-2′为等温放热过程(因 $\Delta s<0$)。

等熵过程(可逆绝热过程):由其过程方程式 $pV^k$ = 常数可知,等熵过程在 $p$-$V$ 图上为一斜率为负的高次方双曲线(等熵线)。如图 1-17 所示,其中 1-2 为等熵膨胀过程,而 1-2′为等熵压缩过程。同时与等温过程进行比较。对比等熵过程和等温过程的曲线斜率因 $k>1$,故

$$\left(\frac{\mathrm{d}p}{\mathrm{d}v}\right)_s > \left(\frac{\mathrm{d}p}{\mathrm{d}v}\right)_T$$

因此,在 $p$-$V$ 图上等熵线比定温线要陡。

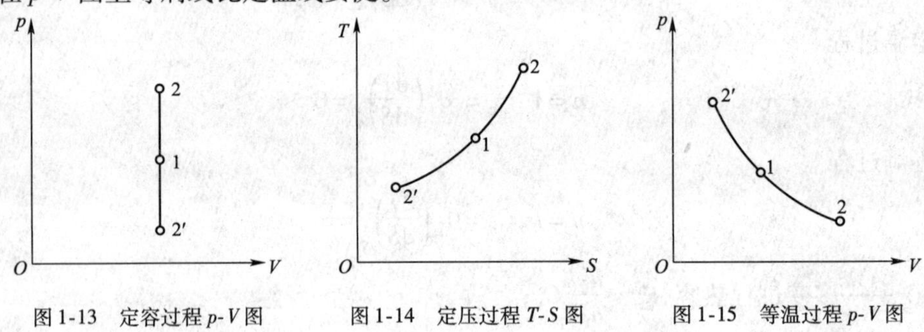


图 1-13 定容过程 $p$-$V$ 图　　图 1-14 定压过程 $T$-$S$ 图　　图 1-15 等温过程 $p$-$V$ 图

等熵过程在 $T$-$S$ 图上为一垂直线。如图 1-18 所示,其中 1-2′为温度升高的等熵过程,而 1-2 为温度下降的等熵过程。

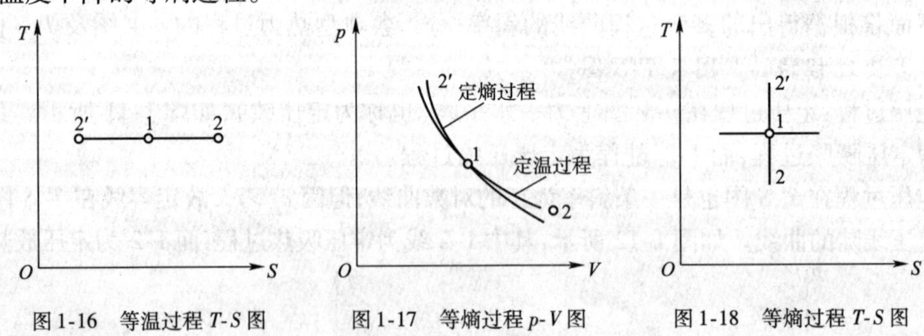


图 1-16 等温过程 $T$-$S$ 图　　图 1-17 等熵过程 $p$-$V$ 图　　图 1-18 等熵过程 $T$-$S$ 图

4. 多变过程曲线在 $p$-$V$ 图和 $T$-$S$ 图上的变化规律

上面已经分析了每个典型热力过程曲线在 $p$-$V$ 图及 $T$-$S$ 图上的变化规律。

现将以上四种基本热力过程曲线,在单位工质表示的同一个 $p$-$V$ 图及 $T$-$S$ 图上绘出,以找出它们之间的变化规律,如图 1-19 所示。

由图可以看出,多变指数 $n$ 在坐标图上的分布是有规律的。由 $n=0$ 开始沿顺时针方向看,$n$ 由 $0 \to 1 \to k \to \infty$ 是逐渐变化的。因而,对于任意多变过程,只要知道多变指数 $n$ 的值,就

能确定该过程在 $p$-$V$ 图及 $T$-$S$ 图上的相对位置。例如：当已知一多变过程的 $n=1.2$ 时，过程曲线在 $p$-$V$ 图及 $T$-$S$ 图上肯定位于 $n=1$ 及 $n=k$ 之间。

有了多变过程的 $p$-$V$ 图及 $T$-$S$ 图，能较容易地分析某一热力过程中热功转换规律以及比较不同热力过程功量及热量的大小。在图 1-19 中令所有热力过程的交点为初始状态点，对图中所示的热力过程分析如下。

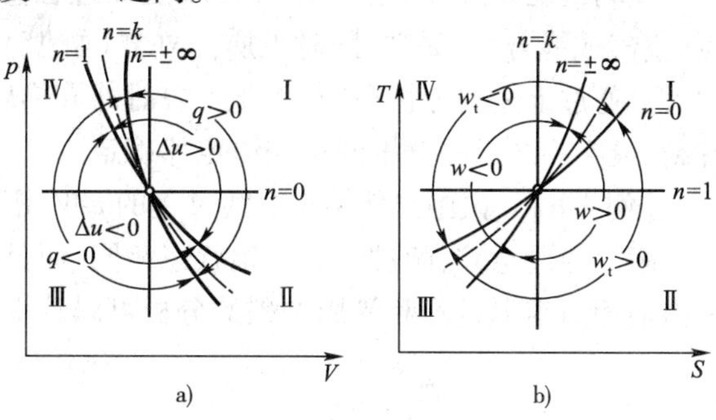


图 1-19 多变过程在 $p$-$V$ 图和 $T$-$S$ 图的规律定性分析

(1)所有热力过程中内能及焓以过初始点的定温线为分界线增大或减小。因为任何同一始点的多变过程线，在定温线的上方（$T$-$S$ 图）或右上方（$p$-$V$ 图），由于 $\mathrm{d}T>0$，则有 $\mathrm{d}u>0$，$\mathrm{d}h>0$；而在定温线的下方（$T$-$S$ 图）或左下方（$p$-$V$ 图）的各热力过程则正好与此相反。

(2)所有热力过程中功量的正负以过初始点的定容线为分界线。因为任何同一始点的多变过程线，在定容线的右方（$p$-$V$ 图）或右下方（$T$-$S$ 图）的各热力过程，由于 $\mathrm{d}V>0$，则有 $w>0$，工质对外做功；而在定容线的左方（$p$-$V$ 图）或左上方（$T$-$S$ 图）各热力过程由于 $\mathrm{d}V<0$，则有 $w<0$，外界对工质做功。

(3)所有热力过程中热量的正负以过初始点的等熵线为分界线。因为任何同一始点的多变过程线，在等熵线的右方（$T$-$S$ 图）或右上方（$p$-$V$ 图）的各热力过程，由于 $\Delta S>0$，则有 $q>0$，工质从外界吸热；而在等熵线左方（$T$-$S$ 图）或左下方（$p$-$V$ 图）的各热力过程由于 $\Delta S<0$，则有 $q<0$，工质对外放热。

有了以上这些判定标准，可方便地从 $p$-$V$ 图或 $T$-$S$ 图上分析一个热力过程中能量转换和状态变化情况，或者根据能量转换和状态变化情况在坐标图上绘出该热力过程曲线。

**【例 1-5】** 试分析闭口系统图 1-20 所示过程①②中状态参数变化及与外界功量、热量交换情况，并画出对应的 $T$-$S$ 图。

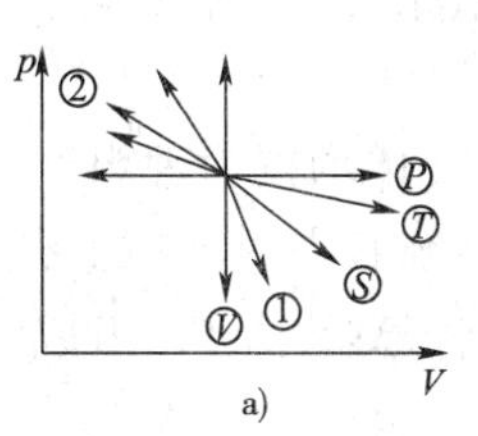


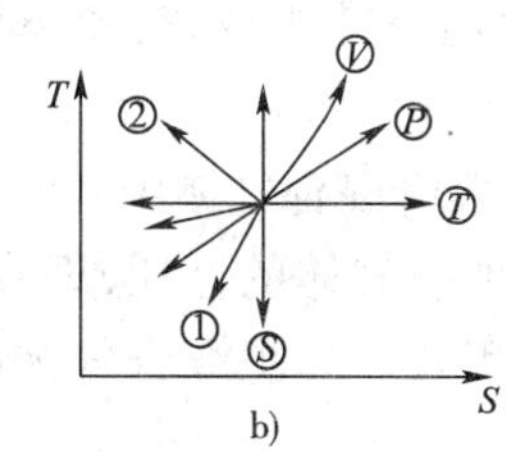


图 1-20

**解** (1)过程①的功量变化。

因过程①位于定容线右方，故 $\mathrm{d}V>0$，为一膨胀过程，因此容积功 $w>0$，工质对外做功。

热量变化：因过程①位于绝热线左方，故 $\mathrm{d}S<0$，$q<0$，即工质对外放热。

内能变化：因过程①位于等温线下方，故 $\mathrm{d}T<0$，则有 $\mathrm{d}u<0$，即工质内能减小。由热力学第一定律：$q=\Delta u+w$，工质经过热力过程①后的能量转换结果表明：工质通过减小自身内能，实现对外界做功和向外界放热。

根据上述能量变化情况可得该热力过程的 $T$-$S$ 图。由图可见，该过程的多变指数为 $n>k$。

(2)过程②功量、热量、内能变化情况分析过程同上，这里略去。

工质经过热力过程②后的能量转换结果表明：通过外界对工质做功，工质获得的能量一部分通过向外界放热散失掉，另一部分转换为工质的内能，使工质储能增加。此多变热力过

程指数 $n$ 介于 $1\sim k$ 之间。

发动机工作过程中的压缩过程就是如过程②所示的热力过程，即压缩过程中活塞对工质（空气或混合气）做功，同时工质向外界（缸壁）放热，工质被压缩后压力、温度升高，储能增大。通过上述的分析得知，并非工质对外放热后温度一定会降低，工质吸热后温度一定会升高，最终的结果完全由能量守恒定律确定。

**【例 1-6】** 试画出例 1-4 中两过程的 $p$-$V$ 图及 $T$-$S$ 图，并进行功量、热量等的定性比较。

**解** 由题意知，两过程的初始状态相同，而且两过程中终态的容积（或比体积）也相同，故由前面对定温过程和等熵过程的分析可以分别画出 $p$-$V$ 图及 $T$-$S$ 图，如图 1-21 所示。

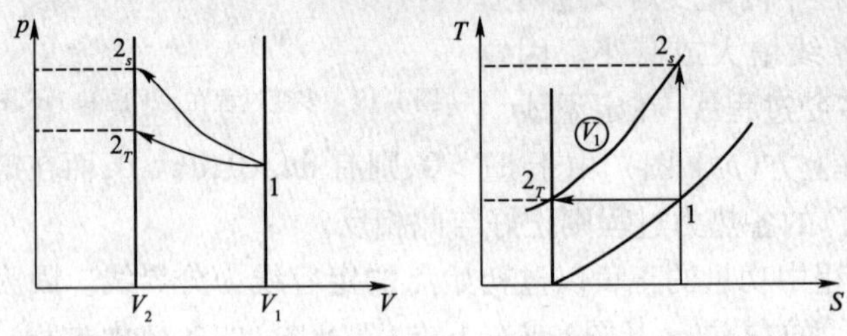


图 1-21

由 $p$-$V$ 图可知定温过程 $1\text{-}2_T$ 所消耗的功量（$1\text{-}V_1\text{-}V_2\text{-}2_T$ 所围面积）要比等熵过程 $1\text{-}2_s$ 所消耗的功量（$1\text{-}V_1\text{-}V_2\text{-}2_s$ 所围面积）小，这与定量计算结果正好吻合。在定温过程中由于内能变化 $\Delta u=0$，故由热力学第一定律：$q=\Delta u+w$，可知，外界对气体所做的功全部用来对外界的放热，但由于工质分子平均动能不变，因此，消耗的功量较小。在等熵过程中，由于气体与外界热交换 $q=0$，故由热力学第一定律：$q=\Delta u+w$，可知，外界对气体所做的功量全部用于使气体内能增加，但由于工质分子平均动能增大，因此，消耗的功量较大。

## *六、理想混合气体

在发动机热力工作过程中，实际工作物质即不是纯空气也不是理想气体，而是空气与燃料的混合气。它是由氧气（$O_2$）、氮气（$N_2$）及其燃料气体组成，这里氧气、氮气、燃料气体等称为组成混合气体的组元气体。

为了简化，在实际分析发动机热力过程时，一般将混合气体中各组成气体均视为理想气体。这时该混合气体就是理想混合气体，它具有理想气体的性质，即在平衡状态下，它的压力、温度和比体积间的关系遵守理想气体状态方程式。理想混合气体的计算除了与各组成气体的性质有关，还要取决于各组成气体的成分。

### 1. 理想混合气体的成分

气体的计量单位一般有质量、体积、物质的量。例如，某混合气体中各组成气体的质量分别为 $m_{O_2}=8\text{kg}$，$m_{N_2}=10\text{kg}$，$m_{H_2O}=2\text{kg}$，则总质量为 $m=m_{O_2}+m_{N_2}+m_{H_2O}=20\text{kg}$。

用体积和物质的量也可表示出混合气的相应组成成分。所谓成分就是指混合气中各种组元气体所占的数量比例，不同成分的混合气，其热力学参数是不相同的。根据不同的计量单位，相应地可以得出三种不同的成分计量形式。

质量成分：如果混合气由 $k$ 种气体组成，其中第 $i$ 种组元气体的质量 $m_i$ 与混合气体总质

量 $m$ 的比值,称为该组元气体的质量成分。

$$x_i = \frac{m_i}{\sum_{i=1}^{k} m_i} = \frac{m_i}{m} \tag{1-73}$$

式(1-73)中混合气体总质量 $m$ 等于各组元气体的质量 $m_i$ 的和,即:$m = \sum_{i=1}^{k} m_i$,所以,各组元气体质量成分的总和等于1,即:$\sum_{i=1}^{k} x_i = 1$。类似的有

容积成分

$$r_i = \frac{V_i}{\sum_{i=1}^{k} V_i} = \frac{V_i}{V}; \quad \sum_{i=1}^{k} r_i = 1 \tag{1-74}$$

摩尔分数

$$y_i = \frac{n_i}{\sum_{i=1}^{k} n_i} = \frac{n_i}{n}; \quad \sum_{i=1}^{k} y_i = 1 \tag{1-75}$$

式中:$n_i$——各组元气体物质的量;

$n$——混合气体物质的量。

2. 道尔顿分压定律

道尔顿分压定律指出:理想混合气体的总压力($p$)等于各组元气体分压力($p_i$)的总和,即

$$p = \sum_{i=1}^{k} p_i \tag{1-76}$$

所谓分压力是指各组元气体在与混合气体相同的温度和容积时,单独存在并具有的压力。如1-22图所示,容器中有若干气体时,总压力为 $p$,当各组元气体单独置于容器中且保持温度和压力不变时,各分压力分别为 $p_1$、$p_2$……

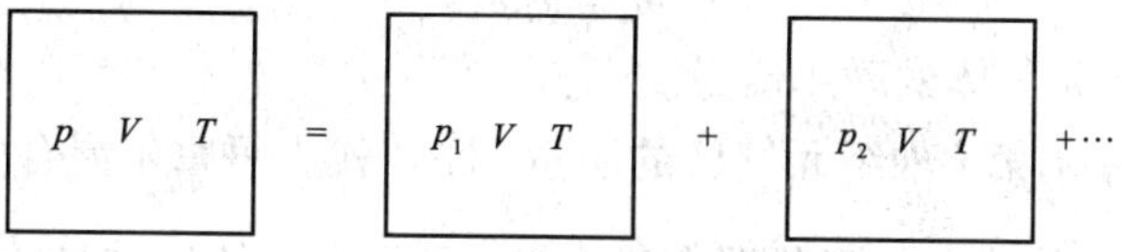

| $p\ \ V\ \ T$ | = | $p_1\ \ V\ \ T$ | + | $p_2\ \ V\ \ T$ | +… |
|---|---|---|---|---|---|

图1-22 分压力与总压力示意图

道尔顿定律的正确性是显而易见的,既然是理想气体,则各组元气体混合在一起并不相互影响,因此混合气体全部分子碰撞容器壁的效果,必等于各组元气体各自碰撞容器壁的效果的总和,即总压力等于分压力之和。

当已知总压力 $p$ 时,各组元气体的分压力 $p_i$ 可以通过摩尔分数计算求得。由物质的量表达的理想混合气体状态方程

$$pV = nR_{\mathrm{m}}T \tag{1-77}$$

及理想混合气体中第 $i$ 种组元气体的状态方程

$$p_iV = n_iR_{\mathrm{m}}T$$

将上式与式(1-77)相除,得

$$\frac{p_i}{p} = \frac{n_i}{n} = y_i \quad 或 \quad p_i = y_ip \tag{1-78}$$

3. 分容积定律

分容积定律指出：理想混合气体的总容积 $V$ 等于各组元气体分容积 $V_i$ 的总和。即

$$V=\sum_{i=1}^{k}V_i \tag{1-79}$$

分容积是指相同温度和压力下，当某种组元气体单独存在所具有的容积。总容积与分容积的定义如图 1-23 所示。

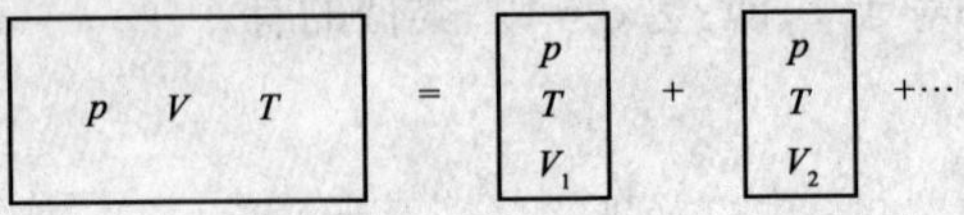

$$\boxed{p\quad V\quad T} = \boxed{\begin{matrix}p\\T\\V_1\end{matrix}} + \boxed{\begin{matrix}p\\T\\V_2\end{matrix}} + \cdots$$

图 1-23　总容积与分容积示意图

由图 1-23 可以看出，当理想混合气体处于温度为 $T$，压力为 $p$ 的状态时，此时所占的容积 $V$ 则可以表示为

$$V=\frac{nR_{\mathrm{m}}T}{p} \tag{1-80}$$

而此种状态下理想混合气体中，第 $i$ 种组元气体所占有的容积 $V_i$ 可以表示为

$$V_i=\frac{n_iR_{\mathrm{m}}T}{p}$$

将上式与式(1-80)相除，得

$$\frac{V_i}{V}=\frac{n_i}{n}=y_i \quad 或 \quad V_i=y_iV \tag{1-81}$$

4. 各成分间的关系

实际热力计算中，成分的各种表示方法之间需要进行换算，换算主要是根据质量与物质的量之间的下列关系式：

$$m_i=n_iM_i \tag{1-82}$$

式中：$M_i$——第 $i$ 种组元气体的摩尔质量。

由于 $M_i$ 代表每摩尔第 $i$ 种组元气体的质量，而 $y_i$ 代表每摩尔混合气中第 $i$ 种组元气体的摩尔分数，所以 $y_iM_i$ 就代表每摩尔混合气中第 $i$ 种组元气体的质量。因此，$\sum_{i=1}^{k}y_iM_i$ 就等于每摩尔混合气的总质量。即

$$x_i=\frac{y_iM_i}{\sum_{i=1}^{k}y_iM_i} \tag{1-83}$$

而由分容积定律的结论可以得

$$\frac{V_i}{V}=\frac{n_i}{n}\Rightarrow r_i=y_i \tag{1-84}$$

式(1-83)、式(1-84)表达了混合气体不同成分计量形式之间的换算关系。

5. 混合气体的折合气体常数

将 $m_i=n_iM_i$ 代入 $m=\sum_{i=1}^{k}m_i$ 有

$$m=n_1M_1+n_2M_2+n_3M_3+\cdots+n_kM_k=nm_{\mathrm{T}} \tag{1-85}$$

式中：$m_T$——混合气体的平均摩尔质量。

由式(1-86)可以求出

$$m_T = \sum_{i=1}^{k} y_i M_i \tag{1-86}$$

可以看出，混合气体的平均摩尔质量等于各组元气体的摩尔分数乘以该组元气体的摩尔质量的和。同时也可以求出混合气体的折合气体常数为

$$R = \frac{R_m}{m_T} \tag{1-87}$$

6. 混合气体的内能、焓、熵

由前面知道，理想的内能仅由内动能组成，显然内动能不会因其他存在而受到影响。故混合气体的内能、焓、熵应等于各各组元气体内能、焓、熵之和。即

$$U = \sum_{i=1}^{k} U_i ; H = \sum_{i=1}^{k} H_i ; S = \sum_{i=1}^{k} S_i \tag{1-88}$$

相应地，内能、焓及熵的变化量分别为

$$\Delta U = \sum_{i=1}^{k} \Delta U_i ; \Delta H = \sum_{i=1}^{k} \Delta H_i ; \Delta S = \sum_{i=1}^{k} \Delta S_i \tag{1-89}$$

**【例 1-7】** 经气体分析，测出某发动机所排废气中各组元气体的容积成分为 $r_{CO_2} = 8.92\%$、$r_{CO} = 0.89\%$、$r_{H_2O} = 11.2\%$、$r_{O_2} = 4.77\%$、$r_{N_2} = 74.22\%$，若废气温度 $t = 500℃$，压力 $p = 1.05 \times 10^5 Pa$，每秒排出废气 $1.5m^3/s$。求：①各组元气体的 $x_i$；②废气的平均摩尔质量和折合气体常数；③发动机每秒排出废气多少 kg；④$CO_2$ 及 $N_2$ 的分压力。

**解** (1)计算各组元气体的质量成分 $x_i$ 见表 1-1。

各组元气体的质量成分

表 1-1

| 组元名称 | 容积成分 $r_i$ | 摩尔质量 $M_i$ (kg/kmol) | 每千摩尔混合气体中组元的质量 $r_i M_i$ (kg/kmol) | 质量成分 $x_i = \frac{r_i M_i}{\sum r_I M_I}$ |
|---|---|---|---|---|
| $CO_2$ | 0.0892 | 44 | 3.925 | 0.1377 |
| CO | 0.0089 | 28 | 0.249 | 0.0087 |
| $N_2$ | 0.112 | 18 | 2.016 | 0.0707 |
| $O_2$ | 0.0477 | 32 | 1.526 | 0.0536 |
| $N_2$ | 0.7422 | 28 | 20.782 | 0.7293 |
| 合计 | 1.0 | | $\sum r_i M_i$ 28.498 | 1.0 |

(2)废气的平均摩尔质量：$m_T = 28.498$(kg/kmol)；废气的折合气体常数为

$$R = 8314/m_T = 291.74[J/(kg \cdot K)]$$

(3)每秒排出的废气质量

$$m = \frac{pV}{RT} = 0.698(kg/s)$$

(4)$CO_2$ 及 $N_2$ 的分压力为

$$p_{CO_2} = r_{CO_2} p = 0.0937 \times 10^5 Pa ; p_{N_2} = r_{N_2} p = 0.779 \times 10^5 (Pa)$$

**【例 1-8】** 某种气体发动机在排气过程开始时（假设活塞位于下止点），测得汽缸内燃气的压力为 5bar，温度为 1300K。排气终了时（假设活塞位于上止点），如图 1-24 所示。测

得汽缸内残余燃气压力为 1.2bar，温度为 700K，设燃烧室容积为 80cm$^3$，汽缸容积为 500cm$^3$，在整个排气过程中燃气的成分保持不变，混合气气体常数为 289.7J/kg · K。试问排气过程中排出的燃气质量为多少？

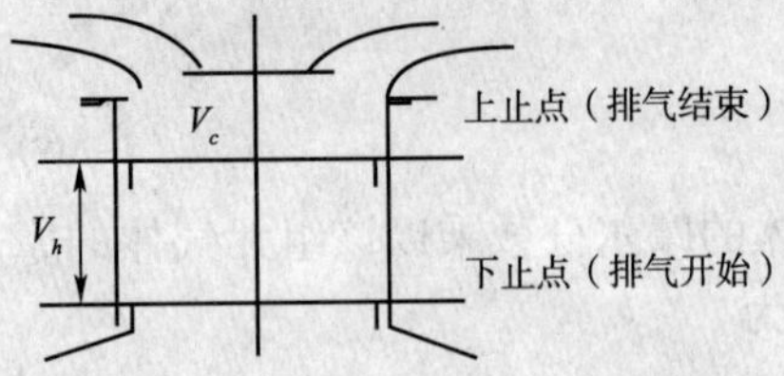

图 1-24　输气管及容器的示意图

**解**　已知排气开始时燃气参数为 $p_1 = 5\text{bar}$，$T_1 = 1300\text{K}$ 这时燃气所占容积为：

$$V_1 = V_c + V_h = 580(\text{cm}^3)$$

故这时燃气的质量由状态方程式 $pV = mRT$ 得：

$$m_1 = \frac{p_1 V_1}{RT_1} = 7.7 \times 10^{-4}(\text{kg})$$

又已知排气终了时燃气温度 $T_2 = 700\text{K}$，压力 $p_2 = 1.2\text{bar}$，燃气所占容积 $V_2 = V_c = 80\text{cm}^3$ 故这时燃气的质量为

$$m_2 = \frac{p_2 V_2}{RT_2} = 4.73 \times 10^{-5}(\text{kg})$$

故排气过程中排出的燃气量为

$$m = m_1 - m_2 = 7.227 \times 10^{-4}(\text{kg})$$

## 第二节　发动机能量转换

### 一、概述

热能的应用主要有两种基本方式：一种是热利用，将热能直接应用于加热物体，以满足生产及生活的需要。例如加热、烘干、供暖等。另一种是动力利用，通常指通过各种热能动力装置将热能转换为机械能。

众所周知，工程上可以通过很多种方法获得机械能，例如，可以直接利用风与水的机械能，还可以将太阳的热能、原子核反应产生的热能、燃料燃烧产生的热能变成机械能。所有这些获得机械能的机器被称为发动机，将燃料燃烧产生的热能转换为机械能的动力装置称为热力发动机，简称热机。热机的发展已有上百年的历史。按照工作方式的不同它可以分成蒸汽动力装置和燃气动力装置。燃气动力装置是指燃料的燃烧过程和工作过程都在一种设备中的机器，其主要形式有往复活塞式内燃机和燃气轮机装置，而蒸汽动力装置则是指燃料的燃烧过程和工作过程分别在两种不同设备中的机器，其主要形式有蒸汽机、蒸汽轮机等。

1. 发动机基本工作原理

在热机实现热功转换的动力循环过程中，有一种热机是通过燃烧剂和氧化剂在热机内部一个封闭空间中的燃烧化学反应，将燃烧剂的化学能释放出来，转变为热能，再转变为机械能。这种热机称为内燃发动机。

在热机实际工作过程中，参与并实现热机实际循环的工作物质（燃烧剂和氧化剂及其生成物）称为工质，它既是能量的载体，又是实现能量转换的传输体。

汽车发动机就是一种通过燃料（燃烧剂）在发动机内部燃烧，将燃料的化学能转变为工质的热能（内能），高温高压的工质通过推动活塞在汽缸中运动，工质的热能又转变为活塞的机械能（动能），最后通过曲柄连杆机构，活塞往复运动的机械能（直线运动的动能）转换为曲轴的机械能（曲轴旋转转动的转矩）的动力机械装置，这种动力机械装置称为往复活塞式内燃发动机，本书简称为发动机（图1-25）。其工作过程如下：

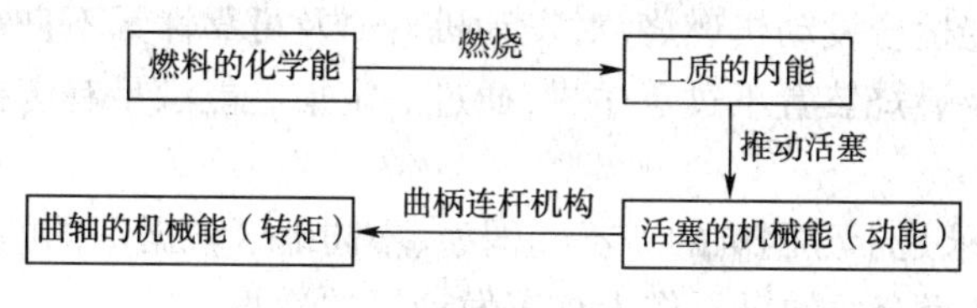


图1-25　发动机基本工作原理

2. 发动机能量转换的条件

汽车发动机要实现燃烧剂（燃料）和氧化剂（空气）在汽缸内的完全燃烧化学反应，释放出燃料的化学能，实现燃料的化学能转变为工质的热能，必须在一定的条件下才能完成。

发动机内燃料化学能的释放燃烧过程一般说来，要经历三个基本步骤：

(1)形成燃油与空气的可燃混合气。

(2)可燃混合气在温度和浓度适当的区域发生自燃或通过外部能量点燃可燃混合气，实现在一处或同时在数处着火过程。

(3)火源扩大到整个可燃混合气，形成全面燃烧，在短时间内将燃料的化学能量释放完毕。

完成上述步骤就要求发动机必须具有完善的进、排气系统和燃料供给系统，以保证形成具有合适浓度的可燃混合气；要求发动机必须经过压缩过程以保证可燃混合气具有合适的温度。因为发动机燃料只有在一定的浓度界限和一定的温度范围内才能发生自燃或通过外部能量点燃。可燃混合气一旦开始燃烧，要求发动机保证燃料以快速的燃烧速度燃烧完毕，将燃料的化学能转变为工质的热能。

由此可以看出，实现能量的转换发动机必须经过进、排气过程、压缩过程、燃烧膨胀过程，而完成这些过程发动机则必须具备配气机构，活塞、曲柄连杆机构，燃料供给系统，燃烧系统等基本结构，要保证发动机的正常工作则还需要润滑系统、冷却系统、点火系统、起动系统等辅助系统。

发动机原理的基本内容就是研究发动机内由燃料的化学能转换为活塞的机械能（活塞动能）的过程，以及实现这种能量转换的基本条件、能量转换的过程以及在转换过程中所发生的热力学现象和它们对发动机性能的影响，研究为了描述这些现象和影响所采用的科学方法和理论。而研究活塞的机械能（活塞动能）转换为曲轴的机械能（曲轴旋转转动的转矩）的过程，则属于内燃机动力学的研究范畴。

工质在能量转换过程中既是能量的承载体也是能量的传输体，本节主要从燃料燃烧热化学的角度，研究工质及其热力学参数在能量转换过程中的变化以及对能量转换过程的评价。

## 二、发动机燃料与工质

### (一)燃料

用作汽车发动机的燃料,应基本满足如下要求:

(1)资源丰富,价格适宜而且能量密度高。

(2)燃料理化性能适合发动机燃烧,对发动机寿命及可靠性无不良影响。

(3)燃料的供给及燃烧装置不过于昂贵,通过一定措施能满足有害排放物及噪声的法规要求。

完全满足上述要求是十分困难的。不同国家、不同地区根据不同的社会经济发展状况,在综合加权比较后,选择合适的燃料作为汽车发动机的燃料。

到目前为止,汽车发动机绝大多数还是使用石油制品的液体燃料——汽油和柴油。尽管两者有不少缺点,比如有害排放相对严重等,但综合来看,还一时不能为其他燃料大量替代。所以目前习惯上将汽油、柴油称为汽车发动机的常规燃料,而其余则称为代用燃料。

### (二)代用燃料

目前,人们正广泛开展代用燃料的应用研究。不仅是能源安全战略上的考虑,也是出于解决汽油、柴油对环境较大污染的现实要求。如液化石油气(LPG)、压缩天然气(CNG)、甲醇、乙醇、二甲基醚等。目前上述燃料已作为“清洁燃料”在汽车上获得应用,成为某些地区和城市推广使用的代用燃料。

代用燃料按物态区分,可以分为三类。

1. 气体代用燃料

压缩天然气是单独开采的甲烷($CH_4$)气体燃料,20MPa 高压后瓶装使用。液化石油气为原油分馏后,常温下为气体的丙烷、丁烷及少数戊烷混合物,0.5~1.0MPa 压缩液化后瓶装使用。其他有氢气($H_2$)、沼气($CH_4$)、发生炉煤气(CO)、水煤气(CO,$H_2$))等。此外,某些化工产品的气体燃料,如二甲基醚($CH_3$-O-$CH_3$)可用作柴油机代用燃料。

2. 液体代用燃料

它们是甲醇($CH_2OH$)、乙醇($C_2H_5OH$)和某些动、植物油及可燃的液体化工副产品。

代用燃料按化学成分又可分为两类:

(1)除汽油、柴油之外的烃燃料 $C_nH_m$。主要成分是碳和氢。C、H 含量适中时多为液体。C 分子数减少多为气体,如 $CH_4$等,极限情况不含 C 就是纯氢 $H_2$;反之,C 分子增加多为重质燃料,C 原子进一步增多,基本不含 H 时就成为煤炭(煤粉与水煤浆)。

(2)含氧燃料。含氧燃料成分中,除 C 和 H 外,还含有一定比例的氧。甲醇($CH_3OH$)、乙醇($C_2H_5OH$)以及动、植物油、煤气(CO)都是含氧燃料。氧不能自燃但能助燃,所以含氧燃料的热值都不高,但因本身有氧,所需外界空气量也相应减少,其混合气热值并不一定比烃类燃料低。

除烃类和含氧燃料外,还有一些含 C、H、O 以外元素的燃料,如乙硼烷($B_2H_6$)等。但由于资源、价格和性能各方面的原因,尚未在汽车发动机中推广应用。

发动机的燃料是工质的重要组成部分,燃料的理化特性在很大程度上决定了混合气形成、着火燃烧以及发动机的运转工况,即对发动机动力、经济性能产生间接的重大影响。此外,不同燃料的理化特性也影响到有害排放物的成分和数量。这些也是形成汽油机、柴油机以及多种燃料发动机结构和性能差别的主要原因。

**(三)工质**

对于大多数发动机工质来说,采用环境空气作为氧化剂,按容积计。它含有21%的氧,其余基本上是氮。采用C、H燃料作为燃烧剂,最常用的是汽油和柴油。

发动机在实现实际循环时,工质并不是保持固定不变的,而是经历着物理和化学的变化。

在汽缸充气时,根据发动机的类型,向汽缸充入空气或新鲜混合气(可燃气体和空气的混合物或者液体燃料的蒸气及其细滴与空气的混合物)。在一个工作循环中,进入汽缸并在压缩始点仍留在汽缸中的空气或新鲜混合气都称为新鲜充量。

在压缩过程中,工质是空气或新鲜混合物与残留气体的混合气,这里所说的残留气体乃是在完成上一个循环之后仍停留在汽缸中的燃烧生成物。

由于在进气和压缩过程中,基本上为燃料、空气与残余废气的混合物(汽油机),或空气与残余废气的混合物(柴油机)。此时由于缸内压力与温度都不高,可以忽略工质间的化学作用,而认为工质成分是“冻结”不变的。

从点火或喷油开始的燃烧、膨胀和排气过程中,由于燃烧及高温热反应的作用,工质混合物的成分和比例在不断变化之中。除了燃烧最终产物$H_2O$和$CO_2$以及空气中不参加反应的$N_2$等成分之外,还有各种有害排放物和燃烧过程中的各种中间产物。

由于在燃烧膨胀和排气过程中,用作工质的是燃料的燃烧生成物,在实现循环时,工质的热力性质是随其温度和成分而变化的,在实际循环的计算中要考虑到这一点。

在发动机实际工作过程中,汽缸内的工作物质是成分和比例不断变化的气体(空气、燃料蒸气及燃烧产物的混合物)或气体、液体(燃料液滴)的混合物。这些不断变化的工质对发动机的能量转换以及燃烧工作模式有着巨大的影响。它的成分、组成比例以及各种热物性参数,都对发动机的动力、经济性能产生重大的影响。它的各种热力参数,如定容和定压比热容$c_v$和$c_p$、等熵指数$k$、特种气体常数$R$等都对循环热效率有着较大的影响。这些热力参数是决定发动机热功转换过程中,转变为功的“质”的环节的重要因素,对热效率的影响绝不亚于循环参数如压缩比$\varepsilon$等的影响。

1. 工质的主要热力参数

在对发动机实际工作过程进行热力计算时,一般情况下将缸内气体工质均当作理想气体进行处理。同时将发动机缸内实际工作过程近似作为准静态过程,这样就可以利用经典热力学的基本理论和热力学基本关系式描述发动机的热力过程。

1)压力、温度、体积

设发动机汽缸内工质的压力为$p$,温度为$T$,单位质量的体积为$v$,则满足单位质量的理想气体状态方程:

$$pv = RT$$

若汽缸内工质的质量为$m$,则有:

$$pV = mRT \tag{1-90}$$

式中:$R$——气体常数;

$v$——工质的比体积;

$V$——工质所占总体积。

不同的理想气体,若物质的量 $n$ 相同,则在相同热力状态下的体积也必然相同。以 $O_2$ 和 $H_2$ 为例,它们的物质的量相同时,质量比是 32∶2,这也就是它们的相对分子质量比。由气体分子运动学可知,在相同热力状态下,具有相同分子数量的各种理想气体都有相同的体积。在压力为 101.3kPa,温度为 273.15K 的标准状态下,1kmol 理想气体的体积都是 22.4m$^3$。于是,摩尔质量在一定条件下也可以反映体积的大小。这就为燃烧热化学的计算提供了很大的方便。

将物质的量 $n=\dfrac{m}{m_T}$ 代入式(1-90),则有

$$pV = nm_TRT$$

令 $R_m = m_TR$,则有

$$pV = nR_mT \tag{1-91}$$

式中:$m_T$——摩尔质量;

$R_m$——通用气体常数。

$R_m$ 对于所有理想气体都是相同的。这是因为,对任何理想气体,$p$、$T$ 相同时,若物质的量 $n$ 相同,则必然 $V$ 相同,于是式(1-91)中的 $R_m$ 就必然相同了。

2)比热容与等熵指数

对工作过程影响最大的热力特性参数是气体的比热容和等熵指数。比热容是热量对温度的导数,即单位质量物质,温度每上升 1K 所需加入的热量。气体有比定容热容 $c_v$ 和比定压热容 $c_p$ 之分,它们分别表示定容与定压加热过程中的比热容。由第一节的内容知道,它们可用气体比内能 $u$ 和比焓 $h$ 的导数表示:$c_v=\dfrac{du}{dT}$,$c_p=\dfrac{dh}{dT}$。$c_p$ 与 $c_v$ 之比等于等熵指数,即 $k=\dfrac{c_p}{c_v}$。

由热力学分析可知,$c_p$ 与 $c_v$ 之间满足 $c_p-c_v=R$ 的关系,由此又可推导出 $c_v=R/(k-1)$,$c_p=Rk/(k-1)$ 的关系式。

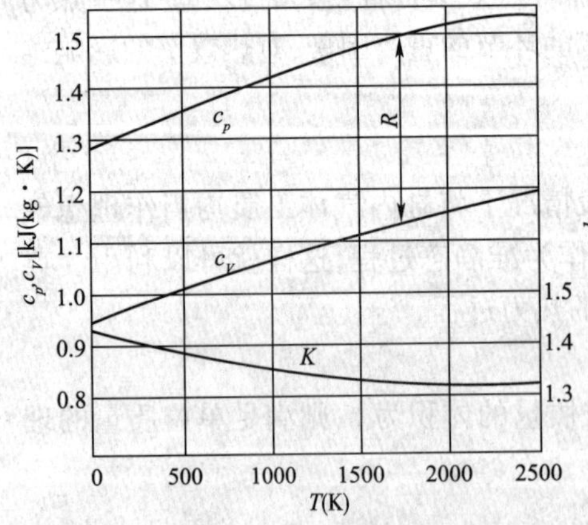

图 1-26　空气的 $C_p$、$C_v$ 和 $k$ 值随温度 $T$ 的变化曲线

理想气体的比内能 $u$ 和比焓 $h$ 是温度 $T$ 的单值函数,因此 $c_p$、$c_v$ 和 $k$ 值都随温度 $T$ 而单值变化。其具体数据和计算方法可由工程热力学相应的图表查出。图 1-26 表示了空气的 $c_v$、$c_p$ 和 $k$ 值随温度 $T$ 上升而变化的曲线。对于发动机工质也有类似的变化趋势,$c_v$、$c_p$ 均随 $T$ 的上升而增长;$R$ 不变时,$k$ 值随 $T$ 的上升而下降。

此外,$c_v$、$c_p$ 值还取决于气体分子的自由度数。由分子物理学可知,分配到分子每一个自由度的热量是相同的。多原子分子的自由度比双原子分子多,而双原子分子的自由度又多于单原子分子。纯空气主要由双原子分子 $O_2$、$N_2$ 等组成,废气则含有更多的三原子分子 $H_2O$ 和 $CO_2$,所以工质含废气量越多,则比热容值越高,而等熵指数 $k$ 越小。

发动机中,无论新鲜空气还是废气,摩尔质量 $m_T$ 都在 28.5~30.3 范围内变化,彼此相差

不大,因而特种气体常数 $R=\frac{R_m}{m_T}$ 可以近似认为相同。由 $c_p-c_v=R$ 和 $c_v=R/(k-1)$ 关系可知,$R$ 不变时,等熵指数 $k$ 越大,则 $c_v$、$c_p$ 值越小;$c_v$、$c_p$ 值越小,则在相同加热量情况下,工质的温度上升越高。由热力学第二定律可知,加热后工质温升越高,则能量质量越好,相同循环的热效率就越高。这就是为什么工质的绝热指数 $k$ 是决定循环热效率的极为重要的因素之一。

3)空燃比、过量空气系数

燃料与空气的混合比例反映了可燃混合气的浓度,即混合气中燃料多和少的程度,是发动机的一个极为重要的参数。它的上、下界限是发动机能否实现燃烧的基本条件,它的大小对发动机燃烧过程有重大的影响。混合气浓度有几种不同的表示方法。

设 1kg 质量的燃料完全燃烧理论上所必需的空气量为 $L_0$,则空气量与燃料质量的比值称为化学计量比,或称为理论空燃比,是无量纲数,数值上等于 $L_0$。若实际供给的空气量为 $L$,则一般混合气中空气质量与燃料质量之比称为空燃比,用 $\alpha$ 表示,数值上等于 $L$。

将 $L$ 与 $L_0$ 的比值称为过量空气系数,用 $\varphi_a$ 表示,即

$$\varphi_a=\frac{L}{L_0} \tag{1-92}$$

若 $\varphi_a>1$,称为稀混合气;$\varphi_a<1$,为浓混合气;$\varphi_a=1$ 则称为具有化学计量比(理论混合比)的混合气,此时理论上燃料与空气中的氧气完全燃烧。西方国家资料中常用 $1/\varphi_a$ 表示混合气浓度,称为燃空当量比,俄罗斯则称为空气利用系数。有时也用混合气中燃料质量与空气质量之比表示混合气浓度,称为燃空比,它是空燃比的倒数,即 $1/\alpha$。

以上几种表示方法可相互转换。例如:$L=L_0\varphi_a$,理论计算表明,汽油的化学计量比 $L_0=14.8$,柴油的 $L_0=14.3$,故汽油机的 $\alpha=14.8\varphi_a$,柴油机 $\alpha=14.3\varphi_a$。

2. 比热容的计算

为了进行发动机循环的计算,必须知道不同温度下的定容平均摩尔热容 $c_v$。因此,定压平均摩尔热容 $c_p$(kJ/(kmol·K))就可以利用如下的关系式根据 $c_v$ 算出:

$$c_p=R_m+c_v=c_v+8.3144$$

包含在工质成分中的气体的平均定容摩尔热容在一般工程热力学手册中都可以查到。

柴油机中的新鲜充量由空气构成,而点火式发动机中的新鲜充量由空气和燃料蒸气组成,在气体发动机中由空气和气态燃料组成。

在进行气态燃料的精确计算时,必须按照已知的混合气体的比热容方程式来确定新鲜充量的比热容,即

$$c_v=\sum r_i c_{vi} \tag{1-93}$$

式中:$c_{vi}$——新鲜充量某组分的比热容[kJ/(kmo1·℃)];

$r_i$——新鲜充量中某组分的体积分数。

因此,如果某种气体,例如一氧化碳,在气态燃料中的含量为 $M_{CO}$mol,则

$$r_{co}=\frac{M_{co}}{1+\varphi_a L_0} \tag{1-94}$$

燃烧生成物取决于燃料的成分、过量空气系数以及燃烧特点和含有的不同组分和数量。如果每种组分的体积分数 $r_i$ 都是已知的,则燃烧生成物的比热容 $c_{vr}$ 也可像混合气体的比热

容那样计算,即

$$c_{vr} = \sum r_i c_{vi} \tag{1-95}$$

对于柴油机和气体燃料发动机,工作循环的计算是在 $\varphi_a > 1$ 的情况下进行,在这种情况下认为燃料的燃烧是完全的。因而燃烧生成物仅由 $CO_2$、$H_2O$、$O_2$ 和 $N_2$ 组成。对于用源于石油的液体燃料工作的发动机,由于各燃料品种的成分变化很小,这时如果给定燃料的平均成分并预先算出 $\varphi_a = 1$ 时燃烧生成物的比热容,则对于不同 $\varphi_a$ 值下燃烧生成物的比热容计算可以大为简化。下面的讨论中,用 $c_{v0}$ 表示 $\varphi_a = 1$ 时的燃烧生成物的比热容。

在 $\varphi_a > 1$ 的情况下,燃烧 1kg 燃料得出的生成物总量为

$$M_2 = M_0 + (\varphi_a - 1) L_0 \tag{1-96}$$

式中:$M_0$——在 $\varphi_a = 1$ 的情况下,1kmol 燃料燃烧时形成的燃烧生成物的量。

在 $\varphi_a > 1$ 的燃烧生成物总量中,$\varphi_a = 1$ 的燃烧生成物的体积分数为

$$r_0 = M_0 / M_2 \tag{1-97}$$

而剩余空气的体积分数 $r_a$ 为

$$r_a = [(\varphi_a - 1) L_0] / M_2 \tag{1-98}$$

因此,$\varphi_a \geqslant 1$ 的燃烧生成物的比热容为

$$c_{vr} = r_0 c_{v0} + r_a c_{va} \tag{1-99}$$

需要说明的是,根据 $c_{v0}$ 确定比热容的方法不适用于 $\varphi_a < 1$ 的燃烧情况,因为不能把燃烧生成物看成是 $\varphi_a = 1$ 的燃烧生成物 $M_0$ 与剩余空气的混合物。在这种情况下比热容应按照表达式(1-95)计算。

利用气体内能 $u$ 代替比热容,可使计算进一步简化,计算混合气的内能如像确定比热容一样,因为

$$u = c_v T = \sum r_i c_{vi} T = \sum r_i u_i \tag{1-100}$$

常用气体内能的数值在一般工程热力学手册中都可以查到。

3. 工质作为混合物时的热力特性

发动机工质是混合物,每种成分都按理想气体处理。

1)各组分视为“冻结”时的处理

混合物各组分间化学反应极为缓慢则被视为“冻结”。此时工质的热力特性与参数按热力学中混合气组元的成分及比例均固定不变的方法处理,比较简单。发动机压缩、进气、排气及膨胀过程中,工质在 1700K 温度以下时,可按此模型分析。在各组分数据已知条件下,可通过专业手册提供的图表查出所需热力参数值。

2)按化学动平衡条件处理

高于 1700K 的燃烧及膨胀过程中,燃烧及高温热反应十分迅速,可认为每一瞬间都处于该温度的化学动平衡状态,于是混合物的组分与比例按化学动平衡规律来确定,进而按此情况求出该时刻的热力特性与参数。

将各组分视为化学动平衡态的这一假定,对于预测发动机的动力、经济性是合适的,但是在分析污染物的生成规律时就不准确了。实际上,发动机内的化学过程通常是不平衡的,它受化学反应速率、反应物浓度、温度以及催化剂存在与否的影响。这是化学动力学研究的

领域。研究发动机内污染物的生成规律及数量要利用这一领域的理论来分析。

## 三、发动机能量转换的实现

### (一)燃烧热化学——燃料燃烧与燃烧生成物

燃料的燃烧,本质上是燃料中的C和H与空气中$O_2$的氧化反应放热过程。不论燃烧的中间反应如何复杂,都可以在已知燃料成分和初始热力状态的前提下,计算出完全燃烧的最终产物$H_2O$和$CO_2$所需的空气量以及释放出的热量,供发动机循环与燃烧分析之用。

1.1kg质量的燃料完全燃烧需要的空气量

C、H与空气中$O_2$完全燃烧生成$H_2O$和$CO_2$时的化学反应式为

$$C + O_2 = CO_2$$

$$H_2 + \frac{1}{2}O_2 = H_2O$$

若1kg质量的燃料完全燃烧所必需的理论空气量$L_0$用千摩尔(kmol)的化学计量比表示。设燃料成分为C、H、O,并分别表示各组元的百分数,即:C+H+O=1,则

$$L_0 = \frac{1}{0.21}\left(\frac{C}{12} + \frac{H}{4} - \frac{O}{32}\right) \tag{1-101}$$

或

$$L_0 = \frac{C}{0.21 \times 12}\left[1 + \frac{3}{C}\left(H - \frac{O}{8}\right)\right]$$

假定空气由0.21容积的氧($O_2$)和0.79容积的氮($N_2$)组成,可把最终的公式改写成以下的形式:

$$L_0 = \frac{C}{1.99}(0.79 + \beta) \tag{1-102}$$

式中:$\beta = \frac{3 \times 0.79}{C}\left(H - \frac{O}{8}\right) = 2.37\frac{H - \frac{O}{8}}{C}$。

注意:数值$\beta$称为燃料化学特性,它取决于燃料和空气的成分。

假定包含在燃料中的氧消耗在氢的氧化上,则数值$\beta$正比于消耗于燃烧氢的氧元素量与消耗于燃烧碳的氧元素量之比。对于石油燃料,$\beta = 0.33 \sim 0.42$。

刚好具备理论上所必需的空气量的燃料的燃烧乃是燃烧的个别情况。根据功率的调节方式,发动机的工作条件(不同的速度和载荷工况)、混合气形成的方式、燃料的燃烧条件以及发动机的空燃比都是在变化的,即进入发动机汽缸中的燃料与空气的数量之比是在变化的。因此,汽缸中燃烧1kg质量的燃料时,实际空气量$L$可以大于或者小于化学计量比的空气量$L_0$。这就意味着在$L$大于或小于$L_0$这两种情况下,实际空气量$L$对化学计量比的$L_0$之比,即过量空气系数大于或小于1。

燃料燃烧时,如果所有的燃料通过燃烧全部氧化为燃烧产物,可燃部分都转变成最终氧化生成物,则这样的燃烧就称为燃料的完全燃烧。如果在燃料完全燃烧的情况下,在燃烧生成物中不存在氧,则这样的燃烧就称为完善的。表1-2示出了几种主要液体燃料的成分及完全燃烧所需的理论空气量。

几种主要液体燃料的成分及理论空气量 表1-2

| 名称 | 质量成分(kg) | | | 理论空气量 | | | 摩尔质量 | β（燃料化学特性） |
|---|---|---|---|---|---|---|---|---|
| | C | H | O | kg/kg | $m^3$/kg | kmol/kg | | |
| 汽油 | 0.855 | 0.145 | | 14.90 | 11.54 | 0.515 | 114 | 0.402 |
| 轻柴油 | 0.870 | 0.126 | 0.004 | 14.50 | 11.22 | 0.500 | 170 | 0.342 |
| 甲醇 （$CH_3OH$） | 0.375 | 0.125 | 0.500 | 6.46 | 5.00 | 0.223 | 32 | 0.395 |
| 乙醇 （$C_2H_5OH$） | 0.522 | 0.130 | 0.348 | 9.00 | 6.95 | 0.310 | 46 | 0.393 |

对于 $\varphi_a = 1$ 的情况，燃料完全燃烧在理论上是可能的。但是，在过量空气系数 $\varphi_a = 1$ 的情况下，发动机的实际燃烧过程通常不能实现所有燃料的完全燃烧，即燃料不能通过燃烧全部氧化为燃烧产物。产生这种情况是因为不可能达到这样完善的程度，即进入汽缸的燃料与理论上所必需的空气量组成完全均匀的混合气，在这种混合气中每一个微团的空气都能保证其燃烧所要求的氧气量，只有在 $\varphi_a > 1$ 的情况下，燃料实际上才可能完全燃烧。但是，无论是在汽油发动机还是柴油发动机中，对于发动机中的某些工况，可能会出现过量空气系数 $\varphi_a < 1$ 的情况。在这些工况下燃料只是部分氧化，发动机的经济性恶化。不过，在过量空气系数略小于1的情况下，工质可得到最大的做功能力。

众所周知，$\varphi_a = 1$ 是理论上燃料完全燃烧的极限情况，只有当 $\varphi_a \geqslant 1$ 的情况下燃料才有可能完全燃烧，下面进行详细地分析。

2. 当 $\varphi_a \geqslant 1$ 的情况下液体燃料的完全燃烧

在采用外部混合气形成的发动机汽缸中，在燃烧开始前，可燃混合气由空气和已蒸发的燃料蒸气组成。如果用 $m_T$ 代表燃料的摩尔质量，则1kg燃料的可燃混合气的kmol数为

$$M_1 = \varphi_a L_0 + \frac{1}{m_T} \tag{1-103}$$

在气体燃料发动机中，燃烧开始前汽缸中的可燃混合气由空气和气态燃料组成，因此，1kmol（或 $1m^3$）气体燃料的可燃混合气kmol（或 $m^3$）数为

$$M_1 = \varphi_a L_0 + 1 \tag{1-104}$$

在内部混合气形成及压燃式的发动机中，液态燃料在压缩末期开始喷入汽缸，它的体积和空气容积相比可以略去不计。因此对于这种形式的发动机为

$$M_1 = \varphi_a L_0 \tag{1-105}$$

在 $\varphi_a > 1$ 的情况下，燃料完全燃烧的生成物由二氧化碳 $CO_2$、水蒸气 $H_2O$、剩余的氧气 $O_2$ 和氮气 $N_2$ 组成，后两者是由空气带来的，对于1kg上述元素组成的液体燃料来说，这些成分的燃烧生成物的kmol数为

$$M_{CO_2} = \frac{C}{12}$$

$$M_{H_2O} = \frac{H}{2}$$

$$M_{O_2} = 0.21(\varphi_a - 1)L_0 = \frac{C}{12 \times 0.79}(\varphi_a - 1)(0.79 + \beta)$$

$$M_{N_2}=0.79\varphi_a L_0=\frac{\varphi_a C}{12\times0.21}(0.79+\beta)$$

燃烧生成物的总量由其总和确定,即

$$M_2=M_{CO_2}+M_{H_2O}+M_{O_2}+M_{N_2}$$

$$M_2=\frac{C}{12}+\frac{H}{2}+0.21(\varphi_a-1)L_0+0.79\varphi_a L_0$$

$$=\frac{C}{12}+\frac{H}{2}+(\varphi_a-0.21)L_0$$

$$=\varphi_a L_0+\frac{1}{4}\left(H+\frac{O}{8}\right)$$

$$=\frac{H}{2}+\frac{C}{12}[\varphi_a(0.79+\beta)-0.21\beta]/(0.21\times0.79)$$

或

$$M_2=\frac{C}{12}+\frac{H}{2}+0.79L_0+(\varphi_a-1)L_0$$

$$M_2=M_0+(\varphi_a-1)L_0 \tag{1-106}$$

式中:$M_0=\frac{C}{12}+\frac{H}{2}+0.79L$。

此处 $M_0$ 是当所取成分的1kg燃料与理论上所必需的(化学计量比的)空气量($\varphi_a=1$)燃烧时所得到的燃烧生成物的kmol数,而$(\varphi_a-1)L_0$是处于燃烧生成物中的剩余空气量。

按照式(1-106),可把不同 $\varphi_a$ 值下的燃料燃烧生成物看成 $\varphi_a=1$ 时的同样数量的燃烧生成物同某一数量的剩余空气的混合物。

虽然燃烧生成物的质量保持与燃烧前空气及燃料的质量之和相等,但是在一般情况下,$M_2$ 不等于 $M_1$,也就是说,在同样的温度和压力下燃烧生成物的容积可能不等于燃烧前可燃混合气的容积。因为气态燃烧生成物的物质的量较之燃烧前可燃混合气的物质的量有所变化,所以在燃烧时混合气的容积发生变化。

燃烧时工质数量的改变决定于如下之差

$$\Delta M=M_2-M_1$$

对于压燃式发动机,当把式(1-106)和式(1-105)代入上式就得

$$\Delta M=\varphi_a L_0+\frac{1}{4}\left(H+\frac{O}{8}\right)-\varphi_a L_0=\frac{H}{4}+\frac{O}{32} \tag{1-107}$$

类似地,对于外部混合气形成的发动机,代入式(1-103)和式(1-106)之后,就得

$$\Delta M=\frac{H}{4}+\frac{O}{32}-\frac{1}{m_T} \tag{1-108}$$

因此,根据式(1-107)和式(1-108)可得出结论:燃烧时容积的变化与过量空气系数 $\varphi_a$ 无关。当液态燃料燃烧时,燃烧生成物的容积总是大于可燃混合气的容积,在液态燃料中,氧和氢的含量对 $\Delta M$ 值的影响如下。

氧(它的容积被略去未计)在转变成气态时引起容积增大O/32kmol。当氢燃烧时形成水蒸气,它的容积是氢燃烧所必需的氧的容积的2倍,因此,燃烧生成物的容积增大H/4kmol。

在可燃混合气燃烧时容积的相对变化用所谓的新鲜混合气分子变更系数 $\mu_0$ 来表征,它

是燃烧生成物的数量与燃烧前可燃混合气的数量之比，即

$$\mu_0 = \frac{M_2}{M_1} = 1 + \frac{\Delta M}{M_1} \tag{1-109}$$

当代入在 $\varphi_a \geq 1$ 时的完全燃烧情况下的相应的式(1-108)、式(1-103)和式(1-107)、式(1-105)就得出：对于外部混合气形成的液体燃料发动机，有

$$\mu_0 = 1 + \frac{\frac{H}{4} + \frac{O}{32} - \frac{1}{m_T}}{\varphi_a L_0 + \frac{1}{m_T}} \tag{1-110}$$

而对于压燃式发动机

$$\mu_0 = 1 + \frac{\frac{H}{4} + \frac{O}{32}}{\varphi_a L_0} \tag{1-111}$$

在图 1-27 中示出了汽油的 $\mu_0$ 与过量空气系数($\varphi_a > 1$)的关系，而图 1-28 是柴油的 $\mu_0$ 随 $\varphi_a$ 的变化关系。在计算中假定：对于汽油 C = 0.855、H = 0.145、$m_T = 114$；对于柴油 C = 0.870、H = 0.126、O = 0.004。按照这些关系及式(110)和式(111)，液态燃料蒸气同空气混合后的新鲜混合气的分子变更系数 $\mu_0$ 总是大于 1，并且取决于过量空气系数 $\varphi_a$ 的大小，$\mu_0$ 随 $\varphi_a$ 增大而减小。$\mu_0$ 与 $\varphi_a$ 的关系具有双曲线的特征：随 $\varphi_a$ 增大 $\mu_0$ 值的渐近线接近于 1。在液态燃料燃烧时，用数值 $\Delta M$ 和 $\mu_0$ 表征的容积增长是一个有利的因素。因为在这种情况下，当燃烧生成物膨胀时，发动机汽缸中的气体膨胀功略有增大。

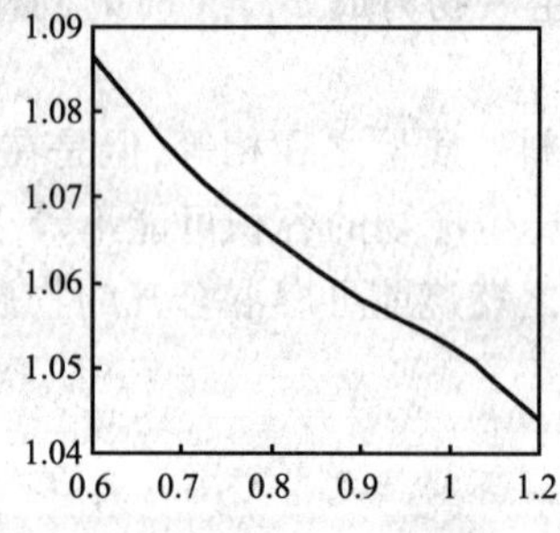


图 1-27　汽油 $\mu_0$ 与 $\varphi_a$ 的变化关系

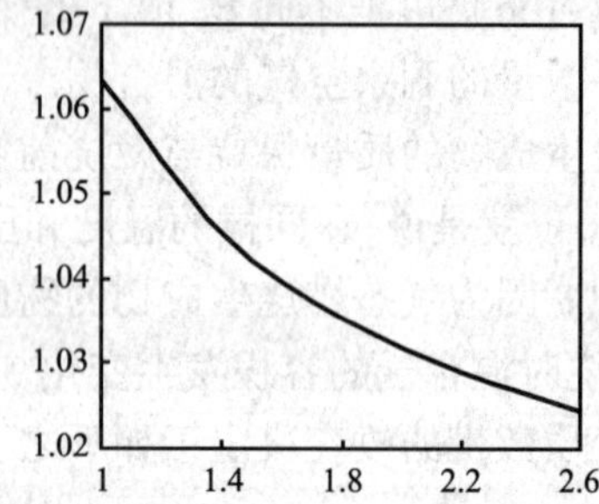


图 1-28　柴油 $\mu_0$ 与 $\varphi_a$ 的变化关系

*3. 当 $\varphi_a \geq 1$ 的情况下气态燃料各组分的燃烧生成物的量

对于包含在气体燃料成分中的 $C_n$、$H_m$、$O_r$ 型的每一种化合物，可把其完全燃烧的反应式写成如下的形式

$$C_nH_mO_r + \left(n + \frac{m}{4} - \frac{r}{2}\right)O_2 = n(CO_2) + \frac{m}{2}H_2O \tag{1-112}$$

因此，燃烧 1kmol 或 $1m^3$ 成分为 $\sum C_nH_mO_r + N_2 = 1$ 的气体燃料，理论上所必需的(化学计量比的)，以 kmol 或 $m^3$ 计的空气量的表达式，具有如下形式

$$L_0 = \frac{1}{0.21}\sum\left(n + \frac{m}{4} - \frac{r}{2}\right)C_nH_mO_r \tag{1-113}$$

为了确定气态燃料各种组分的燃烧生成物的数量，使用上式就能计算出各种 $C_n$、$H_m$、$O_r$ 型的化合物燃烧时得出的二氧化碳 $CO_2$、水蒸气 $H_2O$。

在过量空气系数 $\varphi_a \geqslant 1$ 的情况下，1kmol（或 $m^3$）气态燃料完全燃烧生成物的各个组分的 kmol（或 $m^3$）数如下

$$M_{CO_2} = \sum n C_n H_m O_r$$

$$M_{H_2O} = \sum \frac{m}{2} C_n H_m O_r$$

$$M_{O_2} = 0.21(\varphi_a - 1)L_0$$

$$M_{N_2} = 0.79\varphi_a L_0 + N_2$$

由此得出燃烧生成物总量

$$M_2 = \sum\left(n + \frac{m}{2}\right)C_n H_m O_r + \varphi_a L_0 - 0.21L_0 + N_2 \tag{1-114}$$

因为

$$\sum C_n H_m O_r + N_2 = 1$$

或

$$M_2 = 1 + \varphi_a L_0 + \sum\left(\frac{m}{4} + \frac{r}{2} - 1\right)C_n H_m O_r \tag{1-115}$$

或

$$M_2 = M_{CO_2} + M_{H_2O} + 0.79L_0 + (\varphi_a - 1)L_0 = M_0 + (\varphi_a - 1)L_0 \tag{1-116}$$

式中：$M_0$——在 $\varphi_a = 1$ 的情况下 1kmol 气体燃料燃烧时形成的燃烧生成物的数量；

$(\varphi_a - 1)L_0$——在该 $\varphi_a$ 下，处于燃烧生成物中的空气量。

1kmol（或 $1m^3$）气态燃料燃烧时容积变化为

$$\Delta M = M_2 - M_1 = \sum\left(\frac{m}{4} + \frac{r}{2} - 1\right)C_n H_m O_r \tag{1-117}$$

因此，与液体燃料的燃烧不同，在气态燃料燃烧时，与燃烧前混合气的容积相比，燃烧生成物的容积既可能增大，也可能减小。

容积的变化取决于组成燃料的各碳氢化合物的构成，即它们的数量以及碳氢化合物、氢和二氧化碳的相互比例。如果在 $C_n$、$H_m$、$O_r$ 型的化合物中氢原子数 $m < (4 - 2r)$，则容积的变化 $\Delta M$ 是负的，也就是说，燃烧的结果使工质的容积减小。当 $m > (4 - 2r)$ 时，$\Delta M$ 是正的，即工质的容积增大。在天然气燃烧时容积通常很少增大，因为它的主要成分甲烷在燃烧时其生成物的容积不发生变化（$\Delta M = 0$）。

因此，在气态燃料的情况下新鲜混合气的分子变更系数，根据式（1-109）可以小于或者大于 1。

### *4. 燃烧生成物的成分与 $\varphi_a$ 的关系

当工况变化时发动机中的过量空气系数 $\varphi_a$ 也变化，因此对燃烧生成物的成分与 $\varphi_a$ 的关系进行分析是有益的。根据前述，在完全或完善燃烧的条件下，过量空气系数 $\varphi_a$ 对包含在燃烧生成物中的 $CO_2$ 和 $H_2O$ 的绝对量没有影响。但是，随着过量空气系数增大，燃烧生成物中的双原子气体（$N_2$ 和 $O_2$）的数量增多，因而，$M_2$ 的数值也增大。因此随着过量空气系数 $\varphi_a$ 变化，燃烧生成物的容积组成也改变，燃烧生成物各组分的体积分数由以下表达式得出。

在湿燃烧生成物（包含水蒸气的）中：

$$r_{CO_2}=\frac{M_{CO_2}}{M_2}=\frac{M_{CO_2}}{M_0+(\varphi_a-1)L_0}$$

$$r_{O_2}=\frac{M_{O_2}}{M_2}=\frac{M_{O_2}}{M_0+(\varphi_a-1)L_0}$$

$$r_{H_2O}=\frac{M_{H_2O}}{M_2}=\frac{M_{H_2O}}{M_0+(\varphi_a-1)L_0}$$

$$r_{N_2}=\frac{M_{N_2}}{M_2}=\frac{M_{N_2}}{M_0+(\varphi_a-1)L_0}$$

以上表达式表明了燃烧生成物的体积分数与过量空气系数的关系。

如果将体积分数 $r$ 乘以 100% 则得出燃烧生成物成分的百分含量，例如

$$CO_2=r_{CO_2}\times 100\%$$

对于由上述元素组成的柴油的燃烧生成物的组分与系数 $\varphi_a$ 的关系，二氧化碳和水蒸气的百分含量随着过量空气系数增大而减小，这是因为氧含量的百分比提高，氮的容积含量与过量空气系数的关系很小。

为了确定燃烧生成物的成分，就要在气体分析仪器中对从发动机排气管中抽取的气样进行分析。根据分析的结果可以判断燃烧的完全度，还可确定过量空气系数以及另一些表征发动机汽缸中工作过程的参数。在利用普通的化学气体分析仪器作气体容积分析时，处于仪器试管中的燃烧生成物被水蒸气所饱和。为了确定气体的容积组成，各组分的容积必须在不变的温度和压力下测定。在这种条件下被水蒸气所饱和的各组分的容积与本来也是被水蒸气所饱和的原气体容积之比等于干气容积之比。因此，用通常的气体分析仪器所确定的排气的容积组成，就是表示的干燃烧生成物的总量的份额，所谓干的燃烧生成物也就是不包含水蒸气的。

在 $\varphi_a \geqslant 1$ 的情况下，当液态燃料在空气中完全燃烧时，可以得出下列关系。

根据式(1-106)，干燃烧生成物的数量$(M_2)_g$：

$$(M_2)_g=M_2-M_{H_2O}=\frac{C}{12}+(\varphi_a-0.21)L_0$$

$$=\frac{C}{12}\frac{\varphi_a(0.79+\beta)-0.21\beta}{0.21\times 0.79}$$

因此，干燃烧生成物各个组分的体积分数可以用燃料特性 $\beta$ 和过量空气系数 $\varphi_a$ 来表达，即

$$(r_{CO_2})_g=\frac{M_{CO_2}}{(M_2)_g}=\frac{\frac{C}{12}}{(M_2)_g}=\frac{0.21\times 0.79}{\varphi_a(0.79+\beta)-0.21\beta}$$

$$(r_{O_2})_g=\frac{M_{O_2}}{(M_2)_g}=\frac{0.21(\varphi_a-1)L_0}{(M_2)_g}=\frac{0.21(\varphi_a-1)\times(0.79+\beta)}{\varphi_a(0.79+\beta)-0.21\beta}$$

$$(r_{N_2})_g=\frac{M_{N_2}}{(M_2)_g}=\frac{0.79\varphi_a L_0}{(M_2)_g}=\frac{0.79\varphi_a(0.79+\beta)}{\varphi_a(0.79+\beta)-0.21\beta}$$

可以看出，当过量空气系数 $\varphi_a$ 增大时，在干燃烧产物中，氧的相对含量增大，二氧化碳和氮的含量减小。$(r_{CO_2})_g$ 和$(r_{O_2})_g$ 的极限值如下：

如果 $\varphi_a=1$，则 $(r_{O_2})_g=0$，$(r_{CO_2})_{gmax}=\dfrac{0.21}{1+\beta}$，如果 $\varphi_a=\infty$，则 $(r_{O_2})_g=0.21$，而 $(r_{CO_2})_g=0$（纯空气）。利用前述公式可把过量空气系数 $\varphi_a$ 表示为干燃烧生成物中二氧化碳含量的函数，即

$$\varphi_a=\frac{0.21}{0.79+\beta}\left[\frac{0.79}{(r_{CO_2})_g}+\beta\right] \tag{1-118}$$

因此，在完全燃烧的条件下，根据对燃烧生成物中 $CO_2$ 分析的结果，如果已知燃料的元素组成，根据上式就可以算出过量空气系数。由上式也可以看出 $\varphi_a$ 与 $(r_{CO_2})_g$ 之间的关系具有双曲线的特征。由氮的容积含量表达式也能得出确定系数 $\varphi_a$ 的公式：

$$\varphi_a=\frac{0.21\beta(r_{N_2})_g}{(0.79+\beta)[(r_{N_2})_g-0.79]} \tag{1-119}$$

式中：$(r_{N_2})_g=1-[(r_{CO_2})_g+(r_{O_2})_g]$。（1-120）

利用上述表达式联解方程式（1-118）和式（1-119），就可确定所采用的液体燃料完全燃烧时，所生成的 $CO_2$ 的数量与干燃烧生成物中 $(CO_2)_g+(O_2)_g$ 的总含量有如下的联系，这一关系式对所有类型的发动机都是适用的：

$$(r_{CO_2})_g+(r_{O_2})_g=0.21-\beta(r_{CO_2})_g \tag{1-121}$$

上式可根据发动机排气分析的结果，用它来判断燃烧生成物的质量。因此，上述方程式称为检验方程，该方程式只有在完全燃烧时才成立。如果式（1-121）等号右边的部分大于左边的，则这就证明燃料中的碳未完全燃烧。如果等号右边的部分小于左面的，则证明分析的结果是错误的或气体分析仪器有故障。未完全燃烧系指部分燃料在燃烧时未完全转变成最终氧化生成物，在燃烧生成物中含有未被利用的氧。

*5. 当 $\varphi_a<1$ 的情况下液体燃料的不完全燃烧

燃料中的一部分可燃组分转变成不完全氧化生成物的燃烧称为不完全燃烧。当 $\varphi_a<1$ 时，在可燃混合气中总的缺少氧，或者是在燃烧区域由于混合气形成的不完善导致局部缺氧，或者是由于过稀混合气的燃烧时间不充分，都可能是不完全燃烧的原因。

当点燃式发动机为保证发动机的最大功率，而用过浓的混合气（$\varphi_a<1$）工作时，由于总的氧气不足，碳氢燃料的燃烧就会是不完全的。经验表明在这种情况下燃烧生成物由二氧化碳（$CO_2$）、一氧化碳（CO）、水蒸气（$H_2O$）、氢气（$H_2$）、氮（$N_2$）及其氧化物和少量的甲烷（$CH_4$，0.2%～0.3%）以及痕量的其他碳氢化合物和氧气（$O_2$）组成。在化学计量比的混合气（$\varphi_a=1$）燃烧的情况下，也会出现碳的不完全燃烧，生成 CO 并同时具有痕量的氧气（$O_2$）。不完全燃烧生成物的分析还表明，氢含量与一氧化碳含量之比与过量空气系数的关系很小，也就是说，对于给定的燃料这个比例在足够的精度上可以认为是常数，即

$$M_{H_2}/M_{CO}=K=\text{常数}$$

$K$ 值与燃料中含有的氢和碳之比 H/C 有关，对于汽油，在 H/C 为 0.17～0.19 的情况下可以取 $K=0.45\sim0.50$，对于天然气 $K=0.6\sim0.7$。

在计算液体燃料不完全燃烧生成物的成分时，通常把氧、甲烷及其他碳氢化合物略去不计，并认为燃烧生成物由 $CO_2$、CO、$H_2O$、$H_2$ 和 $N_2$ 五种成分组成。

为了计算，利用下列包含在可燃混合气和燃烧生成物成分中的各个组分的平衡方程式：

碳

$$M_{CO_2}+M_{CO}=C/12$$

氢

$$M_{H_2O}+M_{H_2}=H/12$$

氧

$$M_{CO_2}+0.5M_{CO}+0.5M_{H_2O}=0.21\varphi_a L_0+O/32=\varphi_a(C/12+H/4-O/32)+O/32$$

氮

$$M_{N_2}=0.79\varphi_a L_0$$

以及由经验确定的关系式:$M_{H_2}=KM_{CO}$

由以上方程式可以确定出 $M_{CO}$及其余的组分的值。因此在 $\varphi_a<1$ 的情况下,1kg 液体燃料不完全燃烧的生成物中各个组分的 kmol 含量可以按照下列表达式计算

$$M_{CO}=2\frac{1-\varphi_a}{1+K}0.21L_0$$

$$M_{CO_2}=\frac{C}{12}-2\frac{1-\varphi_a}{1+K}0.21L_0$$

$$M_{H_2}=2K\frac{1-\varphi_a}{1+K}0.21L_0$$

$$M_{H_2O}=\frac{H}{2}-2K\frac{1-\varphi_a}{1+K}0.21L_0$$

$$M_{N_2}=0.79\varphi_a L_0$$

不完全燃烧生成物的总量

$$M_2=\frac{C}{12}+\frac{H}{2}+0.79\varphi_a L_0=\frac{H}{2}+\frac{C}{12}\frac{0.21+\varphi_a(0.79+\beta)}{0.21}$$

不完全燃烧时生成物的容积变化

$$\Delta M=M_2-M_1=\frac{C}{12}+\frac{H}{2}-0.21\varphi_a L_0-\frac{1}{m_r}=0.21(1-\varphi_a)L_0+\frac{H}{4}+\frac{O}{32}-\frac{1}{m_r}$$

不同于完全燃烧,在这种情况下容积变化 $\Delta M$ 不仅与燃料中的氧含量有关,而且也与碳含量有关,因为在碳燃烧生成 CO 时,容积发生变化,而当碳燃烧生成 $CO_2$ 时容积不变。

原先采取的关于燃烧生成物成分的假定,只有在过量空气系数 $\varphi_a$ 减小到某一极限值 $\varphi_{anp}$之前是正确的,在这个极限值下燃料中所有的碳都燃烧成 CO,而 $M_{CO_2}=0$。当系数 $\varphi_a$ 进一步减小时,部分碳将完全不会氧化,并在燃烧生成物中出现炭烟。取 $M_{CO_2}=0$,就可求出 $\varphi_a$ 的值,即

$$(M_{CO})_{max}=\frac{C}{12}=2\frac{1-\varphi_{anp}}{1+K}\times 0.21L_0$$

由此得出

$$\varphi_{anp}=1-\frac{C}{12}\frac{1+K}{2\times 0.21L_0}\quad 或\quad \varphi_{anp}=1-\frac{1+K}{2}\frac{0.79}{0.79+\beta}$$

对于中等成分的汽油,当 $\beta=0.4$ 和 $K=0.5$ 时,过量空气系数的极限值 $\varphi_{anp}=0.5$,这样的过浓混合气,实际上是不能使用的。在 $\varphi_{anp}<\varphi_a<1$ 的情况下,可燃混合气的分子变更系

数按如下的表达式计算

$$\mu_0 = 1 + \frac{0.21(1-\varphi_a)L_0 + \frac{H}{4} + \frac{O}{32} - \frac{1}{m_T}}{\varphi_a L_0 + \frac{1}{m_T}} \tag{1-122}$$

对于汽油，$\mu_0$ 在 $\varphi_a<1$ 的区域的关系表明，当 $\varphi_a<1$ 时，可燃混合气成分的变化对可燃混合气分子变更系数 $\mu_0$ 的影响显然大于 $\varphi_a>1$ 的情况。甚至在总的过量空气系数当 $\varphi_a>1$ 的情况下，由于混合气形成的不完善，能观察到局部氧气不足。在这种情况下燃烧的不完全度以出现未燃烧的碳（炭烟）为特征，并且在燃烧生成物中不存在氢，同时一氧化碳的含量也非常少，这样的不完全燃烧在柴油机的燃烧过程中也观察到。

在碳未完全燃烧并形成炭烟的情况，如果氧保持完全燃烧时理论上的数量，则碳的燃烧方程式取以下形式：

$$\text{Ckg 碳} + \frac{C}{12}\text{kmol 氧} = (1-\varphi_c)\frac{C}{12}\text{kmol 二氧化碳} + \varphi_c\frac{C}{12}\text{kmol 氧} + \varphi_c\text{Ckg 炭烟}$$

式中：$\phi_c$——未燃烧的碳的份额。

这个表达式说明，在这种情况下燃烧生成物的容积与燃烧的不完全度无关，因为 $CO_2$ 的数量越少，未被利用的氧的含量就越多，即 $CO_2+O_2=\frac{C}{12}=$ 常数。因此，过量空气系数当 $\varphi_a<1$ 时决定着燃烧生成物的数量，而与燃烧完全度无关。也就是说不完全燃烧的 $M_2$ 等于完全燃烧的 $M_2$。

在不完全燃烧的情况下，在干的生成物中，二氧化碳（$CO_2$）的容积含量为

$$(r_{CO_2})_{gh} = \frac{\frac{C}{12}(1-\phi_c)}{(M_2)_g}$$

在完全燃烧的情况下

$$(r_{CO_2})_g = \frac{\frac{C}{12}}{(M_2)_g}$$

由此得出

$$\phi_c = 1 - \frac{(r_{CO_2})_{gh}}{(r_{CO_2})_g}$$

由检验方程式

$$(r_{CO_2})_{gh} + (r_{O_2})_{gh} = 0.21 - \beta(r_{CO_2})_g$$

确定完全燃烧的 $(r_{CO_2})_g$ 值之后，并将它代入上式，得

$$\phi_c = 1 - \frac{\beta(r_{CO_2})_{gh}}{0.21 - [(r_{CO_2})_{gh} + (r_{O_2})_{gh}]} \tag{1-123}$$

式（1-123）给出了如果已知燃料特性 $\beta$，根据燃烧生成物分析的结果确定形成炭烟的燃烧不完全度的可能性。在载荷稍小于额定值的情况下，柴油机的 $\phi_c$ 值通常不超出 0.01，而在发动机的超载区域以及在怠速下，由于混合气形成恶化而使 $\phi_c$ 值增大。

伴随着形成炭烟的不完全燃烧对 $\Delta M$ 和 $\mu_0$ 的数值没有影响，因为燃料中的氢完全燃烧

了,而实际上不形成一氧化碳。

汽油机某些工况下发动机是在 $\varphi_a < 1$ 的情况下工作,这时,发动机工作于燃料不完全燃烧的情况下,并伴随着形成大量的强污染气体一氧化碳。燃料不完全燃烧也可在 $\varphi_a > 1$ 的情况下发生,例如,在柴油机和气体燃料发动机的燃烧生成物中也含有一氧化碳。

此外,在任何混合气成分下,无论是汽油机,还是柴油机的燃烧生成物中都含有其他的有毒物质如:氮的氧化物、醛、碳氢化合物(其中包括致癌物质)、铅的化合物(当使用含铅汽油时)等,不过它们的相对数量都不大。虽然包含在燃烧生成物中的炭烟是无毒的,可是它使大气污染加重,并由于它吸附着其他燃烧生成物的成分(其中也包括有毒的),因此炭烟排放会促使有毒成分对环境介质和人体的作用时间延长和加重。

6. 实际分子变更系数

发动机工作时,由于汽缸中废气不可能完全排除干净,因此研究燃烧前、后工质量的变化时需要考虑汽缸中上个循环留下来的废气。

设 1kg 燃料燃烧后在汽缸中留下的残余废气为 $M_\gamma$,则燃烧前、后汽缸中的工质总量为

$$M_1' = M_1 + M_\gamma \text{ 和 } M_2' = M_2 + M_\gamma$$

将汽缸中残余废气量 $M_\gamma$ 与新鲜充量 $M_1$ 之比定义为残余废气系数,并用 $\gamma$ 表示,即

$$\gamma = M_\gamma / M_1$$

考虑了每循环残余废气量之后,将燃烧前、后汽缸中的工质总量之比定义为实际分子变更系数,并用 $\mu$ 表示。即

$$\mu = \frac{M_2'}{M_1'} = \frac{M_2 + M_\gamma}{M_1 + M_\gamma} = \frac{\mu_0 + \gamma}{1 + \gamma} \tag{1-124}$$

**(二)燃料热化学——可燃混合气的燃烧热**

在发动机热功转换的过程中,缸内燃料与空气组成的可燃混合气是发动机能量的载体。通过燃烧化学反应,燃料的化学能释放出来。燃料的热值 $H_u$,特别是可燃混合气的热值 $H_{um}$,是决定发动机热功转换过程中,转变为功的“量”的环节中的主要因素之一。

为了进行发动机循环的热计算必须知道可燃混合气的低燃烧热值,它取决于燃料中可燃混合物的数量及组成它的可燃部分的元素的比例。

1. 燃料的低热值

可燃混合气在燃前为反应物 $A$,经燃烧等化学反应后变为生成物 $D$,同时放出热量 $Q_1$。由热力学第一定律,有

$$Q_1 = U_A + U_D + W$$

对于准静态过程

$$W = \int_{V_A}^{V_D} p\mathrm{d}V$$

因此

$$Q_1 = U_D - U_A + \int_{V_A}^{V_D} p\mathrm{d}V$$

式中:$Q_1$——反应热,吸热为正,放热为负;

$U_A$、$U_D$——生成物与反应物的总内能(含化学能);

$W$——反应过程中系统工质与外界交换的容积功;

$V_A$、$V_D$——生成物与反应物的体积;

$p$、$V$——反应过程中系统的压力与体积。

显然,反应热 $Q_1$ 是反应过程和燃前状态的函数,而不是定值。如果反应前后人为控制使系统体积不变,温度不变,则有 $Q_1 = U_D - U_A =$ 常数,因为体积不变则 $W=0$,温度不变则 $U_A$、$U_D$ 为定值。如果反应前后人为控制使系统压力不变,温度不变,则有 $Q_1 = U_D - U_A + p(V_D - V_A) = H_D - H_A =$ 常数。$H_A$ 和 $H_D$ 是生成物与反应物的总焓。

人们规定,在燃前为标准热化学状态(101.325kPa 和 298K)条件下,进行上述两种反应,则定容、定温下单位燃料(1kg 或 1kmol)完全燃烧放出的热量称为燃料的定容热值,定压、定温下放出的热量则称为定压热值。由此可知,热值是反映燃料在标准热化学状态和确定的热力过程条件下,燃烧时所能释放的化学能的一个物性参数。完全燃烧是指燃料中的 C 全变为 $CO_2$,H 变为 $H_2O$ 和 S 变为 $SO_2$。

燃料的定容和定压热值差值不大。实用上多采用定压热值,因其便于测定。燃料热值用 $H_u$ 表示,单位为 kJ/kg 或 kJ/kmol。为便于计算,$H_u$ 虽为放热量,但仍取为正值。对于含 H 的燃料,如烃燃料,生成物中有 $H_2O$。若生成的水为气态,则含有潜热,燃烧放热量要比水为液态时为低,称为燃料的低热值。发动机废气温度都很高,排出的废气中水都呈气态,计算中均采用低热值。各种常用及代用燃料的低热值见表 1-3。

发动机燃烧时的缸内工质是燃料与空气组成的可燃混合气,所以影响循环燃烧放热量的应该是可燃混合气的热值。可燃混合气热值是单位质量或单位体积可燃混合气的低热值。它取决于燃料热值和燃料与空气的混合比。

2. 可燃混合气低热值计算

在发动机中,燃料是在汽缸的封闭容积中实现燃烧的。封闭燃烧容积的利用效果可用工质所得到的做功能力的大小来表征,或者可用可燃混合气燃烧过程中,在汽缸封闭容积中放出热量的数值来表征。因此,汽缸容积利用的效果取决于可燃混合气的容积燃烧热,即取决于完全燃烧时单位容积放出的热量。容积燃烧热可用质量热值或体积热值表示。

对于 1kmol 的可燃混合气,其燃烧热 $H_{um}$则为

$$H_{um} = H_u / M_1 \tag{1-125}$$

式中:$H_u$——1kg 液体燃料或 $1m^3$ 气态燃料的低热值。

柴油机的 $M_1 = \varphi_a L_0$;点燃式发动机的 $M_1 = \varphi_a L_0 + 1/m_T$,气体燃料发动机的 $M_1 = \varphi_a L_0 + 1$。在温度为 0℃ 和压力为 0.1013MPa 的条件下换算到 $1m^3$混合气的燃烧热 $H_{uv}$为

$$H_{uv} = \frac{H_u}{24.45 M_1}$$

有时将 $H_{um}$称为混合气的摩尔热值(kJ/kmol,也称为质量热值,有时用 kJ/kg 表示),$H_{uv}$称为混合气的体积热值(kJ/$m^3$)。

在标准状态下 $\varphi_a = 1$ 的各种燃料混合气的 $H_{uv}$值列于表 1-3。

燃料低热值与 $\varphi_a=1$ 的情况下可燃混合气体积热值的比较　　表 1-3

| 热值 / 燃料 | $H_u$ (kJ/kg) | $H_{uv}$ (kJ/m³) | 热值 / 燃料 | $H_{um}$ (kJ/kmol) | $H_{uv}$ (kJ/m³) |
|---|---|---|---|---|---|
| 汽油 | 44000 | 3750 | 甲醇 | 20260 | 3557 |
| 柴油 | 42500 | 3750 | 乙醇 | 27000 | 3660 |
| NG | 50050 | 3230 | LPG | 46390 | 3490 |
| 氢气 | 120000 | 2899 | | | |

当把它们同 $H_u$ 的数值进行比较时可以得出结论：不同液体燃料的 $H_{um}$ 值之间的差别很小，并不与相应燃料的 $H_u$ 值成正比。这是因为化学计量比的空气量 $L_0$ 不仅与决定着燃烧低热值 $H_u$ 的那些数值（燃料和氧化剂的成分）有关，而且还近似地正比于燃料的燃烧热。燃料燃烧时消耗的氧越多，放出的热量也就越大。

体积热值表达式中的常数 24.45 是考虑到 1 单位摩尔（kmol）气体在 273K、101.325kPa 状态下对应为 22.4 个相应单位的体积（$m^3$ 或 L），但标准热状态是 298K 和 101.325kPa，两者有 25K 的差别，故常数修正为 24.45。

为了提高发动机的功率，尽量选用具有较大的 $H_{um}$ 值的燃料和氧化剂。

前述热值表达式适合于用来计算 $\varphi_a \geqslant 1$ 的混合气的燃烧热，可燃混合气的燃烧热一方面取决于燃料的元素组成，另一方面取决于过量空气系数 $\varphi_a$。在 $\varphi_a<1$ 的情况下，因为燃料不可能完全燃烧，所以在前述表达式中燃料的燃烧热，应该用当混合气中的氧完全被利用的情况下，混合气所能放出的热量来取代燃料的燃烧热，即用 $H_u-\Delta H_u$ 来取代燃料的燃烧热，式中 $\Delta H_u$ 表示不完全燃烧生成物的燃烧热。

在液体燃料未完全燃烧的情况下未能放出的热量可基于下列考虑来确定。在前述内容中曾说明，碳氢燃料在空气不足的情况下燃烧，当过量空气系数从 1 到 $\varphi_{anp}$ 的范围内变化时，燃料中的碳部分地燃烧生成 $CO_2$，部分地燃烧生成 CO，并且同时在燃烧生成物中包含有某些数量的未燃烧的氢（$H_2$），其他的未完全燃烧生成物的含量可略去不计。由于具有未完全燃烧的产物，等于未完全燃烧生成物的燃烧热的那一部分燃烧热 $\Delta H_u$ 未得到利用。由燃烧方程式得出：

对于 CO

$$2CO+O_2=2CO_2+565220$$

对于 $H_2$

$$2H_2+O_2=2H_2O+481480$$

因此，在燃烧生成物中具有 1kmol 的 CO 就意味着每 kmolCO 有等于 565220 ÷ 2 = 282610kJ 的化学能未完全利用；而具有 1kmol 的 $H_2$ 就意味着每 kmol$H_2$ 有等于 481480 ÷ 2 = 240740kJ 的这样的能量未完全利用。

因此，如果在 1kg 燃料的燃烧产物中，含有 $M_{CO}$kmol 的 CO 和 $M_{H_2}$kmol 的 $H_2$，则

$$\Delta H_u=282610M_{CO}+240740M_{H_2}$$

因为

$$M_{CO}=2[(1-\varphi_a)(1+K)]\times 0.21L_0$$

及

$$M_{H_2}=KM_{CO}$$

所以

$$\Delta H_u=2[(1-\varphi_a)(1+K)]\times 0.21L_0(282610+240740K) \quad (1\text{-}126)$$

对于中等成分的汽油（C＝0.855、H＝0.145），在 $\varphi_{anp}<\varphi_a<1$ 的情况下取 $K=0.5$，则可以得出：

$$\Delta H_u=57780(1-\varphi_a)(\text{kJ/kg})$$

容积的燃烧热值取决于用过量空气系数表征的混合气的成分，它还决定着最高燃烧温度及混合气中的火焰传播速度。碳氢燃料的最大速度并不在过量空气系数 $\varphi_a=1$ 的情况下出现，而是在较浓的混合气中（$\varphi_a=0.8\sim0.9$）出现，此时燃烧生成物分解的影响有些降低，而后当达到所谓的火焰传播浓度极限时，火焰停止传播。因此，混合气存在着浓度的上限和下限，在这两个浓度界限之外，混合气不能燃烧。

当混合气中进一步增加燃料时（如浓混合气），就会出现不能燃烧的极端情况，在这种情况下，混合气中燃料的容积份数就称为可燃混合气中燃料浓度的上限。当进一步减少燃料（混合气变稀）也会使得混合气不能燃烧，在这样的稀混合气中，混合气中燃料的容积份数就称为燃料浓度的下限。这两个界限既与燃料和氧化剂的性质有关，也与确定它的条件（温度、压力等）有关。可以看出，火焰传播界限或者用燃料在混合气中的容积份数，或者用过量空气系数来表征。

在环境大气压力和温度下，某些燃料与空气组成的均匀混合气中火焰传播的浓度界限列入表 1-4。随混合气的温度提高，这些界限扩大，而随惰性气体含量增加，两个界限互相靠拢。

对于大部分燃料来说，火焰传播的浓度上限没有实际意义，因为这样极小的过量空气系数在发动机的混合气中几乎没有使用价值。火焰传播的浓度下限也被较小的 $\varphi_a$ 值所限制。这就不允许在外部混合气形成的发动机中采用质的调节，因为在这种发动机中燃烧的是单相混合气。为了在小负荷下工作就必须使混合气变稀，这样会超出火焰传播的浓度下限，采用非均匀的混合气就能解决这个问题。

**燃料与空气的混合气中火焰传播的浓度极限** 表 1-4

| 燃料 | 浓度极限 | | | |
|---|---|---|---|---|
| | 上限 | | 下限 | |
| | $r_v$(%) | $\varphi_{a\,min}$ | $r_v$(%) | $\varphi_{a\,min}$ |
| 汽油 | 5.90 | 0.30 | 1.5 | 1.3 |
| 甲烷 | 11.90 | 0.78 | 6.5 | 1.5 |
| 乙醇 | 13.70 | 0.40 | 4.0 | 1.7 |
| 氢 | 65.20 | 0.22 | 9.5 | 4.0 |

对于非均匀的（两相的）混合气不采用火焰传播浓度界限的概念。因为每一个液体燃料滴的周围都形成一层燃料蒸气与空气的混合气（雾团）。在这一层中，在相应的温度和压力下，总是具有可燃混合气的区域，尽管在其余部分的空气充量中可能完全没有燃料蒸气。

混合气为化学计量比的条件下，各种不同燃料的混合气热值见表 1-3。比较后，可总结出如下规律：

(1)车用液体烃燃料的C/H质量比(或$C_n$、$H_m$中的$n/m$值)上升时,C量增大,因为纯C热值要比纯H的低很多,所以燃料热值有所下降。但是H燃烧时所需空气量比碳燃烧时也要多很多,结果各种液体烃燃料的混合气的体积热值基本相同。例如汽油热值高于柴油,但混合气体积热值相同就是这个道理。

(2)气体烃燃料由于本身摩尔质量$m_T$较小,燃料蒸气容积不可略去,因而混合气体积热值偏低,天然气($CH_4$)的混合气体积热值在所有烃燃料中为最低的原因。

(3)含氧的醇燃料(甲醇、乙醇)由于氧含量多,热值比汽油、柴油低得多。但因本身的氧也参与燃烧,所需加入的空气量就相应下降。计算结果,混合气体积热值也与汽油、柴油相近。唯因本身摩尔质量$m_T$较低,质量$H_{um}$值也就偏小一些。

(4)纯氢燃料的热值最高,约为汽油、柴油的3倍,但所需空气量也约为汽油、柴油的3倍。如果计及氢本身所占体积,则混合气体积热值会很低。因此,直接使用气态氢会大大降低发动机动力性能,只有进气或压缩过程中向缸内直接喷液氢才会大幅度提高平均有效压力。这并非混合气热值加大,实质上是增压的效果使混合气体积热值上升。

以上分析表明,尽管各种燃料的热值差别很大,但大多数的混合气体积热值却很接近,因此改用代用燃料时,动力性能一般不会大幅下降。

3.燃料燃烧放出的热量

设单位时间内加入整机的燃料总量为$B$(kg/h),燃料的低热值为$H_u$(kJ/kg),则单位时间内燃料燃烧放出的热量$Q_T$(kJ/h)为

$$Q_T = BH_u \tag{1-127}$$

式(1-127)适于任何类型的发动机。对于在机外先预制好均匀混合气的机型,如点燃式汽油机,也可用下式表示:

$$Q_T = G_m H_{um} \tag{1-128}$$

式中:$G_m$——单位时间输入的混合气总量(kg/h);

$H_{um}$——混合气的质量热值(kJ/kg)。

根据前述混合气的体积热值计算式有:$H_{uv} = H_u/24.45M_1$;混合气的质量低热值计算式为:$H_{um} = H_u/M_1$。上述公式中整机燃料消耗率$B$与可燃混合气量$G_m$可按下列计算公式计算。

设单缸循环供油量为$g_b$(kg/循环),整机燃料消耗率计算公式为

$$B = \frac{120ing_b}{\tau} \tag{1-129}$$

可燃混合气流量$G_m$计算公式推导如下。

设$G_m$是单位时间进入整机的新鲜空气量$G_a$和燃料量$B$之和。理论上每循环进入缸内的空气量,应为按进气系统前的状态计算而得的与发动机排量相同的空气量。但由于种种原因,缸内状态有变化,充气量并非理论值。为此,引入了发动机充量系数(又称充气效率或容积效率)$\varphi_c$的概念。

$\varphi_c$被定义为每缸每循环吸入缸内的新鲜空气量$m_a$与按进气系统前状态计算而得的理论充气量$\rho_s V_s$的比值。$\rho_s$为大气密度(自然吸气机型)或压气机后增压空气密度(增压机型)。

$$\varphi_c = \frac{m_a}{\rho_s V_s}$$

$\varphi_c$ 是决定发动机动力性能和进气过程完善程度的极为重要的评定指标，第二章中将有详细论述。由上式可求出整机的可燃混合气流量 $G_m$(kg/h)为

$$G_m = G_a + B = G_a + G_a/(\varphi_a L_0) = 120\varphi_c\rho_c V_s in\ \frac{1}{\tau}\left(\frac{1+\varphi_a L_0}{\varphi_a L_0}\right)$$

进一步引入理想气体状态方程 $P_s = R_s\rho_s T_s$ 则上式再整理为

$$G_m = 120\ \frac{\varphi_c p_c V_s in}{R_s T_s \tau}\left(\frac{1+\varphi_a L_0}{\varphi_a L_0}\right) \tag{1-130}$$

式中：$p_s$——进气系统前空气压力；

$T_s$——进气系统前空气温度；

$R_s$——空气的气体常数。

**(三)工质对活塞做功**

燃料通过燃烧过程释放出热量，实现燃料的化学能转换为工质的热能，这是发动机能量转换的第一步。工质的热能要进一步转换为对外界输出的机械能，在内燃机中是通过高温、高压的工质在发动机汽缸内膨胀，推动活塞做功实现的。

1. 示功图

无论何种类型的汽车发动机，在其工作循环的每一行程中，由于活塞总在运动，活塞顶面缸内工质的压力和活塞背面缸外介质的压力(曲轴箱中的工质压力)都要对活塞做功。压力方向与活塞运动方向相同时对活塞做正功，反之做负功，即活塞对工质做功。一个循环所有行程的上述各功之和就是循环功。发动机就是靠工质往复不断地对活塞做功，然后通过曲柄连杆机构将活塞的机械能(动能)转变为曲轴的转矩，作为对外界做功的动力连续输出的动力装置。

利用内燃机数据采集系统来观察或记录相对于不同活塞位置或曲轴转角时汽缸内工质压力的变化规律，将汽缸内工质压力随汽缸容积或曲轴转角的变化规律描绘在坐标图上，称为 $p$-$V$ 图或 $p$-$\varphi$ 图，如图1-29a)、b)所示。$p$-$V$ 图表示了工质的做功能力，又称示功图，$p$-$V$ 图和 $p$-$\varphi$ 图两者可以互相转换。

无论是工质在一个行程中做的功还是在一个循环过程中做的功，都可以在以压力 $p$ 和汽缸容积 $V$ 为坐标的示功图上表示。每一行程所做功可用压力曲线和横坐标零压力线之间的积分面积 $\int p\mathrm{d}V$ 来表示，功量的正负则由力与运动方向的同异来判断。循环功的功量则由示功图上沿各行程压力形成的封闭曲线积分 $\oint p\mathrm{d}V$ 来表示。由于行程功有正有负，所以还要判断各块封闭面积所示的是正功还是负功。

工作过程中若将缸内工质压力 $p$ 表示为随曲轴转角 $\varphi$ 的变化曲线，则得到汽缸压力图，又称展开示功图，如图1-29b)所示。汽缸压力图实质上表示了缸内压力随时间的变化规律。当转速不变时，曲轴转角与时间成正比，因此汽缸压力图被广泛用于结构设计分析、燃烧及动态过程分析。

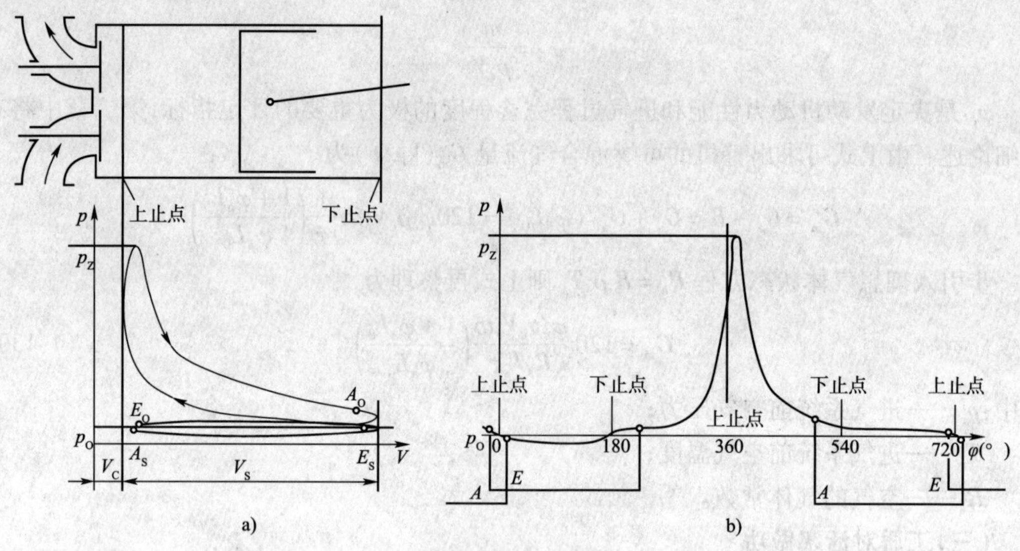


图 1-29　发动机示功图

1）自然吸气四冲程发动机的示功图

自然吸气四冲程发动机的循环示功图如图 1-30a）所示。缸内工质真实的压力线是波动的，此处以近似的平滑曲线来代替。活塞背面的缸外介质压力近似以大气压力 $p_0$ 表示。图中按箭头所示方向，*ac* 为压缩行程曲线；*czb* 为燃烧膨胀行程曲线；*br* 和 *ra* 分别表示排气和进气行程的曲线。

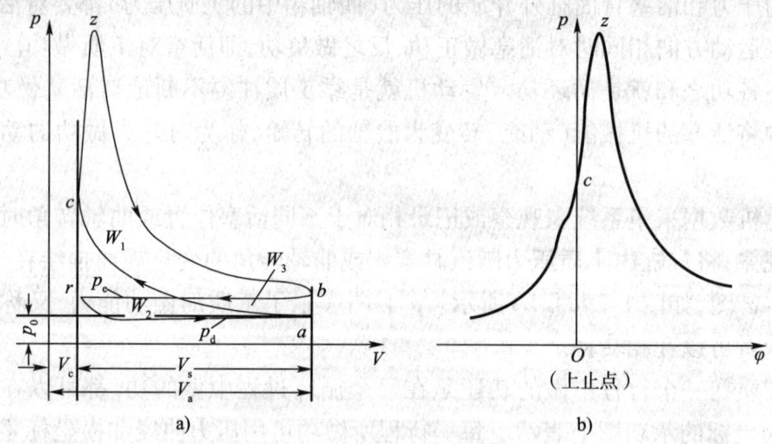


图 1-30　自然吸气四冲程发动机示功图

由于活塞背面压力 $p_0$ 在四个行程中对活塞所做之功正好正、负相消，所以循环功可单独由缸内工质对活塞所做之功来计算。压缩与燃烧膨胀行程所做之正功称为循环动力过程功。它是膨胀正功与压缩负功之代数和，在图中以活塞所做之功 $W_1$ 和 $W_3$ 所对应的封闭面积 $F_1+F_3$ 表示[图 1-30a）中 *aczba* 表示的面积]。另一块封闭面积 *brab*，即活塞所做之功 $W_2$ 和 $W_3$ 所对应的封闭面积 $F_2+F_3$，代表进、排气行程所做之泵气功。它是排气负功与进气正功之代数和。自然吸气四冲程发动机由于缸内的平均排气压力大于平均进气压力，所以泵气功为负值。于是整个循环输出之净功 $W_i$ 可表示为

$$F_i = (F_1 + F_3) - (F_2 + F_3) = F_1 - F_2 \tag{1-131}$$

可以看出，$F_i$ 就是示功图上两块封闭面积 $F_1$ 与 $F_2$ 之差。

2）增压四冲程发动机的示功图

增压四冲程发动机的示功图如图 1-31a）所示，也同自然吸气机型一样，可由缸内工质对活塞所做之功来表示循环功。行程曲线的符号也与图 1-30 相同。

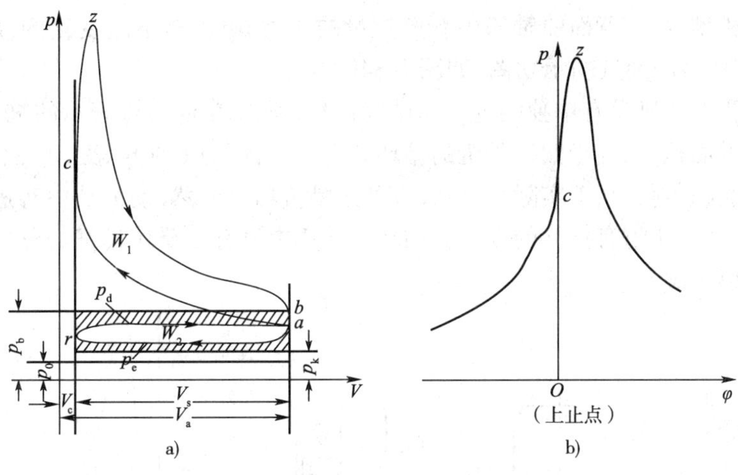


图 1-31　增压四冲程发动机的示功图

由于增压时缸内平均进气压力大于大气压力 $p_0$，一般也大于缸内平均排气压力，所以示功图上的泵气功 $W_2$ 为正功，于是增压机的净指示功为

$$F_i = F_1 + F_2 \tag{1-132}$$

它是示功图上两块封闭面积 $F_1$ 与 $F_2$ 之和。

上述结论也可由卡诺热机热力循环分析得到，如图 1-32 所示。

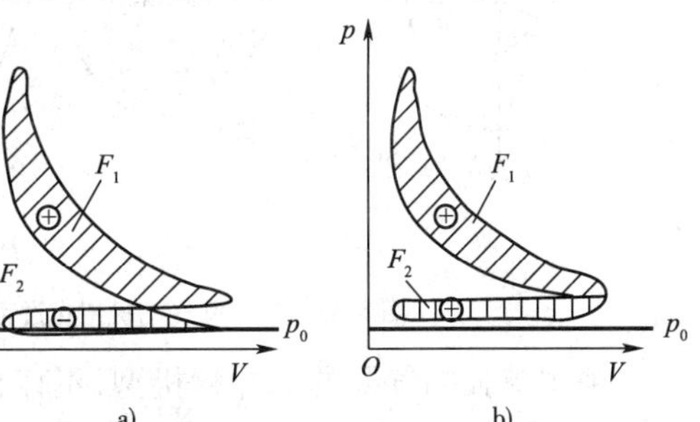


图 1-32　自然吸气四冲程发动机和增压四冲程发动机示功图
a）自然吸气四冲程发动机；b）增压四冲程发动机

由卡诺热机热力循环中系统做功正负的规定，顺时针循环系统对外做正功，逆时针循环系统对外做负功。热机整个循环输出之净功可描述为：循环过程曲线所包围面积的代数和。

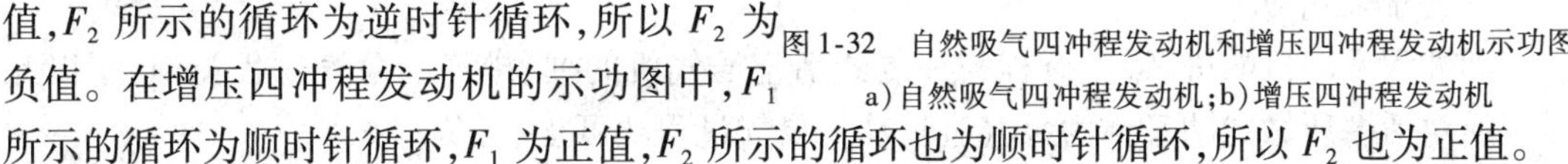

在自然吸气四冲程发动机的示功图中，$F_1$ 所示的循环为顺时针循环，所以 $F_1$ 为正值，$F_2$ 所示的循环为逆时针循环，所以 $F_2$ 为负值。在增压四冲程发动机的示功图中，$F_1$ 所示的循环为顺时针循环，$F_1$ 为正值，$F_2$ 所示的循环也为顺时针循环，所以 $F_2$ 也为正值。

因此，上述结论无论是对于自然吸气式四冲程发动机还是增压式四冲程发动机都是正确的。它们各自的表达式分别为式（1-131）、式（1-132）。

3）二冲程发动机的示功图与曲轴箱换气功

二冲程发动机在曲轴旋转一转的两个行程中，完成一个完整的工作循环。以曲轴箱扫气二冲程发动机为例，如图 1-33 所示。活塞向下的行程［图 1-33a）］，先燃烧、膨胀做功，然后排气孔 1 打开自由排气；再往后扫气孔 2 打开，曲轴箱内被压缩的新鲜工质通过扫气孔进入汽缸，一边向缸内充气，一边帮助排气，称为扫气。活塞向上的行程[图1-33b)]，先是继续扫气，扫气孔关闭后还继续排气，排气孔关闭后则进行压缩，接近上止点时着火燃烧。向上行程的某一时刻[图1-33c)]，活塞下边缘将进气孔3打开，曲轴箱吸入新鲜工质，以备下一循环充气、扫气之用。

二冲程发动机同样可在$p$-$V$图上画出缸内工质做功的示功图，如图1-34a)所示。对于曲轴箱扫气的机型，活塞背面曲轴箱中新鲜充量的压力$p_B$也是不断变化的，所以还要同时画出$p_B$对活塞所做的换气功示功图，如图1-34b)所示。

由于二冲程发动机没有单独的进气和排气行程，所以图1-34a)表示的缸内工质做功的示功图所包围的面积，相当于四行程机的循环动力正功；而图1-34b)表示的曲轴箱换气功示功图所包围的面积，则相当于实际泵气功，且必然是负功。当然，动力功中有进、排气泵气功的成分，而泵气功中还附有扫气的损失。循环功计算中没有必要作过细的分析，可在具体的研究工作中加以考虑。

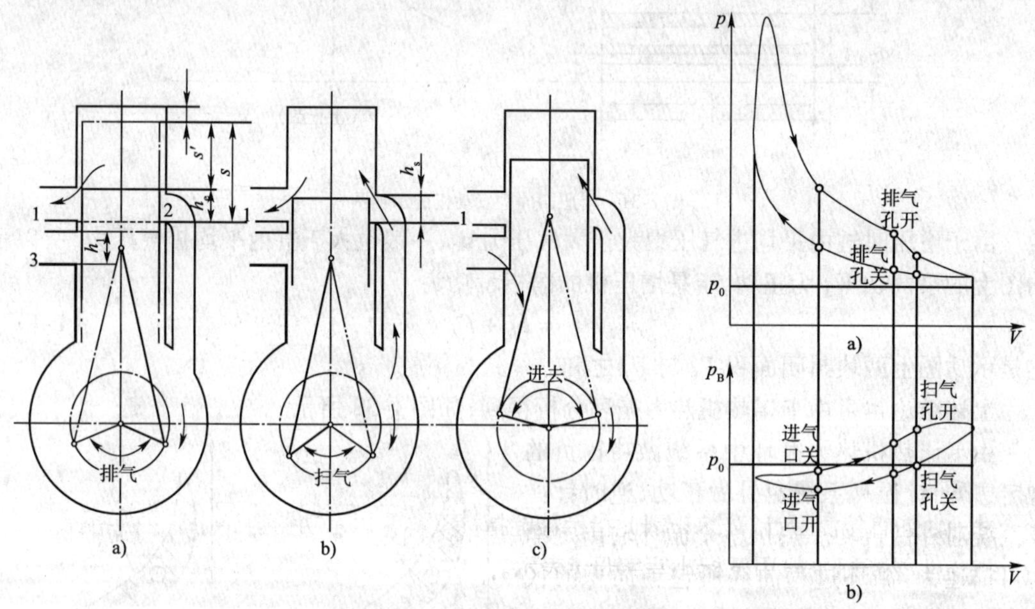


图1-33　二冲程发动机工作过程

图1-34　二冲程发动机的示功图

采用单独扫气泵的二冲程机型，不存在曲轴箱换气功，扫气泵消耗的功率要另行计算。

2. 关于泵气功

四冲程发动机的进、排气行程与往复式活塞压气机的抽、排气的泵气过程类似，所以此时工质对活塞所做之功又称为泵气过程功。泵气过程功可正，可负。

习惯上，把图1-29和图1-30中的$W_2$称为实际泵气功。如果泵气过程中存在节流、摩擦等流动损失的话，就要消耗一部分泵气功，这部分消耗的泵气功称为泵气损失。无损失的泵气功称为理论泵气功，理论泵气功扣除泵气损失之后就是实际泵气功。

在图1-30所示的增压机示功图中，$(p_b - p_k)$与$V_s$长方形包围的面积即为理论泵气功。$p_b$、$p_k$分别为涡轮机进口处及压气机出口处的压力，$V_s$是单缸工作容积。此长方形面积与实际泵气功$F_2$表示的面积之间带剖面线部分的面积则代表泵气损失功。对于自然吸气机型，若进、排气过程中无流动损失的话,缸内外应无压差,则理论泵气功为零,于是图 1-29 上由 $F_2$ 所代表的实际泵气负功,也就是泵气损失功。

**(四)活塞机械能的输出**

发动机的动力循环就是工质推动活塞往复不断地做直线运动,活塞的往复直线运动通过曲柄连杆机构转变为曲轴的转动,进而将活塞的机械能(运动动能)转变为曲轴的转矩作为做功动力对外输出。

总括上述,在一定的条件下,发动机通过燃料(燃烧剂)和空气(氧化剂)的混合、燃烧,将燃料的化学能转变为工质的热能。获得热能的工质产生高温高压,进而推动活塞在汽缸中运动,工质的热能又转变为活塞的运动动能。最后通过曲柄连杆机构将活塞的机械能转变为曲轴的机械能。发动机通过这一系列过程完成了发动机内部能量转换,以下的论述将对发动机能量转换过程进行评价和讨论。

## 四、发动机能量转换的评价

发动机作为一种动力机械,其动力输出的过程,本质上是进入发动机的燃料化学能转化为曲轴有效输出功的过程。输出功率的大小,首先取决于单位时间内加入发动机的燃料化学能的多少,这是“量”的环节。其次,则取决于燃料化学能转换为输出功的效率,这是“质”的环节。

根据发动机内能量转换过程,将评价能量转换不同阶段的性能指标分为指示性能指标与有效性能指标,这两类指标只与能量转换有关。而与能量转换无关的指标没有上述区分,如发动机转速等指标,则无“有效”与“指示”的区别。

**(一)发动机实际工作循环中能量转换的评价——指示性能指标**

以工质对活塞所做之功为计算基准的指标称为指示性能指标,简称指示指标。指示指标不受动力输出过程中机械摩擦和附件消耗等各种外来因素的影响,直接反映发动机进、排气过程以及由燃料燃烧放出热量到工质热能转换为活塞推动功的整个工作循环进行的完善程度,因而在发动机工作循环过程的分析研究中得到广泛的应用。由于工质对活塞做功的大小,可以通过示功图直接测量计算出来,因此指示性能指标又称为以示功图为计算基准的指标。

指示性能指标一般用下标小写字母 $i$ 表示。

1. 指示功 $W_i$ 与平均指示压力 $p_{mi}$

示功图面积 $F_i$ 可用燃烧分析仪通过采集汽缸压力随曲轴转角的变化得到的发动机示功图计算求得,然后用下式计算 $W_i$(N · m 或 J)值。

$$W_i = \frac{F_i ab}{10^6} \tag{1-133}$$

式中:$F_i$——示功图面积($cm^2$);

$a$——示功图纵坐标比例尺(Pa/cm);

$b$——示功图横坐标比例尺($cm^3$/cm)。

指示功 $W_i$ 反映了发动机汽缸在一个工作循环中所获得的有用功的数量,它除了和循环中热功转换的完善程度有关外,还和汽缸容积的大小有关。为了比较不同大小汽缸的做功能力,需要排除尺寸的影响,而引入平均指示压力 $p_{mi}$ 的概念。平均指示压力 $p_{mi}$(MPa)是发动机单位汽缸工作容积一个循环所做的指示功。即

$$p_{mi}=\frac{W_i}{V_s}$$

式中：$W_i$——指示功(kJ)；

$V_s$——汽缸工作容积(L)。

因此，循环指示功可以写为

$$W_i=p_{mi}V_s=p_{mi}\frac{\pi D^2}{4}S\times10^{-3} \tag{1-134}$$

式中：$D$——活塞直径(cm)；

$S$——活塞行程(cm)。

由式(1-134)可以引出：假如以一个假想的、大小不变的压力 $p_{mi}$ 作用在活塞上，使活塞移动一个行程，其所做的功等于循环的指示功，则此假想的压力即为平均指示压力，如图 1-35 所示。

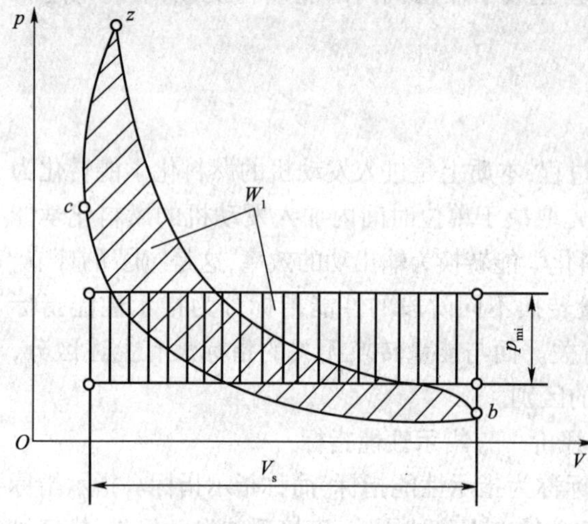


图 1-35　发动机平均指示压力

平均指示压力是从实际循环的角度评价发动机汽缸工作容积利用率高低的一个参数，$P_{mi}$ 越高，同样大小的汽缸容积可以发出更大的指示功，汽缸工作容积的利用程度就越高。平均指示压力是衡量发动机实际循环动力性能的一个很重要的指标。

$p_{mi}$ 的一般范围见表 1-5。

2. 指示功率 $P_i$

发动机单位时间所做的指示功，称为指示功率 $P_i$。设发动机的汽缸数为 $i$，缸径为 $D$(cm)，行程为 $S$(cm)，每缸工作容积为 $V_s$(L)，转速为 $n$(r/min)，平均指示压力为 $p_{mi}$(MPa)，则发动机指示功率 $P_i$(kW)（每秒所作指示功）为

$$P_i=W_i\frac{n}{60}\frac{2}{\tau}i=\frac{p_{mi}V_s in}{30\tau} \tag{1-135}$$

式中：$\tau$——行程数（四冲程发动机 $\tau=4$，二冲程发动机 $\tau=2$）。

3. 指示热效率 $\eta_i$ 和指示燃油消耗率 $b_i$

**$p_{mi}$ 的一般范围**　表 1-5

| | |
|---|---|
| 汽油机 | 0.8～1.5MPa |
| 柴油机 | 0.7～1.1MPa |
| 增压柴油机 | 1～2.5MPa |

指示热效率 $\eta_i$ 是实际循环指示功与所消耗的燃料热量之比值，即

$$\eta_i=\frac{W_i}{Q_1}$$

式中：$Q_1$——得到指示功 $W_i$(kJ)所消耗燃料的热量(kJ)。

指示燃油消耗率 $b_i$（简称指示比油耗）是指单位指示功的耗油量，通常以每千瓦时的耗油量表示。当试验测得发动机指示功率 $P_i$(kW)以及每小时耗油量 $B$(kg/h)后，则指示燃料消耗率 $b_i$[g/(kW·h)]为

$$b_i=\frac{B}{P_i}\times10^3$$

按热功当量得，1kW·h = $3.6\times10^3$kJ，而 1kW·h 的功需要消耗的热量是($b_iH_u$/1000) (kJ),其中 $H_u$ 为燃料的低热值(kJ/kg),则按 $\eta_i$ 的定义,得

$$\eta_i = \frac{3600}{H_u b_i} \times 10^3 \tag{1-136}$$

$b_i$、$\eta_i$ 是评定发动机实际循环经济性的重要指标。它们的大致范围见表 1-6。

**$b_i$、$\eta_i$ 的大致范围** 表 1-6

| 发动机类型 | $\eta_i$ | $b_i$[g/(kw·h)] |
|---|---|---|
| 汽油机 | 0.3~0.4 | 205~320 |
| 柴油机 | 0.4~0.5 | 170~205 |

从统计数据可以看出,柴油机的指示热效率高于汽油机。

**(二)发动机实际工作过程中活塞动能转换为曲轴输出功的评价——有效性能指标**

以曲轴输出功为计算基准的指标称为有效性能指示,简称有效指标。它是描述发动机通过曲柄连杆机构将活塞往复直线运动的动能转换为曲轴旋转的转矩,从而在发动机曲轴上作为机械能输出的能量的大小。这部分能量可直接作为运动机械的动力源被利用,代表了发动机整机的性能。因此,有效指标被用来直接评定发动机实际工作性能的优劣,因而在生产实践中获得广泛的应用。

有效性能指标一般用下标小写字母 e 表示。

*1. 有效功 $W_e$ 与有效功率 $P_e$*

在发动机实际工作循环中,能量的传递过程不可避免存在有损失,发动机的指示功 $W_i$ 不可能完全对外输出。理论上,由指示功变为曲轴输出有效功,应该扣除运转时传动件消耗的摩擦损失功和各种附件(风扇、水泵等)运转所消耗的能量。这些损失包括:

(1)发动机内部运动零件的摩擦损失。如活塞、活塞环对缸壁的摩擦,曲柄连杆机构轴承的摩擦,气阀机构的摩擦等。这部分损失所占比例最大。

(2)驱动附属机构消耗的能量。如驱动水泵、机油泵、喷油泵、风扇、发电机等。

上述各项相加应是循环的实际机械损失功 $W_m$。于是有

$$W_i = W_e + W_m \tag{1-137}$$

生产实践中,很少有人直接通过示功图测出 $W_i$ 值。对于自然吸气式发动机,一般都是先由试验台架的测功机测算出 $W_e$ 值,然后再由其他方法测出 $W_m$ 值,再用上式计算 $W_i$。

遗憾的是,所有实用的测量 $W_m$ 值的方法,在测得的数据中都包含了上一节所述的泵气损失功,无法将其消除。于是,人们干脆把泵气损失也归入机械损失中。这样,上式中的 $W_m$ 值就由三项组成,即循环摩擦损失功 $W_{mr}$、附件消耗功 $W_{me}$ 和泵气损失功 $W_p$,即

$$W_m = W_{mr} + W_{me} + W_p \tag{1-138}$$

于是,在式(1-137)中由于 $W_e$ 不变而 $W_m$ 加大,因此算出的 $W_i$ 要比理论的指示功为大。对于自然吸气型发动机,根据示功图理论上 $W_i = W_1 - W_2$,由于加大了相当于 $W_p$ 的功量,而 $W_p \approx W_2$(图 1-30),所以算出的 $W_i$ 就是循环动力过程功 $W_1$。请注意,实用中自然吸气型发动机的各项指示指标、有效指标以及机械损失指标,若无专门说明,都是按此定义的循环功值来换算的。对于增压发动机,由于尚无有效的测试 $W_m$ 的方法,不能用这种方法计算指示功。

上述各种损失所消耗的功率称为机械损失功率 $P_m$。指示功率减去机械损失功率,才是

发动机对外输出的功率,称为有效功率 $P_e$(kW),所以:

$$P_e = P_i - P_m \tag{1-139}$$

发动机有效功率 $P_e$ 可由试验测得。

2. 转矩 $T_{tq}$

发动机的实际做功能力是通过曲轴输出转矩的大小来表达的。

发动机的有效功率 $P_e$(kW)可以利用各种形式的测功器和转速计分别测出发动机在某一工况下的曲轴转矩 $T_{tq}$及在同一工况下的发动机转速 $n$,然后按以下公式计算:

$$P_e = \omega T_{tq} = \frac{T_{tq}n}{9550}(\text{kW}) \tag{1-140}$$

式中:$\omega$——曲轴转动角速度;

$T_{tq}$——发动机转矩(N·m);

$n$——发动机转速(r/min)。

3. 平均有效压力 $p_{me}$

平均有效压力 $p_{me}$(MPa)是发动机单位汽缸工作容积输出的有效功。与平均指示压力相似,平均有效压力可看作是一个假想的、平均不变的压力作用在活塞顶上,使活塞移动一个行程曲轴所输出的功。平均有效压力是衡量发动机动力性能的一个重要参数。它与有效功率 $P_e$(kW)之间的关系是:

$$P_e = W_e \frac{n}{60}\frac{2}{\tau}i = \frac{p_{me}V_s in}{30\tau} \tag{1-141}$$

上式中用转矩 $T_{tq}$的表达式代替有效功率 $P_e$,则有

$$p_{me} = \frac{\pi T_{tq}\tau}{iV_s} \times 10^{-3}$$

因此,对于汽缸总工作容积一定的发动机,平均有效压力 $p_{me}$的大小反映了发动机输出转矩 $T_{tq}$的大小,即

$$p_{me} \propto T_{tq}$$

也就是说,$p_{me}$反映了发动机单位汽缸工作容积输出转矩的大小,$p_{me}$值越大,说明单位汽缸工作容积对外输出的转矩越大,做功能力越强。

$p_{me}$的一般范围是:

汽油机:0.7~1.3MPa;

柴油机:0.6~1.0MPa;

增压柴油机:0.9~2.2MPa。

4. 有效热效率 $\eta_e$ 与有效燃油消耗率 $b_e$

有效热效率 $\eta_e$ 是发动机的有效功 $W_e$(kJ)与所消耗燃料热量 $Q_1$(kJ)之比值,即

$$\eta_e = \frac{W_e}{Q_1}$$

有效燃油消耗率 $b_e$[g/(kW·h)]是单位有效功的耗油量(简称有效比油耗),通常以每千瓦时的耗油量表示。即

$$b_e = \frac{B}{P_e} \times 10^3$$

$$\eta_e = \frac{3600}{H_u b_e} \times 10^3 \tag{1-142}$$

$b_e$、$\eta_e$ 是评定发动机实际工作循环，其对外输出能量过程完善程度（经济性）的重要指标。它们的大致范围见表 1-7。

**$\eta_e$、$b_e$ 的大致范围** 表 1-7

| 发动机类型 | $\eta_e$ | $b_e$[g/(kW·h)] |
|---|---|---|
| 汽油机 | 0.25～0.3 | 270～325 |
| 柴油机 | 0.3～0.45 | 190～285 |

**（三）燃料能量转换的总效率**

可以将发动机由燃料化学能转换为曲轴输出功的转换过程分成三个阶段，为了描述每一个阶段能量转换过程的完善程度就需要三个转换效率。

1. 燃烧效率 $\eta_c$

燃烧效率 $\eta_c$ 是描述燃料通过燃烧过程将化学能转换为热能的完善程度。它的大小为燃料化学能通过燃烧转为热能的百分比。即

$$\eta_c = \frac{Q_1}{g_b H_u} \tag{1-143}$$

式中：$Q_1$——燃料燃烧时发出的热量。

2. 循环热效率 $\eta_t$

循环热效率 $\eta_t$ 是描述发动机工质通过膨胀推动活塞做功，工质的热能转换为活塞运动动能的完善程度。它的大小为一个循环过程中，燃烧发出的热量 $Q_1$ 转换为工质对活塞所做指示功 $W_i$ 的百分比。即

$$\eta_t = \frac{W_i}{Q_1} \tag{1-144}$$

3. 机械效率 $\eta_m$

机械效率 $\eta_m$ 是描述发动机汽缸中活塞运动的动能转换为曲轴对外输出的机械能的完善程度。它的大小为指示功 $W_i$ 减去机械损失功 $W_m$ 后，转化为发动机曲轴输出有效功 $W_e$ 所占的百分比。即

$$\eta_m = \frac{W_e}{W_i} \tag{1-145}$$

机械效率 $\eta_m$ 的大致范围见表 1-8。

**$\eta_m$ 的大致范围** 表 1-8

| 汽油机 | 0.7～0.9 | 柴油机 | 0.7～0.85 |
|---|---|---|---|

4. 总效率 $\eta_z$

对于自然吸气型发动机，上述 $\eta_c$、$\eta_t$、$\eta_m$ 三个效率之乘积，即为发动机能量转换过程中的总效率 $\eta_z$：

$$\eta_z = \frac{W_e}{g_b H_u} = \eta_c \eta_t \eta_m \tag{1-146}$$

上式中令 $\eta_i = \eta_t \eta_c$，定义为指示热效率。在工程实践中，一般假设燃料完全燃烧，即认

为燃料是充分燃烧的，燃料的能量可以通过燃烧过程全部释放出来，这时 $\eta_c = 1$，即 $Q_1 = g_b H_u$ 以及 $\eta_i = \eta_t$。可以看出，我们在前面定义的指示热效率实际上是循环热效率。根据式(1-146)，可以得

$$\eta_z = \frac{W_e}{g_b H_u} = \frac{W_e}{Q_1} = \frac{W_e}{W_i/\eta_i} = \eta_i \eta_m = \eta_e$$

这就是前述有效效率的定义式。即在一般工程实践中，有效效率就认为是发动机能量转换过程中的总效率。

在发动机实际运行中，当可燃混合气偏稀而又能正常进行混合和燃烧时，汽油机的燃烧效率 $\eta_c$ 一般为 0.95 ~0.98，柴油机则为 $\eta_c \approx 0.98$。因此，假定 $\eta_c = 1$ 是可以接受的，如图 1-36 所示。这样的假设处理，在进行循环分析时，可以免去很多复杂的影响较小的环节。但在混合气偏浓或燃烧调节不当时，燃烧效率 $\eta_c$ 就会降低。这是第三章中要讨论的合理组织燃烧的问题。此时 $\eta_c$ 下降导致指示热效率 $\eta_i$ 的降低，并非循环过程出了问题，不会影响动力循环的理论分析。

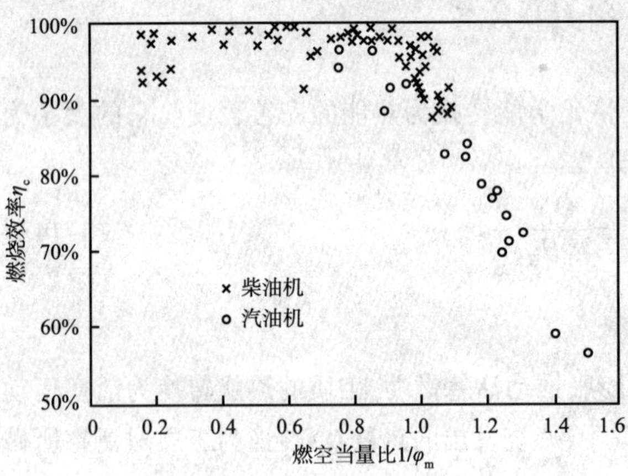


图 1-36 燃烧效率与混合气成分的关系

**(四)有效指标的测量及换算**

1. 直接指标与间接指标

发动机有效指标都是通过发动机台架试验，测得某些指标的数值后，再通过指标之间的物理关系式换算出来的。这些直接通过台架试验测得的指标我们称为直接指标，而通过物理关系式换算出来的指标称为间接指标。例如：发动机转速 $n$(r/min)、曲轴转矩 $T_{tq}$(N · m)以及整机的燃油消耗量 $B$(kg/h)是通过台架试验测得的直接指标。

2. 换算关系式

由直接指标可以通过如下关系式得到发动机的其他有效指标：

$$P_e = \frac{10^{-3}}{30}\pi n T_{tq} = \frac{n T_{tq}}{9550}(\text{kW})$$

$$W_e = \frac{30 P_e \tau}{ni} = \frac{\pi T_{tq} \tau}{i} \times 10^{-3}(\text{kJ})$$

$$p_{me} = \frac{W_e}{V_s}\frac{\pi T_{tq}\tau}{iV_s} \times 10^{-3}(\text{kPa})$$

$$b_e = \frac{B}{P_e} \times 10^3 = \frac{9550B}{nT_{tq}} \times 10^3(\text{g/kW} \cdot \text{h})$$

$$\eta_e = \frac{3600}{H_u b_e} \times 10^3 = 0.377\frac{nT_{tq}}{BH_\mu}$$

**(五)指示指标的测量及换算**

指示指标的测量可以通过示功图直接测量计算出指示功 $W_i$ 的大小，然后通过类似于有

效指标换算的物理关系式换算出其他指示指标。

但在工程实践中,由于示功图测量中,活塞上止点的位置很难精确确定,而上止点的微小偏差将会引起指示功 $W_i$ 计算的很大误差。只有具有丰富测量经验的实验人员利用精密仪器,反复多次校正才能获得较为准确的测量结果。另一方面,由于多缸发动机各缸工作的不均匀性,在同一循环过程中各缸的参数不可能完全相同,存在一定的差别,为此必须各缸同时测量,这在实际试验测量中是很难做到的。

鉴于此,通过示功图直接测量指示功 $W_i$ 只适合用于研究和新产品开发工作。生产实践中,一般都是通过前述有效指标的测量方法,先通过试验台架由测功机测算出 $W_e$ 值,然后再设法测量出机械损失功 $W_m$ 值,再通过下式计算 $W_i$。

$$W_i = W_e + W_m$$

因此,在工程实践中如何测量机械损失就显得特别重要。

**(六)机械损失的测量**

1. 影响机械损失的因素

由前述可知,在致力于提高发动机有效性能指标时,应尽可能减少机械损失,提高机械效率。若不注意这点,有时在改善汽缸内部指示指标的同时,却不自觉地增加了机械损失,因而也就不能获得预期的提高发动机有效性能指标的目的。为此,我们首先分析影响机械损失的因素。

1)汽缸直径及行程

根据试验,机械损失功率与缸径、行程的大致关系为

$$P_m = f\frac{\sqrt{SD}}{D_m} \tag{1-147}$$

式中:$D$——汽缸直径;

$S$——活塞行程;

$D_m$——曲轴的平均直径;

$f$——与汽缸数和转速有关的常数。

可见,当发动机工作容积增加,即加大缸径或行程时,机械损失功率增加,但因汽缸的面积与容积之比值($A/V$)减小,相对摩擦面积减少,故相对的机械损失减少,机械效率提高。当汽缸工作容积一定,而行程、缸径比($S/D$)减小时,则因活塞平均速度 $C_m$ 值和 $A/V$ 值均有所下降,所以机械效率提高。

2)摩擦损失

在机械损失中,摩擦损失所占比例最大,达 70% 左右,故降低摩擦损失一直是人们极为关注的问题。

活塞组件是发动机中主要的摩擦源,产生摩擦的活塞组件是:活塞环、活塞裙部和活塞销。影响摩擦损失的主要因素是活塞环的结构与组合、活塞裙部的几何形状,缸套的温度及配合间隙等。在高速车用汽油机中,为减少摩擦损失采取的措施有:

减少活塞环数目,如由三道环(二气一油)减至二道环(一气一油),甚至出现一道环;减薄活塞环厚度,目前已有 2~3mm 厚的气环;减少活塞裙部的接触面积,如裙部加装凸起物,制成骨架式结构。

减小曲轴组件的质量。曲轴摩擦源于轴颈与轴承(包括主轴颈、连杆轴颈或平衡轴颈)及其密封装置。一般滑动阻力与轴颈的直径和宽度的立方成正比,因此,主要措施是减小运动件的惯性质量,如减小活塞、活塞销、连杆的质量等。还可以通过降低轴承负荷,减小轴承宽度和轴径。

减小配气机构摩擦损失。气门机构在发动机整个工作范围均承受高负荷。在较低转速下作用于气门上的负荷主要由弹簧力引起,在较高转速时,零件质量引起的惯性力占主导地位。与其他机构不同的是,配气机构在低转速区是处于临界润滑状态,故其低速时摩擦损失所占比例会明显增加。减小配气机构运动件质量(如已有气门导杆直径减至 2 ~ 3mm),降低弹簧负荷,在摇臂与凸轮接触面处加入滚动轴承等,都是减小配气机构摩擦损失的有效措施。

另外,汽缸套内壁、轴颈、轴承等各摩擦表面的加工精度、零件材料及热处理工艺等,对摩擦损失也有较大影响。

3)转速 $n$(或活塞平均速度 $C_m$)

发动机转速上升($C_m$ 随之加大),会使各摩擦副间相对速度增加,摩擦损失增加;曲柄连杆机构的惯性力加大,活塞侧压力和轴承负荷均增高,摩擦损失增加;泵气损失加大;驱动附件消耗的功增加。

因此,$n$ 上升,机械损失功率增加,机械效率下降。根据实测统计资料,一般平均机械损失压力 $p_m$ 大致与转速 $n$ 成直线关系。图 1-37、图 1-38 所示为一台小型非增压高速柴油机 $p_m$ 和机械效率 $\eta_m$ 随转速变化的关系。图 1-38 中实线表示全负荷工况,虚线表示 30% 的部分负荷工况。

总之,随转速上升摩擦损失所占比例明显加大,且在转速大致相同的情况下,柴油机摩擦损失大于汽油机。这是因柴油机压缩比高、汽缸压力高、运动部件质量大所引起。由于转速对机械损失有如此重要的影响,以致在用提高转速的手段来强化发动机动力性能时,机械效率 $\eta_m$ 的降低成为重要障碍之一。

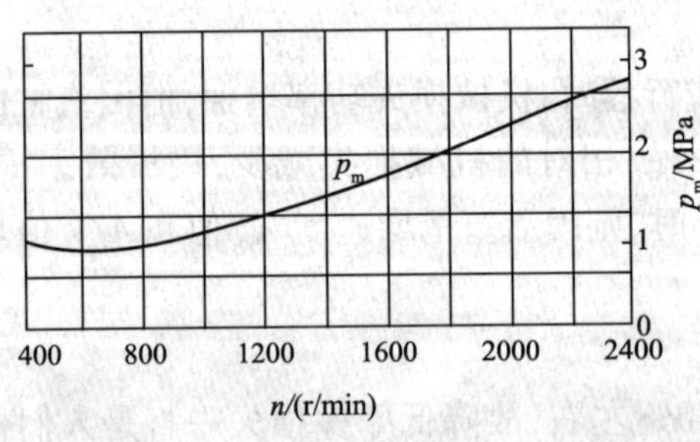


图 1-37 发动机转速对机械损失压力的影响

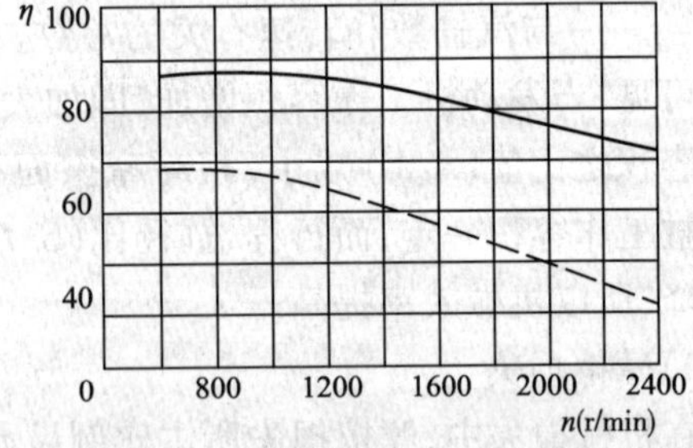


图 1-38 发动机转速对机械效率的影响

4)负荷

当发动机转速一定而负荷减小时,平均指示压力 $p_{mi}$ 随之下降,而平均机械损失压力 $p_{mm}$ 变化很小,如图 1-39 所示。这是因为 $p_{mm}$ 的大小主要决定于摩擦副的相对速度和惯性力大小。

根据机械效率表达式:$\eta_m=\dfrac{P_e}{P_i}$知,随着发动机负荷减小,有效功率 $P_e$ 减小,导致机械效

率 $\eta_m$ 下降，直到负荷减小到发动机空转时，有效功率 $P_e=0$。这时，指示功率 $P_i$ 全部用来克服机械损失功率，即 $P_i=P_m$，故 $\eta_m=0$。图 1-39 给出了 $p_{mi}$、$p_{me}$、$p_{mm}$、$\eta_m$ 随负荷变化的关系。

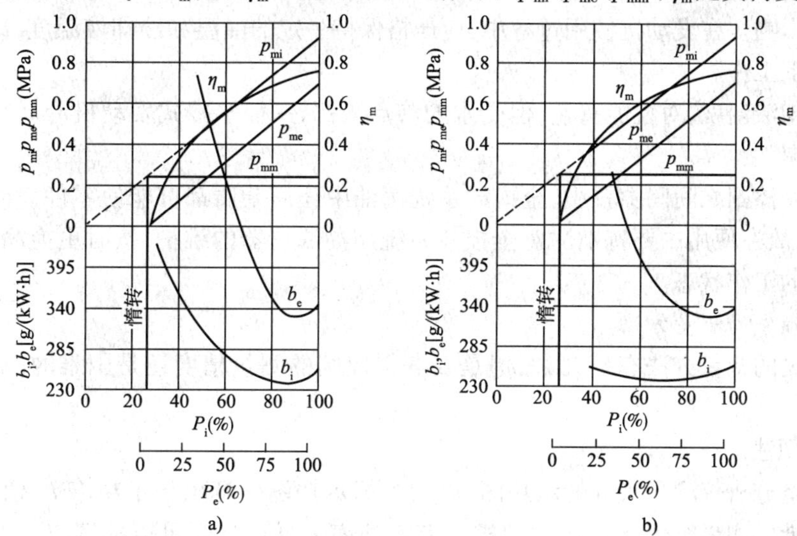


图 1-39 负荷变化对机械损失功率及机械效率的影响

a）汽油机；b）柴油机

5）润滑油品质和冷却液温度

在机械损失中，摩擦损失占的比例最大，达 70% 左右，而润滑油（常称全损耗系统用油）的黏度对摩擦损失的大小有重要影响。

全损耗系统用油黏度即稠稀程度表示了流体分子之间内摩擦力的大小。黏度大，全损耗系统用油内摩擦力大，流动性差，使摩擦损失增加，但它的承载能力强，易于保持液体润滑状态。反之，全损耗系统用油黏度小，流动性好，消耗的摩擦功少、但承载能力差，油膜易破裂而失去完全润滑作用。

全损耗系统用油黏度主要受油的品种和温度的影响。黏度随温度的变化程度常用黏度比，即 500℃和 100℃时全损耗系统用油运动黏度的比值表示。黏度比越大，黏度随温度变化越大。实际工作中，希望黏度随温度变化小，以保证内燃机在各种热状态下都能工作良好。

选用全损耗系统用油黏度的基本原则是：在保证发动机正常工作时有可靠润滑条件的前提下，尽量选用黏度较小的全损耗系统用油，以减少摩擦损失，改善起动性能。图 1-40 所示为全损耗系统用油黏度（温度、品种）与摩擦损失的关系。

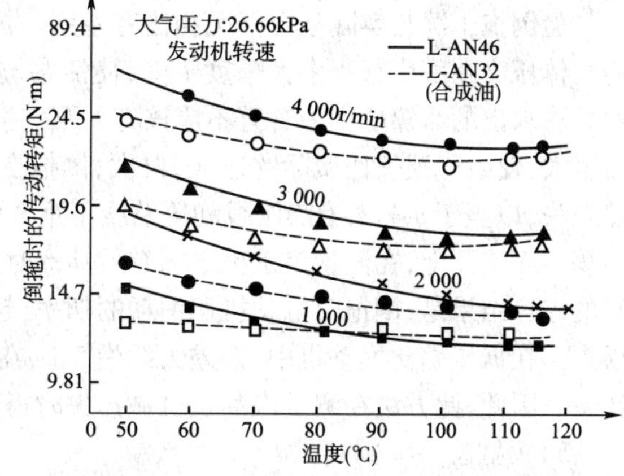


图 1-40 润滑油黏度（温度、种类）对摩擦损失的影响

一般说来，当发动机强化程度高，轴承负荷大时，要选用黏度较大的全损耗系统用油；当转速高，配合间隙小时，需要全损耗系统用油流动性好，宜选用黏度较小的全损耗

系统用油。经过长期使用,轴承间隙较大应选用较高黏度的全损耗系统用油。

冷却液温度直接影响燃烧过程和传热损失,同时会对全损耗系统用油黏度和摩擦损失产生一定的影响。在发动机使用过程中,应严格保持一定的油温和冷却液温度,即限制在一定热力状态下工作。

提高冷却液温度,对性能有益,但受水的沸点限制,一般水冷式发动机冷却液温度多在80~95℃范围。

发动机摩擦副之间间隙较小,全损耗系统用油中任何杂质都可能使零件表面损坏而增加摩擦损失,故在使用中要特别注意全损耗系统用油滤清器的维护,按时更换润滑油,保证发动机良好的工作状态。

2. 机械损失的测量方法

机械损失的测量方法有好几种,但是要获得较高的测量精度还是困难的,有待于不断改进。

1)示功图法

运用燃烧分析仪测录汽缸的示功图,然后根据示功图计算出指示功率 $P_i$ 值,再根据测功机和转速计的测量数值计算出发动机的有效功率 $P_e$ 值,从而可以换算出机械损失功率 $P_m$、平均机械损失压力 $P_{mm}$ 及机械效率 $\eta_m$ 值。这种直接测定方法是在发动机真实的工作情况下进行的,从理论上讲也完全符合机械损失的定义,但结果的正确程度正如前述介绍,往往取决于示功图测录的正确程度,其中最大的误差来源于 $p$-$\varphi$ 图或 $p$-$V$ 图上活塞上止点位置不易正确地确定。此外,在多缸发动机中,各个汽缸多少存在着一定的不均匀性,而在试验中往往只测录一个汽缸的示功图,这也会引起一定的误差。因此,示功图法一般用于当上止点位置能得到精确标定时,才能取得较满意的结果。

2)倒拖法

这种方法必须在具有倒拖能力的电力测功机的试验台上方可进行。试验时,发动机与电力测功机相连,当发动机以给定工况稳定运行,冷却液、机油温度到达正常数值时,切断对发动机的供油,将电力测功器转换为电动机,以给定转速倒拖发动机,并且尽量维持冷却液和机油温度不变。这样测得的电动机倒拖功率,即为发动机在该工况下的机械损失功率。

但倒拖工况与实际运行情况相比有差别。首先,汽缸内不进行燃烧过程,作用在活塞上的气体压力在膨胀行程中大幅度下降,使活塞、连杆、曲轴的摩擦损失有所减少;其次,按这种方法求出的摩擦功率中含有不应该有的泵气损失消耗的功率,且由于排气过程中温度低、密度大、使泵气损失比实际的还大;再次,倒拖在膨胀、压缩行程中,由于充量向汽缸壁的传热损失,以至于 $p$-$V$ 图上膨胀线和压缩线不重合而处于它的下方,出现了图1-41所示的负功面积。而实际上,在测量该工况下的有效功率时,这部分传热损失已被考虑在内。这三种因素的综合结果是:倒拖时电动机所消耗的功率,超过了发动机在给定工况工作时的实际机械损失。在低压缩比发动机中,误差大约为5%,在高压缩比发动机中,误差有时可高达15%~20%。因此,此方法在测定汽油机机械损失时得到较广泛地应用。

3)灭缸法

此法多适用于多缸柴油发动机。测试时发动机首先调整到给定工况稳定运转,然后

测出其有效功率 $P_e$,之后在喷油泵齿条位置不变的情况下,停止向某一汽缸供油,并调整测功器迅速将转速恢复到原来的转速,测出此时发动机有效功率 $P'_e$。这样,如果灭缸后其他各缸的工作情况和发动机机械损失没有变化,则被熄灭的汽缸原来所发出的指示功率 $(P_i)_0$ 为

$$(P_i)_0 = (P_e - P'_e) \tag{1-148}$$

依次将各缸灭火,最后可以从各缸指示功率的总和中求得整台发动机的指示功率 $P_i$ 为

$$P_i = \sum_{n=1}^{i}(P_e - P'_e)_n \tag{1-149}$$

然后可以求出

$$P_m = P_i - P_e;\eta_m = \frac{P_e}{P_i}$$

采用这种方法,在只要停止一个汽缸的燃烧,不致引起发动机进、排气系统的异常变化的情况下就会相当准确,其误差在5%以下。对于增压发动机,由于排气压力波会发生变化,而对于汽油机,则由于进气情况会改变,往往得不到正确的结果。

另一方面应该指出的是,灭缸法本质上仍是倒拖法,只不过是用工作缸的动力来反拖被灭火的那一缸而已。因此,理论上倒拖法存在的测量误差,在灭缸法中都存在。但由于灭缸法是在整机工作状态下测量的,测量误差要比倒拖法小。这种方法测量设备简单,不需要价格贵重的电力测功机,所以得到广泛应用。

4)油耗线法

油耗线法的测量方法是:保证发动机转速不变,逐渐改变柴油机喷油泵齿条的位置,测出每小时耗油量 $B$ 随 $p_{me}$ 变化的关系,绘制成如图1-42的曲线,此曲线称为负荷特性曲线。在曲线中找出接近直线的线段,并顺此线段作延长线,直至与横坐标相交,则交点到坐标原点的长度即为该机的机械损失压力 $p_{mm}$ 的数值。

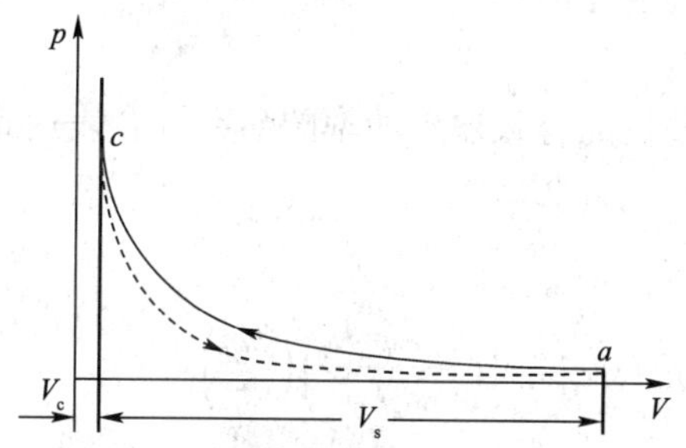

图1-41 发动机被倒拖时的 $p$-$V$ 图

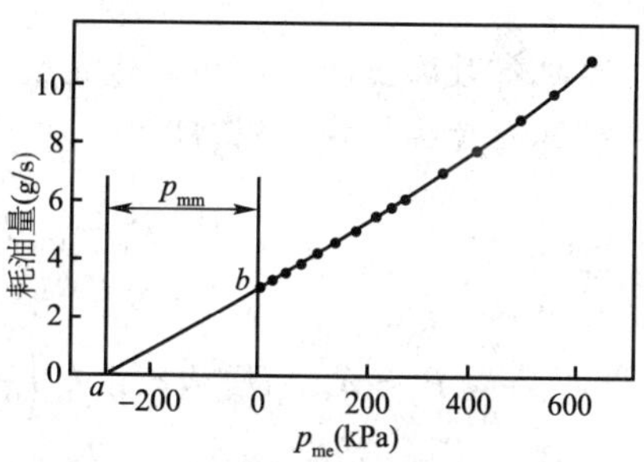

图1-42 油耗线法测量机械损失压力

此方法的基础是,假设转速不变时 $P_{me}$ 和指示热效率 $\eta_i$ 都不随负荷增减而变化。

根据以上的分析和假设,下面我们将证明上述结论。

由指示热效率的定义可导出

$$BH_{\mu}\eta_i = 3.6\times10^3P_i = 3.6\times10^3(p_e + p_m)$$

根据前面的假设有 $$B_0H_{\mu}\eta_i = 3.6\times10^3p_m$$

式中:$B_0$——发动机怠速运转时的燃油消耗量,即图中 $b$ 点对应的燃油消耗量。

上述两式相除,得

$$\frac{B}{B_0} = \frac{P_e + P_m}{P_m} = \frac{p_{me} + p_{mm}}{p_{mm}} \tag{1-150}$$

由此可以证明图中横坐标的 $a0$ 线段就等于 $p_{mm}$。

这个方法虽然只是近似的方法，但只要在低负荷附近，燃油消耗量曲线为直线就相当可靠，即使没有电力测功机和燃烧分析仪也能进行测定。但是，这种方法不适用于用节气门调节功率的汽油机。

当测得其 $p_{mm}$ 值后，其机械效率可用下式计算

$$\eta_m = \frac{p_{me}}{p_{me} + p_{mm}} = 1 - \frac{B_0}{B}$$

在以上所介绍的几种测定机械效率的方法中，倒拖法只能用于配有电力测功机的情况，因而不适用于大功率发动机，而较适用于测定压缩比不高的汽油机的机械损失。对于废气涡轮增压柴油机，由于倒拖法和灭缸法破坏了增压系统的正常工作，因而只能用示功图法、油耗线法来测定机械损失。对于中增压、高增压的柴油机，除示功图外，尚无其他适用的方法。

由以上介绍的评价能量转换完善程度的有效指标可以看出，这些指标反映了实际工作过程中发动机的动力性能和经济性能。可以通过这些指标的理论计算式来考察影响发动机动力性能和经济性能的各种因素。

**（七）发动机动力性及经济性影响因素分析**

前述介绍的各种动力性、经济性指标的计算式，是通过试验测得某些参数后换算而得来的。这些被测值，如转矩、整机耗油量等都是影响发动机性能的各种参数的综合反映，但不能完整表达各个基本因素或参数对性能影响的规律。必须从工作过程所涉及的基本理化概念出发，归纳出影响上述指标的各因素综合表达式，才能分门别类、有针对性地对影响性能的各个环节与因素进行深入的分析，也才能对发动机的动力性、经济性能有一个全貌的理解。

1. 整机有效输出功率综合表达式

将前述有关表达式，经整理可得到下列两个整机的有效输出功率的参数综合表达式：

$$P_e = \eta_e B H_u = \eta_t \eta_m g_b H_u \left(\frac{2in}{\tau}\right) \tag{1-151}$$

$$P_e = \eta_e G_m H_{um} = \eta_t \eta_c \eta_m \left(\frac{H_u}{1+\varphi_a L_0}\right) \varphi_c V_s \left(\frac{p_s}{R_s T_s}\right) \left(\frac{1+\varphi_a L_0}{\varphi_a L_0}\right) \left(\frac{2in}{\tau}\right)$$

$$= \eta_t \eta_c \eta_m \left(\frac{H_u}{\varphi_a L_0}\right) \varphi_c V_s \left(\frac{p_s}{R_s T_s}\right) \left(\frac{2in}{\tau}\right) \tag{1-152}$$

上述两式可相互转换，对任何发动机都适用。实际上，式(1-151)更适于柴油机，因为柴油机的循环供油量 $g_b$ 是一个可直接测出的值，式(1-152)则更适于汽油机。式(1-152)中的 $\frac{H_u}{\varphi_a L_0}$ 项可理解为进入汽缸的单位空气量分配到的燃料热量。$\varphi_c V_s \left(\frac{p_s}{R_s T_s}\right)\left(\frac{2in}{\tau}\right)$ 项为单位时间进入发动机整机的空气量。于是式(1-152)就可直接理解为按空气量所分配到的能量求得的输出功率表达式。

2. 整机燃料消耗率的参数综合表达式

下面进一步推导有效燃油消耗率的参数综合表达式。

表达式 $b_e = B/P_e$ 中，整机燃料消耗量 $B$ 可由式(1-151)引出，因此有

$$b_e = \frac{1}{\eta_e H_u} = \frac{1}{\eta_t \eta_c \eta_m H_u} \tag{1-153}$$

式(1-153)表明，燃油消耗率 $b_e$ 只与能量转换效率和燃料低热值有关，而与可燃混合气总量无关。式(1-151)～式(1-153)的 $P_e$ 及 $b_e$ 参数综合表达式涉及了动力性、经济性中"量"与"质"两大环节的多达15个性能与结构参数，各因素所起的作用又十分明确。这就理顺了分析发动机动力、经济性问题的思路。事实上，每一个因素就是发动机动力、经济性能所涉及的一个领域或研究方向。

这15个因素概括了发动机动力、经济性能涉及的方方面面，它们分别为：

$H_u$、$L_0$——燃料特性与燃烧热化学的影响；

$R_s$——工质热力特性的影响；

$\eta_t$——工作过程热力循环与工质特性的影响；

$\eta_c$——混合气形成与燃烧过程的影响；

$\eta_m$——与机械损失有关的机械学、流体力学的影响；

$\varphi_c$——进、排气过程及热流体动力学的影响；

$\varphi_a$——混合气形成与燃油供给方式的影响；

$\rho_s$ 或 $\frac{P_s}{R_s T_s}$——进气状态与增压中冷方式的影响；

$n$——发动机转速的影响；

$V_s$、$i$——多缸机缸数与排量的影响；

$\tau$——四冲程与二冲程的影响；

$g_b$——柴油机喷油系统供油特性的影响。

前面我们已从能量转换的角度就有关影响因素进行了讨论，本书后续3章将通过发动机动力循环过程继续就涉及的理论以及影响因素展开分析讨论。

3. 整机动力性能的速度指标

在对发动机实际工作性能的评价时，除以上从能量转换的角度进行评价外，还可以从发动机整机设计的角度进行评价，以评价发动机的整机设计制造水平。

例如：从活塞往复运动做功的物理本质来看，确定功率大小的因素除了"力"之外(以 $p_{me}$ 为代表)，还有活塞的平均运动速度 $C_m$，它是评定发动机动力性能的速度指标。

由于发动机通过曲轴旋转输出动力，所以曲轴转速也当作一种速度指标。$n$ 与 $C_m$ 有一定换算关系：

$$C_m = 2sn/60$$

在发动机标定工况下，不同机型允许的最高活塞平均速度受到表面磨损、热负荷、惯性负荷、机械效率等因素的制约，大都处于同一量级，变化不大，见表1-9。由上式可以看出，$C_m$ 值由冲程 $S$ 和转速 $n$ 两个因素决定。因此低转速、大冲程的大型机和高转速、小冲程的小型高速机，虽然转速差别极大，但实际 $C_m$ 的差别并不大。可见转速 $n$ 只能作为同一大小机型的速度指标，不能用以判断不同机型的"速度"快慢。这一点要引起特别注意。

不同类型车用发动机动力性、经济性指标　　表 1-9

| | | | 转速 (r/min) | 压缩比 | $p_{mm}$ (kPa) | $P_L$(升功率) (kW/kg) | $m_e$(比质量) (kg/kW) | $b_e$ (g/kW·h) | $C_m$ (m/s) |
|---|---|---|---|---|---|---|---|---|---|
| 汽油机 | 摩托车 | 四冲程 | 5000~9000 | 8~11 | 700~1000 | 30~70 | 4~1 | 350~270 | 9~16 |
| | 轿车 | 自然吸气 | 4500~7500 | 8~12 | 800~1100 | 35~65 | 3~1 | 350~250 | |
| | | 增压 | 5000~7000 | 7~9 | 1100~1500 | 50~100 | 3~1 | 380~280 | |
| | 载货汽车 | | 2500~5000 | 7~9 | 800~1000 | 20~30 | 6~3 | 380~270 | |
| 柴油机 | 轿车 | 自然吸气 | 3500~5000 | 20~24 | 600~800 | 20~30 | 5~3 | 320~240 | — |
| | | 增压 | 3500~4500 | 20~24 | 900~1200 | 30~40 | 4~2 | 290~240 | |
| | 载货汽车 | 自然吸气 | 2000~4000 | 16~18 | 700~1000 | 10~15 | 9~4 | 240~210 | |
| | | 增压 | 2000~3200 | 15~17 | 1000~1300 | 15~20 | 8~3 | 230~205 | |
| | | 增压中冷 | 1800~2600 | 14~16 | 1300~1800 | 20~25 | 5~3 | 225~195 | |

有时,由于汽车底盘传动系统匹配的需要,要求发动机能适当提高一点转速。为此,可减小一点冲程 $S$ 值,有条件时还可稍加大缸径 $D$ 而不减小排量。这些都使冲程缸径比 $S/D$ 降低,而使相同 $C_m$ 限制条件下提高 $n$ 值。$S/D$ 小于 1 的发动机称为短冲程机,短冲程机一般燃烧室扁平,不利于合理组织燃烧,所以燃油经济性要比长冲程机差一些。但 $S$ 的下降又可降低发动机高度而有利于和整车的匹配,这又是它的优点。

表 1-9 给出了当代各种类型车用发动机动力、经济性能指标的大致范围。

除此之外还可通过发动机的强度指标,如升功率、比质量、比体积、强化系数等指标来评价发动机的整机设计制造水平。

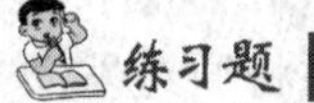

## 练习题

### 一、复习题

1. 下列各式是否正确?

$\delta q = du + \delta w$, $\delta q = du + pdv$, $\delta q = du + d(pv)$,各式的适用条件是什么?

2. 流动功与过程有无关系?

3. 请将下列要求的多变过程表示在 $p$-$V$ 图和 $T$-$S$ 图上(工质为空气):

(1)工质又升压、又升温、又放热。

(2)工质又膨胀、又降温、又放热。

(3)$n=1.6$ 的膨胀过程,判断 $q, w, \Delta u$ 的正负。

(4)$n=1.3$ 的压缩过程,判断 $q, w, \Delta u$ 的正负。

4. 发动机的指示指标是如何评价能量转换过程的? 主要有哪些?

5. 发动机的有效指标是如何评价能量转换过程的? 主要有哪些?

6. 发动机机械效率主要受哪些因素影响?

### 二、思考题

1. 讨论有质量流入的汽缸内工质的压缩过程:

(1)假设压缩过程为等温过程。

(2)假设压缩过程为绝热过程。

2. 导出理想气体变质量系统等容、等压、等温、等熵条件下的过程方程式。

3. 若 $c_{\mathrm{n}} = c_v \dfrac{n-k}{n-1}$,试导出多变过程方程式:$pV^n$ = 常数。

4. 论述示功图和温熵图在研究发动机能量转换过程中的意义。

5. 综合分析发动机动力性及经济性影响因素。

# 第二章　换气与压缩过程

**教学目标**

1. 了解提高换气过程完善程度的方法。
2. 理解压缩过程特点。
3. 掌握换气过程各阶段分析方法。

**教学要点**

| 知识要点 | 掌握程度 | 相关知识 |
| --- | --- | --- |
| 换气过程各阶段分析方法 | 掌握 | 换气过程的评价指标;换气过程的热力计算及气体参数的确定 |
| 提高换气过程完善程度的方法 | 学会 | 充量系数的影响因素分析;提高充量系数的具体措施 |
| 压缩过程特点 | 理解 | 压缩过程中工质的变化;压缩过程终了工质参数的计算 |

## 第一节　换 气 过 程

发动机排出废气和充入新气的全过程称为气体换气过程。四行程发动机配气机构采用气门开启、关闭的换气方式,其换气过程包括从上一循环排气门开启到下一循环进气门关闭的全部时间。换气过程的作用是排出缸内废气并充入尽可能多的新鲜工质。故换气过程进行的完善程度直接影响内燃机的动力性、经济性和排放指标。为适应发动机高速化和提高发动机的动力性、经济性,需要深入进行内燃机换气过程的研究。

合理组织换气过程应达到下述四个目的:

(1)保证标定工况和全负荷条件下,吸入尽可能多的充量,以获得更高的输出功率和转矩。这就是提高充量系数的问题,也是换气过程的中心问题。

(2)保证多缸机各缸的循环进气量的差异不超出应有的范围,以免对整机性能产生不利影响,这就是多缸机各缸进气不均匀性的问题。

(3)应尽量减小不可避免的换气损失,特别是占最大比例的排气损失。

(4)进气后在缸内所建立的流场,应能满足快速合理燃烧的要求。

## 一、换气过程的评价指标

1. 充量系数

充量系数，又称充气效率和容积效率。它定义为每缸每循环实际吸入汽缸的新鲜空气质量与进气状态下理论计算充满汽缸工作容积的空气质量比值，一般用字母 $\varphi_c$ 表示。

2. 残余废气系数

残余废气系数是指每循环进气过程结束时，缸内残余废气量与实际进入汽缸的新鲜充量的比值（质量或体积比），一般用字母 $\gamma$ 表示。

3. 扫气系数

扫气系数是衡量扫气效果好坏的重要标志，也是表示换气结束时汽缸内新鲜空气的浓度，定义为换气结束时汽缸内新鲜工质与进入汽缸内新鲜工质总量的比值。

## 二、换气过程各阶段分析

四冲程发动机配气机构采用气门开启、关闭的换气方式，其换气过程包括从上一循环排气门开启到下一循环进气门关闭的全部时间。

由于配气机构是一组具有一定质量的机械元件，受其运动规律的限制及惯性影响，进、排气门不可能瞬时完全打开，流通截面积从关闭状态逐渐增大到最大开度，因此开启初期，气门升程小，开启流通截面积小，节流损失大，进、排气不畅。同时，由于进、排气系统中存在流动损失，存在燃烧室容积即压缩容积，废气不可能排净，充入汽缸的新鲜气体也不可能充满汽缸工作容积。

为了充分利用气流的惯性，尽可能多排出废气和流入更多的新鲜充量，进、排气门一般都提前开启、迟后关闭，故换气过程超过两个行程，占 410° ~490°（CA）曲轴转角。

四冲程自然吸气发动机在换气过程中，汽缸压力和排气管内压力随曲线转角变化情况以及相应的进、排气门流通截面的变化规律如图 2-1 所示。

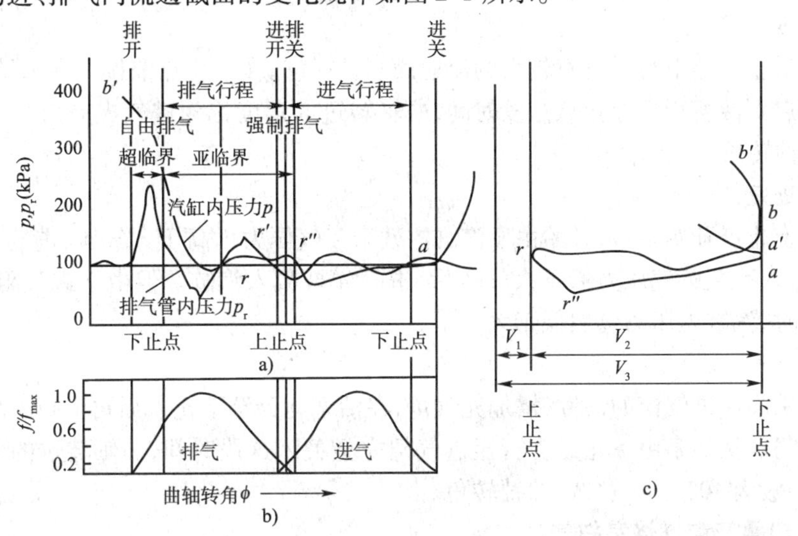


图 2-1 换气过程中汽缸压力 $p$、排气管内气体压力 $p_r$ 和相应进、排气门流通截面积的变化规律

**(一)排气阶段**

1. 自由排气

从排气门打开到汽缸压力接近于排气管压力的这段时期称为自由排气阶段。排气靠缸内气体压力与排气管内的背压之差进行。要在活塞到达下止点之前打开排气门,从排气门开始打开到下止点所对应的曲轴转角称为排气提前角,一般为30°~80°(CA)曲轴转角。

从图中可以看出,在排气门刚开启时汽缸内废气压力还很高,缸内压力与排气管压力之比大于临界值(使流速等于声速的压力比),即废气以声速流过排气门开启截面。此阶段排出的废气量只取决于缸内气体的状态和排气门有效流通截面积的大小,与发动机转速、排气背压等无关,也称超临界排气(流速等于声速)。

随着废气大量流出,缸内压力迅速下降,排气的流动转入亚临界状态(低于声速)。此阶段排出的废气量,取决于排气门的有效流通截面积和汽缸压力与排气背压之差。之后,到某一时刻汽缸内压力和排气管内压力相等,自由排气阶段结束。

在发动机高速运转时,同样的自由排气时间(以秒计)所相当的曲轴转角增大,为使缸内废气及时排出,应该加大排气提前角(但固定的配气相位不能兼顾高、低速)。自由排气阶段虽然占整个排气时间的百分比不大,但废气流速很高,排出废气量可达60%以上。

2. 强制排气

活塞上行,强制排气开始。气体流速取决于压差,压差越大,流速越大,所消耗的功也越多。此阶段持续时间虽然长,但由于缸内压力逐渐接近大气压力,气体密度低,流速慢,排出的废气量只占总排量的较小比例。

3. 惯性排气

强制排气阶段接近终了时,废气还有一定的流动能量,可利用气流的惯性进一步排出废气。所以,排气门在活塞过了上止点后才关闭,从上止点到排气门完全关闭这段曲轴转角称为排气迟闭角,一般排气迟闭角为10°~35°(CA)曲轴转角。

**(二)进气过程**

1. 进气准备

为了使活塞开始下行时就有较大的流通面积,进气门在上止点前排气尚未结束时开启,从进气门开启到活塞行至上止点这段时间,曲轴转过的角度称为进气提前角,一般为10°~30°(CA)曲轴转角。

2. 正常进气

活塞由上止点开始下行,开始由于汽缸内残余废气压力仍高于大气压,进气不能充入汽缸,只有当缸内残余废气压力低于大气压后,进气才被吸入汽缸。但由于进气阻力,活塞运动到下止点时,汽缸内压力仍然低于大气压。

3. 惯性进气

为了利用高速进气流的惯性,增加充气量,在活塞运行至下止点后再上行一段时间才完全关闭进气门。从活塞由下止点上行至进气门完全关闭这段时间,曲轴转过的角度称为进气迟闭角,一般为40°~80°(CA)曲轴转角。

**(三)气门叠开和燃烧室扫气**

如上所述,由于进气提前和排气迟后,在上止点附近存在进、排气门同时打开的现象,称为气门叠开。气门叠开时，曲轴相应转过的角度称为气门叠开角。

气门叠开期间进气管、汽缸、排气管连通，由于气门叠开角较小，进气门升程不大，废气又具有一定的流动惯性，所以废气一般不会流入进气管。对于汽油机，在怠速和小负荷时，若气门叠开角过大，由于进气歧管真空度高，废气可能流入进气歧管点燃混合气，引起“回火”，因此，气门叠开角的选择以废气不流入进气歧管和新鲜充量不流入排气管为原则。

气门叠开可以利用气流的压差和惯性清除残余废气，称为燃烧室扫气。增压发动机进气压力高于排气压力，新鲜充量可直接扫过燃烧室，扫气效果更明显。汽油机扫气可能引起燃料损失，柴油机没有燃料损失问题，但气门叠开角过大，会发生气门与活塞相碰。

增压发动机扫气的优点很多，可以适当加大气门叠开角，一般为 80° ~ 160°(CA)曲轴转角。在自然吸气发动机中，叠开角一般为 20° ~ 60°(CA)曲轴转角。

将进、排气门开、闭时刻和开、闭持续时间，用曲轴转过的角度表示，称为配气相位或称为气门定时。将它们绘制在同一个图上，称为配气相位图，如图 2-2 所示。

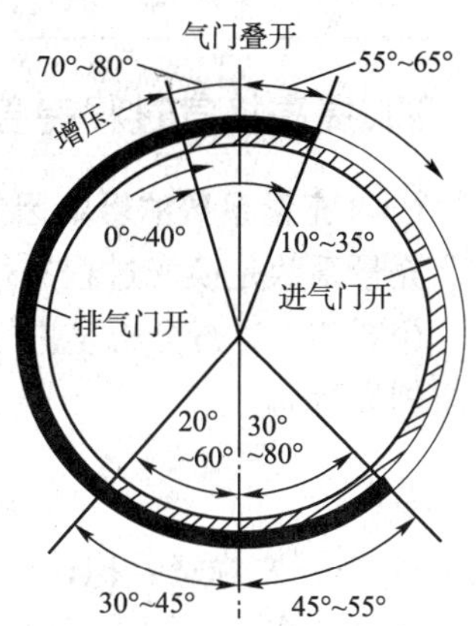


图 2-2 四冲程发动机进、排气相位图(外圈表示增压机型)

## *三、换气过程的热力计算及气体参数的确定

换气过程以排气终了状态为起始点开始研究，查得排气终了压力、温度取值范围见表 2-1。

排气终了压力、温度取值范围 表 2-1

| 发动机类型 | $P_r$(MPa) | $T_r$(K) |
|---|---|---|
| 汽油机 | 0.105 ~ 0.125 | 900 ~ 1100 |
| 柴油机 | 0.103 ~ 0.108 | 700 ~ 900 |

下面以自然吸气汽油机为例，进行换气过程模拟计算。取排气终了温度 $T_r$ 为 900K，压力 $P_r$ 为 0.105MPa，大气温度为 25°C，缸壁对新鲜工质加热量 $\Delta T = 20℃$，有效压缩比为 10，又由于排气过程残留的废气容积近似于燃烧室容积，因此可得残余废气系数为

$$\gamma = \frac{1}{10-1} = 0.11$$

则进气终了温度

$$T_a = \frac{T_0 + \Delta T + \gamma T_r}{1+\gamma} = \frac{273.15 + 25 + 20 + 0.11 \times 900}{1 + 0.11}(\mathrm{K}) = 375.8(\mathrm{K})$$

进气终了压力与管道阻力系数 $\lambda$、进气气体密度 $\rho$、管道内气体流速 $v$ 等有关。而管道阻力系数 $\lambda$ 与空气滤清器、进气管道结构设计等因素有关，故这些因素所导致大气压力在管道内的压力降计算较为复杂。一般自然吸气汽油机压力降 $\Delta p_a = 0.01\mathrm{MPa}$，则进气终了压力为

$$p_a = p_o - \Delta p_a = (0.1 - 0.01)(\mathrm{MPa}) = 0.09(\mathrm{MPa})$$

自然吸气发动机进气终点的压力 $p_a$ 和温度 $T_a$ 范围见表 2-2。

**发动机进气终点的压力和温度范围** 表 2-2

| 发动机类型 | $p_a$(MPa) | $T_a$(K) |
| --- | --- | --- |
| 汽油机 | 0.08～0.092 | 340～380 |
| 柴油机 | 0.08～0.095 | 300～340 |

## 四、提高换气过程完善程度的方法

### (一)充量系数的影响因素分析

充量系数是换气过程进行完善程度的重要评定参数,因此,以下对充量系数进行分析。

用图 2-3 进行分析。进气门关闭时($a'$点)汽缸容积为 $V_c + V_h'$,汽缸压力为 $\rho_a'$,此时缸内工质的质量 $m_a'$ 为

$$m_a' = (V_c + V_h')\rho_a'(\text{kg}) \tag{2-1}$$

式中:$V_c$——燃烧室容积;

$\rho_a'$——进气门关闭时汽缸工质的密度。

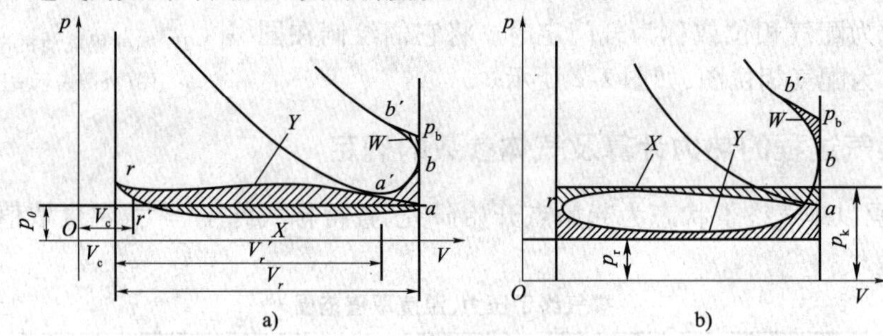


图 2-3 四冲程发动机换气损失
a)自然吸气;b)废气涡轮增压

假定排气门关闭点($r'$点)汽缸体积为 $V_r'$,此时缸内工质的质量 $m_r'$ 为

$$m_r' = V_r'\rho_r'(\text{kg}) \tag{2-2}$$

式中:$\rho_r'$——排气门关闭时汽缸工质的密度。

由此可得每循环充入汽缸的新鲜充量的质量 $m_1$ 为

$$m_1 = (V_c + V_h')\rho_a' - V_r'\rho_r'(\text{kg}) \tag{2-3}$$

还可表示为

$$m_1 = m_a + g_b(\text{kg}) \tag{2-4}$$

式中:$m_a$——空气质量;

$g_b$——每循环燃料量。

由空燃比的关系得

$$m_a = \left(\frac{\varphi_a L_0}{1 + \varphi_a L_0}\right)m_1(\text{kg}) \tag{2-5}$$

式中:$\varphi_a$——过量空气系数;

$L_0$——单位质量的燃料燃烧理论空气量(kg)。

令 $K_a=\left(\dfrac{\varphi_a L_0}{1+\varphi_a L_0}\right)$，$K_a$ 也称为混合气的空气量比例系数。代入空燃比关系式，有下列等量关系

$$\varphi_c V_s \rho_o = k_a[(V_c+V_h')\rho_a' - V_r'\rho_r'] \tag{2-6}$$

式中：$\rho_o$——大气密度。

考虑到进、排气门迟闭，令 $\xi=\dfrac{V_c+V_h'}{V_c+V_h}$，$\varphi=\dfrac{V_r'}{V_c}$，压缩比 $\varepsilon=\dfrac{V_c+V_h}{V_c}$，则有

$$\varphi_c=\frac{K_a}{(\varepsilon-1)\rho_o}(\xi\varepsilon\rho_a'-\varphi\rho_r') \tag{2-7}$$

假定残余废气与新鲜充量的气体常数近似相等，应用气体状态方程式 $\rho=\dfrac{p}{RT}$代入式(2-7)中，则

$$\varphi_c=\frac{K_a T_o}{(\varepsilon-1)p_o}\left(\xi\varepsilon\frac{p_a'}{T_a'}-\varphi\frac{p_r'}{T_r'}\right) \tag{2-8}$$

式中，$p$、$T$ 的下标 0、a′、r′分别代表大气和进、排气门关闭时缸内压力和温度的状态。

由于燃料所占体积较小，有的文献将 $K_a\approx1$。公式可以简化。

为了比较不同发动机残余废气量的多少，引入残余废气系数的概念。残余废气系数 $\gamma$ 是进气过程结束时汽缸内残余废气量 $m_r'$与进入汽缸中新鲜空气 $m_a'$的比值：

$$\gamma=\frac{m_r'}{m_a'}=\frac{V_r'\rho_r'}{K_a[(V_c+V_h')\rho_a'-V_r'\rho_r']}=\frac{\varphi V_c\rho_r'}{K_a[\xi(V_c+V_h)\rho_a'-\varphi V_c\rho_r']}=\frac{\rho_r'}{K_a\left(\dfrac{\xi}{\varphi}\varepsilon\rho_a'-\rho_r'\right)}$$

将 $\gamma$ 代入式(2-8)中，得

$$\varphi_c=K_a\frac{\xi\varepsilon}{\varepsilon-1}\frac{T_o p_a'}{p_o T_a'}\frac{1}{1+\gamma} \tag{2-9}$$

由充量系数解析式可见，影响充量系数的因素有空燃比（影响较小，可忽略不计），压缩比及配气相位、进气（或大气）的状态、进气终点的汽缸压力和温度 $T_a'$、残余废气系数 $\gamma$ 等。具体分析如下。

1. 进气门关闭时缸内压力 $p_a'$

由式可见，$p_a'$对充量系数的影响较大，$p_a'$越高，$\varphi_c$ 越大。

$$p_a'=p_o-\Delta p_a \tag{2-10}$$

式中：$\Delta p_a$——气体流动时由于进气系统阻力而引起的压力降。

这种流动阻力的一般公式写为

$$\Delta p_a=\lambda\frac{\rho v^2}{2}$$

式中：$\lambda$——管道阻力系数；

$\rho$——进气状态下气体的密度(kg/m$^3$)；

$v$——管道内气体流速(m/s)。

进气门是进气系统截面最小、流速最大的环节，因此也是造成进气阻力的重要部分。汽车发动机的使用特点是转速和负荷都不断地在宽广的范围变化，发动机转速 $n$ 升高，气体流

速增加，$\Delta p_a$ 显著增大（呈平方关系），使 $p_a'$迅速下降。

负荷变化时，柴油机和汽油机进气门关闭时缸内压力 $p_a'$的变化有所不同。柴油机只是变化每循环供油量 $g_b$，对空气量不进行调节，因此 $p_a'$基本不随负荷变化；汽油机变化节气门开度，节流作用变化显著，$p_a'$随负荷变化较大。当汽油机负荷变大时，节气门开度变大，$\Delta p_a'$变小，$p_a'$增大，充量系数增大。

气体流速不变，进气终了压力 $p_a'$与管道阻力系数的关系如图 2-4 所示。

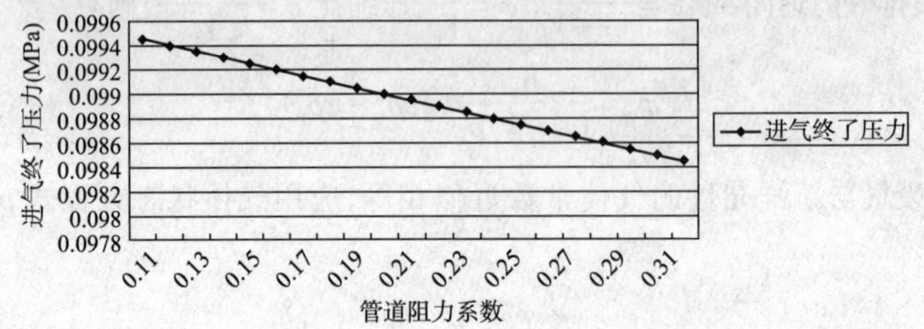


图 2-4　进气终了压力与管道阻力系数的关系

管道阻力系数不变，进气终了压力与气体流速的关系如图 2-5 所示。

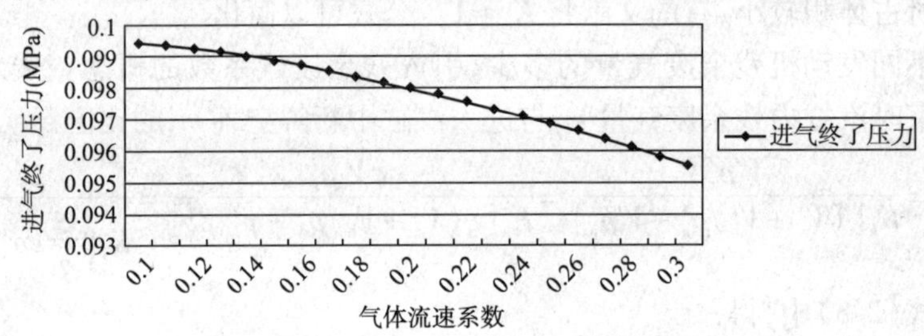


图 2-5　进气终了压力与气体流速系数的关系

2. 进气门关闭时缸内气体温度 $T_a'$

进气门关闭时缸内气体温度 $T_a'$高于进气状态温度 $T_o$。引起 $T_a'$升高的原因是新鲜工质与高温零件接触被加热以及与高温残余废气混合被加热。$T_a'$越高，充入的工质密度越低，充量系数降低。

汽油机负荷增大，进气终了温度升高，虽然气体密度下降，但由于节气门开度增大，进气量增多，整体的充量系数是缓慢增长的。而柴油机负荷增大，柴油机只是变化每循环供油量 $g_b$，对空气量不进行调节，总的进气量不变，进气终了温度升高，汽缸内的气体密度下降，充量系数下降。

3. 残余废气系数 $\gamma$

汽缸中残余废气过多使充量系数下降并恶化燃烧。一般来说，进排气门的叠开角大则扫气效果显著，压缩比高，压缩容积相对减小，$\gamma$ 值下降，故一般柴油机 $\gamma$ 值较低。$\gamma$ 的一般范围见表 2-3。

排气终了时，废气压力 $P_r'$越高，则残余废气密度增加，$\gamma$ 增大，充量系数 $\varphi_c$ 下降。与进气过程同理，$P_r'$取决于排气系统特别是排气门处的阻力，而且转速越高，流动阻力越大，$P_r'$越高。

汽油机在低负荷运转时，因节气门开度小，新鲜充量少，$\gamma$ 大大增加，废气稀释了可燃混合气，使燃烧过程缓慢，造成汽油机低负荷工作不稳定和经济性变差。

$\gamma$ 的一般范围 表2-3

| 四冲程自然吸气柴油机 | 0.03～0.06 |
| --- | --- |
| 四冲程增压柴油机 | 0.00～0.03 |
| 四冲程汽油机 | 0.06～0.16 |

4.配气相位

配气相位中，进气迟闭角对进气终了压力影响最大。当发动机转速变化时，气流的惯性发生变化，但进气迟闭角不变，因此转速高时气流的惯性没有被利用；而转速低时，又会造成气体倒流，从而影响进气压力与发动机的正常工作。选择适当的配气相位，可获得较高的充量系数 $\varphi_c$。

影响充量系数的因素很多，并且多个因素的影响相互有关连。以有效压缩比 $\varepsilon' = \frac{V'_a}{V'_c} = \frac{V_c + V'_h}{V_c}$ 为例，进气迟关角增大，会导致有效压缩比减小，但是同时又会致使进气下止点到进气迟关点的压力上升值 $\Delta p'_\varepsilon$ 增加，所以要进行多方面分析，而不能单凭公式就判定 $\varphi_c$ 下降。

综合考虑两方面的影响，就会存在一个最佳进气迟关角。不同结构的发动机最佳进气迟闭角不同。即使是同一结构的发动机，也会因为转速不同而存在不同的最佳进气迟关角。如图 2-6 所示。

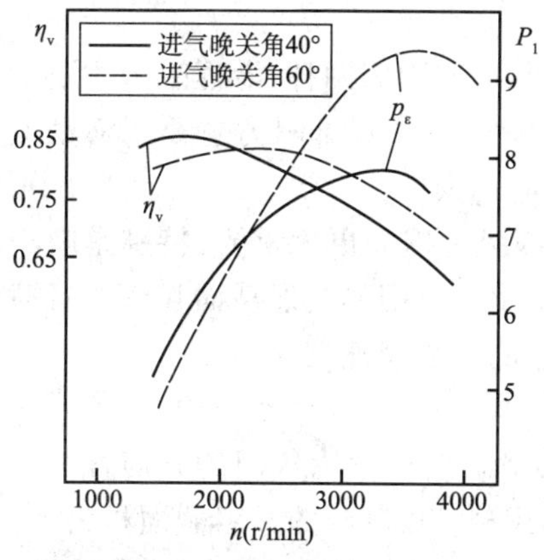


图2-6 充气效率随转速变化的关系

进气门迟关主要是为了让气体利用在下止点时产生的高速进气流的惯性，增大进气量。进气迟关角过小，使得本来可以利用气流惯性进入的气体没有进入汽缸。进气迟关角过大，又使得已经充入的气体流回进气管中，浪费新鲜充量。如果能使进气迟关角控制在汽缸压力接近汽缸背压时，能使气体得到最大的惯性利用。随着发动机转速的上升，进气迟关角应该增大，图 2-6 中每条充气效率 $\eta_v$ 曲线反映了在一定的进气迟关角下，$\eta_v$ 随转速变化的关系。如迟关角为40°时，充气效率是在约 1800r/min 的转速下达到最高值，该转速下工作能最好地利用气流的惯性充气。如果转速继续上升，导致气流惯性增加，就会使一部分本来可以利用惯性进入的气体被关在汽缸之外，形成背压，充量系数降低。如果转速下降，气流惯性减小，刚开始压缩时就会把气体推回进气管，使得本来可以进入汽缸的气体没有进入汽缸，充量系数照样下降。

一般迟闭角增大，与充气效率达到最高点相对应的转速应增加，所以不同的进气迟关角与充气效率曲线最高点对应的转速不同。如图 2-6 迟关角为 40°和 60°的曲线对比，曲线最高点对应的转速分别为 1800r/min 和 2200r/min。故不同发动机不同转速对应的最佳迟关角不同，只有最佳的进气迟关角才能提高充气效率。

5.压缩比

压缩比 $\varepsilon[\varepsilon = (V_c + V_h)/V_c]$ 增加，余隙容积减小，残余废气的相对量随之减少，因此充量系数 $\varphi_c$ 有所增加。

6. 进气状态

大气温度 $T_0$ 升高，会导致进气终了温度 $T'_a$ 升高，但是$\frac{T_0}{T'_a}=\frac{T_0}{T_0+\Delta T}$，$\Delta T$ 为缸壁和残余废气对新鲜工质的加热量。当 $T_0$ 足够大，则$\frac{T_0}{T'_a}$趋近于 1。此时 $\Delta T$ 对充量系数的影响可以忽略不计，充量系数增大。故温度升高，充量系数有升高趋势。

大气压力 $p_0$ 升高，对应的进气终了压力 $p'_a$ 升高，由比值$\frac{p'_a}{p_0}=\frac{p_0-\Delta p}{p_0}=1-\frac{\Delta p}{p_0}$，$\Delta p$ 为进气过程中的压力降。当 $p_0$ 足够大的时候，则$\frac{p'_a}{p_0}$趋近于 1，此时可以忽略压力降对其的影响，充量系数增大。故压力升高，充量系数有升高趋势。

**（二）提高充量系数的具体措施**

根据对充量系数的影响因素分析，提高充量系数 $\varphi_c$ 的主要措施有以下几个方面：减小进气系统的阻力，合理选择配气定时，采用可变配气定时，有效利用进排气管内压力波的动态效应等。

1. 降低进气系统的阻力

进气系统包括空气滤清器、进气总管、进气歧管、进气道及进气门。减小各段的流动阻力，是提高充量系数的主要途径。

根据流体力学知识，进气系统流动阻力分为沿程阻力和局部阻力两种：沿程阻力主要指管道的摩擦阻力，与管道长度、内壁表面粗糙值以及气体速度有关；局部阻力主要指流动截面积大小、形状以及流动方向变化造成局部产生涡流所引起的损失。

实际上，与发动机进气流动的沿程阻力损失相比，局部阻力损失更为重要，特别是减小气门座处的局部阻力损失对提高充气效率尤为重要。这是由于气门的流通截面积最小且截面积变化最大，所以，提高气门的流通能力是提高充气效率的主要措施之一。

1）增大气门的流通能力

为了表征气门的流通能力，引入时面值和角面值的概念。时面值为气门的开启截面积对时间的积分；角面值为气门的开启截面积对曲轴转角的积分。设气门的开启截面积为 $A_f$，它可以表示为时间 $t$ 的函数，也可以表示成曲轴转角 $\varphi$ 的函数。曲轴转角 $\varphi$、时间 $t$ 和转速 $n$ 的关系是 $\varphi=6nt$，因此时面值和角面值的关系是

$$\int A_f \mathrm{d}t = \frac{1}{6n}\int A_f \mathrm{d}\varphi \tag{2-11}$$

设气体的平均流速为 $v_m$，密度为 $\rho$，则气门开启期间所能进入汽缸的气体流量为

$$m = v_m\rho\int_{\varphi 2}^{\varphi 1} A_f \mathrm{d}t = v_m\rho\,\frac{1}{6n}\int_{\varphi 2}^{\varphi 1} A_f \mathrm{d}\varphi(\mathrm{kg}) \tag{2-12}$$

时面值与转速有关，高速时时面值减小。角面值不随转速变化，只与气门升程规律（凸轮形线）有关。图 2-7 示为气门升程及开启面积随曲轴转角的变化关系。提高气门的角面值是提高不同转速下进气量的主要措施。但是角面值的提高受到配气机构运动学的限制。

从配气机构设计角度考虑，在保证满足气门动力学规律（限制加速度以免气门出现飞脱）的前提下，提高气门开启和关闭速度，可以提高角面值。

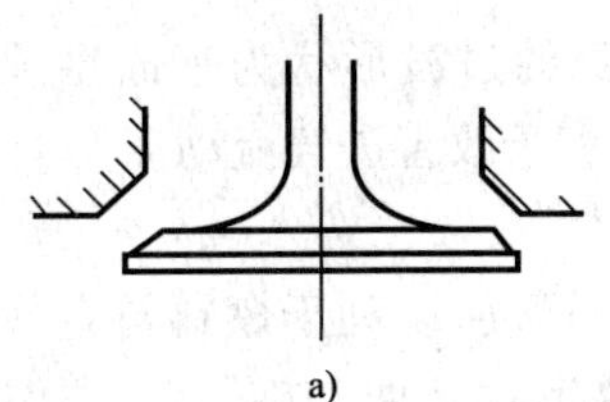


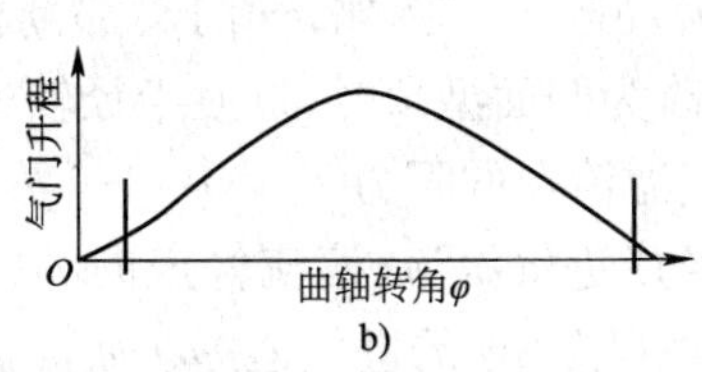


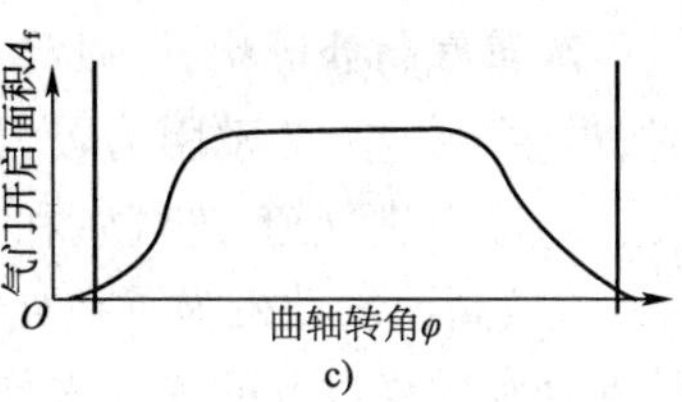


图 2-7 气门升程及开启面积随曲轴转角的变化关系

a)气门;b)气门升程与曲轴转角关系;c)气门开启面积与曲轴转角关系

2)减小进气门处的流动损失

气体流速越高,流动损失越大。引入进气马赫数 $M$ 的概念,$M$ 是进气门处气流平均速度 $V_m$ 与该处声速 $a$ 之比($M = V_m/a$),它是决定气流性质的重要参数,反映了气体流动对充量系数的影响,是分析充量系数的特征数。

试验表明,当 $M$ 超过一定数值时(在 0.5 左右),充量系数 $\varphi_c$ 急剧下降。所以,应使 $M$ 在最高转速时不超过一定数值。提高气门处流量系数以及合理的配气相位是限制 $M$ 值、提高充量系数的主要方法。图 2-8 所示为某发动机不同角面值下充量系数 $\varphi_c$ 随 $M$ 的变化。

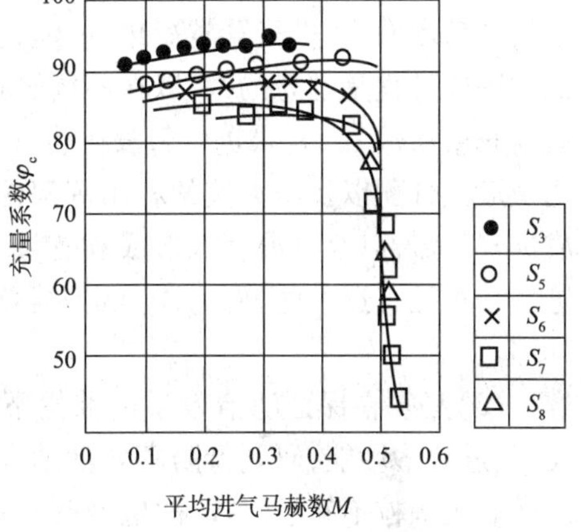


图 2-8 发动机不同角面值下充量系数 $\varphi_c$ 随 $M$ 的变化

增大进气门直径可以增大气流流通截面积。在两气门(一进、一排)结构中,进气门直径可达活塞直径的 45% ~ 50%,气门和活塞面积之比为 0.2 ~ 0.25. 通常牺牲排气门直径来加大进气门直径。不过排气门直径也不能过分缩小,否则会导致不合理地增加排气损失和残余废气量。

增加气门的数目,采用四气门结构(二进、二排),甚至五气门机构(三进、二排),都是增大进气门流通面积、降低流动损失的有效措施,如图 2-9 所示。

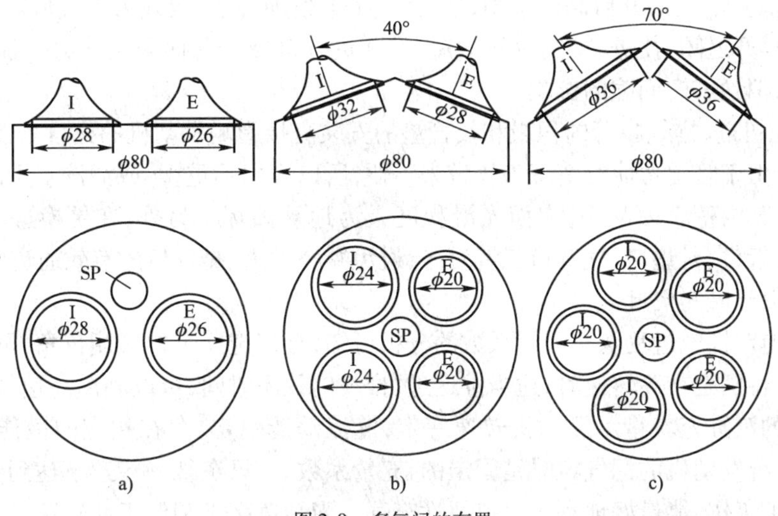


图 2-9 多气门的布置

a)一进一排;b)二进二排;c)三进二排

改善气门处形状，可以降低流动阻力。例如，气门头部到杆身的过渡形状为平面型顶时，过渡半径小，流动阻力较大。改为凹面型顶时，过渡半径较大，利于改善进气流动。

3）减少进气道、进气管和空气滤清器的阻力

（1）高速发动机为了在缸内形成进气涡流、滚流等定向的空气运动，以利于燃料与空气的混合和燃烧过程的快速进行，常利用一定的进气道形状使气流在其中弯曲和旋转，这要引起流动损失和增加，特别是在高速下更为严重。另外，汽缸盖内的进气道形状比较复杂，因受到气门导管安装凸台的影响，截面形状急剧改变，也使进气阻力增大。所以合理设计进气道，使其形状渐缩、内壁过渡光滑，避免气流急转弯等，对减小进气系统阻力有利。

传统的高速柴油机喷油压力较低，为了利用燃烧室内高速气流帮助雾化蒸发，常采用螺旋进气道，这是以牺牲高速充量系数为代价形成较强烈的进气涡流。随着现代柴油机电控高压喷射技术的发展，大大提高了喷射雾化质量，以上改善雾化的方法正在减少使用。

（2）进气管必须保证足够的流通截面积，管道表面光洁，避免急转弯及流通截面凸变，以减小阻力。为保证各缸进气均匀，要求各缸进气管独立，长度尽可能一致。从减小进气流动损失的角度而言，进气管越短越好；但是其长度受整个进气系统布置的限制，同时由于发动机的进气过程是动态的，所以在不同转速下为了充分利用进气管道内的气流的波动效应来提高充量系数 $\varphi_c$，要求进气管长度合理设计。例如在汽油机上，进气管还必须考虑燃烧的雾化、蒸发、分配以及压力波的利用等问题。在柴油机上，还要求气流通过进气道在汽缸中形成进气涡流，以改善混合气形成和燃烧。这些要求往往互相矛盾，如，为得到高速、高功率，进气管直径宜选大些，而为中、低速经济考虑，进气管至今宜选小些，故必须根据用途协调处理。

（3）必须在保证滤清效果的前提下，尽可能减小空气滤清器的阻力。例如加大通过断面，改进滤清性能，研制低阻高效滤清器等。纸质滤芯使用期不应超过 20000km，因一些极细微的灰颗粒不易清除掉，故应及时更换空气滤清器。以降低进气阻力，增大进气量，提高发动机充量系数。

（4）间隙过大，气门开启高度减小，进、排气阻力增加，汽缸内残余废气量增多，同时也破坏了气门的早开迟闭，使进、排气时间缩短，实际进气量减少。而采用液力挺柱就可以实现无气门间隙，消除气门间隙的影响。

（5）发动机进、排气歧管内积炭和歧管垫的安装直接影响发动机的充量系数。发动机排气管内积炭，由于管道弯曲给清洗工作带来不便，所以人们不重视，或清洗不干净；用刮刀清剔时，往往使其内壁表面刮伤，表面光滑程度人为地被破坏。另外，在更换进、排气歧管垫时，应当使歧管口、衬垫口、气管口三者对齐，避免减小了进、排气口的有效通道面积。

2. 合理设计配气定时

通过之前对换气过程及对充量系数的分析可知，合理选择进排气相位角，可以获得较好的充气效果，特别是在高转速时，适当推迟进、排气门关闭时间，可以利用高速气流的惯性来增加每循环的汽缸充气量。发动机转速一定，气流动能一定，存在相应的最佳进气门迟闭角。但是，传统发动机的配气定时是固定的，充量系数 $\varphi_c$ 只在某一转速下达到最大值，说明在这个转速下工作，能最好地利用气流惯性充气。当转速高于和低于此转速时，充量系数均下降。另外，配气定时是否合理，还要从以下三个方面来衡量：

(1)换气损失要尽可能小。主要取决于排气提前角。在保证排气损失最小的前提下,尽量晚开排气门,以提高膨胀比,提高热效率。

(2)保证必要的燃烧室扫气作用。主要取决于气门叠开角。必要的燃烧室扫气和较低的排气温度,对于废气涡轮增压机十分有效。

(3)排放指标好。排气门开启使活塞在下止点处缸内压力降至接近大气压,过早打开排气门会使有害排放物增加。

但是,传统发动机的配气定时也不能在全工况范围满足要求。

3. 采用可变配气定时技术

随着电控技术的发展,为了在整个转速范围内都能改善换气过程,在现代车用发动机上逐渐采用各种电控可变配气定时技术。典型的有下面几种。

1)三菱 MIVEC 系统

MIVEC 系统是智能可变气门正时与升程控制系统,它采用高低速两段式电控可变配气相位的控制机制,图 2-10 所示为该系统的结构及其工作原理。

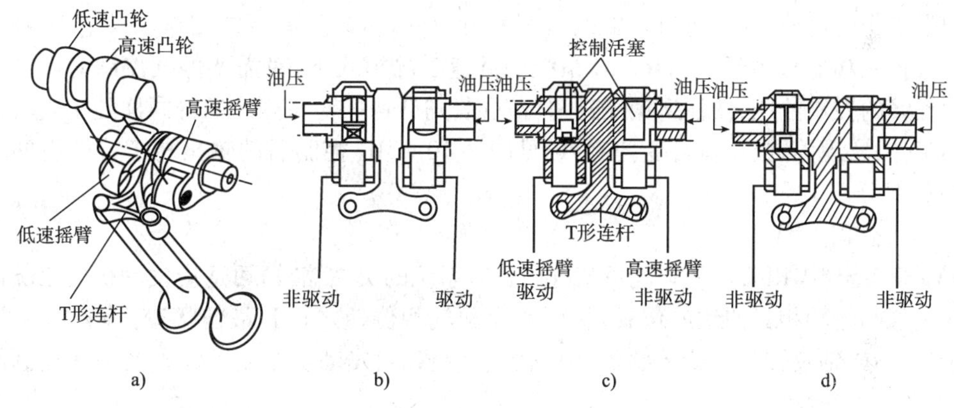


图 2-10 MIVEC 系统的结构及其工作原理

a)MIVEC 结构;b)高速方式(四缸);c)低速方式(二缸);d)MD 方式(二缸)

MIVEC 系统主要由高低速凸轮、与此相应的摇臂和摇臂轴以及油压控制系统等组成。驱动气门的 T 型连杆与摇臂轴链接。在摇臂和摇臂轴之间设有控制柱塞、控制油道及复位弹簧。摇臂和摇臂轴的传动靠控制柱塞来完成,当柱塞连接时摇臂和摇臂轴变为一体同步转动,否则,摇臂在摇臂轴上空转。MIVEC 系统根据电控单元(ECU)的控制指令,对应发动机的工况,通过油压控制柱塞的连接状态,以选择高低速凸轮中的某一个凸轮工作,由此驱动气门,达到控制配气相位和气门升程的目的。

图 2-11a)所示为高低速凸轮的配气相位及气门升程的特性。高低速运行的切换是由电控单元根据所设定的发动机转速,由控制油压阀来完成。但是,如果在切换高低速运行状态时输出转矩凸变的话,会对车辆产生冲击振动,影响驾驶舒适性。因此,在同一节气门开度下选择分别采用高速和低速凸轮时发动机输出转矩相同的点,进行高低速运行的切换。图 2-11b)所示为采用 MIVEC 系统时发动机输出转矩的特性及衔接。

MIVEC 系统除了配气相位和气门升程可变控制以外,还很容易实现发动机排量可变控制功能,即 MD 控制。

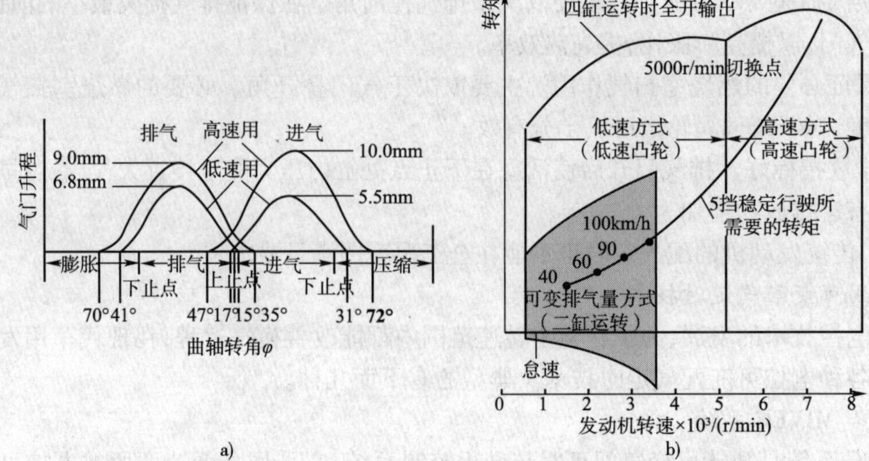


图 2-11　MIVEC 系统高低速凸轮的配气相位及气门升程特性及发动机输出转矩特性

a)高低速凸轮的配气相位及气门升程的特性;b)采用 MIVEC 系统时的发动机输出转矩的特性

根据工作时负荷情况,有时四缸同时工作,而小负荷时只有两缸工作。通过 MIVEC 系统的停缸控制功能来实现,在 MIVEC 系统的低速工况模式下,对需要停缸控制的汽缸控制其低速摇臂的控制油压,使柱塞销缩进摇臂轴内,则低速摇臂与高速摇臂同样处于空转状态气门不工作,实现停缸、排量可变控制,仍见图 2-10。MD 控制后的输出转矩特性仍见图 2-11b)阴影部分。

2)丰田公司 VVT-i 系统

VVT-i 系统(丰田公司的智能可变气门正时系统的英文缩写)可适应发动机的工况而连续改变进气凸轮轴相对曲轴的位置,从而改变配气相位使之达到最佳状态。VVT-i 系统主要由带轮、凸轮轴及转角位置传感器、曲轴位置传感器、发动机控制单元以及油压控制阀等组成,如图 2-12 所示。

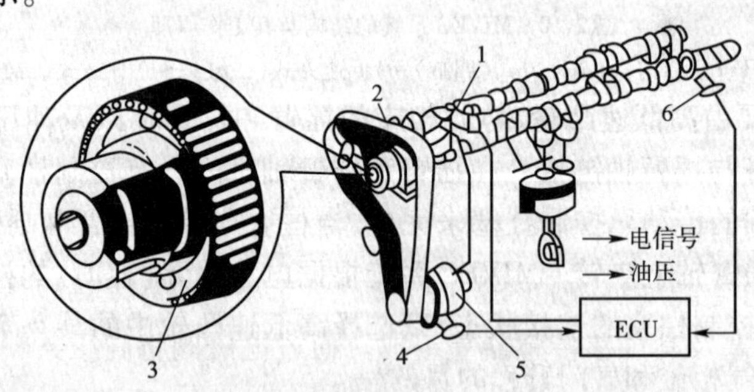


图 2-12　丰田公司的 VVT-i 系统图

1-油压控制阀;2-带轮;3-螺旋齿轮;4-曲轴位置传感器;5-机油泵;6-凸轮转角传感器

电控单元(ECU)根据发动机的运行条件确定对应该工况下的最佳配气相位,并向油压控制阀发出控制指令。油压控制阀根据电控单元的指令控制向带轮传送不同的油压,由此改变凸轮轴相对曲轴的相位。

改变进气凸轮轴相对曲轴的位置是由 VVT-i 带轮实现的,其结构如图 2-13 所示,主要由内齿轮和柱塞齿轮构成的蜗轮蜗杆、外齿轮和带轮以及油道组成。柱塞齿轮在其内外表面形成反向的螺旋式齿轮，其内部螺旋齿与固定在凸轮轴上的内齿轮（蜗杆）啮合，其外部反向的螺旋齿与固定在带轮上的外齿轮的内齿相啮合。柱塞齿轮的前后油压室内通过油压控制阀供给油压，控制柱塞的左右移动。随着柱塞的移动可连续地凸轮轴相对带轮的相位，达到配气相位可变的目的。

3）油压控制式可变配气机构

上述的MIVEC和VVT-i两种可变配气定时系统，虽然不同程度地实现了配气相位的可变控制，但各自控制的自由度有限，MIVEC系统虽能同时改变气门升程和配气相位，但只能控制两段，不能随转速变化实现连续可变。而VVT-i系统虽然能连续改变配气相位，但气门升程不可变。

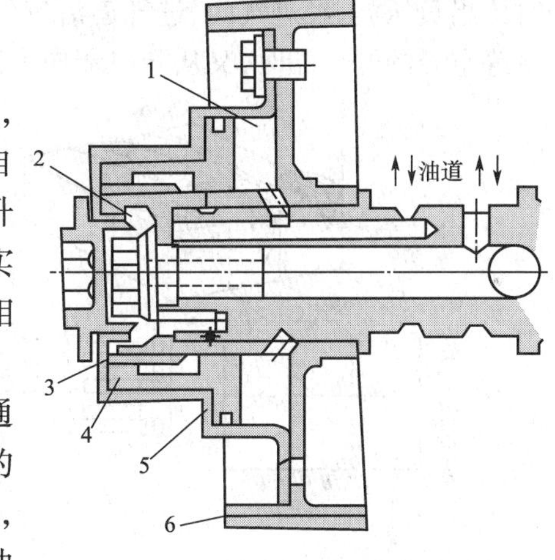


图2-13 丰田公司的VVT-i系统带轮的结构图
1-迟后侧油压室；2-进角侧油压室；3-内齿轮；4-活塞齿轮；5-外齿轮；6-带轮

现已开发出新型油压控制式可变配气机构，有通过凸轮驱动的油压控制式可变配气机构和无凸轮的油压式可变配气机构。前者的结构如图2-14a）所示，在凸轮到气门的传递途中设置的一段油路内设有油压柱塞，凸轮工作时通过摇臂将凸轮升程转换为油压柱塞的位移，通过液压传动控制气门开启的时刻和升程。方法是，通过电磁阀控制油压腔内的油压来控制气门的不同升程；曲轴的转角与进、排气门的升程关系如图2-14b）所示。同时，通过改变摇臂支点来控制配气定时。

a)

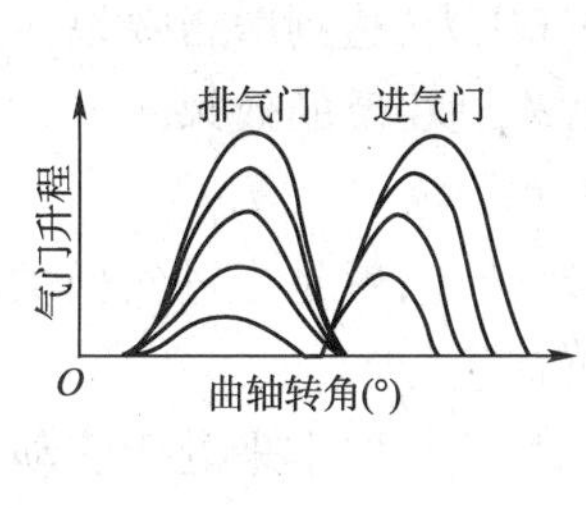


b)

图2-14 凸轮驱动式液压可变配气机构
a）结构；b）曲轴转角与进排气门关系

无凸轮液压式可变配气机构如图2-15所示，它主要由高压共轨油压式、低油压室、三向阀、电磁阀和油压柱塞及其位移传感器等组成。通过电磁阀将高压共轨油压室内的油量进行分配，控制油压柱塞位置从而控制开闭时刻和气门升程。

这种可变配气机构的特点是控制自由度高，可最大限度地满足发动机对配气定时和气门升程的要求。其主要缺点是存在气门落座速度过高、电磁阀工作可靠性差以及成本高等问题，目前还未得到广泛应用。

气门弹簧 摇臂 推杆 挺柱 液压油源系统 柱塞 液压缸 开关电磁阀2 开关电磁阀1

图2-15 无凸轮液压式可变配气机构

4. 有效利用进排气动态效应

动态效应就是指利用发动机在间歇进行进排气过程中产生的进排气管内的压力波，来提高充量系数的方法。进气管的动态效应分为惯性效应和波动效应两种。

1)进气管的惯性效应

在进气行程开始,由于活塞下行的吸入作用,汽缸内产生负压,气体从进气管内流入,同时传出负压波,经进气门、进气道沿进气管向外传播,传播速度为声速。当负压波传到稳压室等空腔的开口端时,又从开口端向汽缸方向反射回正压波。其工作模型如图2-16a)所示。

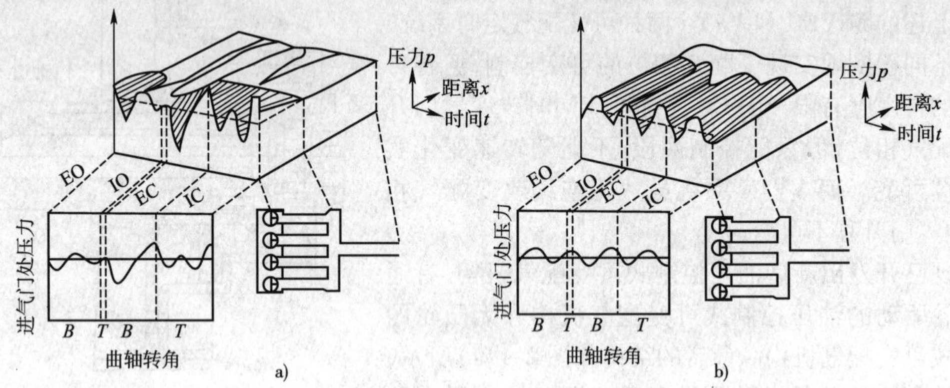


图2-16 四缸机工作模型

a)四缸机惯性效应模型;b)四缸机波动效应模型

EO-排气门开;IO-进气门开;EC-排气门开;IC-进气门关;*B*-下止点;*T*-上止点

选择合适的进气管长度,使从负压波发出到正压波返回进气门所经历的时间,正好与进气门从开启到关闭所需时间配合,即正压波返回进气门时,正好在进气门关闭前,从而提高了进气门处的进气压力,达到增压效果。这一利用也称惯性增压。注意,进气管长度不当就会降低汽缸压力,得到相反的效果。

2)进气管波动效应

前面循环波动效应,就是指进气门关闭之后,进气歧管里的气体依然在波动,影响下一次进气循环的进气量。

进气门关闭时,歧管内本来处于流动状态的空气突然停止而受到压缩,在进气门处产生压缩波,从进气门处向进气歧管的开口端传播。当压缩波传到管的端口时,返回产生反射波,这种边界条件的作用,使得反射波的性质和入射波相反,这就是膨胀波。该波向进气门处传播,如果气门没有打开,该波到达进气门后,其边界条件就是封闭型,该反射波为压缩波,又向进气门处传播。这样周而复始,气波在进气管中来回传播而导致进气门处的压力时高时低,形成压力波动。如果正压力波能与下一循环的进气过程重合,就能使进气终了压力上升,从而提高充量系数。四缸机波动效应模型如图2-16b)所示。

3)谐振进气与可变进气歧管

压力波动的固有频率 $f_o$ 为

$$f_o = \frac{a}{4L} \tag{2-13}$$

式中:$a$——进气管内声速(m/s);

$L$——进气管长度(m)。

当发动机转速为 $n$(r/min)时,进气频率 $f_n$ 为

$$f_n = \frac{n}{60 \times 2} = \frac{n}{120} \quad (2\text{-}14)$$

用 $q$ 来表示波动次数，则有

$$q = \frac{f_o}{f_n} = \frac{30a}{nL} \quad (2\text{-}15)$$

式(2-15)说明了发动机进气频率和进气歧管内压力波动的固有频率之间的关系。当 $q = 1\frac{1}{2}$、$2\frac{1}{2}$…时，气门下一次开启的时候正好与正的压力波重合，因此充量系数 $\varphi_c$ 增大。当 $q = 1$、2…时，气门下一次开启的时候与负的压力波重合，致使充气系数 $\varphi_c$ 减少。本次循环的压力波动衰减小、振幅大，而在本次前面循环压力波动是经过多次反射之后的波，衰减大，振幅小，如图 2-17 所示。

同配气相位一样，转速不同，最佳的进气歧管长度就不同；一般高速用短管，低速用长管。传统的进气歧管常常是只能满足在某一常用的转速区域运转时，进气动态效果才较佳。

谐振进气系统利用一定长度和直径的进气歧管与一定容积的谐振室，在特定的转速下产生大幅值压力波，从而增加进气。一般汽油机进气管都由谐振室和进气歧管组成，可以在特定的高、低两个转速阶段，利用进气歧管的动态效应来提高充量系数。几种带谐振室的汽油机进气管如图 2-18 所示。

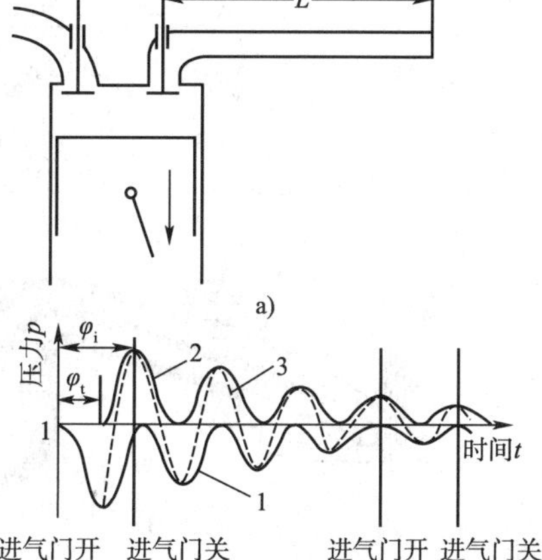


图 2-17 进气管内压力波动

a) 进气系统简图；b) 进气门处压力波动

1-吸气波；2-反射波；3-合成波；$\varphi_i$-进气持续角；$\varphi_t$-曲轴转角；$L$-进气歧管长度

随着电控技术的发展，出现了可变长度进气歧管。其中一种结构如图 2-19 所示。这种进气歧管，低速时，电控单元发出指令，转换阀控制装置关闭转换阀，这时空气经空气滤清器和节气门沿着细长的进气歧管流进汽缸。弯曲细长的进气歧管提高了进气速度，气流的动能增大，使进气量增多。当发动机转速增高时，转换阀开启，空气通过空气滤清器和节气门直接进入粗短的进气歧管。粗短的进气歧管进气阻力小，也使进气量增多。

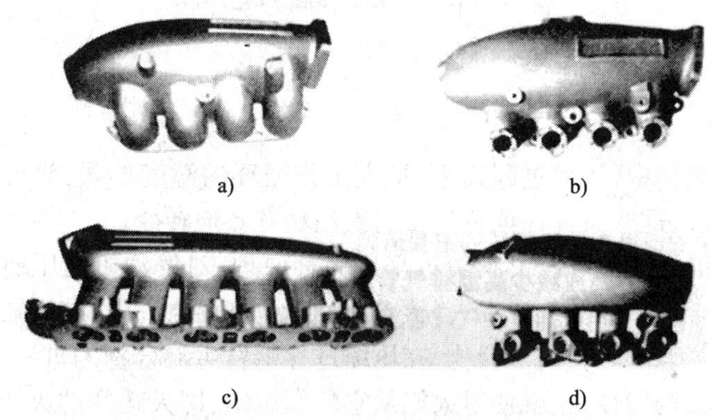


图 2-18 几种带谐振室的汽油机进气管

另一种可变进气歧管如图2-20所示。每个歧管有一长一短两个进气通道。根据发动机转速的高低，通过旋转阀控制空气流经哪一个通道。当发动机在中、低速运转时，旋转阀将短进气通道封闭，空气沿长进气通道经进气道进入汽缸。当发动机高速工作时，旋转阀使长进气通道也变为短进气通道。

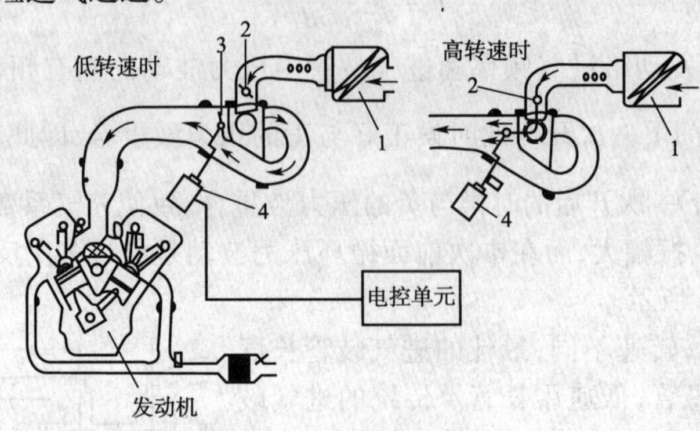


图2-19　可变长度进气歧管

1-空气滤清器；2-节气门；3-旋转阀；4-旋转阀控制机构

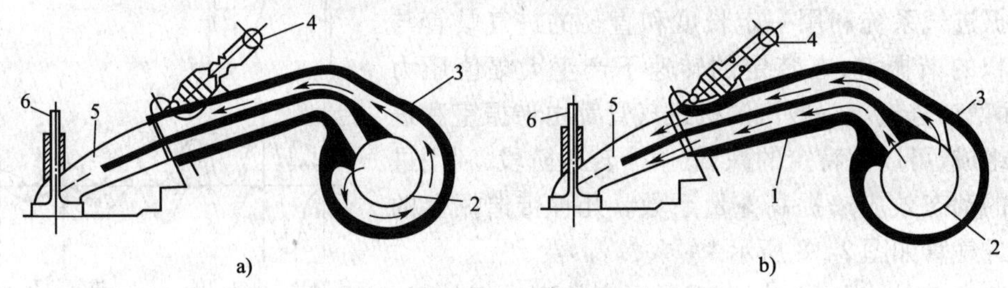

图2-20　双通道可变进气歧管

a）中、低转速；b）高转速

1-短进气通道；2-旋转阀；3-长进气通道；4-喷油器；5-进气道；6-进气门

除以上几个方面提高充量系数的主要措施外，还有另外一些因素。例如将进、排气管两侧分开布置，可以避免或减少高温排气管对进气的加热，有利提高充量系数 $\varphi_c$。为了避免进气受热，现代车用汽油机进气歧管多采用工程塑料制成。

## 第二节　压缩过程

### 一、概论

在内燃机实际循环中，压缩过程用来：扩大工作循环的温度界限；为可燃混合气着火及燃烧创造必要的条件，这些条件保证着热量向有用功有效地转变。

根据发动机中混合气形成及燃料着火采用何种原理，对发动机的压缩过程提出不同要求。在具有外部混合气形成及外源点火（火花塞点火）的发动机中，在汽缸内被压缩的是空气与液体雾化的或气态的燃料的混合物，在压缩过程中发生混合物的进一步混合，从而提高了整个容积内的成分均匀性，这就使得火焰从它的发源地，即火花塞的火花间隙处传播到整个燃烧空间变得容易而且快速，致使空气中的氧的利用得到改善。在汽缸内到压缩终点时，被压缩的工作混合气保持着有足够高的脉动速度的扰流运动的情况下，就在这方面建立了特别有效的条件。

为了改善工作指标，应该力求提高压缩比。同时压缩比应该能使压缩终了时的温度和压力不至于增加到能够发生早燃或爆震的地步。因此，压缩比的上限应取决于燃料的性质、可燃混合气的成分、传热的条件、燃烧室结构等。

在因压缩致使喷成雾状的燃油于空气中被加热至高温而引起着火工作的发动机（柴油机）中，同样也极希望使压缩行程终了（往汽缸喷油时刻）在燃烧室内存在着压缩空气的涡流运动。这就使雾化燃油在空气充量中的分散变得容易，从而改善了燃烧对现有空气的利用，但是，必须使空气在燃烧室内的运动与油注的形状和方向相适应。

为使柴油机工作，必须使压缩终了时的温度对于所喷射的燃油着火是足够的。而这个要求就决定了发动机能够工作的最低限度的压缩比。但是，实际上压缩比由于下列原因应该比上面所说还要高得多。

第一提高温度可使喷油始点及着火之间的阶段（着火落后期）缩短。在这种情况下，由于燃烧时不会导致压力急剧地升高，从而保证了发动机能更柔和地工作。

第二在平常条件下高得多的压缩终点温度，就使得发动机具备在低温下吸入空气而工作的可能性，以及冷机的可靠起动。此时由于增大了传往壁面的热损失，压缩终点充量的温度强烈降低。

因此，压缩比取决于发动机的使用条件及其结构特点。在周围介质处于低温条件下工作的发动机、具有分隔式燃烧室的发动机以及具有小汽缸尺寸的发动机均应有较高的压缩比。

## 二、压缩过程中工质的变化

压缩过程中进、排气门均关闭，活塞由下止点向上止点移动，缸内工质受到压缩，温度、压力上升，工质受压缩的程度用发动机的结构参数压缩比 $\varepsilon$ 表示。

注意：实际的压缩过程不同于可逆热力循环过程，就在于存在着工质泄漏及由于燃料和润滑油蒸发及氧化而使其成分发生变化，以及存在与壁面换热。

在压缩过程的不同阶段内，热流的方向也各不相同，在进气门、扫气或排气孔关闭之后的开始阶段，充满汽缸的充量温度低于被压缩的工质周围表面的温度（汽缸套、缸头及活塞顶）。因此在压缩行程前半部分内被压缩的工质由这些表面进一步加热。此阶段内外功的消耗伴随着由外界取得热量，因而压缩多变指数 $n_1$ 大于绝热指数 $k_1$。在压缩过程中，随着工质温度的增高，由壁面所得到的相对热量则减少，因而多变指数也不断减小。当被压缩的气体的平均温度与燃烧室内表面的平均温度变成相等时，换热就终止，即该时刻的压缩过程变成绝热的（$n_1 = k_1$）。

进一步提高被压缩气体的温度，就会改变热流的方向；开始从气体向燃烧室表面放热，并且绝热指数变成大于多变压缩指数（$n_1 < k_1$），并由于汽缸内气体温度提高而继续增大。而这个阶段期间的放热取决于下列情况：

（1）相对冷却面积（即被压缩气体单位质量所占有的面积）的变化，随着活塞临近上止点而逐渐缩小。

（2）充量状态的变化。

(3)比热容与温度的关系。

在实际的近似计算中,常用一个不变的、平均的多边指数 $n_1$ 来代替 $n_1'$。以这个 $n_1$ 计算而得的多变过程,只要其始点 $a$ 和终点 $c$ 的工质状态与实际压缩过程的初、终状态相符即可。

**$n_1$ 的范围** 表 2-4

| 汽油机 | 1.32~1.38 |
|---|---|
| 高速柴油机 | 1.38~1.40 |
| 增压柴油机 | 1.35~1.37 |

试验表明,$n_1$ 的范围见表 2-4。

$n_1$ 主要受工质与缸壁间的热交换及工质泄漏情况的影响。当发动机转速提高时,因热交换的时间缩短,向缸壁的传热量及汽缸泄漏量减少,$n_1$ 增大,反之减小。

## *三、压缩过程终了工质参数的计算

考虑到当活塞到达下止点时,处于进气门附近的工质正处于高速流动状态,为吸入更多的新鲜工质,发动机会采用延迟关闭进气门的方法,让气体利用自身的惯性进入汽缸内,这便有了进气迟闭角。活塞从下止点到进气门实际关闭这段时间内曲轴转过的角度,就是进气迟闭角。但也正因为有了进气迟闭角,使得压缩比发生变化。有效压缩比为进气门实际关闭时,缸内总体积与燃烧室体积的比值。故,有效压缩比并不等于几何压缩比,真正对发动机压缩过程起作用的是有效压缩比,因此,我们要探讨有效压缩比下的压缩终了气体参数。

由发动机型号参数可查缸径 $D$,活塞行程 $S$,几何压缩比 $\varepsilon$ 和发动机排量。

已知曲轴半径 $r=\dfrac{S}{2}$,由文献查得,连杆比 $\lambda=\dfrac{r}{l}$ 为 $\dfrac{1}{4}\sim\dfrac{1}{3}$,对 $\lambda$ 取值算出连杆长度 $l$。

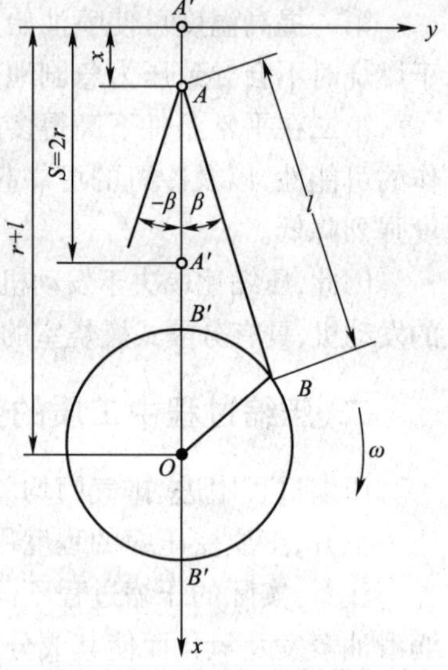

图 2-21 曲轴转角与活塞位移关系图

又活塞位移 $x$ 和曲轴转角 $\alpha$ 的关系如图 2-21 所示。

则位移 $x$ 为

$$x=r+l-r\cos\alpha-l\cos\beta=r\left(1+\frac{1}{\lambda}-\cos\alpha-\frac{1}{\lambda}\cos\beta\right)=r\left[(1-\cos\alpha)+\frac{1}{4}\lambda(1-\cos2\alpha)\right]$$

由活塞位移 $x$ 和曲轴转角 $\alpha$ 的关系式,可算出有效压缩比 $\varepsilon'$。

根据工程热力学知识,压缩过程简化为等熵压缩。压缩终了状态可用式计算,压缩终了压力为

$$P_c=P_a\varepsilon'^{n_1} \tag{2-16}$$

压缩终了温度为

$$T_c=T_a\varepsilon'^{n_1-1} \tag{2-17}$$

表 2-5 为某轿车换气过程仿真计算数据(有效压缩比为选定进气迟关角 80°)。

从表 2-5 中可知,若不考虑进气迟关角,使用几何压缩比进行仿真,计算出来的压力值不在汽油机的正常工作范围之内,不属于合理现象。而且汽油机在正常工作中,是有进气迟关角的。故,压缩过程终了工质参数的计算不能不考虑进气迟关角。

有效压缩比与几何压缩比热力参数对比 表2-5

| 压缩比 | $P_a$(MPa) | $P_c$(MPa) | $P_z$(MPa) | $P_b$(MPa) | $P_r$(MPa) |
|---|---|---|---|---|---|
| 有效压缩比 | 0.09 | 1.21 | 5.2 | 0.3 | 0.105 |
| 几何压缩比 | 0.09 | 2.08 | 8.9 | 0.49 | 0.105 |

各种发动机 $P_c$、$T_c$ 的范围见表2-6。

**$P_c$、$T_c$ 的范围** 表2-6

| 发动机类型 | $P_c$(MPa) | $T_c$(K) |
|---|---|---|
| 汽油机 | 0.8～2.0 | 600～750 |
| 柴油机 | 3.0～5.0 | 750～1000 |
| 增压柴油机 | 5.0～8.0 | 900～1100 |

## 练习题

### 一、复习题

1. 什么是充气效率？汽油机和柴油机转速与负荷变化时充气效率如何变化？
2. 进气迟关角对充气效率有何影响？
3. 什么是气门叠开现象？什么是气门叠开角？
4. 什么是几何压缩比？什么是实际压缩比？分析压缩比对充气效率的影响。

### 二、思考题

1. 什么是残余废气系数？残余废气系数如何影响充气效率？
2. 什么是压缩多变指数？压缩过程多变指数如何变化？
3. 为什么柴油机的压缩多变指数或高于汽油机？

# 第三章　燃烧与膨胀做功过程

## 教学目标

1. 了解可燃混合气的形成机理。
2. 了解发动机燃烧放热特性分析。
3. 了解代用燃料及应用。
4. 理解可燃混合气的着火理论。
5. 理解燃烧新技术。
6. 理解膨胀做功过程中的能量利用。
7. 掌握发动机燃料及其物理化学性质。
8. 掌握发动机燃烧过程。
9. 掌握发动机有害排放物的生成机理及其控制措施。

## 教学要点

| 知识要点 | 掌握程度 | 相关知识 |
| --- | --- | --- |
| 发动机燃料及其物理化学性质 | 掌握 | 燃料的物理化学性质；燃料特性对发动机工作模式的影响 |
| 可燃混合气的着火理论 | 理解 | 着火与燃烧；燃烧分类与特征；预混合燃烧与扩散燃烧的比较 |
| 可燃混合气的形成机理 | 知道 | 喷注破碎形成油滴颗粒；蒸发与混合；缸内气体流动 |
| 发动机燃烧过程 | 掌握 | 汽油机正常燃烧过程；不正常燃烧过程；汽油机燃烧室设计的基本原则；典型燃烧室及其性能比较；<br>柴油机燃烧过程；燃烧噪声产生的机理和主要影响因素；柴油机的燃烧室 |
| 膨胀做功过程中的能量利用 | 理解 | 能量利用现状；循环模式的再发展；燃烧膨胀做功过程计算 |
| 发动机燃烧放热特性分析 | 学会 | 汽油机不同工况下燃烧过程的特点；柴油机的放热特点；可燃混合气的形成对燃烧过程的影响；柴油机燃烧过程的改善 |

续上表

| 知识要点 | 掌握程度 | 相关知识 |
|---|---|---|
| 发动机有害排放物的生成机理 | 掌握 | 汽油机、柴油机有害排放物比较；有害排放物的生成机理；有害排放物生成的影响因素 |
| 发动机有害排放物的控制 | 掌握 | 汽油机有害排放物的控制；柴油机有害排放物的控制；机内净化技术；机外净化技术 |
| 代用燃料及应用 | 知道 | 发动机代用燃料的种类及其物理化学特性；代用燃料的应用现状 |
| 燃烧新技术 | 理解 | 汽油机缸内直喷(GDI)分层燃烧；柴油机的HCCI燃烧；汽油机的HCCI燃烧；液压共轨电子喷射(HEUI) |

## 第一节　燃料与燃烧基础

### 一、发动机燃料及其物理化学性质

在发动机工作过程中，汽缸内的工作物质是成分和比例不断变化的混合物，其中包括：空气、燃料液滴、燃料蒸气及燃料燃烧后的残留物。而其中的燃料占有重要的地位，它是发动机动力的来源。发动机的生存与发展、不同类型的发动机在结构与性能上的差异、发动机排放物对环境造成的污染等，都与燃料的种类和品质有着密切的关系。

#### (一)汽油燃料的物理化学性质

汽油的性能对汽油机的工作有很大影响，因此对它有一定的要求。汽油的主要性能有抗爆性、蒸发性、氧化安定性、抗腐蚀性及清净性等。

1. 抗爆性

爆震是指火花塞远处的末端可燃混合气，在火焰未传播到之前自燃着火的异常燃烧现象。抗爆性是指汽油在发动机汽缸内燃烧时抵抗爆震的能力，用辛烷值表示。辛烷值是代表点燃式发动机燃料抗爆性的一个约定数值，在规定条件下的标准发动机试验中通过和标准燃料进行比较来测定，采用和被测定燃料具有相同的抗爆性的标准燃料中异辛烷的体积百分比来表示。

在一台专用的可改变其压缩比的单缸试验机上，用被测定的汽油作为燃料，在一定的条件下运转，改变试验机的压缩比，直至其产生标准强度的爆震燃烧，然后，在同样的压缩比下，换用由一定比例的异辛烷(一种抗爆能力很强的碳氢化合物，规定它的辛烷值为100)和正庚烷(一种抗爆能力极弱的碳氢化合物，规定它的辛烷值为0)混合而成的标准燃料，在相同的条件下运转，不断改变标准燃料中异辛烷和正庚烷的比例，直到单缸试验机产生与被测汽油相同强度的爆震燃烧时为止。此时，标准燃料中所含异辛烷的百分数就是被测汽油的辛烷值。测定汽油的辛烷值可以采用不同的试验方法，常用的为马达法与研究法。

马达法辛烷值(MON)是以较高的混合气温度(一般加热至149℃)和较高的发动机转速(一般达900r/min。)的苛刻条件为其特征的实验室标准发动机测得的辛烷值。它表示汽油在发动机常用工况下低速运转时的抗爆能力。

研究法辛烷值(RON)是以较低的混合气温度(一般不加热)和较低的发动机转速(一般600r/min)的中等苛刻条件为其特征的实验室标准发动机测得的辛烷值。它表示汽油在发动机重负荷条件下高速运转时的抗爆能力。

马达法规定的试验转速及进气温度比研究法高,所以马达法辛烷值(MON)低于研究法辛烷值(RON)。一般采用研究法辛烷值来确定汽油的抗爆性。如要比较全面表示抗爆性时,同时标出RON和MON值,也可用抗爆指数来衡量,即抗爆指数=(MON+RON)/2。国内常用RON值作为汽油的标号,如97号汽油的RON为97。

显然,汽油的辛烷值越高抗爆性就越好。

在汽油中加入铅化物曾是提高汽油辛烷值的主要方法,最常用的是四乙基铅($Pb(C_2H_5)_4$)。但由于铅对人体有害,尤其使催化剂很快产生不可逆中毒失效,因此世界主要发达国家于20世纪70年代末、我国于2000年开始停止生产和使用含铅汽油。但无铅汽油并非完全无铅,我国国Ⅲ无铅汽油要求铅含量小于5mg/L。

甲基环戊二烯基三羰基锰($CH_3C_5H_4Mn(CO)_3$,MMT)是一种锰基化合物,常用作汽油添加剂来提高辛烷值。但有研究表明,MMT的燃烧产物会覆盖在火花塞等零部件上,可能会导致失火,有时甚至会堵塞催化剂,导致发动机或汽车运行不正常,油耗增加。很多国家对是否允许使用MMT添加剂存在争议。我国国Ⅲ汽油标准要求锰含量不大于0.016g/L。

在汽油中加入一定量的醇类和醚类添加剂也可提高汽油的辛烷值,如在汽油中添加甲基叔丁基醚(MTBE)可以增加汽油的辛烷值和含氧量,同时降低汽油蒸气压,减少轻烃组分的挥发。但研究发现,MTBE会污染地下水源,因此美国加州等地禁止使用MTBE。现在普遍采用添加乙醇来替代MTBE。

调整汽油组分也能提高汽油的辛烷值。烃的分子结构对抗爆性有一定影响,按烷烃、烯烃、环烷烃、芳烃的排列顺序,辛烷值依次增高。通过调整汽油中各类烃的比例,如增加芳烃和烯烃比例,可以增加汽油的辛烷值。

2. 蒸发性

汽油只有从液态蒸发成为汽油蒸气,并与一定比例的空气混合成为可燃混合气后,才能在汽油机中燃烧。在现代汽油机中,可燃混合气形成的时间很短。因此,汽油蒸发性的好坏,对形成的混合气质量将有很大影响。

蒸发性越强,就越容易汽化,生成的可燃混合气就越均匀,燃烧速度就越快,并且燃烧完全,因而不仅发动机易起动,加速及时,各工况间转换灵敏柔和,而且能减小零件磨损、降低汽油消耗。但蒸发性也不能太强,因为蒸发性过强的汽油在炎热夏季以及大气压力较低的高原和高山地区使用时,容易使发动机的供油系统产生"气阻",甚至发生供油中断。另外在储存和运输过程中的蒸发损失也会增加。

蒸发性很弱的汽油,难以形成良好的混合气,这样不仅会造成发动机起动困难、加速缓慢,而且未气化的悬浮油粒还会使发动机工作不稳定,油耗上升。如果未燃尽的油粒附着在汽缸壁上,还会破坏润滑油膜,甚至窜入曲轴箱稀释润滑油,从而使发动机润滑遭破坏,造成零件磨损增大。

汽油的蒸发性用汽油蒸发量为10%、50%、90%和100%时所对应的温度来评定。分别称为10%馏出温度、50%馏出温度、90%馏出温度和干点。通过汽油的蒸馏试验,可以确定这些温度。将一定数量的汽油(通常为100mL)放在蒸发器内加热,使之按一定速度蒸发。然后将蒸发出来的汽油蒸气通过冷凝器凝成液体,并用量筒测量其体积,当量筒中冷凝的汽油量为被试验汽油量的10%时,测出的蒸发器中汽油蒸气的温度便是10%馏出温度。用同样方法,可以得出其他几个温度。蒸发完毕时的温度为干点。

在10%馏出温度时,从汽油中蒸发出的是低沸点,高饱和蒸气压的轻质成分。10%馏出温度低,表明汽油中所含的轻质部分低温时容易蒸发,从而有较多的汽油蒸气与空气混合形成可燃混合气,使汽油机冷机起动比较容易。因此,用10%馏出温度来评价汽油的起动品质,此温度越低,汽油的起动品质越好。汽油国家标准中要求10%馏出温度不高于70℃。

50%馏出温度的高低表明汽油中中间馏分蒸发性的好坏。此温度低,说明汽油的中间馏分容易蒸发,有利于汽油机的加速和由冷的状态很快转入工作状态。国家标准中要求汽油50%馏出温度不高于120℃。

90%馏出温度可以表明汽油中难以蒸发的重质成分含量。此温度高,表明汽油中不易蒸发的重质含量多。汽油中这些重质成分在混合气形成的过程中很难蒸发,它们附着在进气管和汽缸壁上,将增加燃油消耗,稀释汽缸壁上的润滑油和加大汽缸磨损。国家标准中要求汽油90%馏出温度不高于190℃。

3. 氧化安定性

汽油抵抗大气或氧气的作用而保持其性质不发生长久性变化的能力称为氧化安定性。它直接影响汽油的储存、运输和在发动机上的应用。氧化安定性不好的汽油,易发生氧化、缩合和聚合反应,生成酸性物质和胶状物质,将导致燃料供应系统堵塞,气门关闭不严,汽缸散热不良。增大爆震倾向。

汽油的化学组分对其氧化安定性影响很大,其中烷烃、环烷烃和芳香烃在常温液态条件下,都不易与氧起反应,所以其氧化安定性好。而烯烃(不饱和烃)在常温液态条件下,不仅容易和空气氧气发生氧化反应,而且彼此之间还会发生缩合和聚合反应,所以氧化安定性差。

对汽油氧化安定性的评定指标有两个:实际胶质和诱导期。实际胶质是指100mL燃料在试验条件下所含胶质的质量,用mg/100mL表示。测定实际胶质时,将25mL经过滤及脱水后的油样放入已准确称量过的玻璃杯中,然后将玻璃杯放置在预热至规定温度下的油浴槽内(汽油150℃,柴油250℃),向杯中油面吹入预热至相同温度的空气,使油样迅速蒸发直至全部蒸干、残余物的质量不变为止,称量残余物的质量,并计算为每100mL燃料中的毫克数,即可得到该燃料的实际胶质。

汽油在压力为707kPa、温度为100℃的氧气中未被氧化的时间称为诱导期,单位用min表示。

4. 清净性

汽油喷射式发动机最常发生的问题是在进气系统和喷油器上产生沉淀,其主要原因是汽油中不稳定的化合物，例如不饱和烯烃和二烯烃，以及添加剂带入的低分子量化合物等。为了经常保持进气系统的清洁，充分发挥汽油喷射的优点，可向汽油中加入汽油清净剂。它是一种具有清净、分散、抗氧、破乳和防锈性能的多功能复合添加剂，一般是聚烯胺和聚醚胺类化合物。清净剂通过其抗氧化和表面活性作用，可以清除喷嘴、进气门上的积炭，使这些部件保持清洁，油路畅通。

汽油清净剂作为机内净化的手段，在发达国家早已普遍采用。20 世纪 50 年代研究的第 1 代汽油清净剂，主要是解决汽车化油器的积炭问题。80 年代初研制的第 2 代清净剂主要是解决喷嘴堵塞问题，80 年代末研制的第 3 代汽油清净剂，不但对化油器、喷嘴积炭有清洗作用，而且对进气门也有清洗作用。目前正在开发清洗汽缸积炭的第 4 代清净剂。当前，北美添加清净剂汽油占汽油总量的 90% 以上，西欧占 70% ~90%，估计目前世界汽油清净剂年消耗量为 30 万 t 左右。

**（二）柴油燃料的物理化学性质**

柴油主要用于压燃式发动机（柴油机），其中轻柴油用于高速柴油机，重柴油用于中、低速柴油机，重油用于大型低速柴油机。汽车用柴油机都是高速机，必须用轻柴油。

柴油的物理和化学性能对柴油机的性能和起动以及燃油供给系统的工作和寿命都有影响，因此国家标准规定柴油有十多种性能和质量指标，以保证柴油的品质能符合柴油机的工作要求。

1. 自燃性

柴油的自燃性常用十六烷值来评定。在柴油机中，柴油与空气组成的混合气是靠活塞压缩而自行着火的。燃油在没有外界火源的情况下能自行着火的最低温度称为自燃点。柴油的自燃点越低，自燃性越好，则柴油机工作较柔和，在低温时也易于起动。

柴油的自燃性是与一种标准燃料进行比较来加以评定的。标准燃料是正十六烷和 α-甲基萘的混合物。正十六烷自燃性最好，作为自燃性好的标准，其十六烷值定为 100。α-甲基萘最不易自燃，作为自燃性差的标准，定其十六烷值为 0。柴油的自燃性通常介于正十六烷与 α-甲基萘之间。将上述两种成分按不同比例混合，可得出不同十六烷值的标准燃料，其十六烷值为该混合物中正十六烷所占的体积百分数。如果某种柴油与某种标准燃料的自燃性相同，则该标准燃料的十六烷值即为该柴油的十六烷值。将柴油与标准燃料进行比较的试验方法和仪器设备，由国家标准加以规定。

实践证明，十六烷值过高或过低的柴油，都对柴油机的性能或工作不利。十六烷值过高，喷入燃烧室的柴油来不及与空气充分混合就着火，使燃油不能得到及时而完全的燃烧，造成排气冒黑烟，柴油机的经济性降低。十六烷值过低则使柴油机工作粗暴，起动也较困难。因此，柴油的十六烷值通常规定在适中的范围，一般高速柴油机采用十六烷值为 40 ~65 的柴油。

2. 雾化和蒸发性

馏程、运动黏度、密度、闪点都是与雾化和蒸发性有关的油品指标。馏程中 50% 蒸发温度越低，说明柴油中轻质馏分越多，使发动机易于起动。馏程中 90% 蒸发温度越低，说明柴油中重质馏分少，可以提高发动机的动力性和经济性。

柴油的黏度是柴油重要的物理性能之一，是表示其稀稠程度及流动性的指标。它影响燃油的喷雾质量、过滤性及在油道中的流动性。黏度过高,柴油的喷雾质量差,使燃烧过程恶化,柴油机的功率和经济性能降低;黏度过低,柴油易通过喷油泵柱塞偶件和喷油器针阀偶件之间的间隙漏出,使供油量不准确。此外,低黏度的柴油,在上述精密偶件的摩擦表面上不易形成油膜,使其润滑不良而加速磨损,缩短使用寿命。柴油黏度随温度而变化,温度越高,黏度越低,故应选择合适的黏度。

柴油加热后,柴油蒸气与外界的空气混合形成混合气。当混合气与火焰接触发生闪火的最低温度称为闪点。闪点越高,表明燃油在储存、运输和使用中越不易着火而引起火灾,即越安全。同时为了控制柴油蒸发性不致太强,国际中规定了柴油的闪点应不低于某一温度。

3. 硫含量

硫天然地存在于原油中,柴油中的硫明显地增加排气中的微粒物,不利于环保;对于装有催化转化器的汽车,硫使转化器的寿命降低;硫和硫化物在燃烧时易生成二氧化硫,遇到汽缸内的蒸气或水分就会形成亚硫酸,腐蚀零件,而且排放到大气中的硫化物也极易与水分结合形成酸雨,给环境带来危害;硫还会增加柴油机的磨损。各国标准中对硫含量提出了严格的要求,甚至是零含量。

4. 安定性

安定性是指柴油在运输、储存和使用过程中应保持其外观颜色、组成和使用性能不变的能力。影响安定性的因素主要是柴油中所含的不安定组分,它们是二烯烃、烯烃和环烷芳香烃。

5. 低温流动性

低温时,柴油中的石蜡成分会析出而使柴油的流动性变差,特别是寒冷地区,析出来的石蜡可能堵塞柴油滤清器,使发动机起动不良,甚至运转中熄火。因此,车用柴油的低温流动性十分重要。柴油失去流动性而开始凝固的温度称为凝点。当柴油接近凝点时,流动性已很差,不但喷雾恶化,而且供油也很困难,柴油机无法正常工作。

我国用于汽车的轻质柴油按凝点分为10号、0号、-10号、-20号、-35号和-50号共6个牌号。其凝点分别不高于10℃、0℃、-10℃、-20℃、-35℃和-50℃。根据硫含量、安定性和酸度等指标将每一牌号柴油又分为优等级、一等品和合格品三个档次,各档次的柴油质量差别较大。

**(三)燃料特性对发动机工作模式的影响**

表3-1示出了汽油、柴油成分及其主要性能指标——沸点与着火温度的差异。由于汽油和柴油的理化特性存在较大的不同,使常规汽油机和柴油机在混合气形成、负荷调节方式以及着火燃烧模式上有着实质的区别,并由此导致了两种机型的各种性能差异。

1. 对混合气形成方式的影响

汽油的沸点低,蒸发性好,因而在常温或稍加热的条件下易于在缸外与空气形成预制均匀混合气,因此,常规汽油机大都采用点火前预制均匀混合气的方式。而柴油的沸点高180~360℃,不适于缸外预混合,即使加热后能在缸外气化混合,也因加热造成空气密度下降而减少进入汽缸的充量,并且额外消耗加热所需的能量,这些都是不合理的。因此,常规柴油机采用燃料缸内高压喷射,与空气雾化混合形成浓度分层的混合气。

几种石油产品的成分及主要性能　　表 3-1

| 名称 | 主要成分（C 原子数及质量百分数） | 沸点（101.3kPa） | 密度（液 kg/L，气 kg/$m^3$）（20℃，101.3kPa） | 相对分子质量 | 着火温度（℃） |
|---|---|---|---|---|---|
| 汽油 | C3 ~ C5<br>86C，14H | 25 ~ 215 | 0.715 ~ 0.78（液） | 95 ~ 120 | 300 ~ 400 |
| 煤油 | C11 ~ C19<br>87C，13H | 170 ~ 260 | 0.77 ~ 0.83（液） | 100 ~ 180 | 250 |
| 柴油 | C16 ~ C23<br>87C，13H | 180 ~ 360 | 0.815 ~ 0.855（液） | 180 ~ 200 | 250 |
| 渣油 | C23 以上 | 360 以上 | — | 220 ~ 280 | — |

2. 对着火、燃烧模式的影响

常规汽油机缸外形成预制均匀混合气后，若进行接近化学计量比的预制混合气压燃，由于同时着火，压力升高率过高，近于爆炸，这是不允许的，因此适合采用外源强制点火燃烧模式，即先在火花塞附近高温处着火，然后在混合气中进行火焰传播燃烧。但这并不意味着汽油不能采用压燃燃烧模式，事实上，在较稀的混合气条件下汽油可以实现均质混合气压燃。

柴油的着火温度较低，柴油机在开始喷雾到自燃着火的较短时间内，适合燃烧的混合气量不多，初期工作粗暴的情况会得到缓解。柴油机在初期着火燃烧后，紧接着进行边喷油、边汽化、边混合的扩散燃烧。柴油适合压燃，在喷雾条件下的点燃难度大，也无必要。

3. 对负荷调节方式的影响

混合气形成方式的差异带来了负荷调节方式的不同。汽油均匀混合气能点燃的 $\varphi_a$ 范围（0.4 ~ 1.4）较小（图 3-1），一般靠改变节气门的开度，控制混合气进气量来调节负荷，这种方式称为负荷的量调节。

柴油机在循环喷油量较大的变化范围内，喷束内都有适合着火的混合气，因此柴油机在较大的平均的 $\varphi_a$ 范围内都可以压燃着火，所以可以依靠循环喷油量的多少来调节负荷。由于循环进气量基本不变，平均的 $\varphi_a$ 会随负荷变化而变化，如图 3-1 所示。这种依靠改变喷油量，即改变平均的 $\varphi_a$ 来调节负荷的方式，称为负荷的质调节。

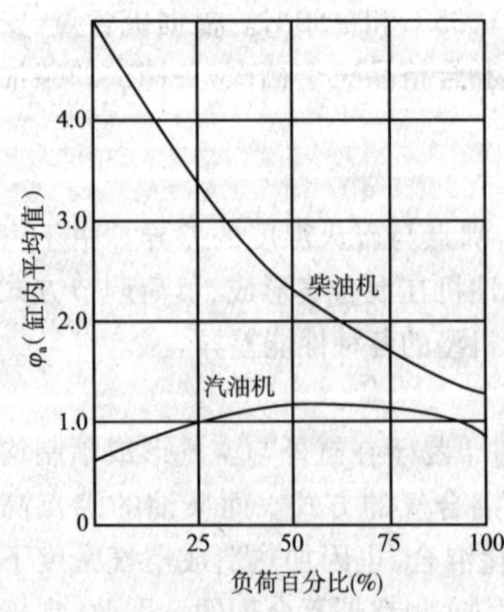

图 3-1　汽油机、柴油机 $\varphi_a$ 随负荷的变化曲线

汽油机和柴油机上述工作模式的差异，带来了两者在性能、设计和结构上的各种差异，而这些差异追根溯源又是汽油、柴油燃料本身理化特性的不同所引起的。这充分显示了燃料特性对发动机性能的重大影响。

汽油机与柴油机工作模式的差异，既与燃料特性有关，也取决于当时的科技发展水平，不是绝对不变的。自从内燃机发明以来，人们就一直试图将压燃式发动机和点燃式发动机的优点相结合。近年来,随着电控技术的发展,人们发展了一种汽油缸内直喷(GDI)分层稀燃模式,既通过喷雾混合和负荷质调节方式来灵活控制空燃比分布以实现整机的稀薄燃烧,降低燃料消耗率,又采用点燃方式以降低汽油压燃可能出现的工作粗暴等问题。此外,目前国内外广泛开展研究的汽油均质混合气压燃(HCCI)模式也试图将柴油机的压燃方式与汽油机的预制混合气形成方式结合,以实现汽油机的高效低污染燃烧。这些新型燃烧模式的出现表明,随着科技的进步以及人们对事物认识的不断深入,传统汽油机和柴油机会突破很多旧的限制而实现新的飞跃。

## 二、可燃混合气的着火理论

### (一)燃烧的基本知识

1. 着火与燃烧

燃烧是一种放热的氧化反应,可分为着火和燃烧两个阶段。可燃混合气在发生明显的光和火焰燃烧之前有一个准备阶段,即着火阶段。在这一阶段内燃料受到氧化作用,进行明显燃烧的化学准备过程,因氧化放热反应所产生的热逐渐积累起来,最终导致氧化反应加快,然后是第二阶段燃烧,混合气反应加速,温度上升,空间某一位置在某个时刻有火焰出现。着火有两种:自然与点燃,前者是自发的,后者是强制的。

2. 燃烧分类与特征

燃烧可分为气相燃烧和固相燃烧。气相燃烧是指燃料以气体状态与空气混合所进行的燃烧。固相燃烧是指固体燃料没有挥发而在表面与空气进行燃烧。内燃机中,汽油和柴油尽管都是液体燃料,但燃烧是以气相燃烧方式进行的。

气相燃烧可分为预混合燃烧和扩散燃烧两类。所谓预混合燃烧是指着火前燃料气体或燃料蒸气与空气按一定比例形成预混合气体。所谓扩散燃烧是指着火前燃料与空气是相互分开的,着火后燃料边蒸发边与空气混合边燃烧。

内燃机中所有燃烧(气体和液体燃料)都属于这两类燃烧中的某一类或这两类燃烧的组合。例如,采用火花点火方式的汽油机和气体燃料发动机的燃烧属于预混合燃烧方式;而柴油机的燃烧基本属于扩散燃烧方式,但其燃烧初期有不同程度的预混合燃烧。

3. 预混合燃烧与扩散燃烧的比较

预混合燃烧和扩散燃烧是内燃机与其他热力机械中最基本的两种燃烧方式,也是导致汽油机和柴油机在燃烧特性、排放污染物生成及其控制机理、动力经济性以及噪声振动等多方面不同的根本原因。

预混合燃烧和扩散燃烧的主要特点对比如下。

(1)扩散燃烧时,由于燃料与空气边混合边燃烧,因而燃烧速度取决于混合气生成的速度;而预混合燃烧时,因燃烧前已均匀混合,因而燃烧速度主要取决于火焰传播的速度。

(2)扩散燃烧时,为保证燃烧完全,一般要求过量空气系数 $\varphi_a \geqslant 1.2$,并且在 $\varphi_a \geqslant 7$(相当于空燃比大于100)的条件下也能稳定燃烧(稀燃);而预混合燃烧时,一般 $\varphi_a = 0.8 \sim 1.2$,可燃混合气浓度范围小,难以稀燃。

(3)扩散燃烧时,混合气浓度和燃烧温度的空间分布极不均匀,易产生局部高温缺氧现象，生成炭烟；而预混合燃烧时，由于混合均匀，一般不产生炭烟。

(4)扩散燃烧时，由于有炭烟产生，炭粒的燃烧会发出黄或白色的强烈辐射光，因此也称“有焰燃烧”；而预混合燃烧时，无炭粒燃烧问题，火焰呈均匀透明的蓝色，因此也称“无焰燃烧”。

(5)预混合燃烧由于燃前已形成可燃混合气，有回火的危险，而扩散燃烧一般无此危险。

**(二)着火理论**

着火尽管是一个瞬间现象，却是一个极为复杂的过程，至今仍有许多问题不清楚。对于发动机着火过程的解释迄今有两种理论，即早期的热着火理论和20世纪30年代提出的链式反应着火理论。

1. 热着火理论

热着火理论从力学的观点来解释燃料的燃烧。该理论认为，燃料燃烧的原因在于热量的积累。因此，具有适当温度、压力的可燃混合气，在没有外部能量引入的情况下，依靠混合气自身的反应自动加速，就能自发地引起火焰的过程。这也就是我们在柴油机压缩燃烧过程中的自燃现象。

热着火理论从简单化合物反应中两个活性分子相互碰撞的机理出发，导出反应放出热量的速度与温度成指数关系，而系统向环境散热的速度与温度是一个线性关系。在着火过程中，只有当发热速率大于散热速率的时候，有了热量积累，才可能着火。如图3-2所示，存在下列3种可能性：

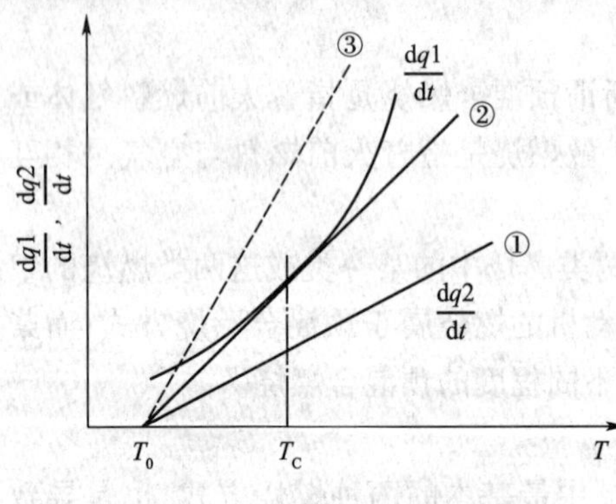

图3-2 热着火理论的着火条件

(1) $dq1/dt > dq2/dt$ 时，必然着火，如图中散热速率线①明显低于 $dq1/dt$。

(2) $dq1/dt$ 与 $dq2/dt$ 相切时。存在临界着火条件，$T_c$称为临界温度，见图中散热速率线②。

(3) $dq1/dt < dq2/dt$ 时。不可能着火，见图中散热速率线③。

因此，着火的临界条件应当是，反应放热曲线与散热速率线相切。反之，如果达不到这一条件，便不能着火。

用热理论来分析着火条件，可知，影响燃料着火的因素有：

(1)着火温度。着火温度不仅与可燃混合气的物理化学性质有关，而且与环境温度、压力、容器形状及散热情况等有关。即使同一种燃料，因条件不同，着火温度也可能不同。

(2)临界压力和温度。如图3-3所示，临界压力和温度明显地影响到着火区域。在低压时，要求很高的着火温度，反之也是一样。

(3)可燃混合物的浓度。如图3-4所示，存在着一个有关可燃混合物着火的浓度上限(富油极限)与下限(贫油极限)。随着温度、压力升高，着火的浓度界限有所加宽；但温度、压力上升得再高，着火界限的加宽也是很有限的。另一方面，当温度、压力过低(低于临界值)，则无论在什么浓度下均不能着火。

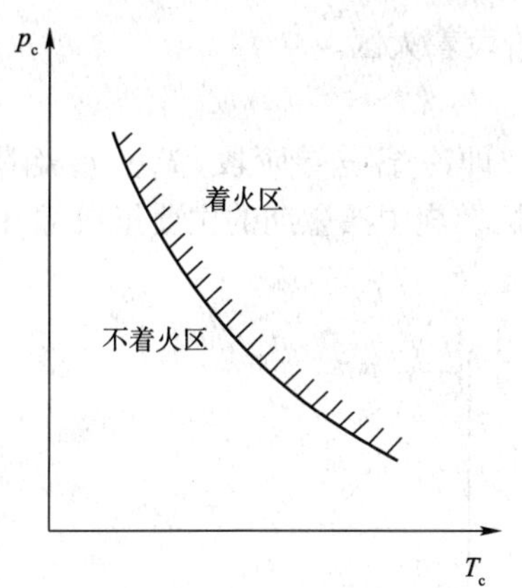


图 3-3 着火临界温度与压力的关系

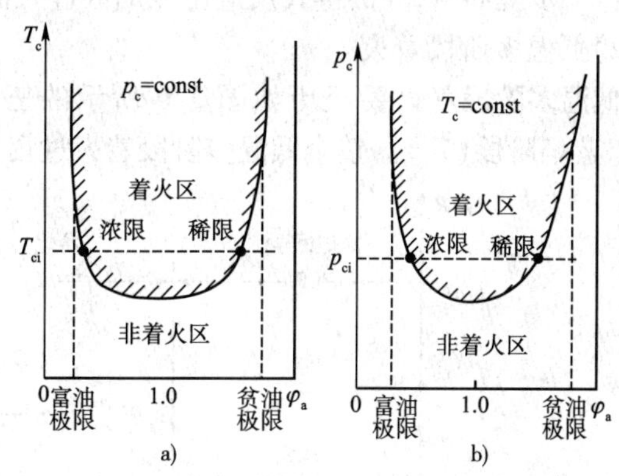


图 3-4 温度压力与混合气浓度的关系

2. 链式着火理论

热着火理论是建立在分子碰撞理论基础上的，对认识着火过程有着重要的指导意义，但并不能解释所有着火现象，如低温度时的实际着火区域（图 3-5）并不像图 3-3 那样。再如，庚烷（$C_7H_{16}$）燃烧时，一个庚烷分子要与 11 个氧分子反应才能完全氧化，而 12 个分子时碰撞的概率是极小的。此外，即使不加热，用光或电激发也会使混合气着火。

链式着火理论认为，高温并不是引起着火的唯一原因，只要以某种方式（如辐射、电离）激发出活性中心就能引起着火，反应物分子受激首先产生活性中心，然后通过链式反应产生着火。

1）链式反应的分类

链式反应存在以下 4 种反应方式。

（1）直链反应。一个活性中心进行一次反应只产生一个新的活性中心，即整个反应以恒定速度进行。

（2）支链反应。一个活性中心进行一次反应产生两个及两个以上的活性中心，这样链反应就发生了分支，即反应可加速进行。快速燃烧和爆炸可看作是支链反应的结果。

（3）退化支链反应。一个活性中心先通过直链反应产生一个新的活性中心和过氧化物或醛，当过氧化物或醛发生分解时，则引起新的支链反应。因此它的总反应速度比支链反应慢，但仍有自动加速的特点。

（4）断链反应。当活性中心与容器壁面或惰性气体分子碰撞时，其活化能被吸收，导致反应中断。

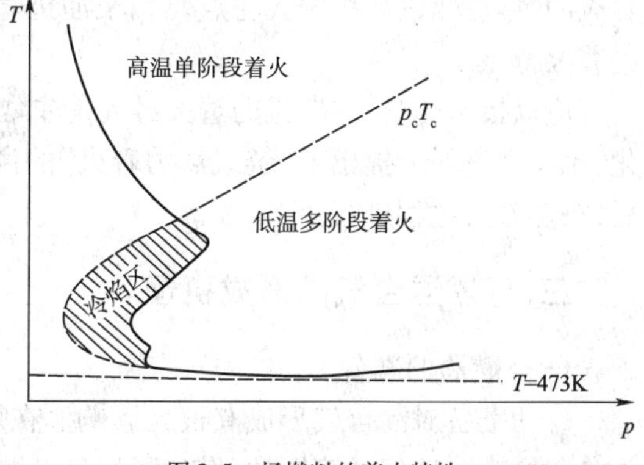


图 3-5 烃燃料的着火特性

大量试验研究（如分光光谱法、快速采样法等）表明，烃类燃料在高温和低温条件下呈现出不同的着火特性，如图 3-5 所示，可分为高温单阶段着火区和低温多阶段着火区，该曲线也称为“着火半岛”。图中阴影线部分为冷焰区，冷焰是一种微弱的发光现象，形同火舌，温度低而不灼手，不能引燃混合气。当温度和压力进一步提高时,烃的链式反应由冷焰区进入低温多阶段着火区。

2)低温多阶段着火

低温多阶段着火要经历如图 3-6 所示的三个阶段,即冷焰诱导阶段($T_1$)、冷焰阶段($T_2$)、蓝焰阶段($T_3$)。整个低温多阶段着火过程是内燃机燃烧中滞燃期的主要组成部分。

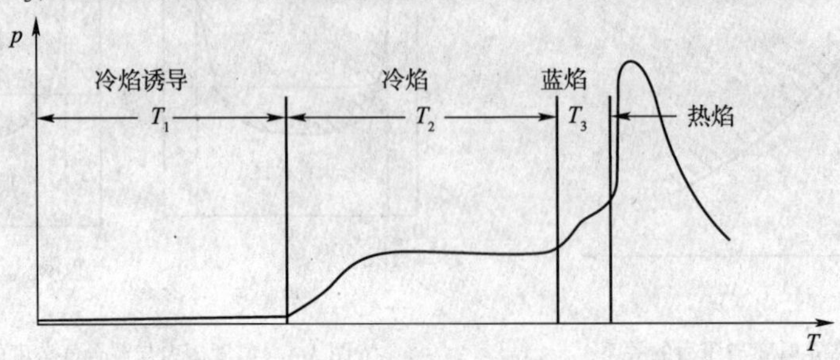


图 3-6　烃燃料的低温多阶段着火过程

(1)冷焰诱导阶段。低温条件下烃分子不能发生热裂解,只能产生直链反应,与氧分子接触发生不完全氧化,形成过氧化物(ROOH)和乙醛,该阶段释放的化学能极少,因而混合气压力 $p$ 和温度 $T$ 都变化不大。

(2)冷焰阶段。当过氧化物积累到临界浓度时,便以爆炸形式分解出甲醛(HCHO),大量甲醛的积累使混合气发出冷焰,此阶段大约释放化学能总量的 5% ~10% ,$p$ 和 $T$ 均有所提高。

(3)蓝焰阶段。由甲醛的支链反应产生 CO,并发出蓝色的光,其辉度和温度均比冷焰高,称为蓝焰。烃分子在蓝焰阶段的氧化程度已较深,$p$ 和 $T$ 也有了进一步提高。蓝焰阶段较短,在蓝焰阶段末期,当积累的活性中心和 CO 达到一定浓度,以及温度升高到一定程度后,反应开始明显加速,大量 CO 被进一步氧化成 $CO_2$,释放出大量热量,形成高温热焰,即着火阶段结束及燃烧阶段开始。

3)高温单阶段着火

在较高温度下,着火过程不经过冷焰直接进入蓝焰-热焰阶段,而且这两个阶段很短也很难区分,因此称为高温单阶段着火。

发生低温多阶段和高温单阶段着火的大致温度范围为:在 $T<600K$ 条件下,着火以低温多阶段方式进行;在 $T=900 \sim 1200K$ 时,着火以高温单阶段方式进行。

对于内燃机的具体着火现象而言,柴油机的压缩着火和汽油机的爆震具有低温多阶段着火的特点;而汽油机的火花点燃和柴油机着火后喷入汽缸内的燃料着火具有高温单阶段的着火特点。

应该指出的是,内燃机的着火过程是非常复杂的,因而关于着火理论的认识也在不断深化,也有的资料上提出了“链式热力着火”的说法,即开始是链反应,当热量积累到一定程度后,按热着火过程进行。

## 三、可燃混合气的形成机理

### (一)燃油的准备

燃油准备对混合气形成有很大影响。在燃油流过喷油器之后,混合气形成的主要过程为:喷注破碎,形成油滴颗粒;燃油颗粒蒸发继而与进气混合。

1. 喷注破碎形成油滴颗粒

燃油由喷油器喷出，燃料一直保持密集的液柱状态。在湍流和液体表面张力的作用下，液柱在一段距离后开始分裂成油线和碎片，喷注破碎是混合气形成的第一步。连续液体喷注的破碎表现为三种不同的方式：形成燃油颗粒，形成波状油线，雾化成细小颗粒。

具体呈现哪一种破碎形式，与喷射速度有很大关系。喷射速度较低时，促成破碎的主要作用是液体的表面张力，从而形成大颗粒油滴。随着喷射速度的增加，作用于燃油喷注上的空气动力也增加，喷注最初先形成波状油线。当喷射速度继续增加时，喷注被完全雾化。雾化所导致的油滴直径比其他两种破碎形式都要小的多。

在喷注破碎过程中起主要作用的喷射速度，根据不可压缩流体的伯努利方程式，计算方法如下：

$$u_{j0}=C_F\sqrt{\frac{2(p_j-p_c)}{\rho_f}} \tag{3-1}$$

式中：$u_{j0}$——喷油器出口速度；

$C_F$——流通系数；

$p_j$和$p_c$——喷油压力和周围空气压力（MPa）；

$\rho_f$——燃油密度（kg/m$^3$）。

由式（3-1）可知，随喷射压力$p_j$的提高和背压$p_c$的减小，出口速度$u_{j0}$增大。

当油滴在气体介质中运动时，就会有多个不同的力以不同的机理作用在该油滴上。这些力包括惯性力、黏合力、重力和表面张力等。当作用于油滴上的外力大于表面张力时，燃油发生破碎，雾化发生。

可以用韦伯（Weber）数$W_e$作为一个破裂准则，以评价液滴破裂的可能性。即

$$W_e=\frac{\rho_a d_0\Delta u^2}{\sigma} \tag{3-2}$$

式中：$\rho_a$——周围空气密度（kg/m$^3$）；

$\Delta u$——气液两相间的相对速度（m/s）；

$\sigma$——液体表面张力（N/m）；

$d_0$——液滴的直径（m）。

随$W_e$数增大，液滴破碎的可能性增加。当$W_e$数达到临界值时，液滴发生破裂。对于汽油和柴油，临界$W_e$数（$W_{e_c}$）为10～14。由该式可以看出，提高相对速度（包括提高喷射压力）、提高燃烧室中的空气密度（压力）以及降低液体表面张力，均有利于燃料雾化。

根据$W_e$的公式（3-2），可得雾滴最大直径为

$$d_{0\max}=\frac{W_{e_c}\sigma}{\rho_a\Delta u^2} \tag{3-3}$$

根据文献介绍，平均粒径$d_{0m}$与最大粒径$d_{0\max}$之间有如下关系：

$$d_{0m}=0.532d_{0\max} \tag{3-4}$$

需要指出的是，液滴破碎过程非常复杂，上述破碎机理只是一种典型的学说，具体可参考相关专业文献。

燃油的雾化可以大大增加油粒与周围空气接触的表面积，加速吸热和气化过程，对燃烧

放热规律和着火点位置都有重要影响。例如,1mL 的燃油若为一球体,则其表面积约为 483.6mm$^2$;若雾化为直径 40μm 的球状液滴,可产生油滴约为 $3\times10^7$ 个,其总的表面约为 $1.5\times10^5$mm$^2$,即表面积增加了约 310 倍。

常用的评价喷雾粒径的指标有平均粒径、索特平均粒径(SMD)和粒径分布。平均粒径是指所有油粒直径的算术平均值。索特平均粒径(SMD)是所有油粒总体积与总表面积之比。设直径为 $d_i$ 的油粒数为 $n_i$,则有

$$\mathrm{SMD}=\frac{\sum d_i^3 n_i}{\sum d_i^2 n_i} \tag{3-5}$$

显然,式中分子项正比于所有油粒的总体积,而分母项正比于所有粒径表面积总和。相同循环供油量条件下,若 SMD 相同,则总表面积相同,也就是气化速率及化学反应速率基本相同。所以索特粒径是发动机中最常用的粒径评价指标。一般柴油喷雾粒径在 10~50μm 范围内,SMD 为 20~40μm.。可以用经验公式估算 SMD,例如:

$$\mathrm{SMD}=23.9(p_{j}-p_{c})^{-0.135}(\rho_{a})^{0.121}(g_{b})^{0.131} \tag{3-6}$$

式中:$g_b$——循环喷油量($mm^3$)。

喷雾粒径大小受多种因素的影响。一般减小喷孔直径、增大喷油压力(使初速度增加)、增大空气密度(背压增大)、减小燃油黏度和表面张力等,都会使油粒直径减小。

2. 蒸发与混合

喷注破碎与油滴形成之后是燃油的蒸发和燃油与空气的混合。在蒸发过程中,从液相向气相的转变发生在很短的时间内。蒸发过程受几个因素的影响,其中包括:蒸发时的温度、燃油雾化质量、向环境转移的质量。

蒸发过程主要依赖于热力学边界条件压力和温度。蒸发所需要的热量来自于高温环境并传递给燃油喷注。在此过程中,燃油与环境空气混合。如果此过程发生在燃烧室内,那么燃烧室内的空气温度降低而汽缸充量增加。在缸内直喷汽油机上,在进气行程喷油工作模式时,利用这种效应来增加进气量,可以提高性能。在这个过程中发动机燃烧室内的气流对蒸发过程产生积极的影响,并能改善混合质量和混合气均质化程度。油滴直径小、油滴与空气之间的相对速度高,都会对蒸发起促进作用。缸内直喷汽油机喷油压力的提高会从多个方面(如油滴与周围环境之间的相对速度增加)对蒸发产生积极影响。此外,喷注的夹带气流也会加强,通过这种夹带气流也能将空气夹在喷注中。

**(二)缸内气体流动**

为改善油滴的雾化和蒸发质量,内燃机缸内空气的流动是必不可少的。空气的流动对混合气的形成和燃烧过程有决定性影响,因而也影响着发动机的动力性、经济性、燃烧噪声和有害气体的排放。良好的缸内空气流动对提高汽油机的火焰传播速率,降低燃烧循环变动有重要作用。对柴油机而言,可以促进燃烧过程中空气与未燃燃料的混合(热混合作用),提高燃烧速率。

内燃机缸内的气流运动可分为涡流、挤流、湍流和滚流四种形式,被分别或组合应用于不同的燃烧系统。

1. 涡流

缸内的涡流是柴油机混合气形成的主要手段。根据形成方法不同,涡流可分为进

气涡流和压缩涡流。涡流转速与发动机转速之比称为涡流比 $\Omega$,作为衡量涡流强度的指标。

进气涡流:在进气过程中形成的绕汽缸轴线旋转的有组织的气流运动。所以,进气涡流需要特殊设计。进气涡流的产生方法一般有四种,即用导气屏、切向气道、螺旋气道及组合进气系统。图 3-7 和图 3-8 示出了切向气道、螺旋气道的原理和进气门出口处的速度分布图。

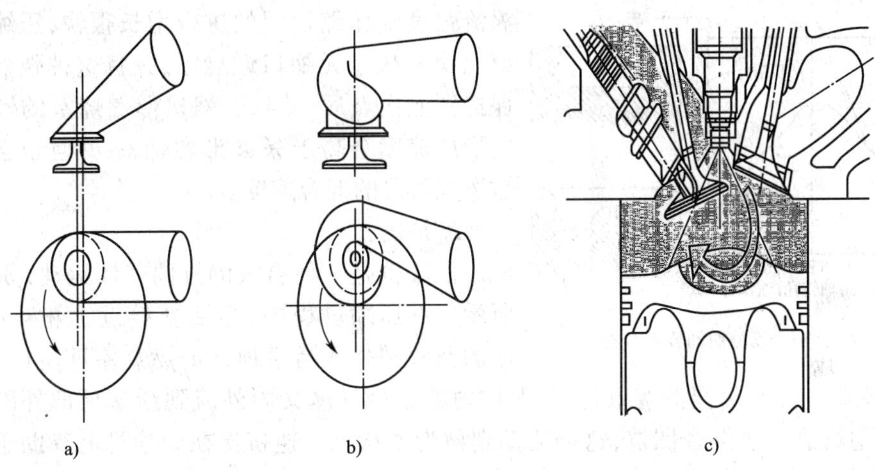


图 3-7 切向气道、螺旋气道的形状

a)切向气道;b)螺旋气道;c)滚流气道

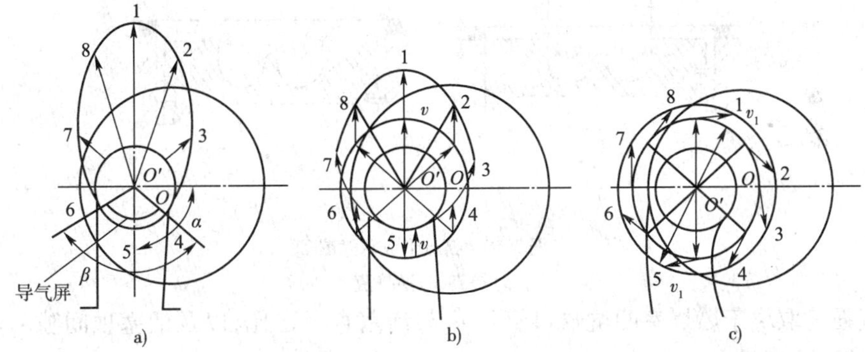


图 3-8 进气门出口处的流速分布示意图

a)带导气屏的进气门;b)切向气道;c)螺旋气道

导气屏设在进气门上,引导气流以不同角度流入汽缸,在汽缸壁面的约束配合下产生涡流。这样的结构简单,进气道可不做特殊设计,通过改变导气屏的包角和导气屏中点的安装位置,可调节涡流强度,涡流比 $\Omega=0\sim4$,但阻力最大,一般用于试验研究。切向气道形状简单,涡流比 $\Omega=1\sim2$,适用于对涡流强度要求不高的机型。螺旋气道的形状最复杂,涡流比 $\Omega=2\sim4$,适用于对涡流强度要求较高的机型。

组合式进气系统,是指在 2 个进气门的发动机上,采用不同类型(例如 1 个切向气道和 1 个螺旋气道)或不同角度的两个进气道,以组合出所需要的涡流和流速分布。

进气涡流在压缩过程中,一边旋转一边被挤入燃烧室凹坑。设进气涡流比和压缩终点

时燃烧室凹坑内的涡流比分别为 $\Omega$ 和 $\Omega_c$ 根据动量守恒定律，有

$$\frac{\Omega_c}{\Omega}=\frac{D^2}{d_k^2} \tag{3-7}$$

式中：$D$ 和 $d_k$——汽缸直径和燃烧室凹坑入口直径。

显然，$\Omega_c > \Omega$，即进气涡流在汽缸内有一个发展增强过程。

图 3-9 给出了燃烧室凹坑形状对 $\Omega_c$ 的影响。如图 3-9 中虚线所示，有缩口的燃烧室的涡流强度随压缩过程的进行增长很快，压缩上止点前已明显超过无缩口燃烧室，并将这种强烈的涡流保持到上止点后。因此，缩口形燃烧室的燃前混合气形成速度会高于深 $\omega$ 形燃烧室，并且也会改善扩散燃烧阶段的混合速度。

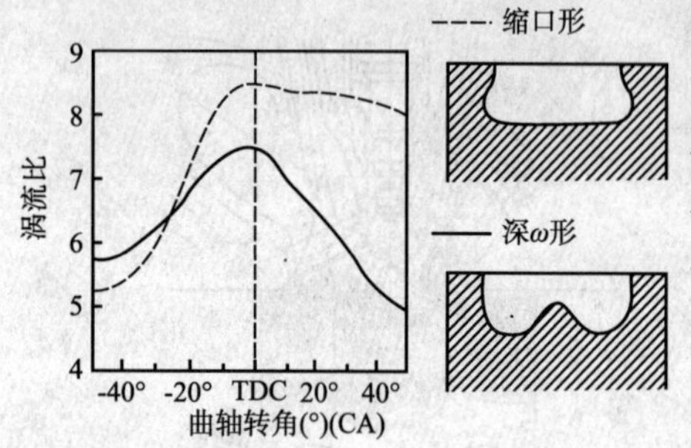


图 3-9 涡流强度随曲轴转角的变化

2. 挤流

挤流也是一种有效的缸内气体运动，如图 3-10 所示。在压缩过程中，当活塞接近上止点时，汽缸内的空气被挤入活塞顶部的燃烧室凹坑内，由此产生挤压涡流（挤流）。当活塞下行时，凹坑内的燃烧气体又向外流到活塞顶部外围的环形空间，与空气进一步混合燃烧，这种流动则称为逆挤流。逆挤流在柴油机上有助于燃烧室内的混合气流出，使其进一步与汽缸内的空气混合和燃烧，对改善燃烧和降低排放十分有利。

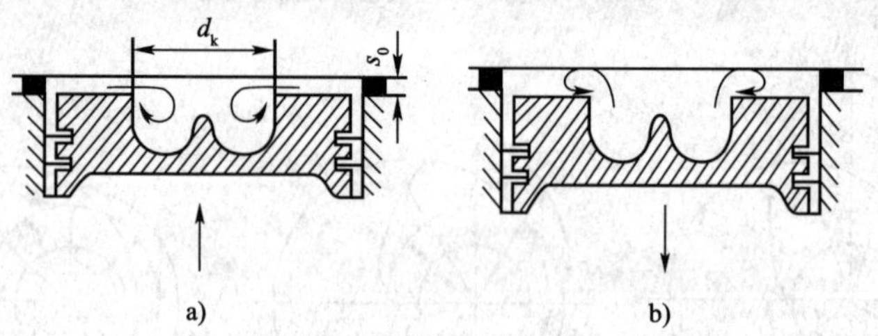


图 3-10 挤流形成示意图

a）挤流；b）逆挤流

挤流强度取决于燃烧室凹坑喉口直径 $d_k$ 与活塞直径之比，以及活塞顶间隙 $s_0$。$d_k$ 和 $s_0$ 越小，则挤流强度越大。

挤流在柴油机和汽油机上都得到了广泛的应用，汽油机紧凑型燃烧室都利用较强的挤流运动增强燃烧室的湍流强度，促进混合气快速燃烧。

3. 滚流

滚流主要应用于汽油机。在进气过程中，绕垂直于汽缸轴线旋转的滚流可更快更有效地将燃油喷雾或浓混合气散布于整个汽缸容积中。在压缩过程中，滚流的动量衰减较少，在活塞接近于压缩上止点时，大尺度的滚流被破碎成许多小尺度的涡流和湍流，可大大改善混合燃烧过程。如图 3-11 所示，滚流[图 3-11c)]在压缩上止点附近形成的湍流强度，明显高于进气涡流[图 3-11b)]产生的湍流，是普通进气系统[图 3-11a)]标准气流的 2 倍左右。近几年来，滚流在汽油机特别是在缸内直喷式汽油机上获得了广泛的应用，可以加快进气行程

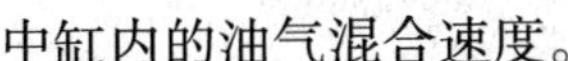

中缸内的油气混合速度。

4. 湍流

上述涡流、挤流和滚流是从宏观、大尺度角度描述缸内的气流运动。在内燃机的进、排气系统中经常存在一种不定常的气流运动，这种气流运动是无规则的，即湍流，也称紊流。湍流可分为两大类，即气流流过固体表面时产生的壁面湍流和同一流体不同流速层之间产生的自由湍流。内燃机中的湍流主要是自由湍流。其形成的方式很多，即可在进气过程产生，也可在压缩过程中利用燃烧室形状产生，还可因燃烧而产生。

火花点火式发动机中湍流能促进火焰面附近已燃气体的交换，扩大火焰前锋表面积，从而提高火焰传播速率。在柴油机中湍流可以改善燃油（如壁面附近燃油）与空气混合。

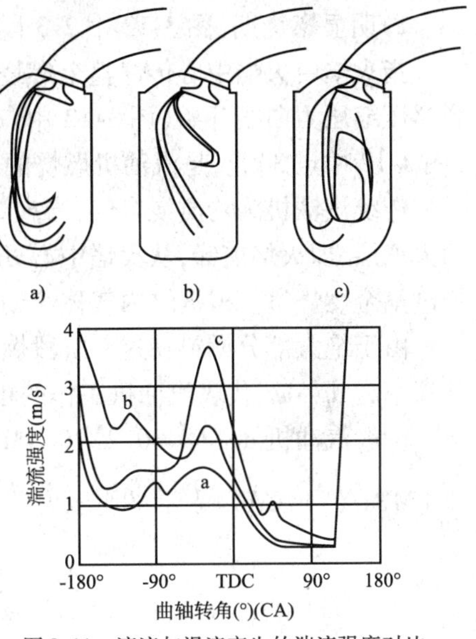


图 3-11　滚流与涡流产生的湍流强度对比

## 第二节　发动机燃烧过程

### 一、汽油机燃烧

#### （一）汽油机燃烧过程

1. 正常燃烧过程

汽油机正常燃烧过程由定时的电火花点火开始，火焰以正常速度传遍整个燃烧室，通过示功图研究汽油机燃烧过程如图 3-12 所示。为了分析方便，按其压力变化，将燃烧过程分成着火落后期、明显燃烧期和后燃期三个阶段。

1）着火落后期（图 3-12 中 1-2 段）

指从火花塞点火到火焰核心形成的阶段，定义为从火花塞点火（点 1）至汽缸压力曲线明显脱离压缩压力曲线而急剧上升时（点 2）的时间或曲轴转角。

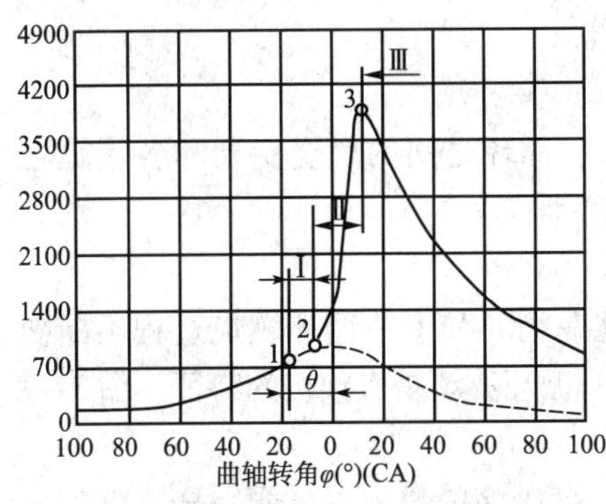


图 3-12　汽油机的正常燃烧过程

依靠火花塞电极间的高电压（10 ~ 15kV）击穿电极间隙的混合气，产生电火花并点燃附近的混合气，形成火焰中心。在着火落后期内，汽缸压力曲线与压缩压力曲线无明显差别。

着火落后期长短与混合气成分（过量空气系数 $\varphi_a = 0.8 \sim 0.9$ 时最短）、缸内气体温度和压力、缸内气体流动、火花能量及残余废气量等因素有关。每循环都可能发生变动，为了提高热效率，希望尽量缩短着火落后期。为了发动机运转稳定，更希望着火落后期保持稳定。

2）明显燃烧期（图3-12中2-3段）

指火焰由火焰中心传遍整个燃烧室的阶段，也称为火焰传播阶段。定义为汽缸压力线脱离压缩压力曲线开始（图3-12中点2，虚线为压缩压力曲线）急剧上升到压力达到最高点（图3-12中点3）止，是汽油机燃烧的主要时期。

传统汽油机为均质混合气，当火焰中心形成之后，火焰向四周传播，形成一个近似球面的火焰层，即火焰前锋，从火焰中心开始层层向未燃混合气传播，直到连续不断的火焰前锋扫过整个燃烧室。根据缸内气体流动的状况，可分为层流火焰传播和湍流火焰传播。

由于绝大部分燃料在这一阶段燃烧，活塞又靠近上止点，所以压力升高很快。定义压力升高率为 $dp/d\varphi$，代表汽油机工作的粗暴程度。

一般汽油机 $dp/d\varphi = 0.2 \sim 0.4$MPa/(°)(CA)，也可用明显燃烧期平均压力上升速率 $\frac{\Delta p}{\Delta \varphi}$[MPa/(°)(CA)]表示平均压力升高率，即

$$\frac{\Delta p}{\Delta \varphi} = \frac{p_3 - p_2}{\varphi_3 - \varphi_2}[\text{MPa}/(°)(\text{CA})] \tag{3-8}$$

式中：$p_2$、$p_3$——第二阶段起点和终点的压力（MPa）；

$\varphi_2$、$\varphi_3$——第二阶段起点和终点相对于上止点的曲轴转角(°)(CA)。

压力升高率越高，说明燃烧越迅速，动力性和经济性越好，但会使燃烧噪声和振动增大。提高火焰传播速率，可使 $dp/d\varphi$ 增大。火花塞位置、燃烧室型式对压力升高率也有影响。

图3-12中最高燃烧压力点3到达的时刻，对发动机的动力性、经济性有重大影响。如点3到达时刻过早，说明混合气过早点燃，引起压缩负功增加；相反，如点3到达时刻过迟，则降低膨胀做功能力，同时，燃烧高温期的传热表面积增加，增大了传热损失。点3的位置可以用调整点火提前角来调整。

3）后燃期（图3-12中点3以后）

指明显燃烧期终点3开始至燃料基本上完全燃烧为止，点3表示燃烧室主要容积已被火焰充满，且混合气燃烧速率开始降低，加上活塞向下止点加速移动，使汽缸中压力从点3开始下降。为了保证高的循环热效率和尽量大的循环功，应使后燃期尽可能短。

研究表明，动力性能良好，一般应使点2在上止点前曲轴转角 $\varphi$ 为12°~15°，最高燃烧压力点3在上止点后12°~15°到达，$(dp/d\varphi)_{max} = 0.175 \sim 0.25$MPa/(°)(CA)，整个燃烧持续期在40°~60°。基本方法是控制点火提前角达到最佳。

2. 不规则燃烧

汽油机不规则燃烧是指在正常稳定运转的情况下，各循环之间的燃烧变动和各汽缸之间的燃烧差异。前者称为循环波动，后者称为各缸工作不均匀。

1）循环波动

燃烧循环波动指汽油机以某一工况稳定运行时，这一循环和下一循环燃烧过程不断变化，具体表现在压力曲线、火焰传播及功率输出均不相同。循环波动是汽油机的特征。图3-13的 $p$-$V$ 图示出不同循环的汽缸压力变化情况。

由于存在循环波动，对于每一循环，点火提前角和空燃比等参数都不可能完全调整到最佳值，使发动机性能指标得不到充分优化。随着波动的加剧，燃烧不正常甚至失火的循环次

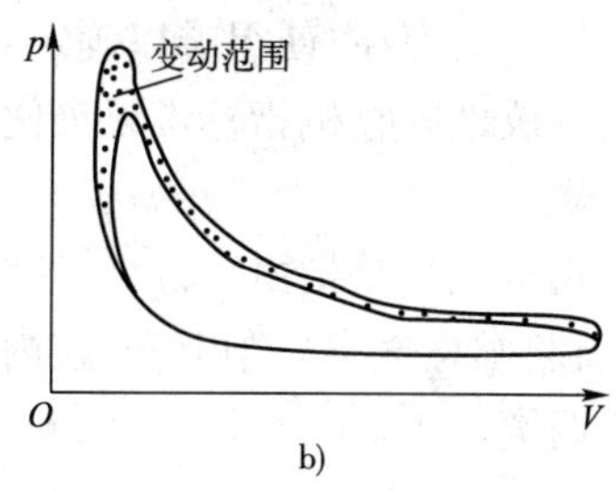


图 3-13　汽缸压力循环变化情况

a)稀混合气，过量空气系数 $\varphi_a = 1.22$，转速 $n = 2000\text{r/min}$，节气门全开；b)浓混合气，过量空气系数 $\varphi_a = 0.8$，转速 $n = 2000\text{r/min}$，节气门全开

数逐渐增多，碳氢化合物等不完全燃烧产物增多，动力性、经济性下降。同时，由于燃烧过程不稳定，也使振动噪声增大。当采用稀薄燃烧时，循环波动会加剧。所以，循环波动是汽油机实施稀薄燃烧要解决的难点。

导致循环波动的原因很多，火花塞附近混合气成分变化和气流运动波动被认为是最重要的两个因素。

(1)混合气成分波动。汽油机虽被称为预制均匀混合气燃烧，但这只是相对于柴油机燃烧来说，其宏观虽然是均匀的，但实际上缸内燃料、空气及残余废气不可能在短时间内完全混合均匀，所以混合气微观上并不均匀，火花塞附近的混合气成分是随时间变化的，这会导致着火落后期和火焰中心形成过程随循环产生变动。

(2)气流运动波动。燃烧室内气体的流场特别是紊流强度分布是极不均匀的，火花塞附近微元气体的运动速度和方向，影响火花点火后形成的火焰中心的轨迹以及火焰的初始传播速率，其后的火焰向整个燃烧室发展的进程也受燃烧室内微元气体的运动速度和方向的影响。

下列因素影响或改善循环波动：

(1)一般过量空气系数 $\varphi_a = 0.8 \sim 1.0$ 时循环波动最小，过浓或过稀都会使循环波动加剧。

(2)适当提高气流运动速度和紊流强度可改善混合气的均匀性，进而减小循环波动。

(3)残余废气系数 $\gamma$ 过大，循环波动加剧。

(4)发动机在低负荷($\gamma$ 会增大)、低转速(湍流强度降低)时，循环波动加剧。

(5)多点点火有利于减小循环波动。

(6)提高点火能量、采用大的火花塞间隙，有助于减小循环波动。

2)各缸工作不均匀

产生各缸工作不均匀的主要原因是进气充量不均匀、混合气成分不均匀等。由于汽油机混合气是外部混合，在进气管内存在空气、燃料蒸气、大小不一的油滴以及沉积在进气管壁上厚薄不均的油膜，所以进气管内的油气分布是多相的和不均匀的，很难实现均匀分配到各缸。

另外，由于进气管动态效应、各缸进气重叠干涉等原因，使得各缸的实际充量系数 $\varphi_c$ 不一样，由于充入的是油气混合气，因而进入各缸的燃料绝对量不同，由此造成各缸工作不均匀。

各缸工作不均匀的存在，使得难以确定对各缸都是最佳的点火提前角和过量空气系数，动力性、经济性、排放性等整机指标难以最优化。

3. 不正常燃烧

汽油机的不正常燃烧是指由于设计、控制不当或运转因素，使汽油机偏离正常点火的时刻及地点，由此引起燃烧速率急剧上升，缸内压力 $p$ 急剧增大等异常现象。不正常燃烧可分爆震和表面点火两类。

1）爆震

图 3-14 为正常燃烧与爆震时汽缸内 $p$-$t$ 图和 $dp/dt$ 图的比较。爆震时，缸内压力曲线出现高频大幅度波动（锯齿波），同时会产生一种高频金属敲击声，因此也将爆震称为敲缸。爆震时一般出现以下外部特征。

（1）发出频率为 3000 ~ 7000Hz 的金属振音。

（2）轻微爆震时，发动机功率略有增加；强烈爆震时，发动机功率下降，转速下降，工作不稳定，机身振动大幅增大。

（3）冷却系统过热，缸盖温度、冷却液温度和润滑油温度均明显上升。

（4）爆震严重时，汽油机甚至冒黑烟。

图 3-15 为汽油机缸内燃烧机理示意图。如图所示，火花塞点火后，火焰前锋面呈球面波形状以正常传播速度（30 ~ 70m/s）向周围传播，缸内压力和温度都急剧升高。混合气燃烧产生的压力波迅速向周围传播，在火焰前锋面之前先期到达燃烧室边缘区域，该区域的可燃混合气（即末端混合气）在压缩终点温度的基础上进一步受到压缩和热辐射，加速其先期反应，并放出部分热量，使本身压力和温度不断升高，燃烧前的化学反应加速。这些都是正常现象，但如果这一反应过于迅速，以致在火焰锋面到达之前末端混合气即开始自燃，则引发爆震，在较大面积上多点着火，放热速率极快，局部区域的温度、压力急剧上升。这种阶跃的压力变化，形成燃烧室内往复传播的激波，猛烈撞击燃烧室壁面，使壁面产生振动，发出高频振音（即敲缸声）。爆震发生时，火焰传播速度为 100 ~ 300m/s（轻微爆震）甚至 800 ~ 1000m/s（强烈爆震）以上。

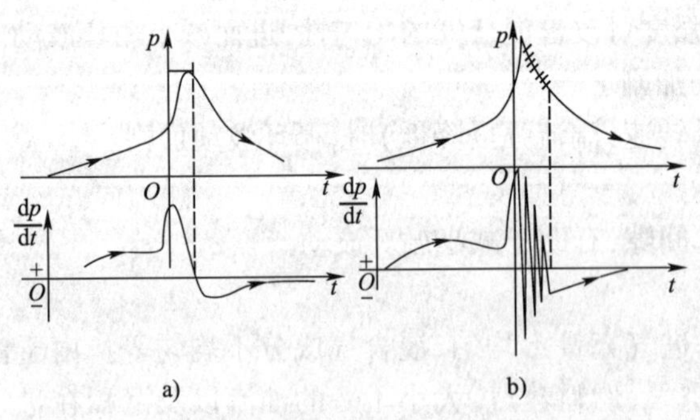


图 3-14　正常燃烧与爆震时 $p$-$t$ 图和 $dp/dt$ 图的比较

a）正常燃烧；b）爆震

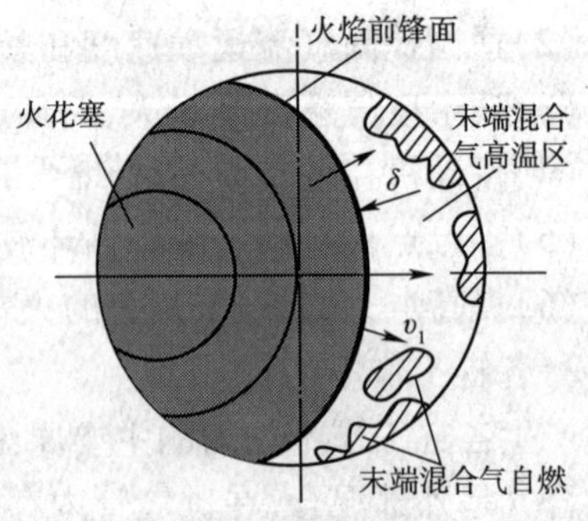


图 3-15　爆震的机理

爆震的机理可通过试验研究证实，用对缸内进行高速摄影的方法可以清晰地观察到发生在汽缸壁面附近的自燃着火区域；采用缸内成分快速采样方法在这些区域也检测到着火过程产生的过氧化物和醛类。

爆震会给汽油机带来较大危害，概括如下：

(1)热负荷及散热损失增大。爆震时剧烈无序的放热使缸内温度明显升高，压力波的反复冲击破坏了燃烧室壁面的油膜，从而使燃气与壁面之间的传热大大增加，散热损失增大，汽缸盖及活塞顶部等处的热负荷上升，甚至造成活塞表面发生烧损及熔化，造成烧顶。

(2)机械负荷增大。爆震使最高燃烧压力和压力升高率 $dp/d\varphi$ 都急剧增高，可高达 65MPa/(°)(CA)，受压力波的剧烈冲击，相关零部件所受应力大幅度增大，严重时会造成轴瓦损坏。

(3)动力性和经济性恶化。由于燃烧极不正常，散热损失大幅增加，使循环热效率下降，导致功率和燃油消耗率恶化。

(4)磨损加剧。由于压力波冲击缸壁破坏了油膜，导致活塞、汽缸和活塞环磨损加剧。

(5)排气异常。爆震时产生的高温会引起燃烧产物的热裂解加速，严重时析出炭粒，排气产生黑烟，燃烧室壁面形成积炭，而这又是形成表面点火的因素。

通过对缸内燃烧过程机理进行分析，如果由火核形成至火焰前锋传播到末端混合气所需时间为 $t_1$，由火核形成至末端混合气自燃着火所需时间为 $t_2$。由于爆震是在火焰前锋尚未到达时末端混合气发生自燃引起的，因而不发生爆震的条件是 $t_1 < t_2$。凡是使 $t_1$ 减少和 $t_2$ 增加的因素均可抑制爆震，反之，均使爆震倾向增大。

爆震的影响因素和防止爆震的技术措施概括起来为三类，即燃烧室结构参数、运转参数、燃料特性，见表 3-2。

**爆震的影响因素** 表 3-2

| 影响因素 | | 技术措施 |
|---|---|---|
| 缩短 $t_1$ | 缩短火焰传播距离 | (1)燃烧室形状紧凑，缸径不易过大；<br>(2)火花塞尽可能布置中央 |
| | 加速火焰传播速度 | (1)提高压缩比以提高压缩终了的混合气温度；<br>(2)提高混合气湍流强度；<br>(3)降低残余废气系数；<br>(4)控制过量空气系数，($\varphi_a = 0.8 \sim 0.9$ 时速度最高)；<br>(5)加大点火提前角；<br>(6)提高进气压力、温度 |
| 延长 $t_2$ | 合理冷却末端混合气 | (1)适当增加燃烧室末端的面容比(表面积与容积比)；<br>(2)采用导热性能好的材料(如铝或铝合金材料)；<br>(3)优化汽缸盖冷区 |
| | 延长着火延迟期 | (1)降低压缩比以降低末端混合气温度、压力；<br>(2)提高残余废气系数；<br>(3)避开过量空气系数，$\varphi_a = 0.8 \sim 0.9$ 时的区域；<br>(4)推迟点火提前角，以降低最高燃烧压力；<br>(5)降低进气温度，可考虑增压中冷或喷水等 |
| | 提高燃料抗爆性 | (1)采用先进合理炼制工艺；<br>(2)采用燃料添加剂 |

由表 3-2 可以看出，对于压缩比、点火提前角、残余废气系数、过量空气系数以及进气压

力、温度等因素的要求是矛盾的。汽油机的设计和控制就是多种因素的折中和优化,例如,为防止爆震,汽油机的压缩比一般不超过 8 ~ 12,这是汽油机经济性始终低于柴油机的一个主要原因,所以应在满足不发生爆震的基础上尽可能提高压缩比。

2)表面点火

在汽油机中,凡是不靠电火花点火而由燃烧室内炽热表面(如排气门头部、火花塞绝缘体、燃烧室内壁凸出部位、壁面炽热的沉积物等)点燃混合气的现象,统称表面点火。

表面点火的点火时刻和地点是不可控的,发生在火花塞点火之前的表面点火也称早燃(早火),反之则称为后燃(后火)。

早燃是指在火花塞点火之前,炽热表面就点燃混合气的现象。由于它提前点火而且热点表面比火花大,使燃烧速率快,汽缸压力、温度增高,发动机工作不正常;并且由于压缩功增大,向缸壁传热增加,致使功率下降,火花塞、活塞等零件过热。图 3-16 给出了汽油机早燃示功图。

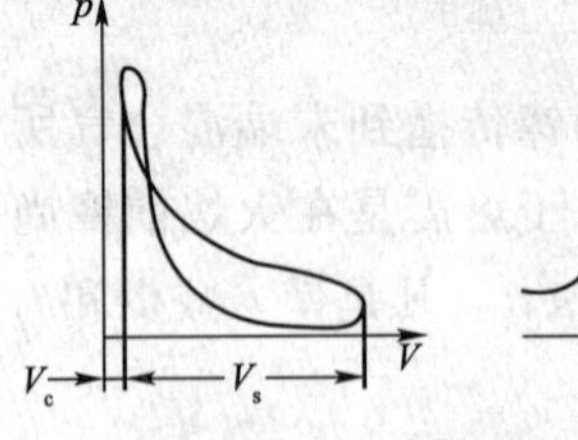


图 3-16　汽油机早燃示功图

$V_c$-燃烧室容积;$V_s$-工作容积

早燃使活塞和连杆等零部件在压缩行程末期受到较大的冲击载荷,发出沉闷的低频敲缸声(600 ~ 1200Hz),可与爆震时的高频敲击声相区分。推迟点火提前角可以减轻和消除爆震,但无法消除表面点火引起的不正常燃烧。另外,早燃会诱发爆震,爆震又会让更多的炽热表面温度升高,促使更剧烈的表面点火,两者互相促进,危害更大。

后燃如不引发爆震,一般危害不大,甚至对循环热效率稍有改善,但会使燃烧温度逐渐升高,可能演化为早燃和爆震。另外,有后燃现象的化油器式汽油机在停车以后,由于不能立刻切断燃油,有时出现仍像有火花塞点火一样继续运转的现象,称为续走。

凡是能促使燃烧室温度和压力升高以及积炭形成的因素,都能促成表面点火。防止表面点火的主要措施有:

(1)防止燃烧室温度过高,与降低爆震类似,如降低压缩比和减小点火提前角等。

(2)合理设计燃烧室形状,改善制造工艺,使排气门和火花塞等处得到合理冷却,避免尖角和凸出部位。

(3)选用低沸点汽油,以减少重馏分,避免形成积炭。

(4)控制润滑油消耗,润滑油被燃烧更容易在燃烧室内形成积炭。

(5)有些汽油和润滑油添加剂有消除或防止积炭作用。

**(二)汽油机燃烧室**

燃烧室设计直接影响到充气系数、燃烧放热速率、散热损失、爆震以及循环波动率等,从而影响汽油机的各项主要性能。常见的汽油机(不包括缸内直喷式)的燃烧室形状分类如图 3-17 所示。

其中图 3-17a) ~ d)是最常见的几种燃烧室,图 3-17e)为一种旧型的但有代表性的燃烧室,图 3-17f) ~ h)虽未得到很多应用,但在设计上很有特点。

1. 汽油机燃烧室设计的基本原则

汽油机的主要问题是油耗高,排气污染可由三元催化转化器来有效控制,因而其燃烧室设计的主要目的是提高循环热效率。具体措施包括提高压缩比、缩短燃烧持续期、减少散热损失和提高进气充量,主要设计原则如下。

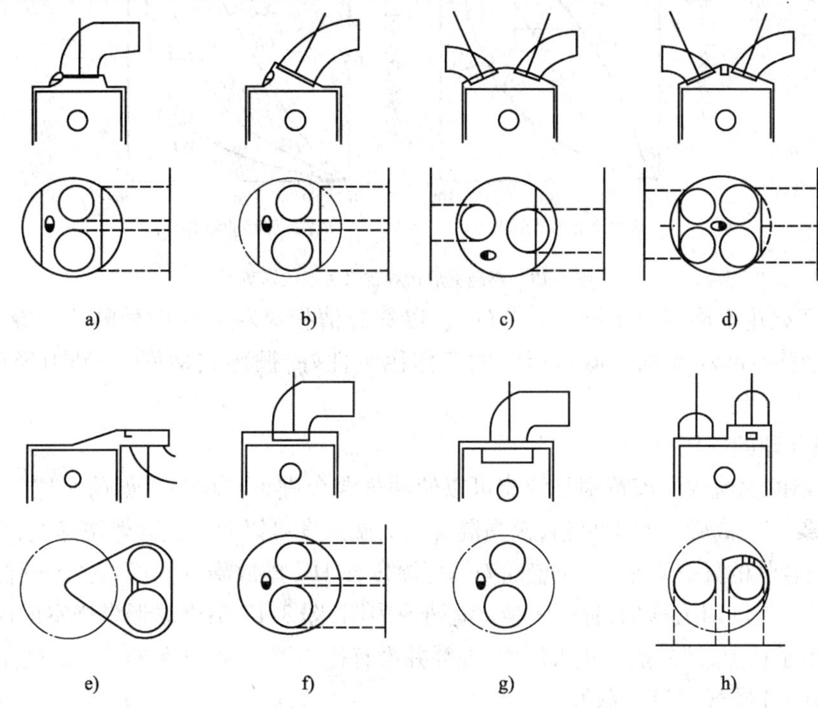


图 3-17 汽油机燃烧室形状分类

a)浴盆形;b)楔形;c)半球形;d)篷形;e)L形;f)盘形;g)桶形;h)火球形

1)燃烧室结构紧凑

一般以面容比 $F/V$(燃烧室表面积与燃烧室容积之比,简称面容比)来表征燃烧室的紧凑性。$F/V$ 越小,燃烧持续期越短,等容度提高;散热损失越小;火焰传播距离越短,不易发生爆震;壁面淬熄效应减小,HC 排放降低。图 3-17e)所示的 L 形燃烧室,由于采用侧置气门,$F/V$ 较大,因而只能在压缩比小于 7 的条件下正常工作,否则易发生爆震;而采用顶置气门的图 3-17a) ~ d)各种燃烧室的 $F/V$ 较小,压缩比普遍达到 8 ~ 9 以上,火球形燃烧室的压缩比甚至达到 15。

2)燃烧室几何形状合理

合理的几何形状,有助于得到适宜的火焰传播速率和放热速率,如图 3-18 所示,方案 a)由于火焰开始传播时处于燃烧室截面较大区域,因而呈现出前急后缓的放热速率,而方案 c)形状相反,放热速率则前缓后急。另外,合理几何形状还包括燃烧室廓线尽可能圆滑,以避免凸出部分产生局部热点导致表面点火。

3)火花塞布置合理

火花塞位置会直接影响火焰传播距离的长短以及燃烧放热速率,而缩短火燃传播时间可以有效防止爆震并提高热效率。确定火花塞位置时一般要考虑以下几点:

(1)火花塞至末端混合气距离最短,使得在相同压缩比时爆震可能性最小。

(2)火花塞应靠近排气门布置,以避免末端混合气处温度过高而易出现爆震。

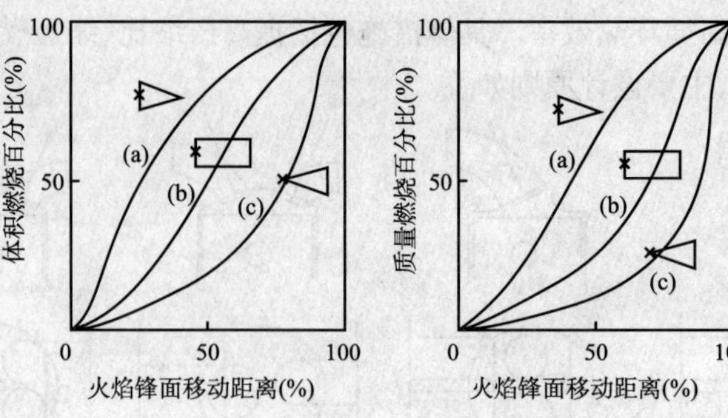


图 3-18　燃烧室形状对放热速率的影响

(3)保证火花塞周围有足够的扫气气流，以充分清扫火花塞间隙处的残余废气，保证点火成功，这会使冷起动和低速低负荷时的工作稳定性好，循环波动率小，动力经济性和 HC 排放均会改善。

4)组织合理的气流运动

强度适当的涡流或滚流特别是湍流可以使油气混合进一步均匀。如前所述，湍流火焰传播速度要比层流的高数十至上百倍，提高混合气的湍流度可以明显提高燃烧速度，降低循环波动率，扩大混合气的稀燃界限，减小壁面淬熄层厚度使 HC 排放降低。但过强的气流运动会使散热损失增加，流动阻力增加，着火困难。有研究表明，图 3-17 中火球形燃烧室的压缩比虽然达到 15，但由于挤流过强，散热损失增大，油耗并没有比压缩比为 10.5 的篷形燃烧室有改善。

5)足够的进排气门流通截面

进排气门流通截面的增大，不仅使充气系数提高，还会使泵气损失下降。图 3-17 所示的各种燃室中，两气门布置时，楔形和半球形燃烧室相对来说容易得到较高的进排气门流通截面，而且气流也比较顺畅，不拐直角弯，阻力较小；而篷形的四气门布置有最大的进排气流通截面。

2. 典型燃烧室及其性能比较

1)浴盆形燃烧室

如图 3-17a)所示，浴盆形燃烧室形状像一个椭圆形浴盆，而在双侧或单侧设置挤气面。

浴盆形燃烧室的 $F/V$ 较大，火花塞位置远离燃烧室，火焰传播距离较长，因而压缩比一般不超过 7.5，动力性和经济性不高，HC 排放多，但工作柔和，$NO_x$ 排放低。由于其制造工艺好，因而在国产车上曾得到广泛应用，如 492Q、6100Q、桑塔纳轿车 JV 型汽油机、奥迪 100 型 026BJW 型汽油机等，均采用浴盆形燃烧室。提高浴盆形燃烧室的挤流强度可改善发动机性能。如国产 6105 汽油机挤气面积比由 25% 增大到 32% 后，功率提高了 6%，最高燃烧压力的循环波动率由 11.5% 下降到 7.1%。

2)楔形燃烧室

如图 3-17b)所示，火花塞布置在楔形燃烧室高侧的进排气门之间，可在火花塞附近形成较强的扫气气流，低速及低负荷性能稳定。气门倾斜布置，流通截面较大，气道转弯较小，充气特性好。对比图 3-18 可知，这种燃烧室的初期放热率高，因而动力性和燃油经济性好于浴盆形。但由于挤气面积较大，导致壁面淬熄效果较强，所以 THC 排放较高。

楔形燃烧室曾是车用汽油机较广泛采用的一种，如国产 CA-72 型轿车发动机，486

(3Y)、491(4Y)、489(GM2.0)型汽油机均采用此种燃烧室。

3)半球形燃烧室

如图3-17c)所示,半球形燃烧室的 $F/V$ 要小于浴盆形和楔形燃烧室,基本不组织挤流。由于形状规则,燃烧室可全部机械加工,保证光滑的表面(以减少积炭形成)和精确的形状及容积。其燃烧放热速率及 $NO_x$ 排放均较高,但HC排放低。

4)篷形燃烧室

如图3-17d)所示,篷形燃烧室的形状如圆锥面的帐篷状,最便于四气门布置,这就使火花塞可以布置在燃烧室中央。篷形燃烧室 $F/V$ 最小,火焰传播距离最短,由于四气门倾斜布置,进排气口截面积最大,充气系数高;一般不组织挤流,但可充分利用双进气道形成所需的进气涡流,或者利用进气道上翘的特点形成滚流。在常用的各种汽油机燃烧室中,动力性、燃油经济性以及高速适应性都最好。自20世纪90年代后期以来,国际上先进的轿车和轻型车汽油机大都采用四气门结构,因而篷形燃烧室成为最常用的燃烧室。

多球形燃烧室与篷形燃烧室相似,燃室顶面呈球面状,并且气门及火花塞周围也各自呈球面状,因此称为多球形燃烧室。多球形燃烧室形状有更好的流体力学特性,但设计加工复杂。

## 二、柴油机燃烧

### (一)柴油机燃烧过程

柴油机燃烧过程如图3-19所示;柴油机的燃烧过程可分为四个时期,即着火落后期(滞燃期)、速燃期、缓燃期和后燃期,分别对应图中1、2、3、4阶段。

1)着火落后期(滞燃期)

图3-19中由喷油始点A到汽缸压力线与压缩线脱离点B对应的时期称为着火落后期,或称滞燃期。随压缩过程的进行,缸内空气压力和温度不断升高,在上止点附近气体温度高达600℃以上,高于燃料在当时压力下的自燃温度。在A点被喷入汽缸的柴油,经历一系列复杂的物理化学过程,包括雾化、蒸发、扩散、与空气混合等物理准备阶段以及低温多阶段着火的化学准备阶段,在温度、压力以及空燃比等条件合适处,多点同时着火,随着燃烧放热的进行,缸内压力和温度升高,并脱离压缩线。

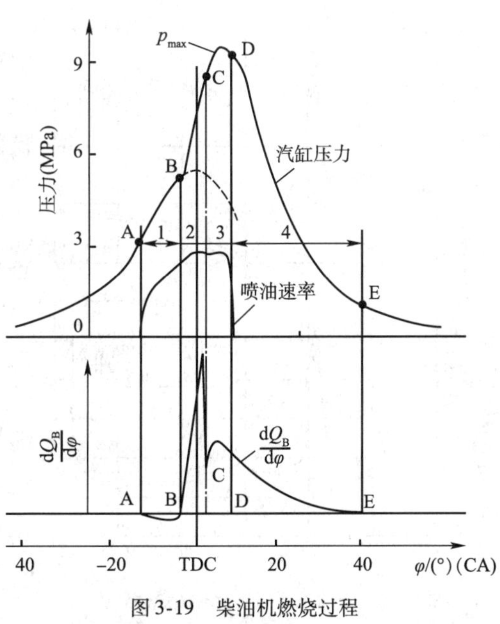

图3-19 柴油机燃烧过程

除直接在示功图上判断B点外,用放热率曲线可以更精确地确定B点。如图3-19所示,由于柴油汽化吸热,造成在着火前 $dQ_B/d\varphi$ 曲线出现负值,一旦开始燃烧放热,$dQ_B/d\varphi$ 很快由负变正。因此可以取 $dQ_B/d\varphi$ 明显上升前第一个极小值点,或 $dQ_B/d\varphi=0$ 点作为着火点。另外,用可视化发动机和高速摄影的方法可以直观地判定着火时刻。上述三种确定着火时间的方法中,$dQ_B/d\varphi$ 曲线法最精确,并且特征明显容易判定,示功图方法要比前者滞后一些,一般滞后1~2(℃A),而高

速摄影方法一般与 $dQ_B/d\varphi$ 曲线相同或介于前两者之间。

一般柴油机的着火落后角 $\varphi_i = 8 \sim 12°$(CA),着火落后时间,$\tau_i = 0.7 \sim 3ms$。由于柴油机着火落后期长短会明显影响滞燃期内喷油量和预混合气量的多少,从而影响柴油机的燃烧特性以及动力经济性、排放特性和噪声振动特性,因此需要精确控制。

2)速燃期

由 B 点开始的压力急剧上升的 BC 段(图 3-19),称为速燃期。由于在着火落后期内做好燃前准备的预混合气大面积多点同时着火,燃烧放热速率 $dQ_B/d\varphi$ 很快上升并达到最高值,由于是在活塞靠近上止点时气缸容积较小的情况下发生,因此气体的温度和压力都急剧升高。随着大量在着火落后期内生成的可燃混合气燃烧殆尽,放热速率下降,到达 $dQ_B/d\varphi$ 曲线的谷点 C,速燃期结束。

速燃期中的压力升高率 $dp/d\varphi$ 对柴油机性能有至关重要的影响。$dp/d\varphi$ 在实际中一般有两种表现方式,一种是将缸压曲线对曲柄转角求导获得 $dp/d\varphi$ 曲线,如图 3-19 所示,并求得最大压力升高率$(dp/d\varphi)_{max}$;另一种是平均压力升高率 $dp/d\varphi$,其定义为

$$dp/d\varphi = \frac{p_c - p_B}{\varphi_c - \varphi_B} \tag{3-9}$$

式中:$\varphi_c$、$\varphi_B$——C 点和 B 点对应的角度;

$p_c$、$p_B$——C 点和 B 点对应的压力。

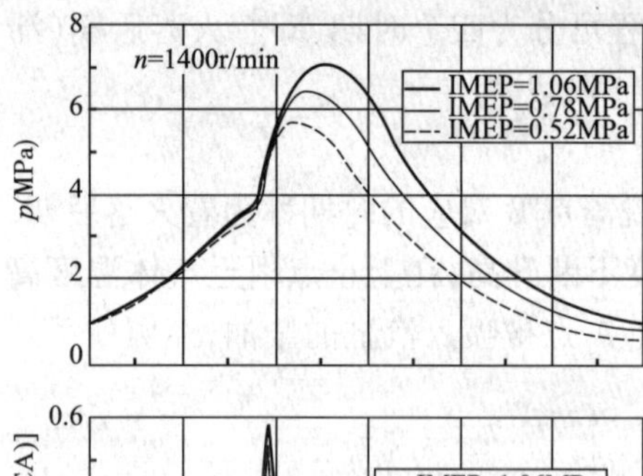


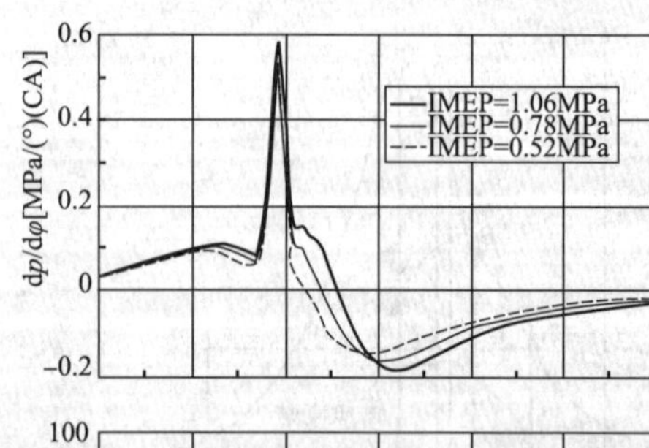


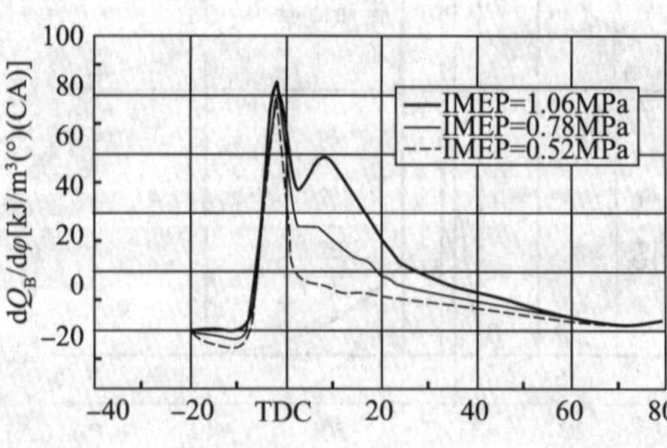


图 3-20 柴油机不同负荷时的燃烧特性

实际工程中,为数据处理方便,有时也用 $p_{max}$ 代替 $p_c$。

压力升高率是表征内燃机燃烧等容度和粗暴度的指标。压力升高率越高,则燃烧等容度越高,因而循环热效率越高,这对动力性和经济性是有益的,但会使燃烧噪声及振动增加,即燃烧粗暴度增大。

如图 3-20 所示,一般柴油机燃烧时,$dp/d\varphi$ 的峰值往往对应着 $dQ_B/d\varphi$ 的峰值,并且 $dp/d\varphi$ 并没有随负荷(循环供油量)减小而降低这说明决定 $dp/d\varphi$ 高低的原因是预混合燃烧阶段的放热速率。当然,在燃烧过分偏离上止点时,这种对应关系不明显。

一般柴油机 $dp/d\varphi = 0.2 \sim 0.6MPa/(°)(CA)$,直喷式柴油机的较大,$dp/d\varphi = 0.4 \sim 0.6MPa/(°)(CA)$。从提高动力性和热效率的角度,希望 $dp/d\varphi$ 大一些为好。但 $dp/d\varphi$ 过大会使柴油机工作粗暴;噪声明显增加;运动零部件受到过大冲击载荷,寿命缩短;过急的压力升高会导致温度明显升高,使氮氧化物($NO_x$)生成量明显增加。为降低柴油机噪声和振动以及抑制氮氧化物排放,$dp/d\varphi$ 不宜超过 $0.4MPa/(°)(CA)$。

柴油机 $dp/d\varphi$ 的大小主要取决于着火落后期内

形成的可燃混合气的多少;而可燃混合气的生成量要受着火落后期内喷射燃料量的多少、着火落后期的长短、燃料的蒸发混合速度、空气运动、燃烧室形状和燃料物化特性等多种因素的影响。一般可以从两方面来考虑:一方面可以缩短着火延迟期,另一方面可以减少该时期内喷入的燃料。压力升高率和最大爆发压力的控制一直是柴油机的重要研究课题。柴油机燃烧过程的控制,关键就是以什么样的喷射方式,将一定的燃油以何种喷油规律喷入汽缸。

3)缓燃期

由C点到最高燃烧温度(或最高燃烧压力)的D点,称为缓燃期。一般喷射过程在缓燃期已结束,随着燃烧过程的进行,空气逐渐减少而燃烧产物不断增多,燃烧的进行也渐趋缓慢。缓燃期的燃烧具有扩散燃烧的特征,混合气形成的速度和质量起着十分重要的作用。如果燃烧组织得不当,后续喷射的燃料直接喷射到高温缺氧的火焰面上,很容易形成炭烟。所以,应采取措施使后期喷入的燃油能及时得到足够的空气,尽可能地加速混合气的形成,保证迅速而完全的燃烧,从而提高柴油机的经济性和动力性能。一般要求缓燃期不要过长,否则会使放热时间加长,循环热效率下降。即缓燃期不要缓燃,而应越快越好。加快缓燃期燃烧速度的关键是加快混合气形成速率。

由于不可能形成均匀混合气,柴油机必须在过量空气系数大于1的条件下工作,与汽油机相比,柴油机的空气利用率低,这也是其升功率低和密度大的主要原因。

4)后燃期

从缓燃期终点D到燃料基本燃烧完毕(或累计放热率 >95%)的E点称为后燃期。由于柴油机混合气形成时间短,油气混合极不均匀,总有一些燃料不能及时形成可燃混合气,以致拖到膨胀期间继续燃烧,特别是在高负荷时,过量空气少,后燃现象比较严重。由于后燃期内的燃烧放热远离上止点进行,热量不能有效利用;并且随活塞下行燃烧室表面积增大,增加了散热损失,使柴油机燃油经济性下降。此外,后燃还会产生炭烟排放增加、活塞和汽缸热负荷上升以及排气温度升高等问题。

因此,应尽量缩短后燃期,减少后燃所占的百分比。柴油机燃烧时,总体空气是过量的,只是混合不匀造成局部缺氧。因此,加强缸内气体运动,可以加速后燃期的混合气形成和燃烧速度,而且会使炭烟及不完全燃烧成分加速氧化。

**(二)燃烧噪声**

1.燃烧噪声产生的机理

关于燃烧噪声产生的机理,一般认为有两个,即燃烧气体的动力载荷与高频振动。燃烧噪声的强弱用声压级 $L_p$(单位为分贝,dB)来表示。为分析噪声的性质和来源,频谱曲线也是常用的一种评价方法。

1)气体动力载荷

各种研究表明,燃烧噪声主要是在速燃期内产生的。当汽缸压力急剧增加时,燃烧室壁面及活塞、曲轴等相关零部件受到强烈的动力载荷,其性质相当于敲击。由于柴油机结构是一个相当复杂的多体振动系统,各零件的自振频率不同,大多处于中高频范围(800 ~ 4000Hz),经此系统传播并向外辐射的燃烧噪声的频率也就处于中高频范围内,这是使人感觉最不愉快的频段。

2)气体高频振动

燃烧引起缸内压力的急剧变化,这种压力波在燃烧室内以当地声速往复传播形成气体的高频振动，其频率取决于燃烧室尺寸和当地声速。柴油机中尖锐的高声调噪声，就是由气体的高频振动产生的。

2. 主要影响因素

柴油机燃烧噪声的大小主要与压力升高率、最高燃烧压力、压力升高比（最高燃烧压力与压缩终点压力之比）以及零部件自振频率有关，其中压力升高率的影响最大。为保证柴油机稳定运转，应控制 $dp/d\varphi < 0.4$MPa/(°)(CA)。当 $dp/d\varphi > 0.5$MPa/(°)(CA)时，会出现强烈的噪声甚至敲缸声，运动零部件受到严重冲击载荷，寿命下降。在示功图上可观察到如图3-21曲线1压力上升段所示的“锯齿波”，这种现象称为柴油机粗暴燃烧（或称柴油机敲缸）。图3-21中还给出了柴油机粗暴燃烧与汽油机爆震（曲线2）的对比。

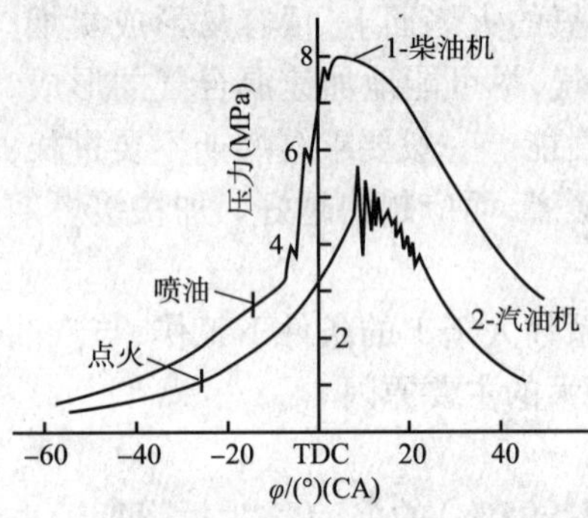


图3-21 柴油机的粗暴燃烧

喷油提前角对燃烧噪声有明显影响。如图3-22所示，随喷油提前角增大，着火落后期 $\varphi_i$ 因压缩温度下降而变长，加上燃烧始点提前，使得 $dp/d\varphi$、$p_{max}$ 以及压力升高比 $\lambda$ 都随之上升，导致噪声增大。

燃烧方式不同，也会使燃烧噪声的强弱和音频特性不同。一般球形（包括斜置圆筒形）燃烧室最低，直喷式燃烧室最高，分隔式燃烧室显著低于后者而略高于前者。由于球形燃烧室的初期燃烧放热速率较低，使压力升高率明显低于直喷式燃烧室，因而噪声可以显著降低，而且在中高频段的噪声降低的较多。

冷起动和怠速时，由于缸内温度较低，着火落后期延长，导致压力升高率增大，因而使燃烧噪声增大，一般称为怠速敲缸。

3. 燃烧噪声的防治

由于燃烧噪声的主要原因是压力升高率过大，而压力升高率又主要取决于着火落后期内形成的可燃混合气数量，因此降低燃烧噪声的主要途径如下。

（1）缩短着火落后期　例如选用十六烷值高的燃料，或在燃烧室内造成着火热区等。

（2）减小着火落后期内的喷油量　最常用的方法是降低初期喷油速率，作为这一基本思路的延伸，靴形喷油规律以及近年来重型柴油机上广泛使用的预喷射方法可以有效控制燃烧噪声。

（3）减少着火落后期内形成的可燃混合气数量　将大部分燃料喷到燃烧室壁上，只有很少部分喷到热空气中，形成少量可燃混合气首先着火，以使初期放热率较小，这就是油膜蒸发混合燃烧所采用的方法。

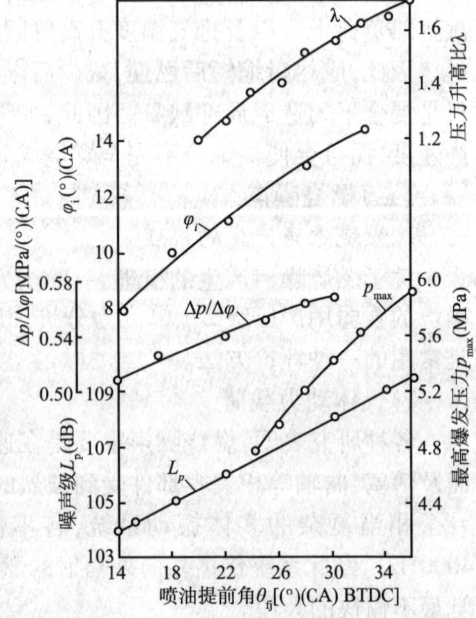


图3-22 柴油机噪声与喷油提前角的关系

（4）推迟喷油时间可以缩短着火落后期。

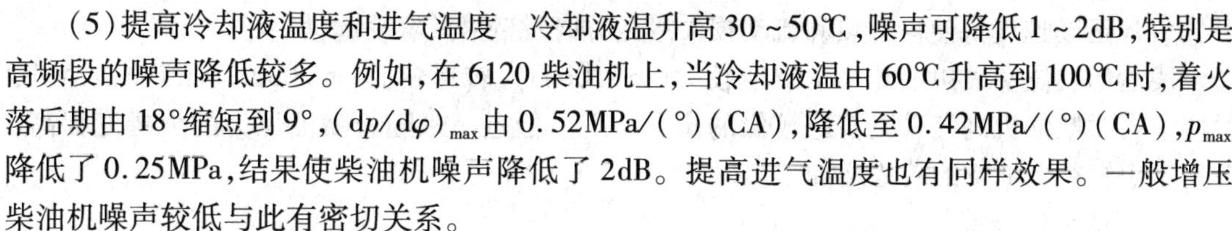

(5)提高冷却液温度和进气温度　冷却液温升高30～50℃,噪声可降低1～2dB,特别是高频段的噪声降低较多。例如,在6120柴油机上,当冷却液温由60℃升高到100℃时,着火落后期由18°缩短到9°,$(dp/d\varphi)_{max}$由0.52MPa/(°)(CA),降低至0.42MPa/(°)(CA),$p_{max}$降低了0.25MPa,结果使柴油机噪声降低了2dB。提高进气温度也有同样效果。一般增压柴油机噪声较低与此有密切关系。

**(三)柴油机的燃烧室**

柴油机的燃烧室可分为两大类:即直喷式燃烧室和非直喷式燃烧室。

1.直喷式燃烧室

所谓直喷式燃烧室是指将燃油直接喷入主燃烧室中进行混合燃烧的各种燃烧室。常见的有代表性的结构形状如图3-23所示,分别为浅盘形、深坑形和球形。浅盘形燃烧室中的活塞凹坑开口较大,可看作与凹坑以外的燃烧室空间形成了一个统一的燃烧室空间,因而也称为开式燃烧室(或统一式燃烧室);相反,深坑形和球形燃烧室也称为半开式燃烧室。

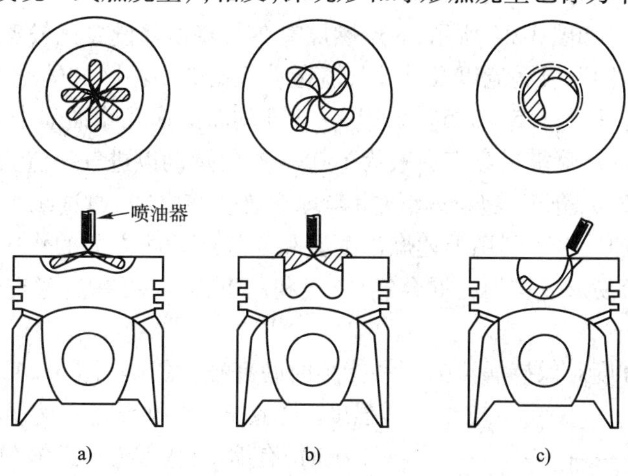


图3-23　典型的直喷式柴油机燃烧室形状

a)浅盆形;b)深坑形;c)球形

1)浅盘形燃烧室

如图3-23a)所示,浅盘形燃烧室的结构比较简单,在活塞顶部设有开口大、深度浅的燃烧室凹坑,$\frac{d_k}{D}$为0.7～0.9,$\frac{d_k}{h}$为5～7,其中$D$、$d_k$、$h$分别表示活塞直径、凹坑口径、凹坑深度。浅盘形燃烧室一般不组织或只组织很弱的进气涡流,混合气形成主要依靠燃油射束的运动和雾化,可以说是一种"油找气"的混合方式。因此均采用多孔(5～8孔)、小孔径(0.151～0.25mm)喷油器,喷油启喷压力较高(20～40MPa),最高喷油压力可高达100～200MPa,以使燃油尽可能分布到整个燃烧室空间,为避免油束喷到燃烧室壁面上不能及时与空气混合燃烧并产生积炭,喷油贯穿率一般小于或等于1。

由于采用高压和多孔喷油方式,浅盘形燃烧室在滞燃期内形成较多的可燃混合气,因而最高燃烧压力和压力升高率都很高,工作粗暴,燃烧温度高,$NO_x$和排气烟度较高,噪声、振动及机械负荷较大。这种"油找气"的被动混合方式决定了浅盘式燃烧室的空气利用率差,必须在$\varphi_a \geqslant 1.6$时才能保证完全燃烧。但其优点是,燃烧室设计和加工难度较小(相比深坑形)，气流运动速度低使得散热和流动损失小，燃油经济性好，容易起动。

浅盘形燃烧室最初主要用于缸径较大(≥120mm)、转速较低(≤2000r/min)的柴油机，适应了当时柴油机进气涡流普遍较低的实际情况。但近年来随着喷油压力的大幅度提高，应用于小缸径柴油机的趋势增加。

2)深坑形燃烧室

与浅盘形燃烧室的“油找气”方式相比，深坑形燃烧室采用“油和气相互运动”的混合气形成方式[图3-23b)]，以满足车用高速柴油机混合气形成和燃烧速度更高的要求。深坑形燃烧室一般适用于缸径 $D=80\sim140$mm，最突出的特点就是适应转速高(最高可达4500r/min)，因此在车用中小型高速柴油机上获得了最广泛的应用。由于燃烧室形状复杂，需要对涡流强度、流场、喷油速率、喷孔数、喷孔直径、喷射角度、燃烧室的各项尺寸进行大量的匹配优化工作，因而设计难度较大。代表性的燃烧室有 $\omega$ 形燃烧室和后来发展起来的四角形燃烧室。

(1)$\omega$ 形燃烧室。如图3-24所示，$\omega$ 形燃烧室在活塞顶部设有比较深的凹坑，其中凹坑的中心凸起是为了帮助形成涡流以及排除气流运动很弱的中心区域的空气而设置的。一般 $d_k/D$ 为 $0.6\sim0.7$，$d_k/h$ 为 $1.5\sim3.5$。采用4~6孔均布的多孔喷油器中央布置(4气门时)或偏心布置(2气门时)，喷雾贯穿率一般为1.05。空气运动以进气涡流为主，挤流为辅。进气涡流比 $\Omega=1.5\sim2.5$，介于浅盘形燃烧室与球形燃烧室之间，通过减小 $d_k/D$ 和余隙高度 $S_0$，可使挤流强度增加。由于利用上述燃油喷雾和空气运动两方面的作用形成混合气，因而比浅盘形燃烧室更容易形成均匀的混合气，空气利用率提高，可在过量空气系数 $\varphi_a=1.3\sim1.5$ 的条件下实现完全燃烧。

燃烧室的缩口程度对保持涡流强度和持续时间有很大影响(图3-24)，同时也影响挤流强度。如图3-25的研究实例所示，在低速大负荷工况时，有缩口(A型)与无缩口(B型)的 $\omega$ 形燃烧室都随喷油时间的推迟而降低 $NO_x$，但无缩口燃烧室的炭烟排放和油耗也同时恶化，而有缩口燃烧室基本不变甚至略有改善。

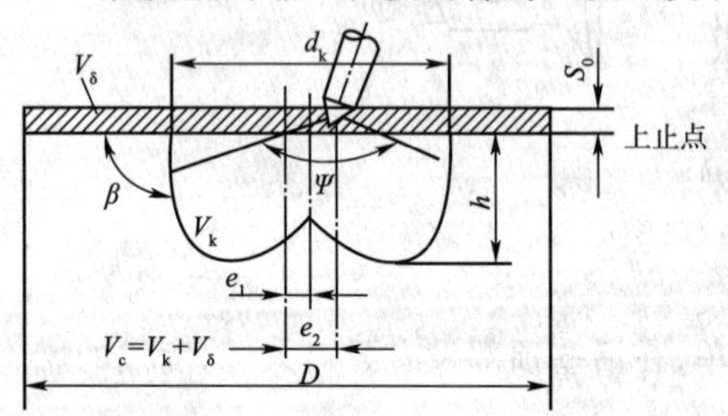

图3-24　$\omega$ 形燃烧室结构尺寸

20世纪80年代，由英国Perkins公司和奥地利AVL公司开发的挤流口式燃烧室是一种典型的缩口 $\omega$ 燃烧室。其混合气形成原理与 $\omega$ 形燃烧室基本相同，最大区别就是采用了很大的缩口，这使得挤流和逆挤流运动更强烈，涡流和湍流能保持较长时间。

图3-26给出了挤流口式燃烧室的放热速率，其初期放热速率显然比一般直喷式燃烧室要柔和得多，甚至低于非直喷式燃烧系统；并且在放热速率峰值最低的同时，燃烧持续期最短。其主要原因是，在燃烧初期，挤流口抑制了凹坑内浓混合气的充分燃烧和过早地流出凹坑与新鲜空气进一步混合；而在燃烧中后期，涡流和湍流衰减慢的特点有助于促进混合燃烧。因此，挤流口式虽然燃烧系统具有压力升高率较低、燃烧柔和以及燃烧噪声低的特点，但也存在挤流口边缘热负荷高容易烧损，以及制造加工比一般 $\omega$ 形燃烧室复杂的缺点。

(2)四角形燃烧室。涡流和挤流都是尺度较大的气体运动，为了促进燃油与空气的微观

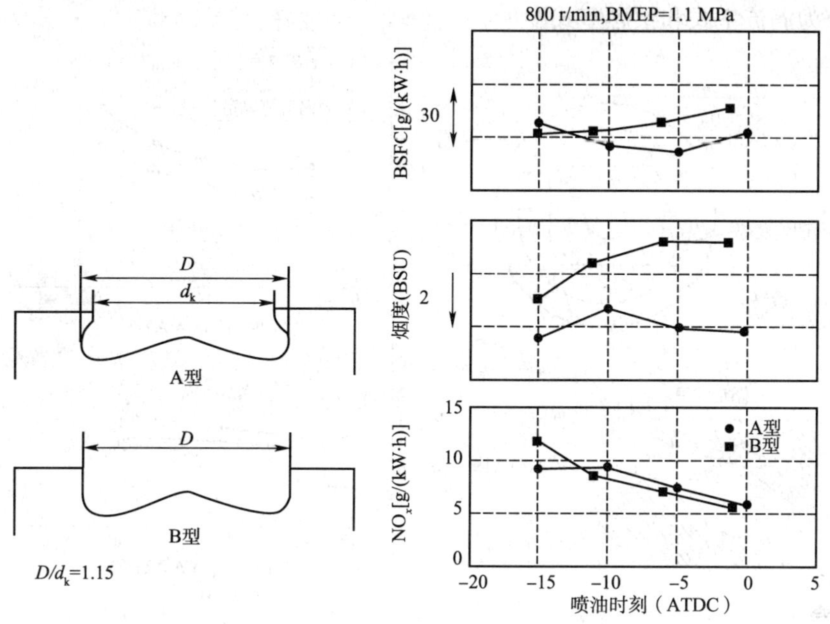


图 3-25 燃烧室形状对柴油机性能的影响

混合,适当引进微涡流或湍流是十分有益的。这类燃烧室中最具代表性的有日本五十铃公司在 20 世纪 70 年代开发的四角形燃烧室、日本小松公司的微涡流燃烧室 MTCC,也称为非回转体型燃烧室。图 3-27 给出了 MTCC 燃烧室的工作原理以及改善柴油机油耗及排气烟度的效果。MTCC 燃烧室的上部(入口处)为四角形,下部仍为回转体。在汽缸内作涡流运动的气体一边旋转一边进入燃烧室凹坑,在凹坑入口处和下部产生大涡流 $A$ 和 $C$,在入口的四个角上产生微涡流,随 $R/R_0$ 减小而微涡流增强。同时,上部的低速涡流区($A$ 涡流)与下部的高速涡流区($C$ 涡流)的交界区域,由于两涡流的流速差产生湍流。因此,将燃油喷向四角处以及上下涡流交界处时,局部微涡流和湍流可加快混合气形成和燃烧速度。由性能对比[图 3-27b)]可以看出,四角形和微涡流燃烧室的炭烟排放和燃油消耗率性能均优于 $\omega$ 形燃烧室,并以微涡流燃烧室的性能为最好。这种燃烧室的最大特点是,可以改善一般直喷式燃烧室存在的低速时涡流太弱而高速时涡流过强的问题,因而可在宽广的转速范围内保持合适的气流运动强度。

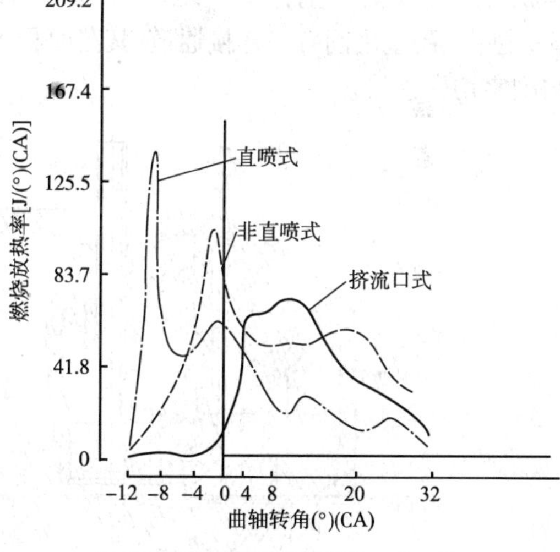


图 3-26 不同燃烧室的放热速率比较

球形燃烧室现已基本不使用,故本书不做介绍。

2. 非直喷式燃烧室

非直喷式燃烧室(IDI)往往具有主副两个燃烧室,燃油首先喷入副室内,进行一次混合燃烧,然后冲入主室进行二次混合燃烧。根据在副室内形成涡流运动还是湍流运动,非直喷燃烧室又分为涡流室式和预燃室式两种。

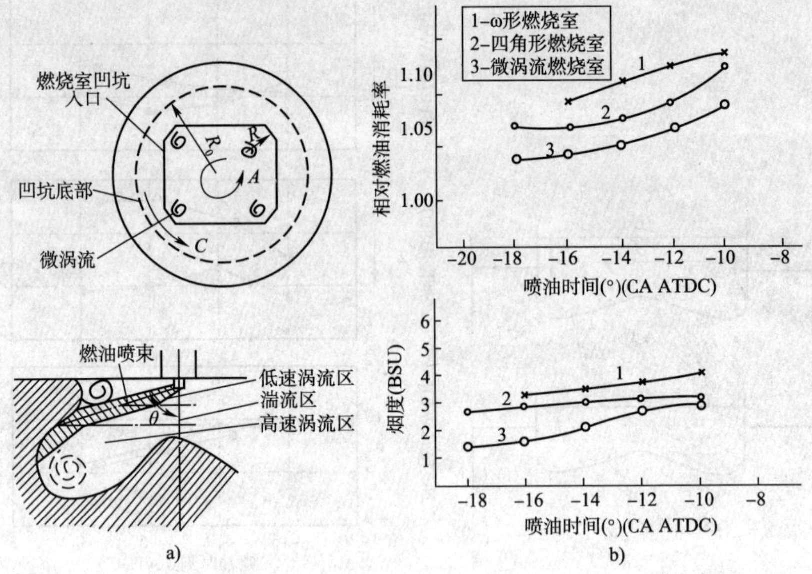


图 3-27　MTCC 燃烧室的工作原理及性能

a)工作原理;b)性能

1)涡流室式燃烧室

图 3-28 给出了涡流室式燃烧室的结构示例。作为副燃烧室的涡流室设置在缸盖上,其容积 $V_k$ 与整个燃烧室容积 $V_c$ 之比 $V_k/V_c=0.5\sim0.7$。主燃室由活塞顶与缸盖之间的空间构成,主室与副室之间有一连接通道,其截面积 $F_k$ 与活塞截面积 $F_p$ 之比。$F_k/F_p=0.01\sim0.035$,与副室切向连接。

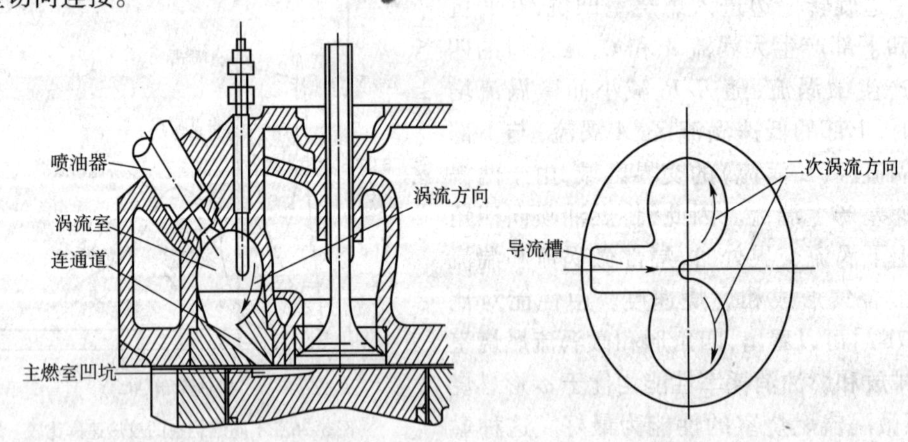


图 3-28　涡流室式燃烧室结构

在压缩行程中,受活塞挤压的空气通过连接通道由主室进入副室,形成强烈的有组织的压缩涡流(一次涡流)。燃油以较低压力(启喷压力为 10～12MPa)顺涡流方向喷入副室,迅速扩散蒸发混合,浓混合气在副室内着火燃烧(一次混合燃烧),随温度和压力的升高,燃气带着未完全燃烧的燃料和中间产物经连接通道高速冲入主燃烧室,在活塞顶部导流槽导引下再次形成强烈的涡流(二次涡流),与主燃烧室内的空气进一步混合燃烧(二次混合燃烧),完成整个燃烧过程。

与直喷式燃烧室相比,涡流室式燃烧室具有下列特点。

(1)对喷雾质量要求不高,一般采用轴针式喷油器和较低喷射压力,喷油系统成本低。

(2)由于副室内的燃烧是过浓混合气的不完全燃烧,所以初期放热率低(图3-26),因而压力升高率和最高燃烧压力均低于直喷式燃烧室,燃烧柔和,振动和噪声小。

(3)压缩涡流随发动机转速升高而增强,即转速越高,混合气形成和燃烧速度越高,适合于高速柴油机,转速可高达5000r/min。

(4)缸内气流运动自始至终十分强烈,空气利用率好,可在$\varphi_a=1.2$的条件下充分燃烧。

(5)不需要进气涡流,进气道形状简单,加工制造成本低;同时充量系数高。

(6)涡流室式燃烧室的最大问题是油耗.比直喷式燃烧室高10%~15%。其原因是,燃烧室面容比大造成散热损失大,连接通道节流造成流动损失大,燃烧分两段进行导致燃烧持续期过长。

(7)由于散热损失大和喷雾质量不高,冷起动性能不如直喷式燃烧室。为改善冷起动性能采用高压缩比($\varepsilon=20\sim24$),对热效率已无益处,反而降低了机械效率。

2)预燃室式燃烧室

预燃室式燃烧室的结构如图3-29所示。整个燃烧室由位于汽缸盖内的预燃室和活塞顶部的主燃烧室所组成,两者之间由一个或数个孔道相连。对于2气门布置,预燃室可偏置于汽缸一侧;对于4气门布置,预燃室可置于汽缸中心线上。预燃室的容积比$V_k/V_c=0.35\sim0.45$,连接通道截面积比$F_k/F_p=0.003\sim0.006$,均小于涡流室式燃烧室。

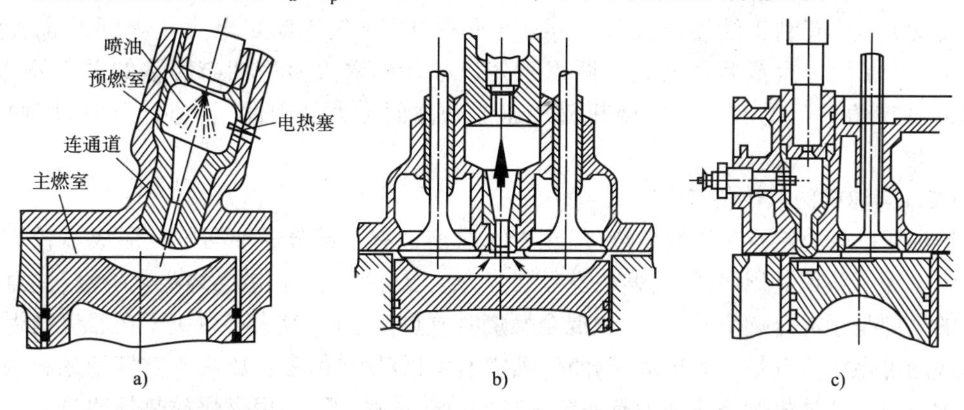


图3-29 预燃式燃烧室

a)预燃室倾斜偏置,单孔道;b)预燃室中央正置,多孔道;c)预燃室侧面正置,单孔道

轴针式喷油器安装在预燃室中心线附近,低压喷出的燃油在强烈的空气湍流中扩散混合。着火燃烧后,随预燃室内的压力和温度升高,燃烧气体经狭小的连接通道高速喷入主燃烧室,产生强烈的燃烧涡流或湍流,进行第二次混合燃烧。

预燃室式燃烧室的工作原理与涡流室式燃烧室相似,都采用两次混合及燃烧。不同之处是,由于连接通道不与预燃室相切,所以压缩行程期间在预燃室内形成的是无组织的湍流运动。

图3-30给出了一例预燃室主副室的示功图,以及连接通道(喷孔)中流向主燃室的气流速度。在压缩行程中,主室压力始终高于副室压力,由连接通道流入预燃室的气体流速在上止点前达到最高。着火后,副室压力很快超过主室压力,并由于连接通道的节流作用,主副

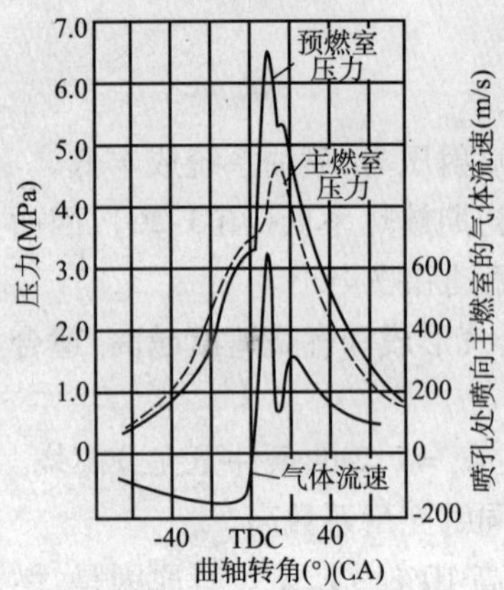


图 3-30　预燃式燃烧室的示功图

室之间一直保持较大的压差,在此压差作用下,燃气以更高的速度由预燃室喷向主燃室,瞬时流速可达 600m/s。

预燃室式燃烧室各项性能指标与涡流室相近,但由于通道节流损失更大,因而燃油经济性更差一些,连接通道的热负荷更高,造成使用寿命不高。

## 三、发动机燃烧放热特性

### (一)汽油机不同工况下燃烧过程的特点

1. 负荷不同时的燃烧过程

在汽油机上,转速保持不变,通过改变节气门开度来调节进入汽缸的混合气量,以达到不同的负荷要求,为量调节。因此,转速一定,节气门开度即为负荷。

当节气门关小时,充量系数 $\varphi_c$ 急剧下降,但留在汽缸内的残余废气量不变,使残余废气系数增加,着火落后期增大,火焰传播速率下降,最高爆发压力、最高燃烧温度、压力升高率均下降,冷却液散热损失相对增大,因而燃油消耗率 $b_e$ 增大。因此,随着负荷的减小,最佳点火提前角要提早。

2. 转速不同时的燃烧过程

当转速升高时,汽缸中湍流强度增大,火焰传播速率大体与转速 $n$ 成正比例增大,最高爆发压力、压力升高率随转速的变化不大。此外,转速升高使散热损失减少,缸内混合得更均匀,有利于缩短着火落后期。但另一方面,气流吹走电火花周围混合气的倾向增大,又促使着火落后期增大。两因素使以秒计的着火落后期与转速的关系不大,但是按曲轴转角 $\varphi$ 计的着火落后期却随转速的升高而增大。因此,转速升高时,应增大点火提前角。

### (二)柴油机的放热特点

柴油机的燃烧特点是扩散燃烧,但在着火之前也有一部分燃油与空气形成了较均匀的混合气。为了认识其规律,将其燃烧过程划分为预混合燃烧和扩散燃烧两个阶段(注意与汽油机的全部是预混合燃烧比较)。预混合燃烧时放热速率快,其大小取决于在着火延迟期内所形成的可燃混合气量。而扩散燃烧时,燃烧速率相对缓慢,主要取决于空气和燃料的相互扩散的速率。柴油机燃烧表现为有一定规律的放热过程,所以,用燃烧放热规律进一步分析柴油机燃烧特性。

瞬时放热速率是指在燃烧过程中的某一时刻,单位时间内(或 1°曲轴转角内)燃烧所放出的热量;而累积放热率,是指从燃烧过程开始至某一时刻为止已经燃烧的燃油与循环供油量的比值,以符号 $X$ 表示。瞬时放热速率和累积放热百分比随曲轴转角的变化关系,称为燃烧放热规律。燃烧放热率曲线如图 3-31 所示。对放热规律的分析可从燃烧放热始点(相位)、放热持续期和放热速率曲线形状三方面入手,即所谓放热规律的三要素。

1)放热始点

放热始点决定了放热率曲线距压缩上止点的位置,在持续期和放热率形状不变的前提下,也就决定了放热率中心(指放热率曲线包围面积的面心)距上止点的位置。这一因素对循环热效率、压力升高率和燃烧最大压力都有重大影响。无论汽油机还是柴油机，都希望放热始点的位置能保证最大燃烧压力 $p_{max}$ 出现在上止点后 10° ~ 15°(CA)。为此，柴油机通过调整喷油提前角 $\theta_f$ 以及控制着火落后期长短来加以调控，每个工况都有其最佳的喷油时间。

图 3-32 是柴油机喷油提前角对有效功率 $P_e$ 以及燃油消耗率 $b_e$ 的影响规律曲线，称为喷油提前角调节特性。在最佳喷油提前角时，能获得最大 $P_e$ 和最小 $b_e$ 值。

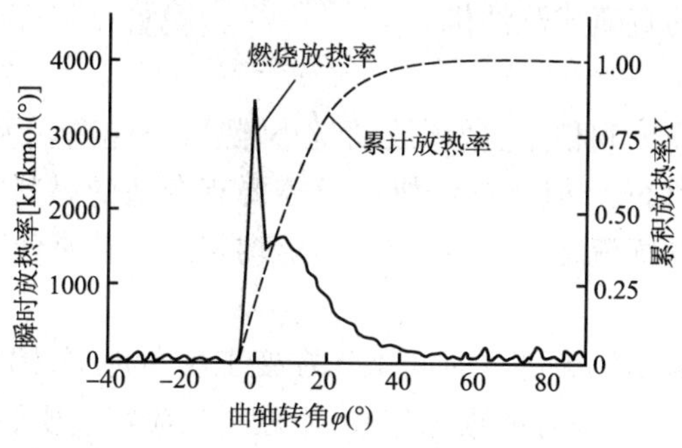


图 3-31　燃烧放热率曲线

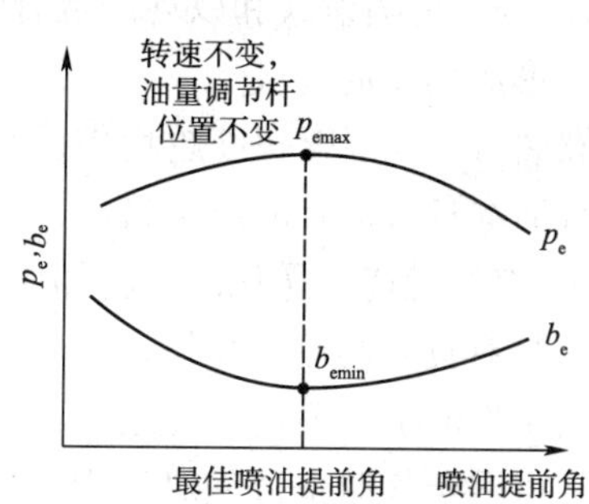


图 3-32　柴油机喷油提前角调节特性

2）放热持续期

放热持续期的长短，一定程度上是理论循环等压放热预膨胀比 $\rho$ 值大小的反映。这既是决定循环热效率的一个极为关键的因素，也对有害排放量有较大的影响。

放热持续期原则上是越短越好，柴油机一般小于 40° ~ 60°(CA)。柴油机放热持续期首先取决于喷油持续角的大小，喷油时间越长则扩散燃烧期越长；其次也取决于扩散燃烧期内混合气形成的快慢和完善程度。喷油再快，混合气形成速度跟不上也不能缩短燃烧时间，混合气形成不完善就会拖延后燃时间。

3）放热率曲线形状

放热率曲线形状决定了前后放热量的比例。在放热始点和放热持续期不变的条件下，形状的变化，既影响放热曲线面心的位置，也影响预混合燃烧与扩散燃烧的比例，因而对循环热效率、噪声、振动和有害排放量都有很大的影响。

影响放热规律曲线形状的因素比较复杂。为便于定性分析，图 3-33 中给出了四种典型的放热率形状，并据此计算出各自的示功图 $a$、$b$、$c$ 和 $d$ 曲线。图中，假定四种放热规律都在上止点开始放热，放热总量相同，持续期均为 40°(CA)。曲线 $a$ 呈先快后慢的放热形状，初期放热多，导致 $dp/d\varphi$ 值最大，$p_{max}$ 达 8MPa。此时的指示效率 $\eta_{it}$ 为 52.9%，是四种方案中的最高值。曲线 $d$ 先慢后快的放热形状则相反，放热速率前缓后急，$dp/d\varphi$ 和 $p_{man}$ 都最低，$\eta_{it}$ 也最小，为 45.4%。曲线 $b$ 和 $c$ 则介于两者之间。

实际发动机的放热率形状取决于不同的机型、不同的燃烧和混合气形成方式以及对性能的具体要求。直喷式柴油机在追求高的热效率时，其放热率曲线接近图 3-33 中曲线 $a$ 的形状，可获得较高的 $\eta_{it}$，但因而也带来了燃烧压力高、噪声和振动大的问题。对于汽油机，一般具有图中曲线 $c$ 所示的三角形放热率形状，这一特点决定了汽油机 $p_{man}$ 低、噪声和振动小等一系列特性，但这也是汽油机热效率低于柴油机的原因之一。

## 四、可燃混合气的形成对燃烧过程的影响

### (一)汽油机混合气的形成

1. 对汽油机混合气形成的基本要求

为保证汽油机燃烧的高效稳定和汽油机的最佳性能,对混合气特性有以下要求。这些要求主要是针对目前应用最广泛的均质混合气火花点火方式工作的汽油机,基本可包括化油器式、进气道喷射式和以均质混合气工作的直喷式汽油机。

1)形成均质混合气

燃油与空气混合程度越均匀,则燃烧越充分和稳定,循环波动越小,热效率越高。因此,尽管汽油本身有良好的蒸发特性(物理稳定性低),但在汽油机中仍需要有合适的燃料雾化方式、足够的燃烧前雾化混合时间以及合理的气流运动,以形成尽可能均匀的可燃混合气。

2)具有良好的响应特性

由于汽油机主要用于轻型车和轿车,这类车辆大部分时间工作在变工况条件下,因此要求汽油机混合气制备过程对于剧烈的工况变化有很好的跟随特性,也就是响应特性要好。

3)适应不同工况的混合气浓度要求

汽油机动力性和燃油经济性随混合气浓度($\varphi_a$)的变化规律如图 3-34 所示。在 $\varphi_a$ = 0.85 ~0.95 范围内,出现最大输出功率 $P_{emax}$,此时的混合气称为功率混合气。其原因是此时燃烧速度最高,少量不完全燃烧产生的 CO 会使分子变化系数 $\mu$ 增大。汽油机在大负荷尤其是在外特性工作时,主要追求动力性,因此使用浓混合气或当量比混合气。

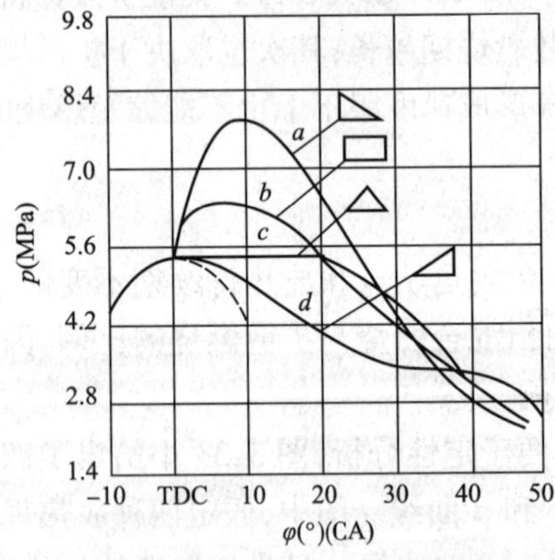

图 3-33　放热规律曲线形状对示功图的影响

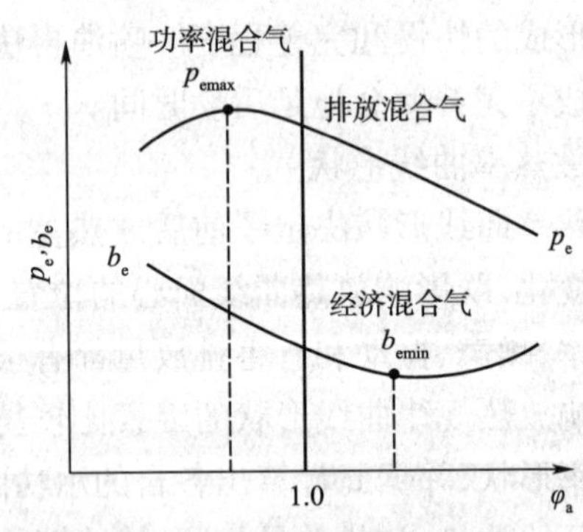

图 3-34　三种混合气的概念

由图 3-34 还可以看出,$\varphi_a$ = 1.1 ~1.2 范围内,出现最低油耗 $b_{emax}$,此时的混合气称为经济混合气,即燃油经济性最好。其原因是此时空气富裕、燃烧完全,而燃烧速度和温度又降低不多,比热容比 $\kappa$ 也较大。汽油机在部分负荷尤其是中低负荷工作时,主要追求燃油经济性,因此使用稀混合气。

功率混合气和经济混合气的概念起源于化油器式汽油机时代,而现代汽油机广泛采用进气道电控喷油和三元催化转化器以控制排气污染,$\varphi_a$ = 1.0 成为汽油机部分负荷最常用的混合气浓度,因此可以将 $\varphi_a$ = 1.0 称为排放混合气,如图 3-35 所示。

2. 汽油机燃油供给方式

汽油机中燃油供给方式有化油器、进气道喷射和缸内直接喷射三种，如图 3-35 所示。

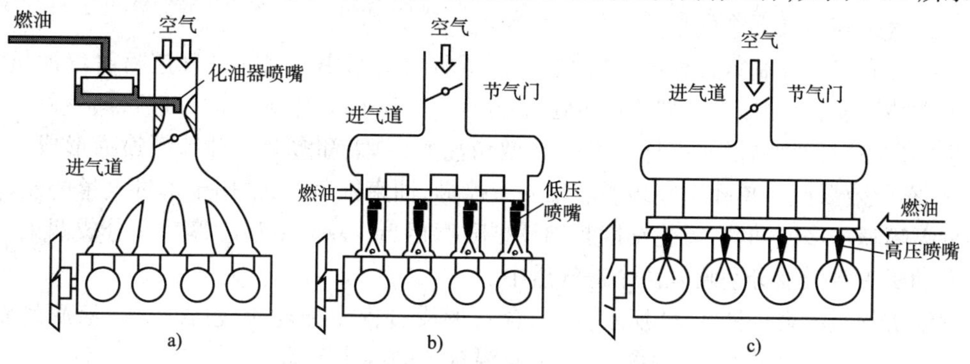


图 3-35 汽油机燃油供给方式示意图

a)化油器；b)进气道喷射；c)缸内直喷射

20 世纪 80 年代以前，汽油机都使用化油器的混合气形成方式，这种机械控制的雾化方式成本较低，能够满足当时汽油机主要追求动力性和燃油经济性的要求。20 世纪 80 年代末，随着排放法规的日益严格，需要对空燃比进行精确控制以保证三元催化转化器的高效净化，导致化油器雾化方式逐渐被进气道喷射方式所替代，汽油机由机械控制方式进步到电子控制方式。

进气道喷射方式利用电控系统控制燃料质量流量来保证所需的空燃比，包括单点喷射和多点喷射。

单点喷射系统中，燃料在进气歧管分离点的上游喷射，然后分配到各个汽缸。为了获得最佳雾化效果，电磁喷油器位于节气门前气流速度最快的地方。通常采用低成本燃油泵系统，喷油压力为 0.1MPa。由于单点喷射系统中存在较长的混合气形成路径，对发动机瞬态工况的排放不利，随着排放法规的日益严格，20 世纪 90 年代末单点喷射逐渐被多点喷射所取代。

多点喷射系统[图 3-35b)]中，各缸喷嘴通常是将燃料直接喷射到高温的进气阀背面，以促进燃油蒸发和减少燃油壁膜。多点喷射具有响应较迅速、喷油控制精度较高等优点，通过对空燃比精确控制，使三元催化转化器可以同时高效地降低 $NO_x$、HC 和 CO 的排放，因而成为目前车用汽油机最广泛采用的混合气形成方式。但由于一般不采用稀燃，其燃油经济性有待改善。

20 世纪 90 年代中期，日本三菱、丰田和日产公司相继推出了商品化的缸内直喷汽油机(GDI)，采用分层混合气稀薄燃烧方式，显著提高了燃油经济性。后来为满足日益严格的排放法规，2006 年以后国际上出现的产品 GDI 发动机普遍采取了均质混合气以及化学计量比(均质当量比)燃烧的技术路线。相比化油器和进气道喷射方式，缸内直喷方式具有最好的喷油控制精度和响应特性，将成为未来汽油机混合气形成的主流方式。

1)化油器式供油过程

图 3-36 是化油器制备混合气的原理简图。化油器的喉管位于空气滤清器与进气总管之间。吸气过程进行中，进气气流流经喉管时，因气流加速而出现一定真空。化油器燃油喷

管插入喉管，喉管真空度将化油器浮子室中的燃油吸入喉管，与空气混合形成可燃混合气再进入汽缸。

2）进气道喷射及混合气形成

在喷雾和混合气制备过程中，喷油器起到了重要的作用。目前进气道喷射汽油机常采用电磁阀喷油器，喷油压力一般为中低压力（0.3～1.5MPa），喷射方向一般指向气阀背面中央。进气道喷射的喷嘴形式多样。有轴针型和孔型，单束和多束。轴针型喷嘴形成一个锥形喷雾，雾化效果好。单孔型喷多嘴喷出一束喷雾，油束锥角小，常用于单进气道的发动机。多孔型喷嘴喷出多股油雾，雾化细度与轴针型喷嘴相当。双喷束型喷嘴喷雾分成两束，在四气门发动机中将燃油分别喷入两个进气道中。

汽油机气道喷射如图3-37所示，其混合气形成过程十分复杂，包含喷雾，液滴的破碎、蒸发，油束碰壁，油膜的蒸发、剥离、流动以及混合气的湍流流动。

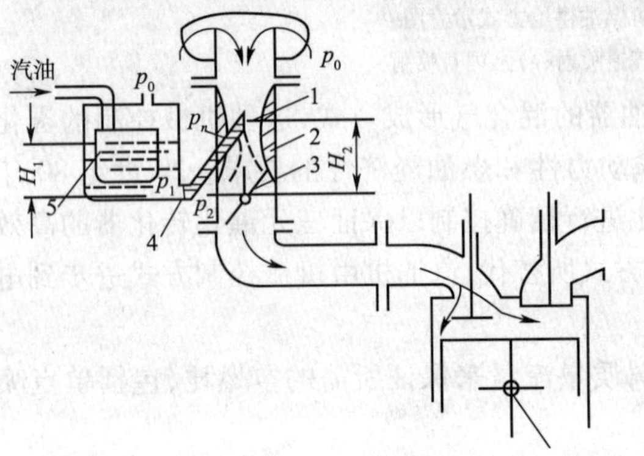


图3-36　化油器制备混合气的原理简图

1-燃油喷管；2-喉管；3-节气门；4-主量孔；5-浮子室

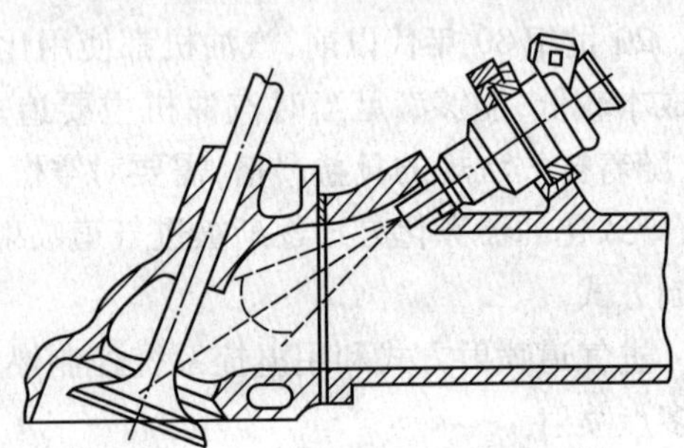

图3-37　汽油进气道喷射示意图

以最具代表性的进气门关闭喷射（闭阀喷射）为例，其混合气形成过程可分为两个阶段：进气道中的喷油雾化蒸发和缸内蒸发混合。

（1）进气道中的喷油雾化蒸发。如图3-38所示，在进气门关闭状态下，汽油被喷射到空气静止（或微弱脉动）的进气道中。由于喷油压力较低，燃油射束呈现较长的液柱阶段，在离喷嘴较长距离后才出现破碎和雾化。燃油液滴的索特平均直径SMD一般为100～400μm。燃油喷雾一部分散布在进气道空间里，一部分冲击到高温的进气阀背面或进气道喉口内壁发生碰撞，在壁面形成油膜。进气行程开始前就完成喷油，使燃油具有充足的气化混合时间，同时利用进气道中的高温气氛和碰撞二次雾化来加快燃油雾化蒸发，因而可以获得均质程度最好的混合气。

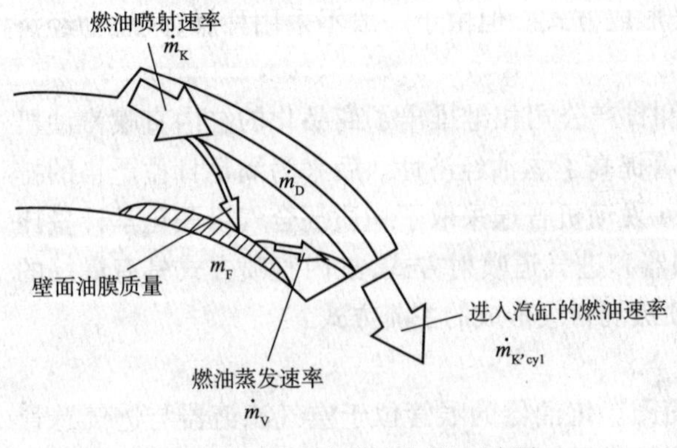


图3-38　汽油进气道油膜蒸发示意图

燃油喷射过程中，蒸发主要集中在喷雾周围，沿喷射方向的燃油浓度最高。喷油结束后，进气门附近燃油蒸气浓度最高。在喷雾阶段燃油蒸发量主要来自散布于空间的油滴蒸发,该阶段油滴的蒸发量约为喷油量的5%。喷油结束至进气门开启阶段,悬浮的油滴和油膜继续蒸发,但由于剩余燃油主要以油膜形式存在,而热机时气阀背面温度在100℃以上,进气道壁面温度也高于冷却液温度,因此该阶段油膜的蒸发起主导作用。

(2)缸内蒸发混合。进气门开启后,气门附近较浓的混合气首先随气流运动进入缸内,缸内混合气浓度分布极不均匀。随活塞下行,缸内形成滚流,气流运动促进油气混合,随进气阀开启,油膜的蒸发速率明显提高,这是因为油膜和空气的相对运动速度改善,同时由于进气惯性使得进气道中的油气混合气继续顺进气门上沿流入缸内,靠近进气门侧的壁面处混合气相对较浓。

进气门关闭后,随活塞上行,缸内温度升高,湍流程度也逐渐提高,这些都加速了燃油的蒸发以及与空气的混合。这样,在经历了两个行程以上的长时间(长于化油器)的混合气形成过程后,点火前的缸内混合气分布基本均匀,仅狭缝处的混合气浓度稍偏低。在进气阀附近混合气偏浓,这是由于气阀底面周边存在少量挂壁油膜,在压缩行程高温环境下蒸发引起的。

**(二)柴油机混合气的形成**

柴油机的混合气形成方式可分为两大类,即空间雾化混合与壁面油膜蒸发混合。

1. 空间雾化混合

将燃油喷射到空间进行雾化,通过燃油与空气之间的相对运动和扩散,在空间形成可燃混合气的方式称为空间雾化混合。

1)空间雾化混合方式

直喷式柴油机(除球形燃烧室)采用空间雾化方式,主要方法如图3-39所示。一种方法是采用多孔喷油器(6~12孔)以高压将燃油喷入燃烧室中的静止空气中(更确切地说,是有湍流无涡流),通过多个喷油射束均匀覆盖大部分燃烧室以及高压喷油产生的高度雾化,形成可燃混合气,如图3-39a)所示。混合能量主要来源于喷油射束,空气是被动参与混合的,因而是一种“油找气”的混合方式。由于无进气涡流,进气充量较高,但混合气浓度分布不均匀。在早期的柴油机和目前的大型低速柴油机中,一般过量空气系数 $\varphi_a$ 较大,燃烧时间较长,采用这种混合方式尚能达到满意的指标。而在车用高速柴油机中,由于转速高、燃烧时间短,$\varphi_a$ 又较小,这种混合方式不能保证迅速和完全的燃烧。

图3-39b)则表示油和气相互运动的混合气形成方法。在有旋的气流场中,用喷孔较少(3~5孔)的喷油器将燃油喷到空间中,在喷油能量和空气旋流的同时作用下,油束的扩散范围迅速扩大,能在短时间内形成大量可燃混合气。这时,涡流强度与喷油射束的匹配是十分重要的,在理想的涡流强度下,相邻油束几乎相接,以使油雾尽可能充满燃烧室。涡流太弱,油束扩散范围不够。涡流过强,如图3-40所示,上游油束的已燃气体(废气)会混入下游油束的未燃混合气区域,反而妨碍燃烧,这种现象也称为过强涡流。

在非直喷式燃烧室中,尽管也是空间混合方式,但采用的是两段混合方法。第一阶段混合时,利用压缩涡流和较低压力喷油射束双方的能量,在副燃室中并不十分均匀的混合状态下进行着火燃烧。然后利用高温高压燃烧气体的射流与强扰动作用,在主燃烧室内进行第二阶段的混合与燃烧。因此,这种两段混合方法降低了对气流运动和喷雾特性的需求。

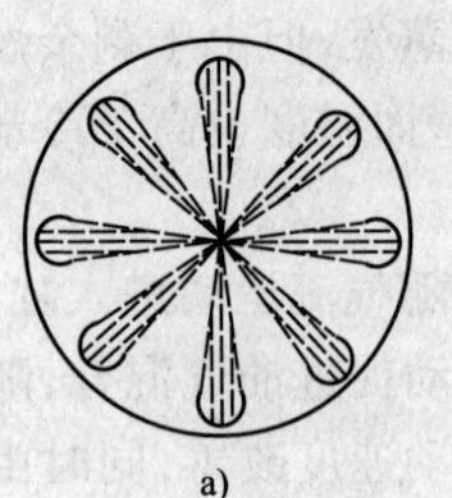
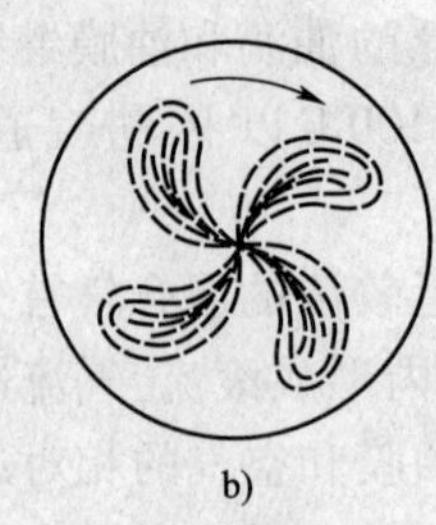

图 3-39　直喷式柴油机混合气形成方式
a) 静止空气；b) 旋转运动空气

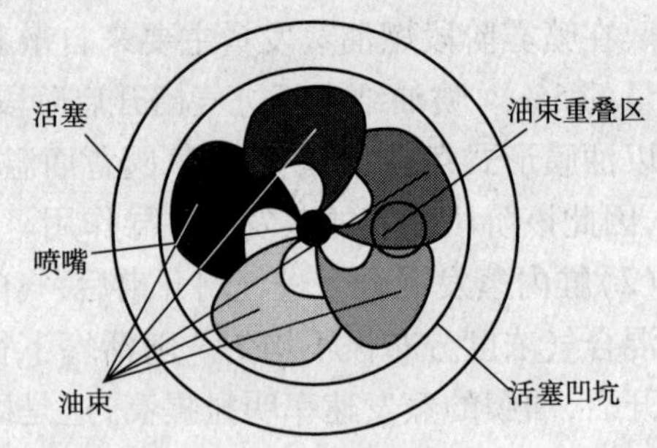


图 3-40　过强涡流现象

20 世纪 80 年代后出现的撞击喷射（将燃油高速喷向壁面产生撞击）也是一种空间混合方式，通过喷油射束对不同形状壁面的撞击和反弹，使油束均分布范围扩大，在涡流的作用下，快速形成混合气。

2）热混合现象

对缸内空气涡流运动特性的测试结果表明，在压缩上止点附近，内围的气流接近刚体旋转运动，即气流的切向速度随半径的增大而增大；而外围气流则近乎势涡运动，即气流质点保持动量守恒，切向速度随半径加大而减小。不论何种方式，为维持稳定的圆周运动，流体质点所受气体压力总是随半径增大而增高，以利用压差来平衡圆周运动引起的离心力。在此旋流场中运动的质点，将受到离心力、压差引起的向心推力及气流对质点运动的黏性阻力的综合作用。由于液体油粒或燃油蒸气的密度比空气大，离心力将起主要作用，呈向外运动的趋势。而已燃气体的密度比空气小，向心推力将起主要作用，呈向内运动趋势。这种在旋转气流中已燃气体向燃烧室中心运动、而燃料和新鲜空气向外周运动的现象称为热混合现象，具有促进空气与燃料混合的作用，如图 3-41a）所示。对有强烈空气涡流运动的燃烧过程进行的高速摄影表明，火焰呈螺旋状向内卷吸运动。

相反，若燃油过分集中在燃烧室中心区域（例如因喷油贯穿率不足），由于该区域切向速度小（离心力小），难以将燃油粒子抛向周边区域与新鲜空气混合，而是被已燃气体包围，致使火焰被“锁定”在中心区域，造成燃烧不完全。这种现象称为热锁现象，如图 3-41b）所示。

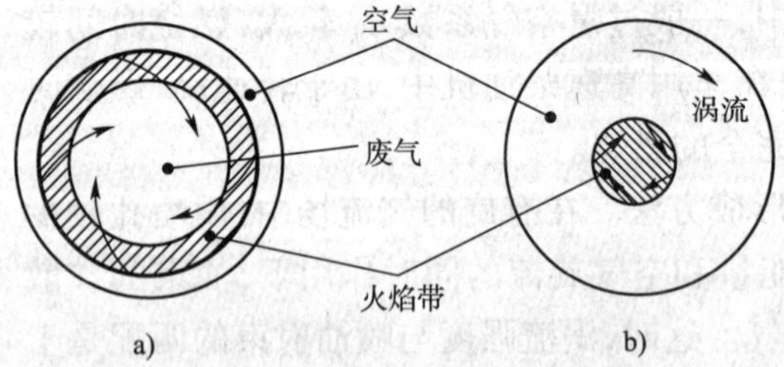


图 3-41　热混合与热锁现象示意图

2. 壁面油膜蒸发混合

以球形燃烧室（参见燃烧室分类）为代表的壁面油膜蒸发混合方式如图 3-42 所示。燃油沿壁面顺气流喷射，在强烈的涡流作用下，在燃烧室壁面上形成一层很薄的油膜。在较低的燃烧室壁温控制下，油膜开始时以较低速度蒸发，形成少量可燃混合气。着火后，随燃烧的进行，油膜受热逐渐加速蒸发，使混合气形成速度和燃烧速度加快。

在油膜蒸发混合方式中，强烈的涡流也产生上述混合作用，加强已燃气体与未燃气体的分离，使新鲜空气向壁面运动，与燃油蒸气混合燃烧，而已燃气体向燃烧室中心集中，以脱离燃烧区域。

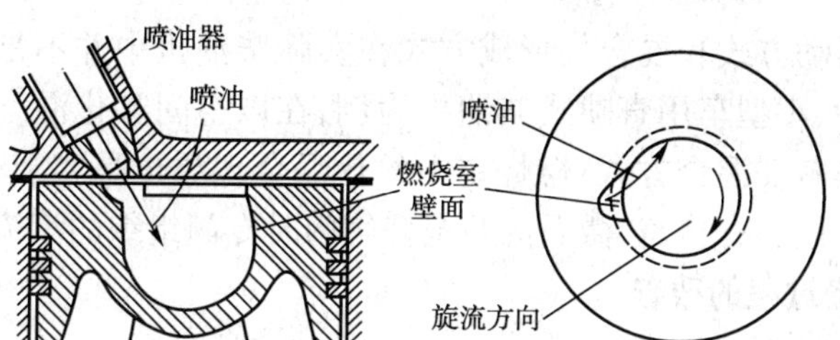


图 3-42 油膜蒸发混合

3. 两种混合方式的比较

表3-3 列出了空间雾化混合(主要指直喷式柴油机)和油膜蒸发混合的特点及对比。在空间雾化混合中,燃油的喷雾特性对混合起决定性的作用。为提高混合气形成速度,往往要将燃料尽可能喷得很细,分布均匀。这样就会使较多的油滴受热蒸发,在滞燃期内形成大量的可燃混合气,造成初期放热率过大,压力急剧升高,工作粗暴,$NO_x$排放高。但如果减小滞燃期内混合气生成量,则势必造成大量燃油在着火后的高温高压下蒸发混合,容易因空气不足而裂解成炭烟。因此,空间雾化混合方式尽管有较高的热效率,但炭烟、$NO_x$和燃烧噪声均较高。

**两种不同混合方式比较** 表3-3

| 空间雾化混合 | 油膜蒸发混合 |
|---|---|
| (1)绝大部分燃料以较高的压力被喷射到燃烧室空间;<br>(2)燃料在空气中呈细小滴状;<br>(3)油滴以液相方式与空气混合,形成不均匀混合气(气-液相混合);<br>(4)着火延迟期内形成的可燃混合气数量多,多点大面积同时着火;<br>(5)初期燃烧的防热率很高,以后逐渐降低 | (1)利用强烈涡流将大部分燃料喷射到燃烧室壁面上;<br>(2)燃料在壁面上形成油膜;<br>(3)油膜蒸发与空气混合,形成相对均匀的混合气(气-液相混合);<br>(4)散布在空间的少量燃油,在着火延迟期内形成少量可燃混合气,着火面积较小;<br>(5)受油膜蒸发速率的影响,燃烧放热速率呈前低后高的规律 |

油膜蒸发混合的指导思想是利用燃油蒸发速率控制混合气生成速率,燃烧室壁面温度和空气旋流起了主要作用。图3-43 对两种混合方式的混合气生成速率作了比较。在滞燃期内喷入燃烧室的燃料量相同的条件下,由于油膜受热蒸发所需时间要比细小油滴长得多,加之燃烧室壁温控制较低,使油膜蒸发混合方式在滞燃期内生成的混合气量远小于空间雾化方式。随燃烧进行,在高温和火焰辐射作用下,油膜蒸发加速,使混合气生成速度加快。

另外,大部分燃料是在蒸发后以气体状态与空气或高温燃气接触,可以避免空间雾化混合时常有的液态燃油高温裂解问题,使炭烟特别是大颗粒炭烟排放降低。

尽管由于油膜蒸发混合方式存在一些难以解决的问题而在实际中应用不多,但它的提出打破了空间雾化混合概念的束缚,开阔了内燃机混合气形成和燃烧的思路,具有重要的理论意义。近年来一些缸内直喷式汽油机也部分借鉴了这种壁面油膜蒸发混合方式就是一个很好的例证。

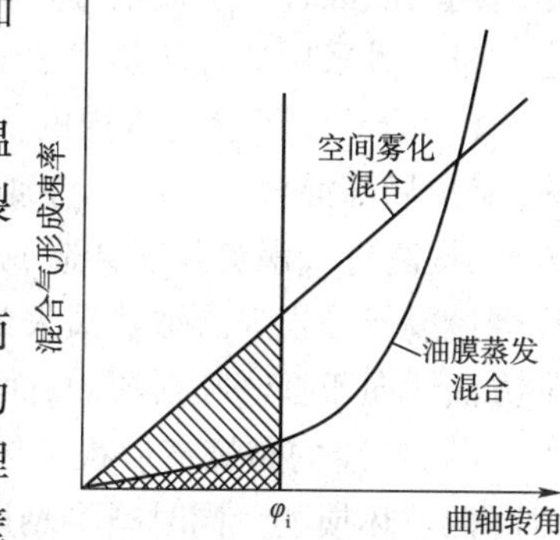


图 3-43 两种混合方式对比

上述各种气流运动方式和混合气形成方式在实际柴油机中并不是单一存在的，往往是多种方式并存。以中、小型车用直喷式柴油机为例，在以空间雾化混合为主的同时，达到壁面的燃油又存在油膜蒸发混合方式；燃烧室中的热混合现象也是客观存在的。至于气流运动，以进气涡流为主，但还有挤流、微涡流乃至多气门时专门组织的滚流。

**（三）柴油机燃烧过程的改善**

1. 燃烧过程改善的基本原则

1）燃烧过程的影响因素

（1）燃油的物理化学性质（十六烷值、热值、组分、杂质等）。

（2）压缩气体状态（温度、压力、残余废气量）。

（3）燃油喷射规律（喷油正时、喷油速率、喷油持续期）。

（4）油气混合组织（油束分布、穿透、雾化、气流运动）。

这些因素可概括为油、气和燃烧室三要素。燃烧系统的优化就是要解决三者的完美组合，追求目标是希望燃烧更完善、更柔和，损失更小，排放更清洁。

实际上，对柴油机燃烧过程的要求往往相互之间是矛盾的。例如，为提高柴油机经济性，应使燃油完全燃烧，希望提高过量空气系数，但这会导致汽缸工作容积利用率降低，即升功率降低，动力性变差；要保证在上止点附近的迅速燃烧以提高动力性和经济性，这又可能会使压力升高率和最大爆发压力都较高，工作粗暴，噪声和振动增大也会降低可靠性和使用寿命。

此外，降低柴油机废气中的有害排放量往往是以降低动力性和经济性，以及制造成本的提高作为代价的。降低两种主要有害排放物（微粒和 $NO_x$）的方法，往往也会与动力性和经济性产生矛盾。同时，针对车用柴油机工作范围宽广的特点，希望不仅是在某一工况，而是在各种转速、负荷下都能有较好的性能。总之，应掌握控制燃烧过程的基本原则。

2）优化燃烧过程的原则

优化控制燃烧过程，包括：油-气-燃烧室的最佳配合、控制着火延迟期内的混合气生成量等几个方面。

（1）油-气-燃烧室的最佳配合。不论采用何种强度的涡流、何种喷油方式、何种形状的燃烧室，单独地看，并不存在最佳方案，但综合起来看，在一定的限制条件下，根据柴油机设计要求，只要油、气和燃烧室三者能恰当配合，达到综合的优化性能指标，就是最优方案。

（2）控制着火延迟期内的混合气生成量。为追求高的动力性和经济性，可适当增加着火延迟期内的混合气生成量，但为了降低 $NO_x$ 排放和燃烧噪声，应减少着火延迟期内的混合气生成量。可采用的方法是优化喷油速率，控制气体流动和合理设计燃烧室。

（3）合理组织燃烧室内的涡流和湍流。通过增强涡流和湍流，可以加速混合气生成速率，避免局部混合气过浓。特别要增强压缩上止点附近及燃烧过程中的气流强度。但另一方面，提高进气涡流强度会造成泵气损失增大、充量系数 $\varphi_c$ 下降；增大燃烧室内气流运动强度会造成流动损失及散热损失的升高。因此，气流运动强度必须适当。目前解决这一矛盾的方法倾向于提高喷射压力，而适当降低气流强度。

（4）紧凑的燃烧室形状。与汽油机相同，柴油机的燃烧室也应做到形状紧凑、面容比小，以降低散热损失。同时减少难以进行燃烧的死角，提高空气利用率。各类燃烧室都应尽可能减小余隙容积（包括活塞顶与汽缸盖之间的顶隙容积、气门凹坑容积、第一道活塞环以上的环岸容积等)使空气集中在燃烧室凹坑里而不分散到余隙容积中,以避免不完全燃烧和减少有害物排放,但显然不可能完全避免。

(5)加强燃烧期间和燃烧后期的扰流。为了降低 $NO_x$ 排放量和燃烧噪声而又保证燃油经济性,在控制较缓的初期放热率的同时,加强扩散燃烧期的气体扰动是一个极为有效的方法。此外,加强燃烧后期的混合气运动,还可加速炭烟的氧化和再燃烧,以降低烟度。

3)运转参数的优化

要全面优化柴油机的动力性、经济性能及排放,则必须对各运转参数在变工况时进行实时调控,如供油提前角 $\theta_{fj}$、空燃比 $\alpha$(供油量)、压缩比、配气相位、进气涡流强度、增压、废气再循环(EGR)等。

不同运转工况指的是转速和负荷。

柴油机的负荷增大,循环供油量也增大,过量空气系数 $\varphi_a$ 减小,单位容积混合气燃烧放热量增加,缸内温度上升,着火延迟期缩短,但燃烧过程会延长,使燃烧效率下降。

转速升高时,由于散热损失和活塞环的漏气损失减小,使压缩终点的温度和压力增高,改善燃油的雾化和燃烧。转速过低或过高时,都会使燃烧效率降低。转速过低时,空气运动减弱,使混合气质量变差;转速过高时,燃烧过程所占的曲轴转角加大,燃烧变差。

柴油机必须对循环供油量 $g_b$ 和供油提前角 $\theta_{fj}$ 进行实时调控。

供油提前角(或喷油提前角)是柴油机的重要调控参数,影响燃烧过程,进而影响性能。供油提前角过大,燃油将喷入温度和压力相对较低的空气中,着火延迟期增长,而且在着火后活塞仍在上行,使压力升高率和最大爆发压力都较高,工作粗暴,$NO_x$ 的排放量也会由于燃烧温度的升高而增加,过早燃烧还会增加压缩负功,降低柴油机的经济性、动力性;供油提前角过小,则会使燃油不能在上止点附近及时燃烧,经济性和动力性下降,同时炭烟的排放量也会增加,过迟燃烧还会使散热损失增加。对于每一种工况,均有一最佳的供油提前角。

转速提高时,为保证燃油在上止点附近及时燃烧,需要适当加大供油提前角;当负荷增大时,由于循环供油量增大以及燃烧过程变长,也需要适当加大供油提前角。机械式供油系统一般只能随转速变化调节供油提前角,对于最佳供油提前角随负荷的变化调节,则较难实现。只有在柴油机电控喷射系统中,才能实现最佳供油提前角随各种工况变化的精确调节,对空燃比(供油量)的实时调控也优于机械式供油系统,同时可实现对更多参数随工况变化的准确调节。

2.喷射过程的优化

图3-44表示柴油机理想燃烧方案图,虚线代表通常柴油机中的实际情况,实线代表理想情况。

若要实现理想的燃烧,则必须对放热率进行有效的控制:在初期,尽可能降低预混燃烧阶段的放热率峰值,以便降低燃烧温度,从而降低燃烧噪声和 $NO_x$ 排放量;在中期,要保证快速有效燃烧,以提高动力性和经济性;在后期,要尽可能缩短扩散燃烧,以便降低烟度。要实现这样的燃烧模式,必须对喷油规律实行优化。

对喷油规律的基本要求有:

(1)喷射开始阶段的喷油率不能太高,以便控制着火延迟期内形成的可燃混合气量,降低初期放热率。着火后,应有较高的喷油率以缩短喷油持续期,加快燃烧速率。可用“先缓后急,断油迅速”八个字概括。

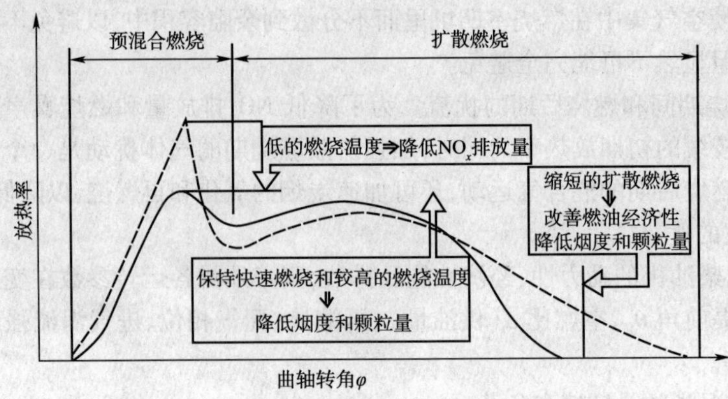


图 3-44　柴油机理想燃烧方案图

(2)尽可能减少喷油系统中的燃油压力波动,避免不正常喷射。

供油规律由柱塞直径和凸轮几何尺寸决定,因此也称为几何供油规律。由于燃油高压系统的压力波动及弹性变形等原因,供油规律与喷油规律有差别,对混合气形成和燃烧过程有直接影响的是喷油规律。

为了实现理想的燃烧过程,合理的喷油规律应如图 3-45 所示。

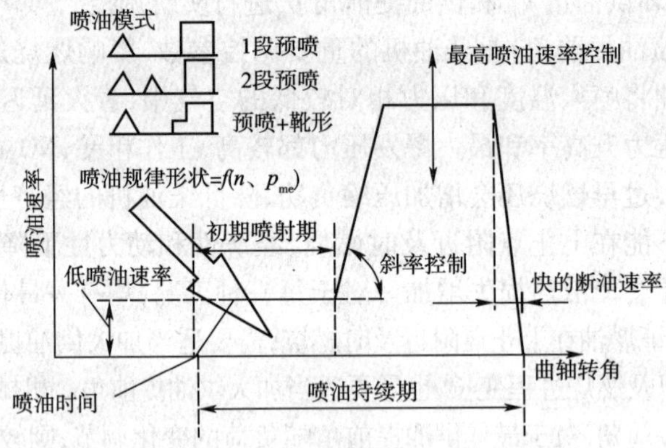


图 3-45　合理的喷油规律

可以通过改变喷油泵凸轮型线来改变喷油规律,图 3-46 为凹弧凸轮和切线凸轮的供油规律对比,凹弧凸轮的供油规律具有初期供油速率低和中期供油速率高的特点。试验结果表明,凹弧凸轮的喷油泵在不同负荷时的 $NO_x$ 排放量可降低 5% ~10%,中小负荷时的微粒排放量降低 8% ~13%,但大负荷时的微粒排放量上升,各种负荷的燃油消耗率也略有恶化。

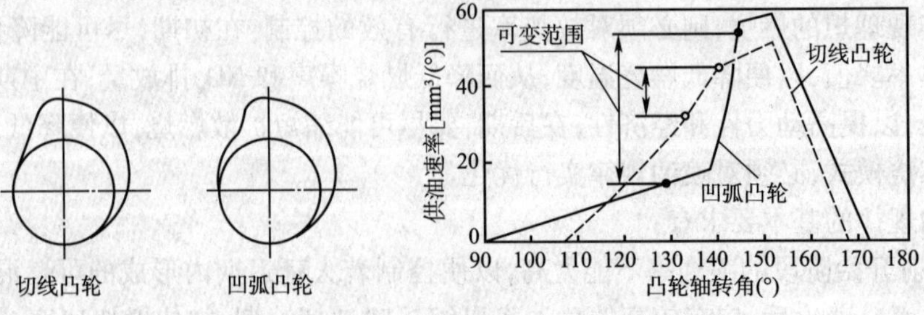


图 3-46　凹弧凸轮和切线凸轮的供油规律对比

(3)预喷射是在主喷射前,有一少量的预先喷射,如图 3-47a)中针阀升程,因而在着火延迟期内只能产生有限的可燃混合气量。这部分混合气形成较弱的初期燃烧放热,并使随后的主喷射燃油的着火延迟期缩短,避免了速燃期急剧的压力和温度升高。图 3-47 中虚线为无预喷射,实线为有预喷射。

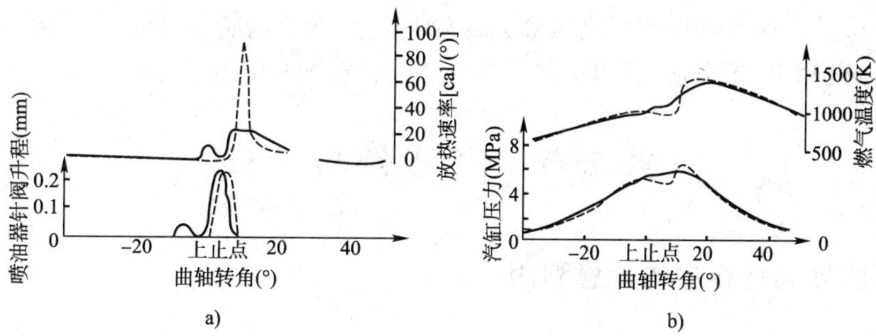


图 3-47 有无预喷射对燃烧特性的影响

a)针阀升程和放热速率;b)对汽缸压力和温度的影响

(4)多段喷射可使后期喷射的燃油对正在进行的燃烧起到扰动作用,促进燃烧后期的混合气形成及燃烧,因而燃烧压力提高,燃烧持续期缩短,炭烟排放降低。另外,采用多段喷射还可以改善冷起动特性。图 3-48a)给出了多段喷射的示意图。图 3-48b)给出了多段喷射(比例 7:3)对燃烧特性的影响。

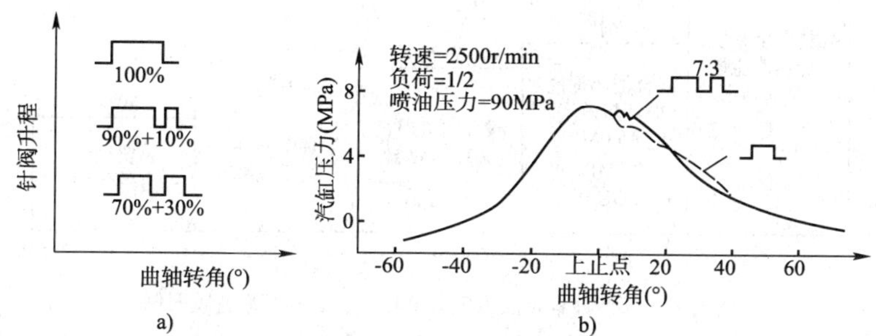


图 3-48 多段喷射示意图

a)多段喷射;b)多段喷射(比例 7:3)对燃烧特性的影响

图 3-49 为几种不同燃油喷射系统的标准喷油过程。这些过程是根据各自喷射系统的基本特性得出的,通过参数优化可适当改变,特别是共轨供油系统的改变自由度较大。

燃油喷射优化另一个重要方面是提高喷油压力,可以使燃油喷雾颗粒进一步细化,以增大燃油与空气的接触表面积,加速燃油与空气混合。为此,近年来高压喷射技术在直喷式柴油机上得到了广泛应用。最高喷射压力由传统的 30 ~ 50MPa 提高到 60 ~ 80MPa,近年来已高达 150 ~ 180MPa。高的喷射压力加上喷孔直径的不断缩小,使喷雾的索特粒径由过去的 30 ~ 40μm 减少到现在的 10μm 左右。油气混合接触面积显著增大,并且由

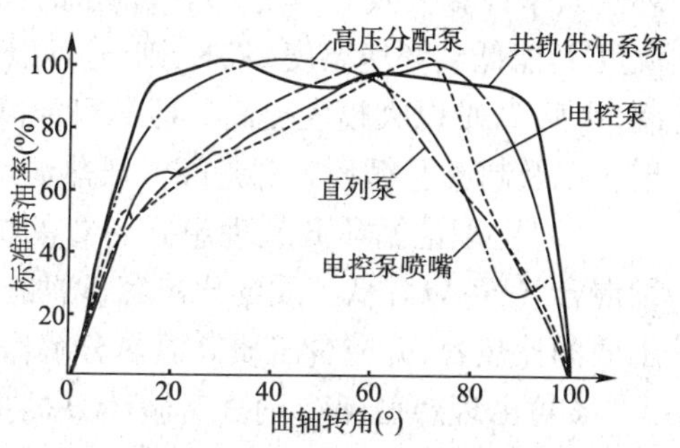


图 3-49 不同燃油喷射系统的喷油过程

于高速油束对周围空气的卷吸作用,使混合气的形成速度大大加快,分布更均匀,着火落后期缩短,着火位置由过去的喷油器出口附近向油束前端(燃烧室壁面)转移,形成与传统直喷式柴油机有较多不同的燃烧过程。

高压喷射造成的这种高温、高速,以及混合能量很大的燃烧过程,使微粒排放和热效率都有了明显改善。如果合理利用高压喷射时燃烧持续期短的特点,同时并用推迟喷油时间或废气再循环(EGR)等方法,还可能使微粒和 $NO_x$ 排放同时降低。

## 第三节 膨胀做功行程

### 一、膨胀做功行程中的能量利用

1. 能量利用现状

若以燃料低热值总能量为100%计,则在考虑各种影响因素后,能量利用效率将依次下降到 $\eta_{et}$ 为止。以图3-50中某四冲程自然吸气柴油机的能量利用率递减图为例,说明其所经历各环节的物理意义和数值范围。

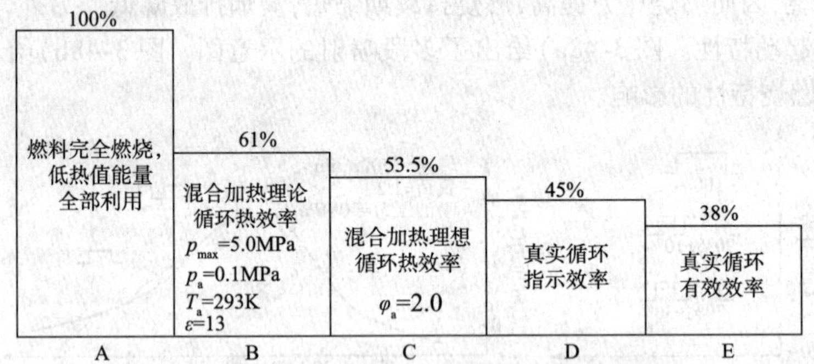


图3-50 某四冲程自然吸气柴油机的能量利用率递减图例

由A到E共五个环节,各环节的条件见框图中的说明。下面对其中的能量利用效率下降的原因逐个进行说明。

(1)由完全燃烧释放化学能A到理论循环B效率的下降,取决于平均加热温度和放热温度,两者温差越大,热效率越高。理论循环最大效率受卡诺循环热效率的限制,由卡诺循环热效率计算公式 $\eta_{et}=1-T_2/T_1$ 可知,如果发动机平均加热温度 $T_1$ 能达到2200K,平均放热温度 $T_2$ 能低到环境温度293K,则 $\eta_{et}$ 可以达到86.7%。由于提高加热温度受燃烧室材料限制,因此 $T_1$ 难以大幅度提高。但尽可能降低放热温度 $T_2$,即排气温度,仍有较大余地。涡轮增压以及超膨胀循环等都是降低放热温度提高热效率的有效途径。

(2)由理论循环B到理想循环C的损失是考虑真实工质特性所付出的代价。通过采用稀混合气,可以降低工质的比热容,增加工质的做功能力。此外,采用低温燃烧,也可以降低工质的比热容,并减少工质高温热分解作用,降低工质作功损失。

(3)由理想循环C到真实循环D的损失,可由相对热效率来反映,表示真实循环接近理想循环的完美程度。以图3-50中发动机为例,表明真实循环已达到较高水平,但还有改善余地,如采用压燃模式提高等容度,采用绝热或隔热减少传热损失等。

(4)由指示效率D到有效效率E的损失,则由机械效率$\eta_m$来反映。此处,$\eta_m = 84\%$,已达较高水平,但仍有继续改善的空间,如采用短行程降低活塞平均速度可减少摩擦损失,采用可变配气相位可减少泵气损失等。

发动机燃烧膨胀做功过程的能量转换关键是总热量转换成有效功的热效率。经过多年的发展,各环节的能量利用已趋于完善。为了适应节能要求,特别是在满足排放、噪声等综合性能前提下的节能需要,仍希望在现有的基础上有所提高。

2. 循环模式的再发展

1)超膨胀循环发动机

现有发动机都是按接近等容放热模式工作的,等容放热线如图3-51上的$ba$所示。如果能将等容放热模式改为等压放热模式,即将图中的绝热膨胀线$zb$延为$zb'$,再按$b'a$进行等压放热回到压缩始点$a$,这种循环叫Atkinson(阿特金森)循环,是一种超膨胀发动机循环,由英国人James Atkinson在1882年提出。相比标准混合循环,Atkinson循环会增加图示$bb'ab$面积大小的指示功。

由于Atkinson循环发动机的膨胀行程增加过大,实现起来有很大难度,于是,人们开发了另一种具有混合放热模式的超膨胀循环发动机——米勒循环发动机。如图3-51所示,若将绝热膨胀线适当延长到$b''$,按$b''a''$,进行等容放热,再按$a''a$进行等压放热回到压缩始点$a$,这种循环就是Miller循环,由美国人Ralph Miller在20世纪40年代提出。

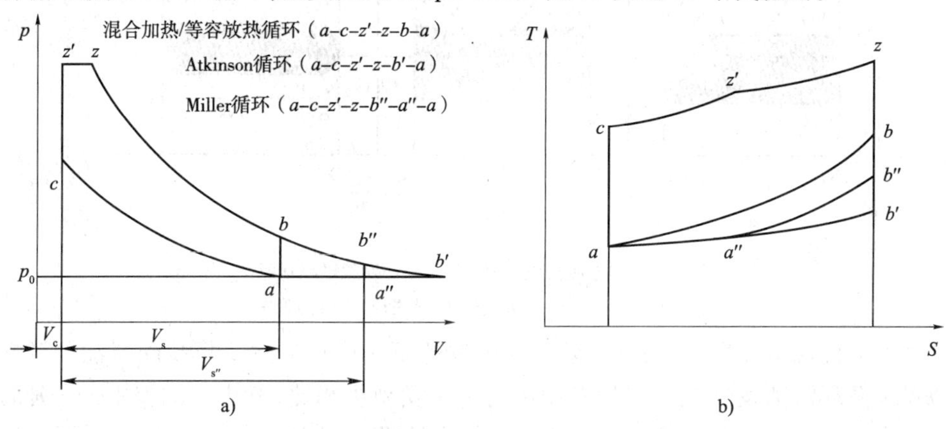


图3-51 超膨胀理论循环的$p$-$V$及$T$-$S$图

Miller循环的实质是膨胀比$\varepsilon_e$大于压缩比$\varepsilon$,即$\varepsilon_e(V_c+V_{s''})/V_c>\varepsilon=(V_c+V_s)/V_c$,可以获得图示$bb''a''ab$面积大小的超膨胀功或热量,使$\eta_t$上升。显然,Miller循环$\eta_t$提高的幅度小于Atkinson循环。

Miller循环在发动机上的应用,通常不是通过增加活塞行程来增加膨胀功,因为增加行程会增加发动机的外形尺寸和质量,而是根据运行工况,灵活控制进气终点以降低泵气损失,从而提高$\eta_t$。

(1)Miller循环在汽油机上的应用。

Miller循环主要用于改善汽油机中、低负荷的经济性。图3-52给出了不同进气门关闭时刻自然吸气汽油机Miller循环换气过程的对比。图3-52a)表示进气门关闭(IVC)正好处在下止点(BDC),这时的泵气损失是阴影面积表示的泵气功。若Miller循环是通过进气门早关来实现,如图3-52b)所示,由于此时可以加大节气门开度甚至取消节气门以维持进气量不变,因此进气压力可以提高,从而减少泵气损失。若Miller循环是通过进气门晚关来实现,如图3-52c)所示,则泵气损失(阴影面积泵气功)较进气门早关的还小。尽管进气门晚关的泵气损失较早关的小,但其动力过程功也相应地损失了一小块(剖线封闭面积)。总体来看,进气门早关和晚关的净指示功是差不多的。

理论上,采用进气门早关与晚关实现Miller循环没有本质的区别,但实际发动机一般都采用进气门晚关,因为这样可以充分利用进气惯性增加进气量,而且晚关还可以增加进气来冷却汽缸,降低混合气压缩终点温度,从而减少爆震倾向。

由于常规汽油机在中、低负荷的泵气损失占到整个循环净指示功的30% ~40%,因此,Miller循环在汽油机上的应用具有较大的实用价值,是一种非常有效的节能技术。实现Miller循环的关键是可变气门正时(VVT)技术,现代发动机电控技术的发展使得这一技术成为可能。此外,Miller循环汽油机一般都采用增压技术,以弥补进气门早关或晚关造成的进气充量损失。

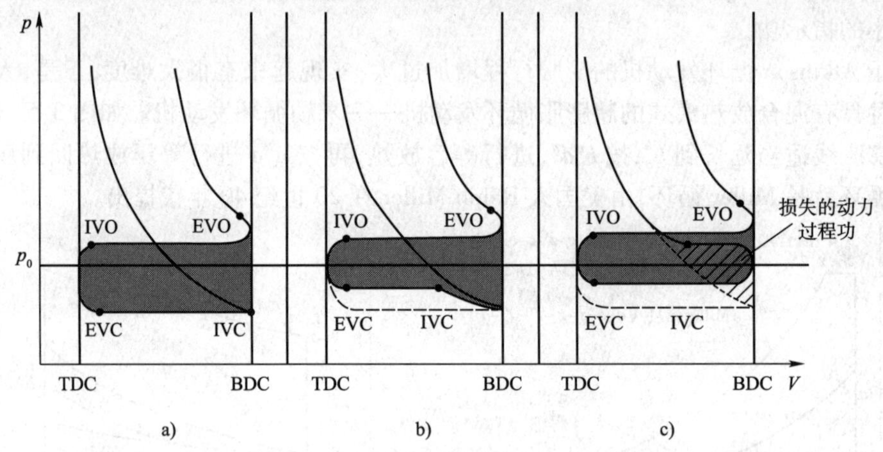


图3-52　自然吸气汽油机Miller循环换气过程示意图

a)进气门下止点关;b)进气门早关;c)进气门晚关

从目前的使用情况来看,马自达公司新研发的新一代马自达2将装配节油经济性能最高的Miller循环汽油发动机。这种发动机与传统发动机相比,有小小的差别——延时关闭进油阀门。这样,可以使得热膨胀率增加、降低了抽吸过程中燃油的损耗,从而更好达到节油的目的。虽然,这种Miller循环发动机与其他常见的同类发动机相比,输出的功率要低一些,但更加经济节油。

(2)Miller循环在柴油机上的应用。

图3-53是美国Nordberg公司开发的应用Miller循环的增压中冷柴油机换气过程的示功图。原机增压比$\pi_k=1.4$,中冷后进气温度为38℃,其示功图见图3-53实线。若将增压比提高到$\pi_k=2.0$,则在相同的进气量条件下,进气门将提前到$a'$点关闭,其示功图见图3-53虚线,剖面线所示面积为此时所做的泵气正功。泵气正功将随$\pi_k$的加大而增加(排气压力会略有上升,但不会太大),即泵气损失会相应减少。不难看出这是按Miller循环在工作。

此外,由于$a'$到$a$的绝热膨胀,使得进气温度进一步降低到10℃,相当于加强了中冷效果,从而可以进一步增大进气量。采用上述措施后,可使发动机功率增加15%,燃料消耗率也因增压中冷及 Miller 循环等综合影响进一步降低。

2)增压小排量技术

增压小排量技术是指发动机通过增压并减小发动机排量,在保证输出功率和转矩不变的前提条件下,提高发动机的有效效率。

增压小排量带来的益处是:

(1)排量减小,泵气损失减小,相同动力输出条件下的平均指示压力 $p_{mi}$ 升高,使得运行工况点移到更高效率区,如图 3-54a)所示,发动机的有效效率可大幅度提高。

(2)排量减小,燃烧室表面积减少,降低了机械摩擦损失,从而提高了发动机的有效效率,如图 3-54b)所示。

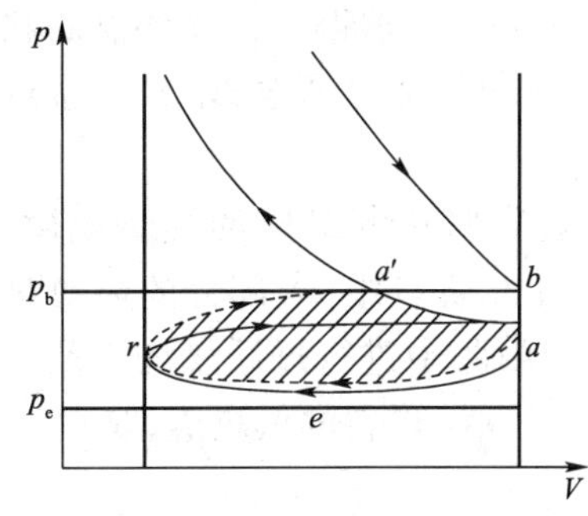


图 3-53 增压中冷柴油机应用 Miller 循环时的换气过程示功图

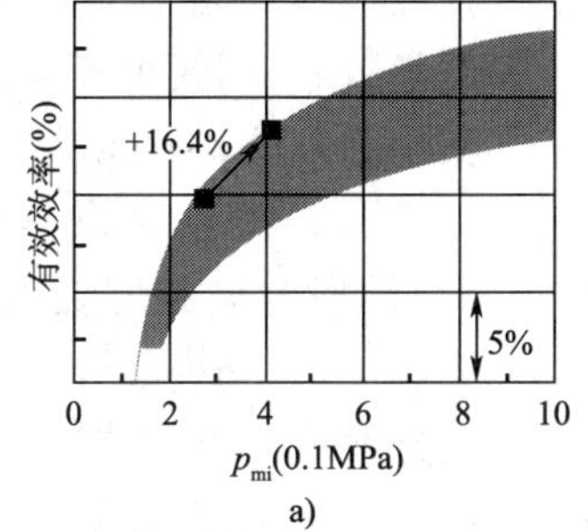


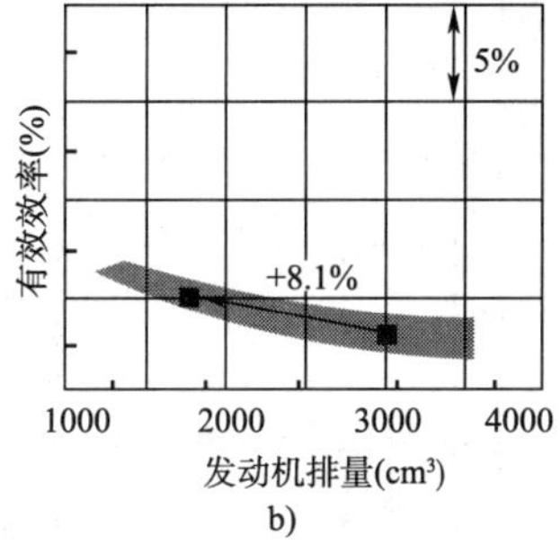


图 3-54 增压小排量带来的益处

a)运行工况点向高效区移动;b)降低摩擦损失

(3)如果采用涡轮增压技术,还可以回收排气能量,大幅度提高整机循环热效率。

增压小排量带来的负面影响是:增压带来汽油机爆震倾向加剧,一般需要降低压缩比,这将导致指示效率降低;此外,增压会增加发动机的热应力和机械应力。

总体来说,采用增压小排量技术带来的益处大于负面效应,既降低了发动机本身的燃料消耗率,又通过降低发动机质量(从而减轻整车质量)来降低整车使用油耗。如果发动机能在减小排量的同时降低转速,则可以进一步减少摩擦损失和泵气损失,节能效果更明显。

3)汽油机采用稀燃缸内直喷和压燃技术

传统汽油机经济性低于柴油机的主要原因:一是汽油机预制均匀混合气点火、火焰传播的燃烧方式,易导致爆震,限制了压缩比的提高;二是预制均匀混合气的空燃比偏浓(化学计量比附近),混合气的等熵指数偏低;三是节气门负荷量调节的方式,加大了进气阻力,泵气损失增大。

为了提高汽油机的燃料经济性,可以采用稀燃技术。所谓稀燃就是让汽油机在更稀空燃比条件下工作,其主要目的是增大工质的等熵指数,提高工质的作功能力,从而提高循环热效率。汽油缸内直喷(GDI)可以降低进气充量的压缩温度和压力,减少爆震倾向,在相同的爆震倾向条件下,可以提高 GDI 发动机的压缩比。如果 GDI 发动机采用分层充量实现稀燃,则节能潜力更大。另外,GDI 稀燃模式采用质调节负荷方式,减少了泵气损失。

为了进一步提高汽油机的燃烧等容度,并大幅度降低 $NO_x$ 排放,近年来汽油均质压燃(HCCI)技术受到广泛关注。汽油 HCCI 发动机通过形成极稀的均质混合气,采用压燃而非点燃方式，实现汽油机的低温、高等容度的燃烧模式，使汽油机的燃料消耗率和 $NO_x$ 排放大幅度降低。

有关稀燃、GDI 和 HCCI 等技术的理论依据本质上还是源于循环和工质的特性分析，具体的燃烧原理和组织等实际问题，将在第五节介绍。

## *二、燃烧膨胀做功过程计算

1. 燃烧过程计算

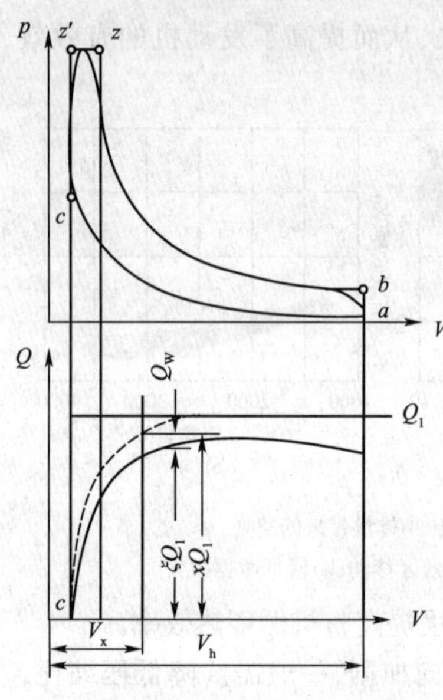


图 3-55 实际循环燃烧过程的近似和相应的燃烧放热规律

为了计算上方便起见，先假设燃烧、膨胀和排气过程按照图 3-55 上的虚线所示的等容过程 $cz'$、等压过程 $z'z$、多变指数过程 $zb$ 和等容过程 $ba$ 来处理。求得 $z'$、$z$、$b$ 各点的状态参数后，用棱角修圆的办法（图 3-69 上的实线）使之接近实际循环的 $p$-$V$ 线。

图 3-55 的下图是与燃烧膨胀过程对应的燃烧规律。$cz'z$ 阶段为显著燃烧阶段。在此阶段中，大部分的燃料都燃烧了，只剩小部分留待继续膨胀中进行过后燃烧以及高温分解后的复合放热。设 $H_u$ 为 1kg 燃料的低热值，取 $Q_1 = H_u$，$x$ 为燃烧放热系数。

燃烧过程中任一时刻放出的热量 $xH_u$ 中，有一部分 $Q_w$ 作为传热损失传给汽缸壁，而另一部分 $\xi H_u$ 则用于完成机械功和增加工质的内能，即

$$\xi H_u = xH_u - Q_w \tag{3-10}$$

$\xi$ 是在这时刻内的热量利用系数。$z$ 点的热量利用系数称为 $\xi_z$，其大致范围见表 3-4。

热量利用系数 $\xi$ 的大致范围　　表 3-4

| 大型固定式柴油机 | 0.80～0.88 | 机车及船用柴油机 | 0.78～0.85 |
|---|---|---|---|
| 汽车拖拉机用柴油机 | 0.65～0.85 | 高速增压柴油机 | 0.60～0.80 |
| 汽油机 | 0.85～0.95 | | |

$\xi_z$ 是一个用以反映实际燃烧过程完善程度、通道节流、高温分解和传热损失程度的重要参数。凡是能改善燃烧过程和减少传热损失的因素和措施一般都有利于 $\xi_z$ 的提高。例如，转速的提高会促使过后燃烧增加，$\xi_z$ 减小；分隔式燃烧室柴油机的 $\xi_z$ 值小于直接喷射式的柴油机的值；增压内燃机，由于燃烧产物的高温分解现象减少，于是 $\xi_z$ 的值高些。

燃烧过程计算的关键在于确定燃烧阶段的最高温度 $T_z$。而 $T_z$ 可根据 $z$ 点的能量守恒方程式来求解。由以上的分析可知 $z$ 点的能量守恒方程式可表示为

$$\xi_z H_u = U_z - U_c + W_{cz} \tag{3-11}$$

式中：$U_z$、$U_c$——工质在 $z$ 点和 $c$ 点的内能；

$W_{cz}$——工质在等容、等压过程中所做的机械功。

$$U_z = (M_2 + M_\gamma) c_v'' t_z$$

$$U_c=(M_1+M_\gamma)c_v''t_c$$

式中：$M_1$、$M_2$、$M_\gamma$——新鲜工质、燃烧产物和残余废气的摩尔数(kmol)；

$t_z$、$t_c$——$z$ 点和 $c$ 点的温度(℃)；

$c_v''$、$c_v'$——燃烧产物的平均等容摩尔比热容和新鲜工质与残余废气混合气的平均等容摩尔比热容[kJ/(kmol·℃)]。

应该说明，在 $z$ 点，燃烧产物尚未达到最后成分，但差别不是很大，在计算时当作燃烧终了看待。对比热容和下面提到的分子变更系数均与此同。

$$\begin{aligned}W_{cz}&=p_zV_z-P_zV_z=P_zV_z-\lambda P_cV_c=8.314[(M_2+M_\gamma)T_z-\lambda(M_1+M_\gamma)T_e]\\&=8.314[(M_2+M_\gamma)(t_z+273)-\lambda(M_1+M_\gamma)(t_c+273)]\end{aligned}$$

式中：$\lambda=p_z/p_c$——压力升高比。

将上述 $U_z$、$U_c$、$W_{cz}$三式代入式(3-11)得

$$\xi_zH_u+(M_1+M_\gamma)[c_v't_c+8.314(t_z+273)]=(M_2+M_\gamma)[c_v''t_z+8.314(t_z+273)]$$

以 $M_1+M_\gamma=M_1(1+\gamma)$，$M_2+M_\gamma=M_1(\mu_0+\gamma)$，$c_p''=c_v''+8.314$，$M_1=\alpha L_0$，$\mu=\dfrac{\mu_0+\gamma}{1+\gamma}$等有关系式代入，经整理后得到柴油机的燃烧方程式

$$\frac{\xi_zH_u}{(1+\gamma)\alpha L_0}+c_v't_c+8.314\lambda t_c+2270(\lambda-\mu)=\mu c_p''t_z \tag{3-12}$$

式中：$c_p''$——燃烧产物的平均等压摩尔比热容[kJ/(kmol·℃)]。

汽油机应按等容循环计算，式(3-11)中的 $W_{cz}=0$，故

$$\xi_zH_u=U_z-U_c=(M_2+M_\gamma)c_p''t_z-(M_1+M_\gamma)c_v't_c$$

化简得汽油机的燃烧方程式：

$$\frac{\xi_zH_u}{(1+\gamma)M_1}+c_v''t_z=\mu c_v't_z \tag{3-13}$$

汽油机在 $\alpha<1$ 的情况下工作时，燃油中有一部分热量 $\Delta H_u$未释放出来。在这种情况下，应以$(H_u-\Delta H_u)$代入上式：

$$\frac{\xi_z(H_u-\Delta H_u)}{(1+\gamma)M_1}+c_v''t_z=\mu c_v't_z \tag{3-14}$$

$$\Delta H_u\approx58000(1-\alpha)(\text{kJ/kg}) \tag{3-15}$$

$$c_v'=\frac{c_v+c_v''\gamma}{1+\gamma} \tag{3-16}$$

上式中的 $c_v$ 和 $c_v''$可根据 $t_c$和 $\alpha$ 值从图 3-56 上查出的 $c_p$ 和 $c_p''$计算得到。这样，就可把实际工质的比热变化反映到实际循环的热计算中去。

式(3-12)中的压力升高比 $\lambda$ 主要决定于最大燃烧压力 $p_z$，而 $p_z$是根据柴油机的结构强度和寿命要求凭经验选定。汽油机的 $p_z$直接从热计算中求出。

现有非增压内燃机的 $p_z$和 $\lambda$ 的大致范围见表 3-5。

其中，柴油机的较高值属于高速柴油机。至于增压柴油机，其 $p_z$值可高达 12000 ~ 15000kPa。

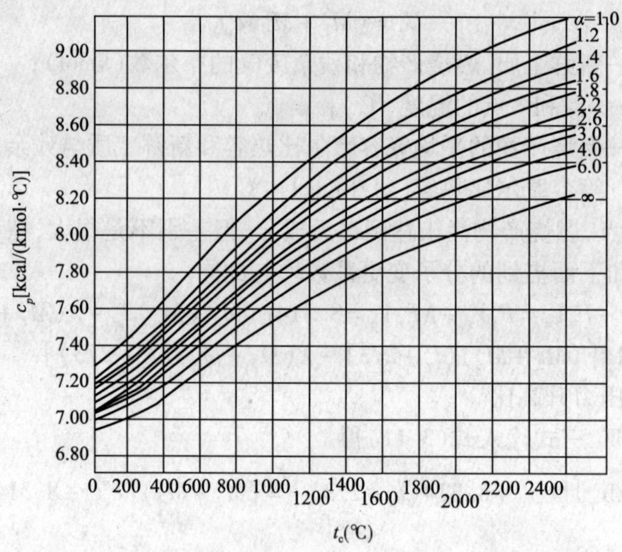


图 3-56　不同 $\alpha$ 时燃料完全燃烧产物和空气（$\alpha=\infty$）的平均等压摩尔比热容与温度的关系

**$p_z$ 和 $\lambda$ 的大致范围**　　表 3-5

| | $p_z$（$10^2$ kPa） | $\lambda$ |
|---|---|---|
| 直接喷射式柴油机 | 60 ~ 90 | 1.7 ~ 2.2 |
| 预燃式柴油机 | 45 ~ 60 | 1.4 ~ 1.6 |
| 涡流式柴油机 | 50 ~ 70 | 1.5 ~ 1.7 |
| 汽油机 | 30 ~ 80 | 2.0 ~ 4.0 |

这样，燃烧方程式左边的数值均属已知，即方程式右边的 $c_p t_z$ 或 $c_v t_z$ 的乘积就已确定。欲求 $t_z$ 则必须先确定 $c_p''$ 或 $c_v''$ 的值，但后者须在已知 $t_z$ 的前提下方能从图 3-56 中查出。于是出现数据求解上的矛盾，此矛盾可采取逐步试算的方法来解决。柴油机的 $T_z = 1800 \sim 2000$K，汽油机的 $T_z = 2200 \sim 2700$K。

至于初期膨胀比 $\rho$ 可从气体状态方程中求出。

$$p_z V_z = 8314(M_2 + M_\gamma)T_z$$

$$p_c V_c = 8314(M_1 + M_\gamma)T_c$$

由此得

$$\lambda\rho = \mu\frac{T_z}{T_c} \tag{3-17}$$

一般 $\rho$ 在 1.1 ~ 1.7 的范围内，大的 $\lambda$ 值对应小的 $\rho$ 值。

2. 膨胀过程

在急速燃烧阶段里，工质已实现初期膨胀 $z'z$ 线。在 $z$ 点以后属后期膨胀（$zb$）。膨胀过程的讨论是指后期膨胀，膨胀过程的进行比压缩过程更为复杂，它除具有热交换和漏气损失外，还有过后燃烧的高温分解物质的复合放热现象。因此，尽管在膨胀期内工质温度始终高于汽缸壁温度而不断向外传热，但由于后燃和复合放热使多变膨胀指数 $n_2'$ 在相当长时间内小于绝热膨胀指数 $k_2$（图 3-57），有时甚至具有小于 1 的数值，这说明在此阶段内工质还在不同程度上获得热量。直到后燃和复合热量小于汽缸壁的传热损失后，$n_2'$ 才开始越来越大于 $k_2$。在膨胀过程中 $n_2'$ 约从 1 变化到 1.5。

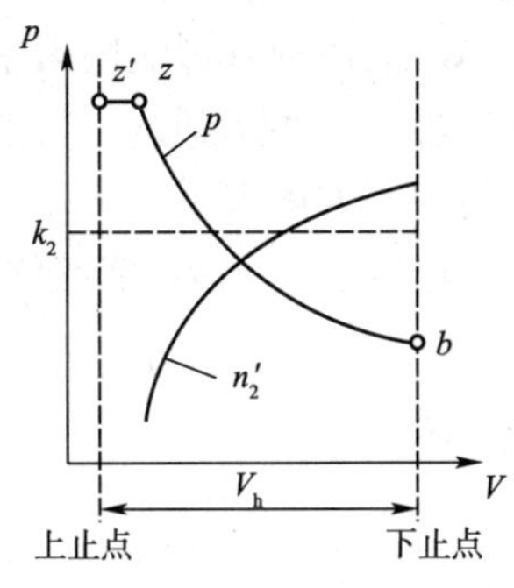


图 3-57　压力与膨胀指数的关系曲线

在实际计算中，为了简便起见，用一个平均多变膨胀指数 $n_2$ 来代替 $n_2'$，只要以 $n_2$ 计算膨胀过程时，其终点状态和实际膨胀终点状态相符即可。

$n_2$ 的一般范围见表 3-6。

内燃机的转速、负荷、汽缸尺寸和燃烧过程的进行对 $n_2$ 值都有很大影响，选用 $n_2$ 值时要对这些因素加以分析。

**$n_2$ 的一般范围**　　表 3-6

| 高速柴油机（活塞不冷却） | 1.15～1.25 |
|---|---|
| 中、低速柴油机（活塞冷却） | 1.20～1.30 |
| 汽油机 | 1.20～1.28 |

1）转速的 $n$ 影响

转速增加，后燃加剧，同时膨胀时间缩短减少了传热损失和漏气，结果使 $n_2$ 减小（图 3-58）。

2）负荷的影响

当转速不变而增大柴油机负荷时，由于后燃增加 $n_2$ 减小（图 3-59）。

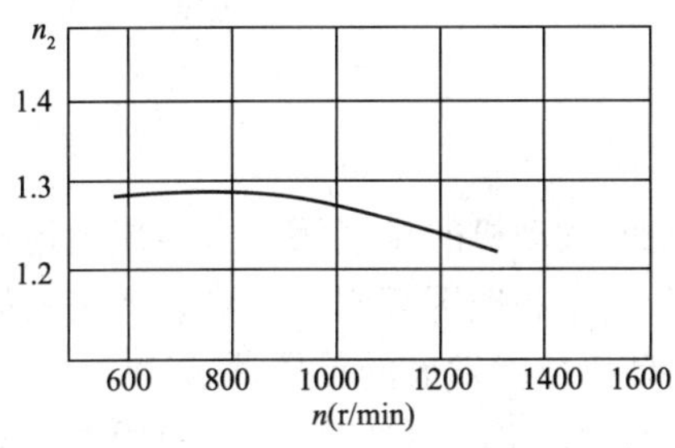


图 3-58　转速 $n$ 对 $n_2$ 的影响

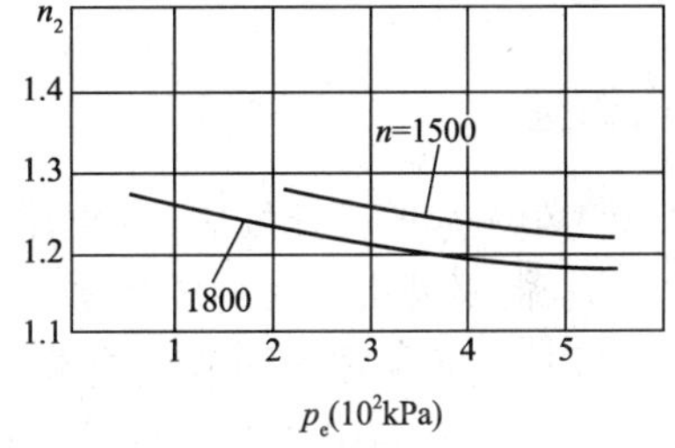


图 3-59　负荷对 $n_2$ 的影响

3）汽缸尺寸的影响

汽缸容积增大，使相对传热面积 $\sum F_c/V_h$ 和相对漏气缝隙减少，因而 $n_2$ 有所下降。

4）燃烧速度和 $\xi_z$ 的影响

燃料在急速燃烧阶段的燃烧速度将影响过后燃烧的燃料比例，急速燃烧速度降低会导致 $\xi_z$ 的减小和后燃的加强，因此 $n_2$ 下降。可见，选取 $\xi_z$ 和 $n_2$ 数值时，两者之间有关联，一个上升，另一个随之增大。

实际上，$n_2$ 数值的选用涉及比热容变化、燃烧损失、传热损失、泄漏损失等因素。与多变压缩指数 $n_1$ 相比，$n_2$ 对损失影响显然要大些，因为它与循环中的燃烧损失有密切联系，而热量的传出又是在高温和越来越大的露出面积的情况下进行的。非但如此，$n_2$ 降低时，其膨胀终了的温度势必上升，致使排气温度过高，会直接影响排气门和废气涡轮叶片等零件的高温工作可靠性。为此，尽量促使 $n_2$ 保持较高的数值，这是降低废气带走的热量损失、提高内燃机工作可靠性的一个不可忽视的方面。

在上述种种影响因素中，能够产生较为显著效果的因素莫过于设法提高 $\xi_z$，从而可减少过后燃烧。要达到这一目的，必须从研究和改进混合物形成和燃烧过程，以及合理调整供油提前角等方面入手。

选定了 $n_2$ 值后，膨胀终点的压力和温度可从下式求出：

$$p_b = p_z\left(\frac{V_z}{V_b}\right)^{n_2} = p_z/\delta^{n_2} \tag{3-18}$$

$$T_b = T_z\left(\frac{V_z}{V_b}\right)^{n_2-1} = T_z/\delta^{n_2-1} \tag{3-19}$$

式中：$\delta = \frac{V_b}{V_z} = \varepsilon/\rho$ 为后期膨胀比。

在 $b$ 点的压力和温度一般见表 3-7。

**$b$ 点的压力和温度**　　表 3-7

| 发动机类型 | $p_b$(10kPa) | $T_b$(K) |
|---|---|---|
| 高速柴油机 | 3 ~ 6 | 1000 ~ 1200 |
| 低速柴油机 | 2.5 ~ 3.5 | 900 ~ 1000 |
| 汽油机 | 3 ~ 6 | 1200 ~ 1400 |

## 第四节　有害排放物的生成与控制

### 一、概述

随着汽车工业的高速发展，汽车保有量急剧增加，发动机的排气污染已经成为地球环境的主要污染源，对城市大气构成严重威胁，因此各个国家和地区都制定了日益严格的排放法规。因而发动机环保技术同节能技术一样，成为发动机技术发展的首要课题。

国家标准中发动机的有害排放污染物包括 CO、HC、$NO_x$ 和微粒，不同的污染物对环境和动植物具有不同程度的危害。

CO 主要是在缺氧环境下的不完全燃烧产物，是一种无色无臭无味的气体，它与血色素的结合能力比 $O_2$ 大 300 倍，人体吸入微量，将破坏造血功能，呈中毒症状；吸入含体积分数 0.3% 的 CO 气体，则可在 30min 内使人致命。

$NO_x$ 主要是指 NO 和 $NO_2$ 发生在与燃料燃烧反应相伴的高温与富氧的环境中，NO 的毒性比 $NO_2$ 小，但 NO 在大气中缓慢氧化形成 $NO_2$，$NO_2$ 是褐色有刺激性的气体，空气中含 10 ~ 20ppm($10^{-6}$) 可刺激口腔及鼻道黏膜；50 ~ 300ppm 则头痛出汗、损伤肺组织；在大于 500ppm 时，几分钟就可使人出现肺浮肿而死亡。

HC 包括未燃和未完全燃烧的燃油、润滑油及其裂解产物和部分氧化产物，如多环芳香烃、醛、酮、酸等在内的 200 多种成分。HC 中的大部分对人体健康不产生直接影响，但其中的某些醛类和多环芳香烃对人体有严重危害，如甲醛等损伤眼睛、上呼吸道及中枢神经；多环芳香烃及其衍生物有致癌作用。另外，HC 可在阳光作用下与 $NO_x$ 进行光化学反应，形成一种毒性较大的光化学烟雾。其中最主要的生成物是臭氧 $O_3$，它具有很强的氧化力和特殊的臭味,使橡胶裂开,植物受损,可见度降低,并刺激眼睛及咽喉。

排气中的微粒是指经空气稀释后的排气,它是在低于52℃温度下,在涂有聚四氟乙烯的玻璃纤维滤纸上沉积的除水以外的物质,如柴油机的炭烟粒子,汽油机的铅及硫酸盐等。当温度低于500℃时,这些微粒被有吸附性和凝聚性的碳氢化合物所覆盖,这些覆盖物可通过溶解和加热的方法分离掉,又称为微粒的可溶性有机成分。可溶性有机成分是微粒威胁人体健康的主要因素,特别是柴油机排出的微粒要比汽油机高出数十倍,所以要求对排气中的微粒进行限制。

汽车有害排放物对城市大气污染构成严重影响,因此制定法规对其进行控制十分必要。影响有害排放物生成的因素很复杂,特别是由于汽油机与柴油机在燃烧机理上的差异,使这两类机型的有害排放物的生成显示出不同的特点。

## 二、发动机有害排放物的生成机理

### (一)汽油机、柴油机有害排放物比较

发动机排放主要和发动机的混合气形成、燃烧过程及燃烧结束后在排气过程中的化学反应有关,此外还与燃油的蒸发等因素有关。由于汽油机和柴油机的燃烧特点不同,因而它们的污染物生成机理也不同。由表3-8可见,汽油机污染物主要是CO、HC和$NO_x$,而柴油机污染物主要是微粒和$NO_x$。

**汽油机与柴油机排放物比较** 表3-8

| 成分(体积分数) | 汽油机 | 柴油机 | 成分(体积分数) | 汽油机 | 柴油机 |
|---|---|---|---|---|---|
| CO(%) | 0.6 | 0.05~0.50 | $NO_x(10^{-6})$ | 200~4000 | 700~2000 |
| $HC(10^{-6})$ | 2000 | 200~1000 | 粒$(g/m^3)$ | 0.005 | 0.15~0.30 |

### (二)有害排放物的生成机理

1)一氧化碳

对于汽油机,根据燃烧化学反应,理论上当过量空气系数$\varphi_a=1$(空燃比$A/F\approx14.7$,$A$为空气量,$F$为燃料量)时,燃料完全燃烧,其产物为$CO_2$和$H_2O$,即

$$C_nH_m+(n+m/4)O_2=nCO_2+m/2H_2O \tag{3-20}$$

当空气不足,$A/F<14.7$时,则有部分燃料不能完全燃烧,生成CO,即

$$C_nH_m+(n/2+m/4)O_2=nCO+m/2H_2O \tag{3-21}$$

所以,CO的排出浓度基本上受空燃比所控制。

当$\varphi_a\geqslant1$时,理论上排气中CO不存在,实际上由于混合不均匀,在排气中仍含有少量的CO。即使混合气混合的很均匀,由于燃烧后的温度还很高,已经生成的$CO_2$也会有一小部分被分解成CO和$O_2$,$H_2O$也会部分被分解成$H_2$和$O_2$,生成的$H_2$也会使$CO_2$还原成CO,所以,排气中总会有少量CO存在。

2)氮氧化物

关于$NO_x$的生成,国外已进行大量研究,基本机理如下。

在较低的温度下,$NO_2$和$O_2$生成NO可以认为是简单的双分子反应,即

$$N_2+O_2\rightleftharpoons 2NO \tag{3-22}$$

但是在高温时，NO 的生成机理按泽尔多维奇（Zeldovich）反应所支配，有以下两个反应：

$$N_2 + O \rightleftharpoons NO + N \tag{3-23}$$

$$O_2 + N \rightleftharpoons NO + O \tag{3-24}$$

这些反应是连锁反应，分子状态的氮和原子状态的氧碰撞，或者氧分子和氮原子碰撞而生成 NO。NO 的生成量在很大程度上取决于温度，并与温度成指数关系。第一个反应式左边的 O 一部分由第二个反应式右边生成的 O 供给，但是大部分是依靠以下离解反应生成的。

$$O_2 \rightleftharpoons 2O \tag{3-25}$$

生成 NO 的因素有以下三点。

（1）氧的浓度。在高温条件下，氧的浓度是生成 $NO_x$ 的重要因素。在氧浓度低时，即使温度高，$NO_x$ 二的生成也受到抑制。

（2）温度。高温是最重要的条件，即使氧很充足，但燃烧温度不高时，氧的分解也很慢，$NO_x$ 生成浓度低。燃烧进行得越充分，燃烧温度越高，$NO_x$ 浓度越高，这也就是 $NO_x$ 与油耗之间相互有矛盾的原因。

（3）反应滞留时间。燃气在高温富氧的条件下滞留时间长，$NO_x$ 的生成量增加。$NO_x$ 生成反应是可逆反应，但 $NO_x$ 在燃气中逆反应速度缓慢，从而使缸内 $NO_x$ 的实际浓度由于逆向反应速率太低而几乎没有下降，$NO_x$ 就会“冻结”在一个非平衡的高浓度水平上而从尾气中排出。

3）碳氢化合物

未燃 HC 的生成与排放有三个渠道：一是在汽缸内的燃烧生成并随尾气排出；二是从燃烧室通过活塞与汽缸之间的各间隙漏入曲轴箱的窜气，含有大量的 HC，称为曲轴箱排放物；三是从燃油系统蒸发的蒸气，称为蒸发排放物。

缸内均匀混合气燃烧生成未燃 HC 有多种机理，对于汽油机一般有下列情况：

（1）冷激效应。燃烧室壁面对火焰的迅速冷却（称为冷激或淬冷）使火焰不能一直传播到缸壁表面，在表面上留下一薄层未燃烧的或不完全燃烧的混合气，称为冷激层或淬熄层。在正常运转工况下，冷激层中的未燃 HC 在火焰掠过后会扩散到已燃气体流中，在缸内已基本被氧化，只有极少一部分成为未燃 HC。但在冷起动、暖机和怠速工况时，因燃烧室壁温较低，形成冷激层较厚，壁面冷激是此类工况未燃 HC 的重要来源。

（2）缝隙效应。燃烧室中各种狭窄的缝隙，例如活塞、活塞环与汽缸壁之间的间隙，火花塞中心电极周围、进排气门头部周围以及汽缸盖衬垫汽缸孔边缘等地方，火焰不能在其中传播，从而使在压缩、燃烧过程中被挤入缝隙内的未燃混合气错过燃烧过程，在压力降低的膨胀、排气过程又返回汽缸内温度较低的已燃气体中，部分被氧化，其余以未燃 HC 形式排出。虽然缝隙容积较小，但其中气体压力大、温度低、密度大，加上流回汽缸时温度已下降，氧化比例小，所以能生成相当多的 HC 排放，据研究结果，HC 可占总量的 50% ~70%。

（3）油膜和沉积物吸附。在进气和压缩过程中，汽缸壁面和活塞顶面上的润滑油膜会吸附未燃混合气，随后当混合气中燃油浓度由于燃烧而降到接近零时，油膜就释放出油气，由于释放时刻较迟，这部分油气只有少部分燃烧。据研究，这种机理产生的 HC 占总量的 25% ~

30%。在燃烧室壁面和进、排气门上生成的多孔性含炭沉积物也会吸附燃料及其蒸气，并通过后期释放造成 HC 排放，这部分占总量的 10%。

(4)火焰淬熄。在冷起动和暖机时，因温度较低致使燃油雾化、蒸发变差，从而导致燃烧慢或不稳定，有可能使火焰在到达壁面前因膨胀使缸内气体温度和压力下降造成可燃混合气大容积淬熄，使 HC 排放激增。这种情况还发生在混合气过稀或过浓时，或废气再循环率大时，或在怠速和小负荷工况下发生。加、减速瞬态工况更易发生大容积淬熄，使 HC 排放量大增。

柴油机排放的 HC 则完全由燃烧过程产生。由于柴油机的工作原理与汽油机不同，喷出燃油停留在燃烧室中的时间比汽油机短得多，因而受壁面激冷效应、缝隙效应、油膜吸附与沉积物吸附作用很小，这是柴油机 HC 排放较低的原因。

柴油机燃烧室中由喷油器喷入的柴油与空气形成的混合气可能太稀或太浓，使柴油不能自燃，或火焰不能传播，造成未燃 HC。在喷油后期的高温燃气气氛中，可能因为油气混合不足使局部燃气过浓产生不完全燃烧产物随排气排出，但这时 HC 多被微粒吸附，构成微粒的一部分。

喷油器的压力室容积的大小和喷油孔道对 HC 的排放有影响，在喷油结束时，这部分容积仍充满柴油，在燃烧后期和膨胀初期，这部分被加热的柴油部分汽化，并以液态或气态低速穿过喷嘴孔进入汽缸，缓慢地与空气混合，错过了主要燃烧期，以未燃 HC 的形式排出。

4)微粒

在汽油机中，含铅汽油中的铅和汽油中硫造成的硫酸盐，是排气微粒的主要成分。如果用无铅汽油，加上汽油含硫量一般都很低，可以认为汽油机基本上不排放微粒。

柴油机的微粒排放量要比汽油机高几十倍，由在燃烧时生成的含碳粒子(炭烟)及其表面上吸附的多种有机物组成，其组成成分受排气温度影响。一般当排气温度超过500℃时，柴油机排放的含碳粒子基本上是碳质微粒(含有少量氢和其他微量元素)的聚集物，一般称为炭烟(DS)。当排气温度较低时，炭烟又会吸附和凝聚多种有机物。称为有机可溶成分(SOF)。由于柴油机混合气极不均匀，尽管总体是富氧燃烧，但局部缺氧仍导致炭烟生成。

5)光化学烟雾

产生光化学烟雾的基本条件是大气中存在一定浓度的 HC 和 $NO_x$，当 HC 的浓度大于 $NO_x$ 浓度的 3 倍时，在强烈的阳光照射的诱发下产生 $O_3$ 和过氧化酰基硝酸盐组成的光化学烟雾。光化学烟雾是发动机排放的二次污染，一般发生在夏秋之间，在污染物多、大气不流畅的大城市或盆地地区，在午后 2 ~ 3 点时浓度最高。

## 三、有害排放物生成的影响因素

影响汽车有害排放物生成的因素很多也很复杂。但这些有害排放物毕竟是燃烧化学反应的产物，因而这些影响因素归结起来，同影响化学反应的因素一样，主要是过量空气系数 $\varphi_a$(反应物浓度)和温度。各种发动机运行参数和降低排放的技术大都是最终通过这两种基本因素来影响燃烧和有害物生成过程的。以下就主要的影响因素，如过量空气系数 $\varphi_a$、运转工况以及发动机类型作一介绍。

1. 过量空气系数 $\varphi_a$ 的影响

1）对汽油机的影响

汽油机 CO、HC 和 $NO_x$ 排放以及动力性和经济性随 $\varphi_a$ 或空燃比的变化如图 3-60 所示。CO 和 HC 随空燃比的增大急剧下降，超过 $\varphi_a = 1$ 后，逐渐达到最低值；但空燃比过稀时，因燃烧不稳定和失火次数增多，导致 HC 又有所回升。从降低 CO 和 HC 的角度来说，应避免在 $\varphi_a < 1$ 的区域运转，但汽油机的最大功率出现在 $\varphi_a = 0.8 \sim 0.9$，怠速和冷起动时也往往用浓混合气，因而又是难以避免的。

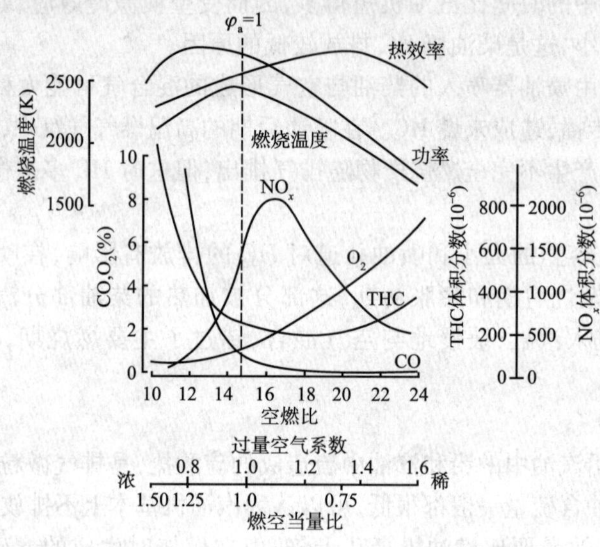


图 3-60 汽油机空燃比对有害排放物生成的影响

$NO_x$ 在 $\varphi_a = 1.1$ 附近时最高，过浓过稀都会降低，这是因为，$\varphi_a < 1$ 时，燃烧在还原性气氛中进行，作为氧化反应产物的 NO 难以生成；而 $\varphi_a$ 过大（过稀）时，会由于燃烧温度下降，使 NO 的生成量减小；只有在 $\varphi_a = 1.1$ 附近，才能兼有高温和富氧两个必要条件，最有利于 NO 的生成。

2）对柴油机的影响。

$\varphi_a$ 对柴油机有害排放物的影响如图 3-61 所示。尽管柴油机总是在 $\varphi_a > 1$ 的偏稀混合气条件下运转，但由于柴油机是扩散燃烧，混合气的浓稀分布极不均匀，完全燃烧所需的空气要比预混合燃烧时多，因而与图 3-61 相比，CO、HC 和 $NO_x$ 曲线有向稀区平移的感觉。同时在 $\varphi_a \leqslant 2$ 以后，炭烟（或微粒）急剧上升。

由图 3-62 还可以看出，柴油机的 CO 排放一般很低，不到汽油机的 1/10。但在高负荷（$\varphi_a < 1.5$）时开始急剧增加，主要原因是混合不均匀造成局部缺氧。同时，在 $\varphi_a > 2$ 以后的中小负荷时，CO 再次升高，原因是燃烧温度降低。由于在燃油喷雾边缘区域形成了过稀混合气以及缸内温度过低的原因，造成 HC 排放随混合气变稀而呈上升趋势，但仍比汽油机低得多。

实质上来讲，柴油机 $NO_x$ 生成规律与汽油机相同，但峰值比汽油机略向稀区偏移，这主

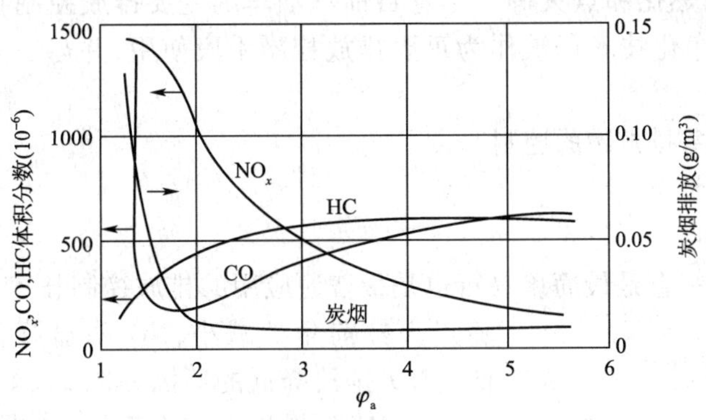


图 3-61 直喷式柴油机空燃比对有害排放物生成的影响

要与柴油机的混合气浓度分布不均匀有关。如图 3-62 所示，预混良好的火焰(图中曲线 1)相当于汽油机的均质混合气，与图 3-61 相同；随着燃料与空气的混合程度变差，曲线逐渐向右推移(图中曲线 2 和 3)，与图 3-62 接近，这可以代表不同混合程度的柴油机。

2. 运转工况的影响

发动机的运转工况是一个变量，包括怠速、加速、定速、减速等。不同工况混合气浓度不同，导致有害物的排放量相差很大。表 3-9 给出了不同工况下的有害物的排放浓度。怠速工况下，燃烧温度较低，缸内残余废气量大，混合气比较浓，致使燃烧恶化，HC 排放浓度增加；在减速工况，进气管真空度很高使管内的燃料油膜大量蒸发，这也是 HC 增加的重要原因。

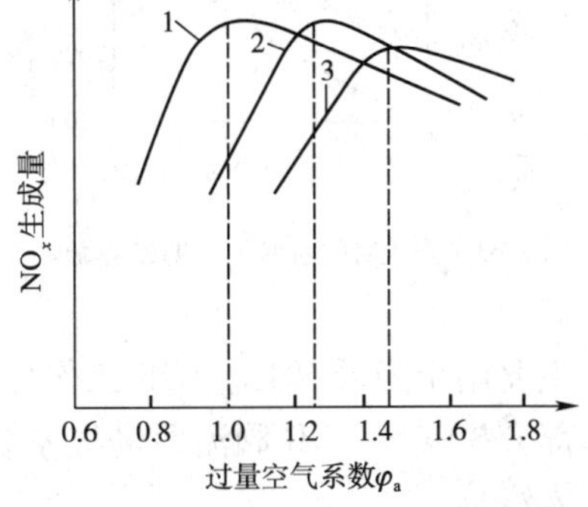


图 3-62 混合气浓度对 NO$_x$生成的影响

不同工况下的有害物浓度 表 3-9

| 排气成分 | 怠 速 | 加 速 | 定 速 | 减 速 |
|---|---|---|---|---|
| HC | $800\times10^{-6}$ | $540\times10^{-6}$ | $485\times10^{-6}$ | $5000\times10^{-6}$ |
| $NO_x$ | $23\times10^{-6}$ | $1543\times10^{-6}$ | $1270\times10^{-6}$ | $6\times10^{-6}$ |
| CO | 4.9% | 1.8% | 1.7% | 3.4% |
| $CO_2$ | 10.2% | 12.1% | 12.4% | 6.0% |

## 四、发动机有害排放物的控制

发动机排放污染控制技术可分为三类：以改进发动机燃烧过程为核心的机内净化技术，在发动机之外的排气系统中对已生成的有害排放物进行净化的排放后处理技术，控制曲轴箱和供油系统有害排放物的非排气污染控制技术。后两类也统称为机外净化技术。机内净化技术降低发动机排出的污染物，而降低汽车尾气排放则是机内净化技术与后处理技术共同作用的结果。

降低汽油机排放的机内净化技术主要有推迟点火时间、废气再循环、改进燃烧室设计以及精确控制空燃比和点火等。尽管目前汽油车的主要排放控制技术是三元催化转化器,但这些机内净化技术仍被作为重要排放控制手段使用,并与三元催化转化器相辅相成。

**(一)汽油机有害排放物的控制**

1. 机内净化技术

1)推迟点火时间

推迟点火时间一直是最简单易行也是最普遍应用的排放控制技术。如图 3-63 所示,随点火提前角的减小,$NO_x$ 明显降低,THC 也同时降低。$NO_x$ 排放降低的原因如图 3-64 所示,随点火提前角小于 MBT,燃烧等容度降低,使燃烧最高温度降低,导致 NO 下降。点火提前角减小同时会导致后燃加重和排气温度上升,未燃 THC 在排气行程以及排气管中的氧化反应加快,使最终排出的 THC 减少。但由图 3-63 也可看出,随点火时间推迟,燃油耗率上升,同时还有最大功率下降等负面效果,这限制了点火时间不能过分推迟。

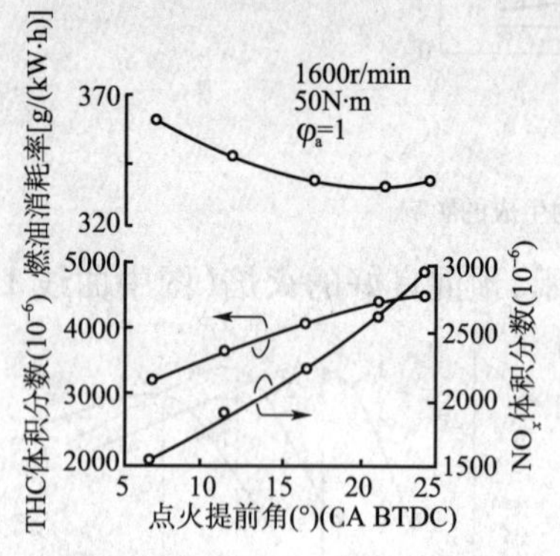


图 3-63 点火时间对 $NO_x$ 和 THC 排放的影响

2)废气再循环(EGR)

废气再循环也是一种被广泛应用的排放控制措施,主要用于降低 $NO_x$。EGR 工作原理如图 3-65 所示,一部分排气经 EGR 阀流回进气系统,与新鲜空气混合进入汽缸。

EGR 使残余废弃系数 $\gamma$ 增大,即混合气中的 $CO_2$ 等惰性气体增加,造成燃烧速度降低,同时还使混合气的比热容增高。两者共同导致了燃烧温度的降低,因而可以抑制 $NO_x$ 的生成,如图 3-66 所示。

与上述推迟点火时间相似,随 EGR 率的增加,也会使中高负荷的燃油消耗率上升,最大功率下降。同时,点火变得困难,燃烧逐渐不稳定,导致 THC 和 CO 排放上升,尤其是怠速和小负荷工况时最明显。为此,一般在汽油机大负荷、起动及暖机、怠速和小负荷时不使用 EGR,而其他工况时的 EGR 率一般不超过 20%,由此可降低 $NO_x$ 排放量 50% ~70%。

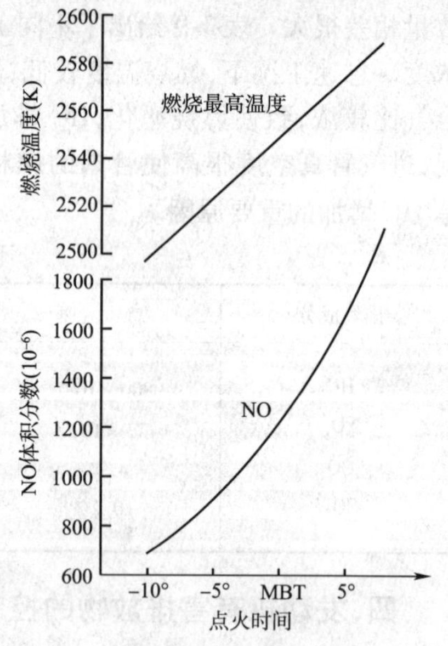


图 3-64 点火时间对燃烧最高温度的影响

图 3-67 是某轻型车用进气道多点电喷(MPI)汽油机的 CO、HC、$NO_x$ 过量空气系数、点火前角和 EGR 等的全特性图,图中 CO、HC、$NO_x$ 是发动机出口即催化转化器之前的排放值。由图可知,该汽油机在中小负荷及低速区域采用的 EGR 率最高[图 3-67d)],因而该区域的 $NO_x$ 排放最低[图 3-67c)]。随负荷的升高和降低,EGR 率逐渐降低。

为了精确地控制 EGR 率,最好采用电子控制 EGR 阀系统。为了增强降低 $NO_x$ 的效果,可采用中冷 EGR 来降低进气温度。为了消除 EGR 对动力性和燃油经济性的负面影响，可同时采用一些快速燃烧和稳定燃烧的措施，如图 3-68 所示，通过采用进气涡流和双火花塞点火，使用 EGR 时的油耗不仅没有恶化反而有所改善。

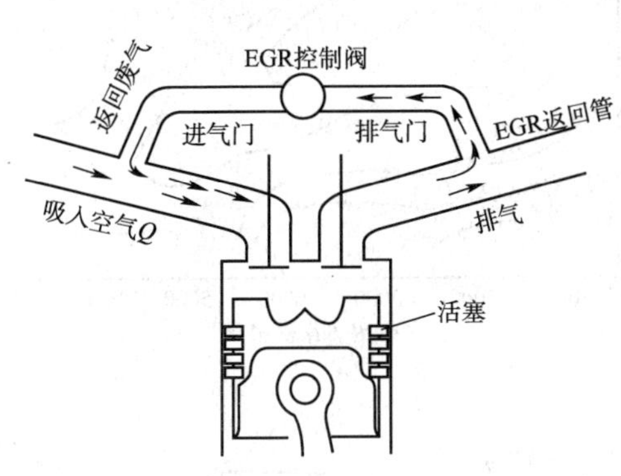


图 3-65　废气再循环系统工作原理

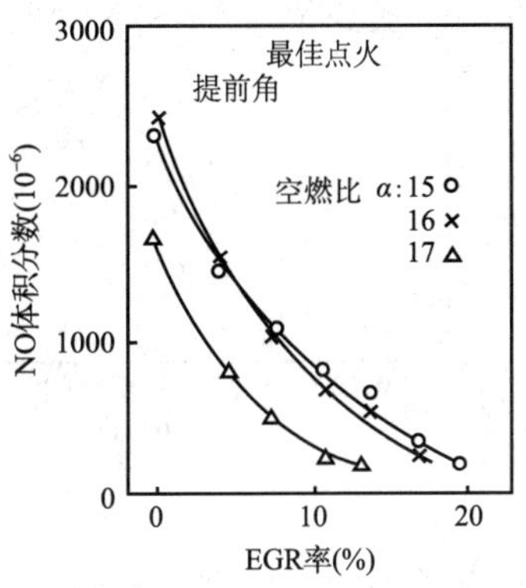


图 3-66　EGR 降低 $NO_x$ 的效果

实际上，EGR 的这种效果也可以通过不充分排气以增大滞留于缸内的废气量（增大残余废气系数）来实现。与上述外部循环 EGR 相对应，称这种方法为内部 EGR。

3）优化燃烧系统设计

由于电控燃油喷射加三元催化转化器技术使汽油机的排放大大降低，因而从排放控制角度对汽油机燃烧室设计的要求明显低于柴油机，但并不能因此忽视燃烧室优化设计对降低汽油机排放的效果。

如上文所述，紧凑的燃烧室形状可以使燃烧快速充分地进行，并减少淬熄效应，由此可降低 CO 和 THC 排放；改善缸内气流运动，有助于加强油气混合，同样使燃烧快速充分地进行；还可以改善燃烧时的循环波动，而循环波动也是 THC 排放的重要成因。

减小活塞头部、火花塞和进排气门等处不参与燃烧的间隙容积也是降低 THC 排放的有效方法。如图 3-69 给出的例子，由原设计改为高位活塞环设计后，THC 排放降低了 20%。

GDI 发动机尤其是分层稀燃时，由于油气混合时间短、燃烧室形状复杂以及采用壁面导流等原因，容易造成燃烧不完全和 THC 排放高，因此燃烧室设计会更显著地影响排放特性。

4）提高点火能量

提高点火能量可以提高着火的可靠性，减小循环波动率，扩大混合气的着火稀限。特别是伴随着汽油机燃烧稀薄化，无触点的高能电子点火系统得到了广泛的应用。提高点火能量的措施有增大极间电压（二次电压），极间电压一般为 10～20kV，但目前最高的有 35kV 左右；增大火花塞间隙，如由 0.8mm 增大至 1.1mm，甚至 1.5mm；延长放电时间等方法。

5）汽油机电控技术

电控技术可以更精确地进行汽油机的燃油喷射、点火以及节气门等控制，更柔性地满足各工况的不同要求，从而可以实现排放特性、燃油经济性和动力性的综合优化。此外，三元催化转化器与电控喷射系统的组合，已成为当前和未来较长时期内汽油机排放控制的最有效和最主要技术。

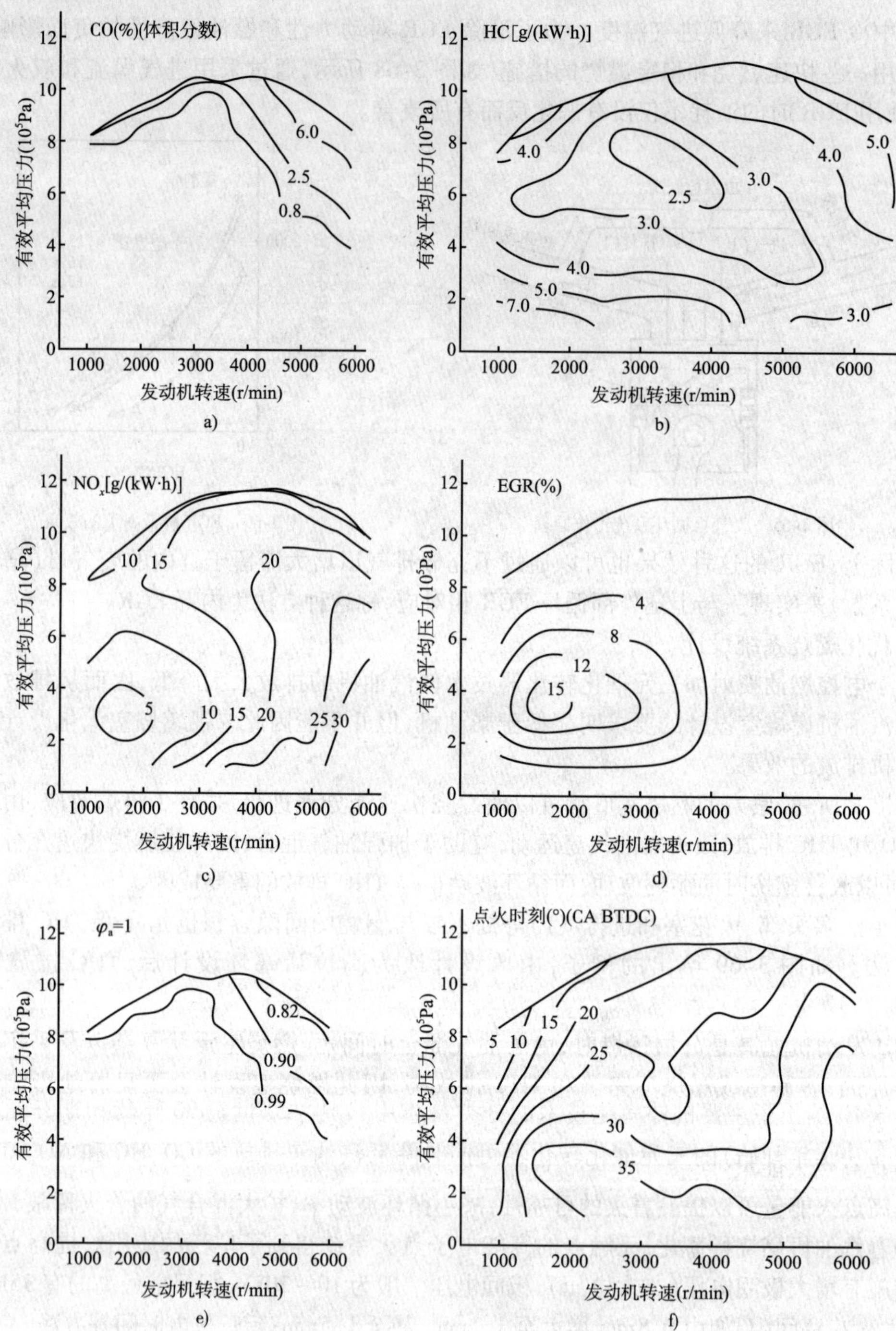


图 3-67　某电控汽油机排放特性及控制策略

总之,汽油机的机内净化技术措施并不是很多很复杂,这是由于汽油机目前主要采用以闭环电喷加三元催化转化器为核心的排放控制技术,因而大大降低了对机内净化的要求,燃烧过程的组织仍可以动力性和热效率作为主要优化目标,而用排气后处理作为降低排放的主要手段。

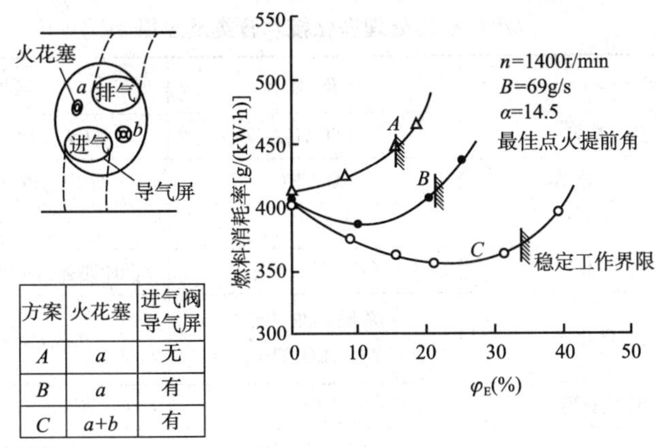


| 方案 | 火花塞 | 进气阀导气屏 |
|---|---|---|
| A | a | 无 |
| B | a | 有 |
| C | a+b | 有 |

图 3-68　EGR 与其他措施合用的效果

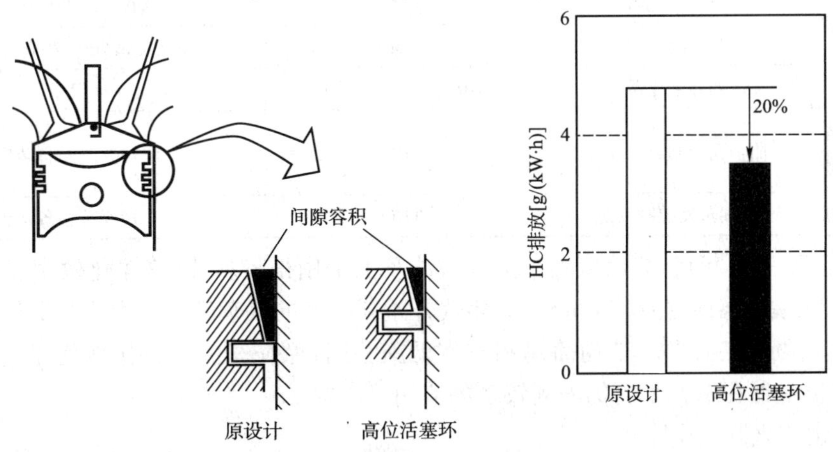


图 3-69　高位活塞环降低 HC 的效果图

2. 机外净化技术

20 世纪 70 年代中期以前，汽车的排放控制主要采用以改善发动机燃烧过程为主的各种机内净化技术，随着排放法规的日益严格，人们开始考虑利用发动机外部的附加装置包括催化转化器在内的各种机外净化技术，将排出的废气净化后再排入大气。因此也称排气后处理技术。

表 3-10 给出了主要机外净化技术的分类及应用状况。20 世纪 90 年代初期开始应用(我国于 1999 年开始)的三元催化转化器可同时降低汽油车排放的 CO、HC 和 $NO_x$ 90% 以上，使汽车排放控制技术产生了革命性的进步。

1) 排气后处理系统的工作原理

(1) 热反应器的工作原理。

汽油机工作过程中的不完全燃烧产物 CO 和 THC 在排气过程中可以继续氧化，但必须有足够的空气和温度。热反应器一般紧靠排气总管出口处设置，有较大的容积和较高的绝热保温性，反应器内部温度高达 600 ~ 1000℃。同时在紧靠排气门处喷入空气(二次空气)，以保证 CO 和 THC 氧化反应充分进行。热反应器若设计匹配合理，可得到 50% 以上的净化效率，但对 $NO_x$ 无净化效果。为保持较高的排气温度，常采用加浓空燃比以及推迟点火时间等手段，因而会导致燃油消耗率升高。

内燃机机后处理净化技术分类及应用　　表 3-10

| 分类 | | | 处理对象 | 国外应用现状 |
|---|---|---|---|---|
| 排气后处理 | 汽油机 | 热反应器 | CO、THC | 曾用于汽油车，现用于摩托车 |
| | | 氧化催化器 | CO、THC | 曾用于汽油车，现用于摩托车 |
| | | 还原催化器 | $NO_x$ | 曾用于汽油车 |
| | | 三元催化器 | CO、THC、$NO_x$ | 欧Ⅰ阶段开始应用，轿车、轻型车必备装置 |
| | | 稀燃催化器 | 稀燃条件下的 $NO_x$、CO、THC | 应用少，尚在研制开发中 |
| | | HC 捕集器 | THC | 应用少 |
| | 柴油机 | 氧化催化器 | SOF、CO、THC | 欧Ⅲ阶段开始应用 |
| | | 还原催化器 | $NO_x$ | 欧Ⅳ阶段开始应用 |
| | | 颗粒捕集器 | PM | 欧Ⅳ及美国 2007 法规开始应用 |
| | | 四元催化器 | $NO_x$、CO、THC、PM | 研发中 |
| 非排气污染处理 | 汽、柴油机 | 曲轴箱强制通风装置 | THC | 法规要求必备装置 |
| | 汽油机 | 燃油蒸发控制系统 | THC | 法规要求必备装置 |

20 世纪 70～80 年代，热反应器在国外汽油车上采用得较多，随着净化效率更高的催化器特别是三元催化器的普及，20 世纪 90 年代开始新生产的汽车已不采用热反应器。由于摩托车的排气后处理装置要求结构简单和成本低廉，并且摩托车的主要排放污染物是 CO 和 HC，因而热反应器在摩托车上仍得到较多的应用。

（2）催化转化器工作原理。

催化剂可以提高化学反应速度以及降低反应的起始温度，而本身在反应中并不消耗。以催化剂为核心的催化转化器是目前各类汽油车排气后处理技术中应用最广泛的技术。

催化剂是整个催化转化器的核心部分，它决定了催化转化器的主要性能指标，因此许多文献中并不严格区分催化剂和催化转化器的定义。

起催化作用的活性材料一般为铂（Pt）、铑（Rh）和钯（Pd）三种贵金属（每升催化剂中贵金属含量为 0.5～3.0g），同时还有作为助催化剂成分的铈（ce）、镧（La）、镨（Pr）和钕（Nd）等稀土材料。贵金属材料以极细的颗粒状散布在以 $r-Al_2O_3$ 为主的疏松的催化剂涂层表面。而涂层则涂覆在作为催化剂骨架的蜂窝状陶瓷载体或金属载体上，目前 90% 的汽油发动机汽车催化剂使用陶瓷载体。为节约使用贵金属以及防止高温劣化，纳米技术在催化剂制备中得到应用，贵金属颗粒的平均粒径已可以做到 5nm，使三元催化剂每升容积的贵金属用量由 0.55g 降低到 0.15g。

催化剂按工作原理不同，可分为氧化型催化剂、还原性催化剂、三元催化剂和稀燃催化剂。目前单纯还原型的催化剂已很少用，稀燃催化剂将在后面介绍，而氧化型催化剂和最长用的三元催化剂的主要反应如下。

对于氧化型催化剂，在氧化型催化剂中，CO 和 HC 与 $O_2$ 进行氧化反应，生成无害的 $CO_2$ 和 $H_2O$，但对 $NO_x$ 基本无净化效果。

$$2CO + O_2 = 2CO_2$$

$$4HC + 5O_2 = 4CO_2 + 2H_2O$$

$$2H_2 + O_2 = 2H_2O$$

对于三元催化剂,所谓三元催化剂是指同时净化 CO、HC 和 $NO_x$ 的催化剂。当混合气浓度正好为化学计量比时(在过量空气系数 1 附近),进行氧化还原反应,即 CO 和 HC 与 $NO_x$ 三种有害成分互为氧化剂和还原剂,生成无害的 $CO_2$、$H_2O$ 及 $N_2$,达到净化效果。

$$2CO + 2NO = 2CO_2 + N_2$$

$$4HC + 10NO = 4CO_2 + 2H_2O + 5N_2$$

$$2H_2 + 2NO = 2H_2O + N_2$$

2)冷起动排放及其技术对策

三元催化转化器在合适的工作温度和精确的空燃比条件下,净化效率可达 95% ~99%,因此汽车正常行驶时排放的 $NO_x$、CO 和 THC 极少。但在冷起动时,由于催化剂尚未起燃,THC 排放将会很高。如图 3-70 中方案 A 曲线(单级催化器)所示,在轻型车排放测试循环中,冷起动(曲线拐点 C 之前)的 THC 排放占整个测试循环 THC 总排放的 70% ~80%。因此,为满足日益严格的轻型车排放法规,必须尽可能控制冷起动过程的排放。

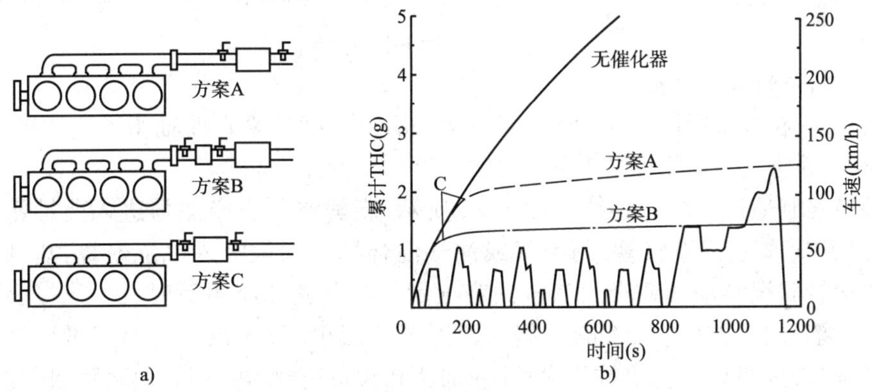


图 3-70　催化器布置方案与冷起动排放特性

a)催化器布置方案;b)冷起动 THC 排放

降低冷起动 THC 排放主要依靠改善发动机燃烧、缩短催化剂起燃时间以及采用新的设计方案,有以下几种对策技术。

(1)推迟点火时间　点火时间推迟可以造成发动机后燃,以提高排气温度,使催化剂快速起燃。

(2)提高催化剂低温活性　增加催化剂的贵金属含量以及改进涂层制备工艺(如提高比表面积),都可以降低催化剂起燃温度,因而缩短起燃时间。

(3)采用紧凑耦合催化器　如图 3-70 所示,设置在排气歧管出口(见方案 C)或用两级催化器(见方案 B),即将小容积的催化器紧靠排气歧管安装,而大容量的主催化器仍安装在车底板下,都可以比方案 A 更快地使催化剂起燃。在实际应用中,为满足国Ⅳ(欧Ⅳ)排放,大部分轻型车都采用了方案 C。

(4)HC 吸附器　在后处理系统中串联一个 THC 捕集单元,其材质一般用沸石等。在排气温度低时,THC 被吸附在 HCT 上;当排气温度足够高时,THC 由 HCT 上脱附,并在后续的 TWC 上被充分净化。如图 3-71 所示,本田和丰田等汽车公司曾采用这种带有 THC

捕集单元的多级复合催化剂系统(CCC+HCT+TWC),同时采用高绝热度和低热惯量的排气管、多孔喷油器、强进气涡流(关闭一个进气门等方法)和多氧传感器精确控制空燃比等技术,使汽车排放出的THC浓度甚至比周围大气中的还低,显示出了汽油车实现"零排放"的可能性。

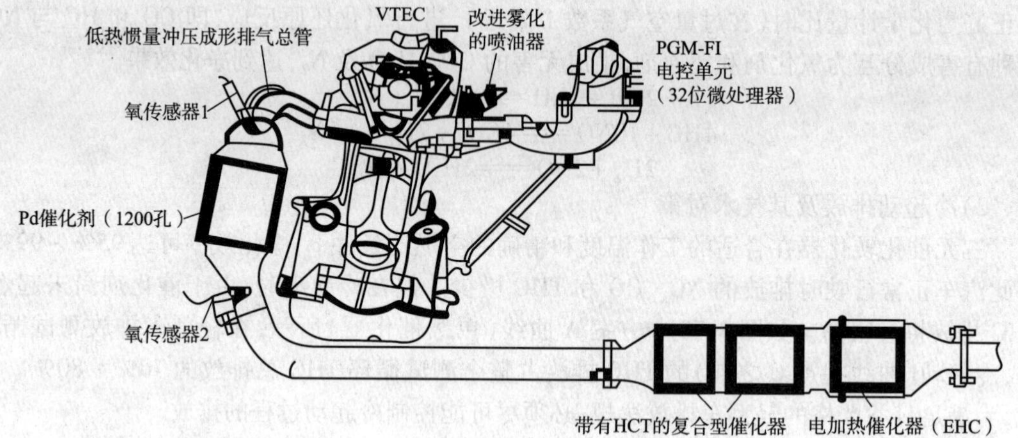


图3-71　超低排放控制技术

3. 曲轴箱强制通风装置

如前所述,在汽车所排放到大气中的THC总量中,40%来自曲轴箱窜气和燃油系统蒸发,因此控制非排气污染物也是十分必要的。

曲轴箱强制通风(PCV)系统如图3-72所示,新鲜空气由空滤器进入曲轴箱,与窜气混合后,经PCV阀进入进气管,与空气或油气混合气一起被吸入汽缸燃烧掉。PCV阀可随发动机运转状况自动调节吸入汽缸的窜气量。在怠速和小负荷时,由于进气管真空度较高,阀体被吸向上方(进气管侧),阀口流通截面减少,吸入汽缸的窜气量减少,以避免混合气过稀,造成燃烧不稳定或失火;而在加速和大负荷时,窜气量增多,而进气管真空度变低,在弹簧作用下阀体下移,阀口流通截面增大,使大量的窜气进入汽缸被燃烧掉;当发

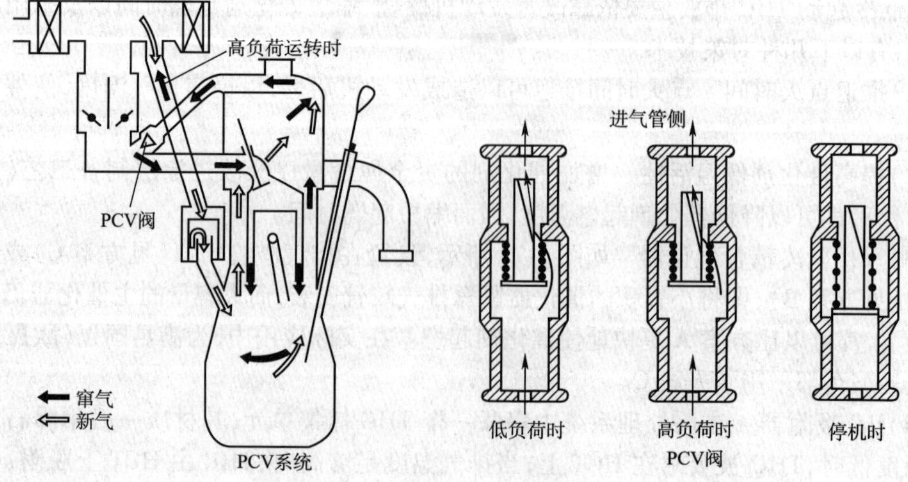


图3-72　闭式曲轴箱强制通风系统

动机高速大负荷运转时，一旦窜气量过多而不能完全被吸净时，部分窜气会从闭式通气口倒入空滤器。

同时，PCV 阀能使曲轴箱内始终保持负压，因而可以减缓润滑油窜入燃烧室（即窜机油）和通过密封面的渗漏，而窜入燃烧室中的机油是排气中 HC 和微粒的重要成因。

**（二）柴油机有害排放物的控制**

1. 机内净化技术

与汽油车的排放控制相比，柴油车的排放控制难度更大，这主要是因为柴油机排气后处理技术难度和成本都比汽油机高，尚未有像三元催化转化器那样非常有效的后处理技术，因此目前尤其是欧Ⅳ阶段之前主要依靠机内净化技术来降低柴油机排放污染。如前文所述，由于柴油机采用扩散燃烧方式，CO 和 THC 排放远远低于法规限值，因而降低排放的主要目标是 $NO_x$和 PM。

1）技术分类

图 3-73 和表 3-11 给出了降低柴油机 $NO_x$ 和微粒排放的对策技术，总体上可分为燃烧改善、燃料改善和排气后处理三类，前两类属机内净化技术。在燃烧改善的各项对策技术中，已实用化的有：作为降低 $NO_x$有效措施的推迟喷油时间（减小喷油提前角）、EGR 以及改善喷油规律，作为降低炭烟和微粒排放有效措施的增压技术和高压喷射。降低硫含量是近年来燃料改善的最主要内容，降低芳烃尤其是多环芳烃含量也对排放有重要影响。柴油机排气后处理技术在 21 世纪初开始进入实用阶段，今后将逐步成为柴油机排放控制的主要技术。另外，随着改善燃烧所造成的微粒排放明显下降，严格控制润滑油消耗量以降低微粒中由未燃润滑油带来的成分已变得非常重要。

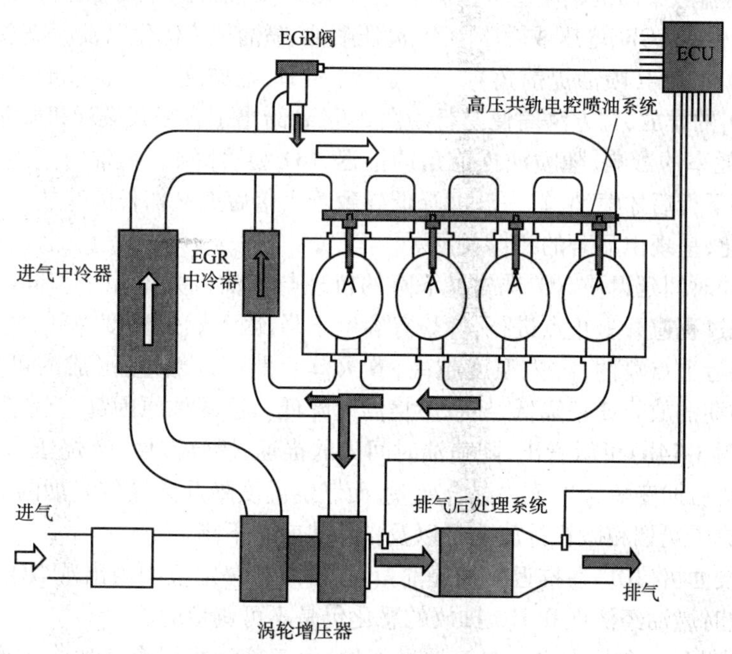


图 3-73　柴油机排放控制技术

**柴油机机内净化技术措施** 表 3-11

| 分　类 | 对策技术 | 实 施 方 法 | 控制对象 |
|---|---|---|---|
| 燃烧 | 推迟喷油时间 | — | $NO_x$ |
| | EGR | EGR、中冷 EGR、内部 EGR | $NO_x$ |
| | 加水燃烧 | 进气喷水(水蒸气)、缸内喷水、乳化油 | $NO_x$ |
| | 燃烧室设计 | 各种燃烧室、设计参数优化、新型燃烧方式 | $NO_x$、PM |
| | 喷油规律改进 | 喷油规律曲线形状,预喷射,多段喷射 | $NO_x$、PM |
| | 高压喷射 | 电控高压油泵,共轨系统,泵喷嘴 | PM、$NO_x$ |
| | 进排气系统 | 进排气动态效应,可变进气涡流,多气门 | PM |
| | 增压 | 增压、增压中冷、可变涡轮喷嘴截面系统(VGS) | PM |
| | HCCI 燃烧 | 提高预混合燃烧比例,降低燃烧温度 | PM、$NO_x$ |
| 燃料 | 降低含硫量 | 含硫量 $<5\times10^{-6}$ | PM |
| | 降低芳烃含量 | 芳烃含量 10% | PM |
| | 含氧燃料 | 醇类燃料、二甲醚、酯类燃料 | PM |
| 后处理 | 后处理装置 | 氧化催化器、微粒捕集器、$NO_x$ 还原催化器 | PM、$NO_x$ |
| 其他 | 降低机油消耗率 | 优化活塞组密封性能 | PM |

需要指出的是,每一种技术措施在降低某种排放成分时,往往效果有限,过度使用则会带来另一种排放成分增加或发动机动力性和热效率的恶化,因而实际中常常是几种措施同时并用。

2)主要技术

根据上述低排放柴油机燃烧过程控制的基本思路,柴油机的主要机内净化技术有推迟喷油时间、EGR 或中冷 EGR、增压或增压中冷、高压喷油、喷油规律优化以及燃烧系统优化等。

(1)推迟喷油时间(喷油提前角)。与汽油机相似,在柴油机上通过推迟喷油时间可以有效地抑制 $NO_x$ 的排放,且方法简便易行。图 3-74a)给出了直喷式柴油机喷油时间对 $NO_x$、炭烟和燃油消耗率的影响,随喷油提前角的推迟,$NO_x$ 显著降低(喷油时间过晚 $NO_x$ 又有上升,是因为活塞下行后才喷油,缸内温度降低导致着火落后期又加长的缘故),但同时燃油消耗率和微粒恶化,呈现出显著的相悖关系。

柴油机喷油时间延迟使 $NO_x$ 排放量下降的机理与汽油机并不完全相同,主要作用有两个:一是使燃烧过程避开上止点进行,燃烧等容度下降,因而燃烧温度降低,这一点与汽油机相同;二是越接近上点喷油,缸内温度越高,着火落后期可以缩短,形成的可燃混合气则越少,因而燃烧初期的放热速率降低,导致燃烧温度降低。这两种原因都起到了抑制 $NO_x$ 生成的作用。对比图 3-74b)可以看出,随喷油时间氏的推迟,燃烧温度、燃烧压力和放热率峰值均下降。着火落后期变短会导致预混合变差,而燃烧温度降低会导致炭烟的后期氧化变慢,这两种原因造成了炭烟和微粒排放上升以及指示热效率下降。

非直喷式柴油机(IDI)在推迟喷油提前角时,有时在一定范围内出现 $NO_x$ 和微粒同时降低的现象,但这时燃油经济性和 HC 排放的恶化仍是不可避免的。

(2)废气再循环。参见上文。与汽油机相比,由于柴油机混合气比汽油机稀,特别是在低负荷时更稀,废气再循环量比汽油机大。

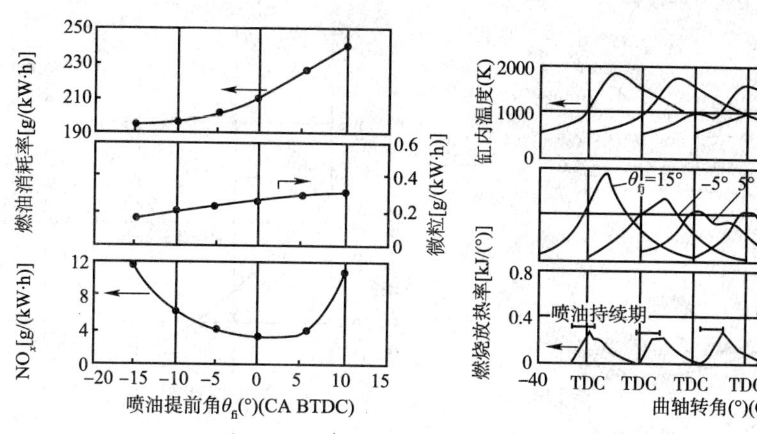


图 3-74 直喷式柴油机喷油时间对 $NO_x$ 排放的影响

(3)增压及增压中冷。增压可以大幅度提高进气的密度,使燃料在足够大的 $\varphi_a$ 条件下燃烧完全,因而可以显著抑制炭烟和微粒的产生,CO 和 HC 也会进一步降低。增压还可使柴油机的功率提高 30% ~100%;由于燃烧充分加之泵气过程做正功,因而燃油经济性也好。如图 3-75 所示,在 $NO_x$ 不变的条件下,通过提高增压度使 $\varphi_a$ 增大,结果使排气烟度和燃油消耗率都得到了明显降低。

但增压导致压缩终了温度升高和富氧氛围,由此会造成 $NO_x$ 排放量升高。对此,可采用增压中冷的方法使进气温度降低,以抑制 $NO_x$ 排放的恶化。

(4)改善喷油特性。喷油特性的改善对柴油机燃烧和排放特性都有重要影响。(参见本章第二节)

(5)优化燃烧室设计(参见本章第二节)。

2. 排气后处理技术

随着排放法规的日益严格,柴油机单靠燃烧改进等机内净化技术很难满足法规要求,从欧Ⅲ和欧Ⅳ阶段开始,排气后处理技术逐渐开始应用。目前已实用化的柴油机排气后处理技术主要有氧化催化器、微粒捕集器以及 $NO_x$ 还原催化器。

1)氧化催化转化器

柴油机氧化催化剂(DOC)一般用 Pt 或 Pd 做活性成分。氧化催化剂可以使本来已不成问题的柴油机 THC 和 CO 排放进一步降低,并显著降低 PM 中的 SOF,因而使 PM 总质量降低。同时,DOC 对目前法规尚未限制的一些有害成分(如 PAH、乙醛等)以及柴油机排气臭味也有净化效果。

柴油中所含的硫在燃烧后生成 $SO_2$,经催化转化器氧化后与排气中的水分化合生成硫酸盐。催化剂的氧化效果越好,硫酸盐生成越多,甚至达到没有催化转化器时的数倍。如图 3-76 所示,硫酸盐的大量生成,不但抵消了 SOF 的减少,甚至使微粒排放反而上升。同时,硫也是催化转化器中毒劣化的重要原因。因此,减少柴油中的硫含量就成了氧化催化转化器实用化的前提条件。例如,有研究结果表明,为满足国Ⅲ及其以上的排放法规,至少要使柴油硫含量降至 100μg/g 以下才能使用氧化催化器。近年来通过催化剂本身材料和制备工艺的改进,有些氧化催化剂也能耐较高的含硫柴油。

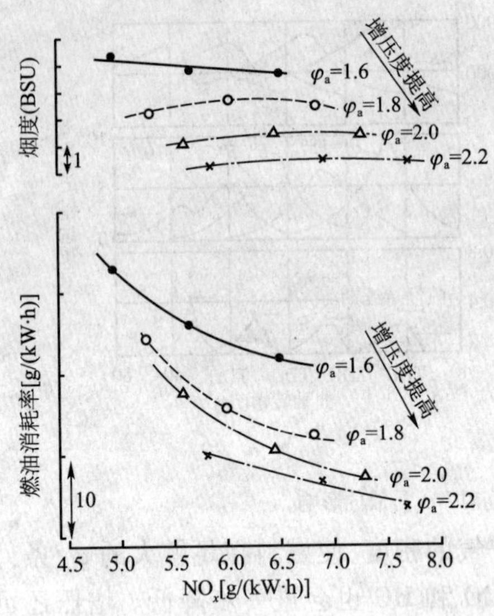


图 3-75　增压柴油机的排放特性和燃油消耗率

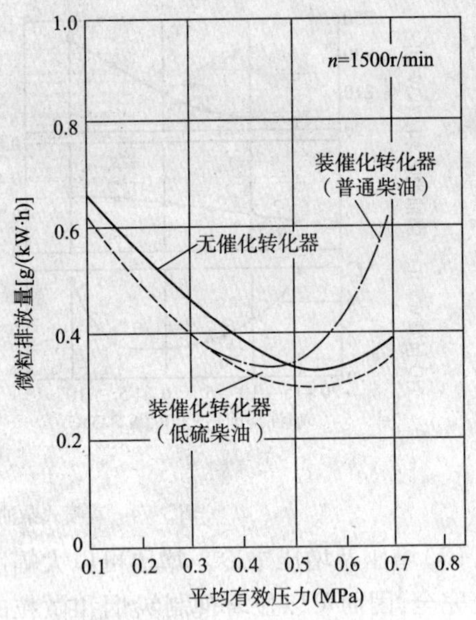


图 3-76　柴油机用氧化催化转化器的使用效果

2)微粒捕集器

微粒捕集器也称柴油机微粒过滤器(DPF),主要通过过滤等物理方法捕集排气中的微粒。以下主要介绍 DPF 的捕集方法和再生问题,并简要介绍与一般 DPF 有所不同的通流式过滤器。

(1)过滤捕集方法。一个好的微粒过滤器除了要有高的过滤效率外,还应具有低的流通阻力,所用材料应耐高温并有较长的使用寿命,同时还应尽可能减小 DPF 的体积。

作为 DPF 的过滤材料可以是陶瓷蜂窝载体(如堇青石,Mg2Al4Si5O18)、陶瓷纤维编织物(如 $Al_2O_3$-$B_2O_3$-$SiO_2$)和金属纤维编织物(如 Cr-Ni 不锈钢),其结构如图 3-77 所示。另外,也有用金属蜂窝载体的,甚至还有用空气滤清器等纸滤芯做过滤材料的。在图 3-77a)所示的壁流式陶瓷过滤体中,排气进入入口开放而出口堵塞的孔道,经多孔性壁面过滤后,由入口堵塞而出口开放的相邻孔道排出,过滤效率可达 90% 以上,目前使用最多。

(2)DPF 的再生及方法。随着过滤下来的微粒的积存,DPF 的过滤孔逐渐堵塞,使排气背压增加,导致发动机动力性和燃油经济性恶化,因此必须及时除去 DPF 中的微粒。除去 DPF 中积存微粒的过程称为再生。微粒氧化需要足够的高温、富氧和氧化时间,例如在氧浓度 5% 以及排温 650℃ 条件下,微粒的氧化时间需要 2min,而实际柴油机排温一般小于 500℃,城市公交车的排温一般不超过 300℃。另外,捕集的微粒如不及时清除,积存过多,一旦遇到合适的温度和氧化气氛就开始氧化燃烧,温度可达 2000℃ 以上,很容易将陶瓷过滤体烧熔,而保证陶瓷过滤体寿命的工作温度应控制在 1000℃ 以下。因此,DPF 的再生问题具有很大难度。

3)$NO_x$还原催化器

在柴油发动机汽车上应用 $NO_x$ 还原催化剂难度比较大,主要原因有:

(1)柴油机排放中含氧丰富,$NO_x$ 还原反应难以进行,对催化剂性能要求高。

(2)柴油机排温低于汽油机,$NO_x$ 还原不易进行。

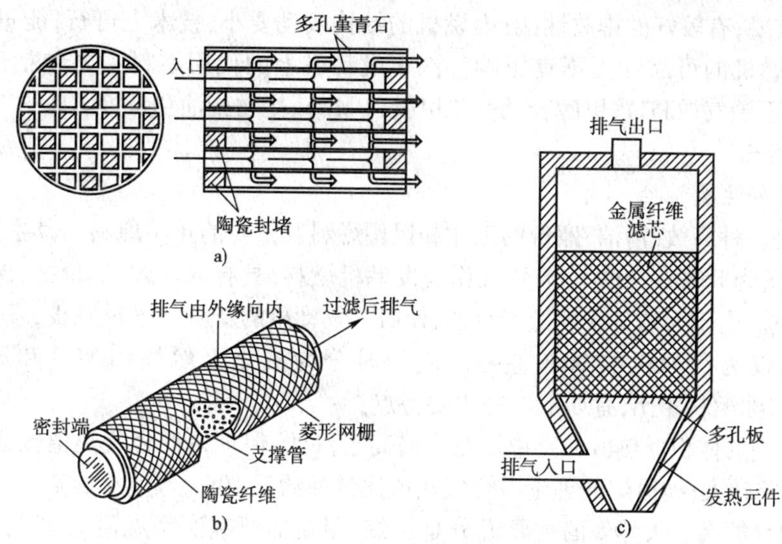


图 3-77 微粒搜集器的过滤材料

a)陶瓷蜂窝载体;b)陶瓷纤维纺织物;c)金属纤维纺织物

(3)柴油机排气中含有大量 $SO_x$ 和微粒,容易导致催化剂中毒。

吸附还原法催化剂(ARC)在柴油机上使用时因传统柴油机无法实现 ARC 再生所需要的浓混合气,故无法用来控制 $NO_x$ 的排放。不过,采用电控共轨喷油系统的柴油机,有可能通过在膨胀过程后期向汽缸内喷柴油提供 ARC 再生所需要的还原剂,目前正在研究中。

选择性催化还原法(Selective Catalytic Reduction,SCR)以氨为还原剂,已开始成功地用于柴油机 $NO_x$ 的清除。其催化剂一般用 $V_2O_5$-$TiO_2$、Ag-$Ag_2O_3$,以及含 Cu、Pt、Co 或 Fe 的人造沸石等。SCR 催化器的工作温度范围为 250 ~ 500℃。当温度过低时,还原反应不能有效进行;温度过高,不但会造成催化剂过热损伤,而且还会使还原剂氨直接氧化损耗和新的 $NO_x$ 生成。

使用 SCR 技术降低 $NO_x$,也要求柴油含硫量低,因为硫会生成硫酸铵或硫酸氢铵,沉积在催化剂表面上使其失去活性。以氨水作还原剂的 SCR 系统可以降低柴油机 $NO_x$ 排放量 95% 以上,但需要一套复杂的还原剂控制系统。此外,对车用柴油机来说,用氨水作还原剂并不合适,因为残留微量的氨就会使人感到不舒服。以尿素作为还原剂用起来比直接用氨水方便,因为尿素的水溶液在高于 200℃ 时即产生氨,从使用方便性出发,希望用燃油中的 HC 作为 $NO_x$ 的还原剂,但目前在 $NO_x$ 的转化效率方面尚不理想,还要继续改进催化剂。

## *第五节 发动机代用燃料与燃烧新技术

### 一、代用燃料及应用

汽油和柴油作为汽车发动机的传统燃料,尽管有不少缺点,比如有害排放等,但综合来看,还不能为其他燃料大量代替。所以,除汽油、柴油以外的发动机燃料称为代用燃料。代用燃料应具备以下特点:资源丰富,价格合适;燃料的热值,特别是与气体混合的热值应能满足内燃机的需要；有较好的排放性能；内燃机的结构改动要小，技术上可行；能量密度高，便于储存；对内燃机的可靠性无不良影响。汽车发动机上的代用燃料主要包括压缩天然气(CNG)、液化石油气(LPG)、甲醇、乙醇、二甲醚(DME)、生物柴油和氢等。

**(一)天然气**

1. 天然气的主要特性

天然气是一种高效、清洁、廉价的工业和民用燃料及重要的化工原料。其主要成分为甲烷($CH_4$)，含量为85% ~99%。天然气作为发动机燃料，具有低排放、低价格、储量丰富、无须加工等优点。由于天然气密度低于汽油，使吸入发动机的新鲜空气量减少，发动机的输出功率会下降，仅为汽油机的90%左右。应用时分为液化天然气(LNG)和压缩天然气(CNG)。与汽油燃料相比，有如下一些主要特点：

(1)天然气的体积低热值和质量低热值略高于汽油，但理论混合气热值比汽油低，甲烷含量越高，相差越大；纯甲烷的理论混合气热值比汽油约低10%。

(2)抗爆性能高。天然气的主要成分是甲烷，甲烷的研究法辛烷值为130，具有高抗爆性能。燃用天然气的专用发动机应采用的合理压缩比为12，允许压缩比可达15。采用高压缩比可以提高发动机的动力性和燃料经济性。如：采用高压缩比，天然气发动机的燃烧效率相当于柴油机，有利于减小$CO_2$的排放。装有电子控制燃料供给系统和三元催化转化器的轻型天然气汽车的尾气排放比最严格的加州超低排放车(ULEV)标准还低75%。

(3)混合气着火界限宽。天然气与空气混合后的工作混合气体有很宽的着火界限，其过量空气系数的变化范围为0.6 ~1.8，可在大范围内改变混合比，提供不同成分的混合气。通过采用稀薄燃烧技术可进一步提高发动机的经济性和改善排放。

(4)天然气的着火温度比汽油要高，火焰传播速度慢，因此需要较高的点火能量。

(5)天然气比汽油和柴油更“清洁”。由于天然气的燃烧温度低，$NO_x$的生成量少；与空气同为气相，混合均匀，燃烧较完全，CO和微粒物质的排放很低。采用柴油—天然气双燃料工作的发动机，尾气的烟度值很低，为采用纯柴油的1/10左右，几乎是无烟状态运行。未燃烧的甲烷等成分性质稳定，在大气中不会形成有害的光化学烟雾，但对大气温室效应的影响比$CO_2$严重，应在内燃机缸外烧掉或选用新的催化剂进行机外处理。

天然气由于具有上述优良的环保性能及经济性能，在汽车发动机上作为代用燃料得到了广泛地应用。几种燃料的物理特性及燃烧特性见表3-12。

2. 天然气在发动机上的使用方案

天然气(或其他可用气体燃料)发动机分为：单燃料燃气发动机、双燃料燃气发动机、两用燃料燃气发动机、混合燃料燃气发动机。

1)单燃料天然气发动机

单燃料天然气汽车在城市公交、出租车、货车等领域应用广泛。由于城市公交车运营线路固定、运行里程较短，因而世界各国都优先在城市公交车上推广使用天然气替代柴油，这对改善城市大气污染有着显著效果。

图3-78为东风汽车公司EQDN系列天然气发动机供气和控制系统示意图，采用电控单点喷射(喷油压力0.5MPa)和稀薄燃烧方式，并匹配专用的氧化催化器。“天然气电控喷射+稀薄燃烧+氧化催化器”目前是国内外广泛采用的技术方案之一，能满足国Ⅳ排放；为

满足欧Ⅴ和欧Ⅵ放要求，则需要采用“天然气电控喷射＋化学计量比燃烧＋EGR＋天然气专用三元催化器”方案。需要说明的是，中国和欧盟排放法规都限制天然气汽车的甲烷排放，而美国目前不限制天然气汽车的甲烷排放。

**燃料物理特性** 表3-12

| 性质＼燃料种类 | | LPG | | 天然气 | 柴油 | 甲醇 | 汽油 |
|---|---|---|---|---|---|---|---|
| | | 丙烷 | 丁烷 | | | | |
| 化学分子式 | | $C_3H_8$ | $C_4H_{10}$ | $CH_4$ | $C_XH_Y$ | $CH_3OH$ | $C_mH_n$ |
| 分子量 M | | 44 | 58 | 16 | 190～220 | 16 | 95～120 |
| 沸点(℃) | | －42.1 | －0.5 | －162 | 180～360 | －162 | 130～150 |
| 液态密度 | | 528 | 602 | 424 | 820～880 | 424 | 720～780 |
| 理论空燃比 | 质量比 | 15.7 | 17.3 | 17.3 | 17.3 | 14.6 | 14.9 |
| | 体积比 | 23.81 | 9.52 | 9.52 | 9.25 | 9413 | — |
| 汽化潜热(kJ/kg) | | 426 | 385 | 510 | 255 | 510 | 310 |
| 低热值(kJ/kg) | | 46 350 | 45 430 | 50 000 | 42 500 | 5 000 | 46 000 |
| 理论混合热值(MJ/m³) | | 3.49 | 3.52 | 3.39 | 3.73 | 3.39 | — |
| 十六烷值 | | <10 | <10 | <10 | 50～65 | — | — |
| 辛烷值 RON | | 111.5 | 95 | 130 | 20～30 | 130 | 80～95 |
| 爆炸极限(%) | | 2.4～9.5 | 1.9～8.5 | 5～15 | 0.6～6.5 | 515 | 1.4～7.6 |
| 自然温度(常压下)(℃) | | 510 | 430 | 650 | 250 | 650 | 410～530 |
| 最大火燃传播速度(cm/s) | | 42.9 | 41.6 | 37.3 | — | 37.3 | 38 |
| 化学成分 | C(%质量分数) | 81.8 | 70.5 | 60 | 60 | 86 | 84 |
| | H(%质量分数) | 18.2 | 29.5 | 40 | 40 | 14 | 16 |
| | O(%质量分数) | 0 | 0 | 0 | 0 | 0 | 0 |

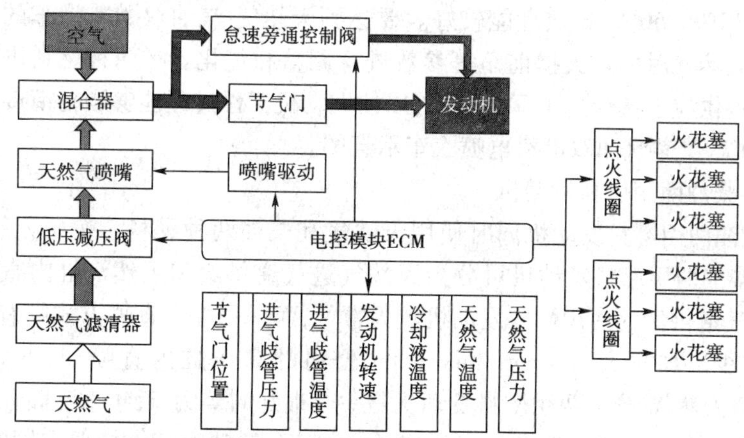


图3-78 东风汽车公司天然气发动机技术方案图

图3-79为EQDN系列增压型天然气发动机在1600r/min、进气管压力125kPa工况时的发动机性能随过量空气系数变化曲线。从图3-79可以看出，当过量空气系数在1.35～1.5

范围内时，发动机指示热效率 $\eta_i$ 较高，而 $NO_x$、CO、$CH_4$ 排放较低，以平均指示压力计算的循环波动率（$\delta_{imep}$）也较低。表 3-13 为 EQD230N（增压型）天然气发动机主要性能指标，其最大转矩为 620N · m（1400 ~ 1600r/min），仅装备氧化催化器就达到国Ⅳ排放水平。

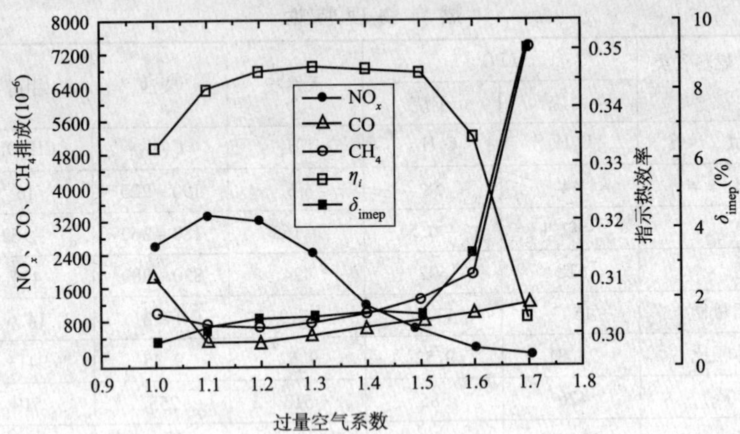


图 3-79　EQD230N 天然气发动机性能随过量空气系数变化曲线

**EQD230N 天然气发动机性能指标**　　表 3-13

| 缸径×行程 (mm) | 排量 (L) | 额定功率 [kW/(r/min)] | 最大转矩 [(N·m)/(r/min)] | 压缩比 | 全负荷最低燃气消耗率[g/(kW·h)] | 排放 |
|---|---|---|---|---|---|---|
| 105×120 | 6.234 | 132/2800 | 620/1400 ~ 1600 | 10 | <250 | 国Ⅳ |

2）天然气-汽油双燃料发动机

在天然气加气站数量有限、汽车运行线路不固定的条件下，天然气-汽油双燃料汽车是一种理想的选择，它既可燃用汽油，也可燃用天然气，使用中能在两种燃料之间灵活切换。天然气-汽油双燃料发动机在使用天然气时的最大功率比使用汽油时降低约 15%，但燃料成本可比汽油低 30% ~50%，排放性能较好。要达到天然气-汽油双燃料汽车的良好性能，需对发动机使用天然气时的点火提前角等参数进行调整和优化。在两种燃料进行切换时，必须确保两种燃料供应系统快速可靠地转换，以使发动机工作过程能够顺畅衔接。

图 3-80 为天然气-汽油双燃料电喷汽车示意图。

3）天然气-柴油两用燃料发动机

天然气-柴油两用燃料发动机同时使用天然气和柴油两种燃料。按照天然气燃料的给方式，天然气-柴油两用燃料发动机可分为天然气进气道供给和天然汽缸内直喷两种方式。天然气经由进气道供给的两用燃料发动机较为常见，而采用缸内直喷方式则有很大难度，因而实际应用很少。加拿大 westport Innovation 公司的高压缸内直喷（high pressure direct injection，HPDI）天然气-柴油两用燃料发动机是一个很好的实例，近年来已商业化。

HPDI 系统中有一个特殊设计的天然气-柴油喷嘴，该喷嘴能够按要求同时实施柴油和天然气的缸内高压喷射。少量柴油在发动机上止点前被喷入缸内，而大量天然气则在发动机压缩上止点附近被高压喷射进入缸内；先期喷入缸内的柴油被压燃，从而点燃稍后喷入缸内的天然气-空气混合气，可实现高压缩比条件下的无爆震燃烧。采用该技术后天然气可替代90%以上的柴油，而进气道供给天然气的两用燃料发动机一般只能替代不到50%的柴油。与同类柴油机相比，采用HPDI技术的两用燃料发动机的$NO_x$可降低40%～50%、颗粒排放(PM)降低约80%(该发动机能够达到超低排放)，动力性与柴油机相当，而热效率不低于柴油机。

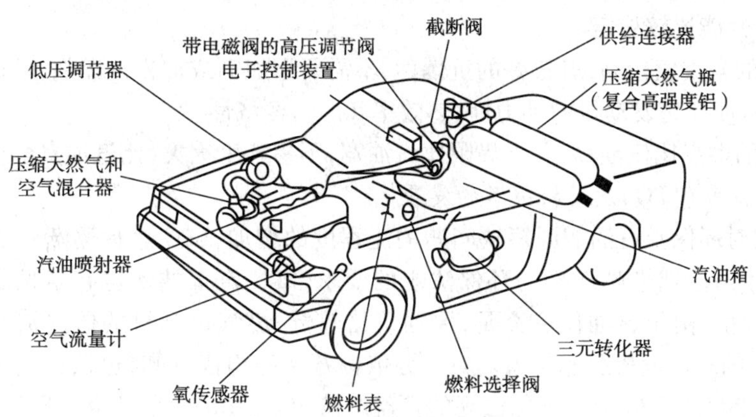


图3-80　天然气-汽油双燃料电喷车示意图

**(二)液化石油气**

液化石油气，简称LPG，其主要成分是丙烷($C_3H_8$)、丁烷($C_4H_{10}$)、丙烯($C_3H_6$)、丁烯($C_4H_8$)等化合物的异构体。它在常温、常压下是一种无毒、无色、无味的气体，其来源有两种途径：一为在原油炼制过程中分离、生产出来的副产品；另外是从天然气的气体精制过程中分离、生产出来。我国生产出来的LPG，其主要含量为丙烷和丁烷；车用LPG中，丙烷的含量(体积)占95%以上。

*1.液化石油气的主要特性*

从表3-13中可以看出，与柴油相比，LPG的质量热值比柴油高10%左右，但液态密度比柴油要低，故采用LPG与柴油的液态混合燃料向柴油机缸内直喷燃烧时，柴油机的功率将变化很小。LPG的沸点比柴油低得多，常压下为气体，但汽化潜热比柴油大，在柴油机上采用LPG与柴油液态混合燃料进行缸内直喷燃烧时，一方面可以使缸内混合气形成更加迅速和彻底，减少炭烟的形成；另一方面，通过汽化吸收大量的热量，使缸内燃烧的温度下降，控制$NO_x$的生成。同时，为了保证LPG在供油系统中不发生气化，形成气阻，必须加大LPG供给的压力。常压下的着火极限LPG略比柴油大，以质量计的理论空燃比LPG也比柴油略大。LPG的自燃温度比柴油高约200°C，这说明LPG分子结构比柴油稳定，要破坏这种结构需要更多的能量；另外LPG的十六烷值比柴油要低，所以混合燃料的着火延迟期比柴油要长。LPG的辛烷值比汽油高，辛烷值越高，其抗爆性越好，为进一步提高压缩比提供了可能性。LPG氢碳比(H/C)大，极易气化，易燃烧，这决定了LPG是一种清洁燃料。各种实验研究表明，与汽油相比，在各种温度下，LPG的$NO_x$和HC+CO的排放都有大幅度的减少；总之，与汽油相比，LPG的特点可以概括如下：

(1)LPG的临界温度较高，在常温下为气态。以气态进入发动机，燃料与空气同相，混合均匀，燃烧较完全，可以显著降低CO和HC的排量。另外，LPG的火焰温度明显偏低，可使$NO_x$的排放明显减少。因此，汽车采用液化石油气作燃料，可以极大地降低汽车对大气的污染。

(2)LPG 的着火温度比汽油高,火焰传播速度比汽油低,所以燃用 LPG 时,应保证供应足够的点火能量,并适当加大点火提前角,以求可靠点火,提高发动机的动力性和经济性。

(3)LPG 的着火极限范围比汽油宽,空燃比容易调整,能保持稳定良好的燃烧,从而能保证发动机运转性能比较稳定。

(4)LPG 的辛烷值较高,有较好的抗爆性,不需要添加剂或加铅抗爆剂,可适当提高发动机的压缩比,从而提高发动机的动力性、热效率和燃料经济性。

(5)LPG 的燃点比汽油高,着火界限比汽油宽,不易产生火灾,比汽油安全。

*2. 液化石油气(LPG)发动机技术的发展*

随着人们对环保及石油能源短缺问题关注程度的增加,LPG 燃料逐渐广泛地应用于汽车上;同时为了适应越来越严格的环保法规的要求,LPG 汽车技术也有了长足的进步。20 世纪 80 年代以前,由于石油供应充足,原油价格较低,燃气发动机的研究被忽略了。然而 1973 ~ 1974 年的石油危机引起了人们对过分依赖石油的担忧,同时也认识到了能源多样性的重要。随着 20 世纪 80 年代环保法规的日益严格,燃气发动机的研究、开发再次成为世界各国的热点。可以说,20 世纪 80 年代是气体发动机技术的迅速成长期,20 世纪 90 年代在此基础上进行了进一步提高,成为内燃机行业中新一类的重要产品。

国外车用 LPG 发动机的开发过程随燃料供给方式及系统结构和特征而不同,从它的开始开发到如今大概可分为 6 个发展阶段。

(1)第一代为 LPG 汽化装置系统,称为化油器式混合方式。对应于汽车化油器时代,在不改变汽车原有供油系统的前提下,加装一套燃气供气装置,采用文丘里管、比例调节式等机械混合器,使空气和 LPG 气体在进入汽缸前形成均匀的混合气,利用发动机进气管真空度的变化,调节燃气供气量,适应不同负荷下对供气量的不同要求。它的特点是排气结构简单,无反馈控制,容易将汽油机改装成 LPG 发动机,输出功率比汽油机小。

(2)第二代是反馈混合方式 LPG 发动机。它是在第一代的基础上,采用电子控制化油器的调节技术。在混合器前安装由步进电动机控制的节流阀;在排气结构上增加了氧传感器;同时增加了 ECU 控制中心,可以根据排气空燃比变化,自动调节供气量,实现空气与燃料的反馈混合,使 LPG 汽车性能得到改善。

(3)第三代为电子控制 LPG 气体喷射式发动机。对应于电子控制单点喷射技术,它在第二代的基础上设置了 LPG 气体喷射器和汽油喷嘴;同时设有氧传感器和 ECU 控制中心。喷射方式有单点喷射和多点喷射。它利用气体燃料的原有压力,使用步进电动机的燃料分配器,将燃料以气体状态供给汽缸。采用专用的 ECU 控制燃料供给量。为防止汽化时的冻结和检查汽油系统,用汽油起动发动机,待热机后会自动转换成 LPG。该系统的特点是结构简单,设有专用的气体控制 ECU,可根据发动机转速、负荷和排气空燃比的变化,精确控制 LPG 气体喷射量,提高了发动机的工作效率,安装催化转化器后,可使污染物较同等水平的汽油机降低 10% ~50%。其缺点是因气体喷射会产生吸气损失输出功率比基准发动机低。该系统已被欧洲大多数汽车制造厂所采用,例如:沃尔沃、雷诺、0PEL、大众公司等。

(4)第四代为电子控制 LPG 进气歧管液体喷射式发动机。在第三代的基础上,通过增加燃料加压泵,实现 IPG 液态喷射。这种 LPG 液态喷射系统主要用在双燃料发动机上,是欧洲生产的主要方式。这种发动机和汽油机一样,在燃料容器内设置燃料泵。泵的转速可以按照发动机的负荷条件进行5级变速,通常以5个大气压进行加压供给。与汽油机一样利用专用的LPG喷油器对各汽缸进行喷射控制。其控制与基准发动机的ECU联动,并用专用的辅助ECU控制LPG的喷射量。在起动时为了防止冻结和检查汽油系统,采用汽油起动,待热机后自动转换为LPG。由于在喷射时是液体,故能取得与汽油机完全一样的输出功率、转矩和燃油耗油率。目前欧洲日产、马自达、三菱汽车、沃尔沃、意大利BRC公司等都进行了这方面的开发。

(5)第五代为火花点火式LPG缸内直接喷射方式的发动机。LPG发动机未来的研究有火花点燃缸内直接喷射的方法,与汽油机缸内直接喷射相同。此研究的目的是应用具有稀薄燃烧优点的层状燃烧。由于要向缸内直接喷射燃料,故必须在缸内直接安装喷嘴,从而出现了抑制燃料的蒸发和实现喷油定量化的问题。

(6)第六代为压燃式LPG缸内直接喷射发动机。这类发动机必须有专用的LPG燃料,通过添加提高LPG十六烷值的添加剂以确保燃烧性能;并且要进行燃料高加压。该机运行时,热效率与柴油机相当,排烟很少,$NO_x$约为柴油机的2/3,但排气中不含硫成分,故可利用$NO_x$催化剂。

近年来,国外天然气和液化石油气汽车技术发展较快,不仅在动力性和燃料经济性方面有显著提高,而且在排放性能方面已列入“绿色汽车”行列。最近日本本田汽车公司推出的CIVIC系列天然气汽车的CO、$NO_x$和HC排放量比1997年美国联邦政府制定的标准低60倍,比当今世界最严格的加州标准低10倍,而且仍保持良好的汽车性能。

目前,国内的LPG汽车一般都是在普通汽油机或柴油机汽车上进行改装,加上一套LPG燃料供应系统,成为双燃料系统,与国外LPG发动机技术相比,还存在不少的差距。

### (三)氢气

#### 1. 氢气的主要特性

氢气是一种无色无味的气体,其分子式为$H_2$,在常温、常压下为气态;沸点为-253°C。氢气作为发动机的燃料主要有以下一些特点:

(1)氢是唯一不含碳的燃料,燃烧后生成$H_2O$,不产生CO、HC及硫化物。由于没有$CO_2$的生成,可以减少全球温室气体的排放。在氢与空气的混合气体中,氧原子浓度大且氢燃烧时循环温度较高,燃烧产物中虽无CO和HC,但NO的浓度较高。

(2)氢气的质量燃料热值高,为120MJ/kg,是汽油的2.7倍,但理论空燃比为汽油的2.5倍;折算到理论体积混合气体发热量要小于汽油,为3 200kJ/$m^3$(汽油为3 700kJ/$m^3$),所要求的燃烧系统与汽油机有较大差别。

(3)氢气极易点燃,所需的最小点火能量只有汽油的1/3,火焰传播特性很好,易实现稀薄燃烧;但自着火温度(标准大气压下)为850K,高于柴油(625K)和汽油(770K)。

(4)氢气的沸点低,常温、常压下为气体,携带性和安全性差。氢气在大气中的扩散系数为汽油的8倍(0.63$cm^2$/s),能很快形成可燃混合气体,由火花塞点燃后,其燃烧速度和燃烧温度都很高。

基于氢气燃料的以上一些特点,在发动机上使用氢气作燃料时具有明显的优点。由于氢气所需点火能量小,易实现稀薄燃烧,故可在更宽广的工况内得到较好的燃油经济性能。

燃烧的主要产物是 $H_2O$ 和 $NO_x$，不产生 CO、HC 及硫化物，只须采取降低 $NO_x$ 排放的措施，是很好的洁净能源。

氢气在作为发动机的燃料在使用过程中也存在一些问题。氢气的沸点低，储运性能差是其最大缺点。氢气应用的另外一个难点是制取困难。理论上可以从水、煤、天然气等原料中制氢，但到目前为止，制取氢的成本及消耗的能量还很高，不能大量满足作为内燃机的燃料需求。由此可见只有解决氢的储存及生产成本问题，才能使氢燃料走向实用。

2. 氢燃料发动机

从燃料供给方式看，氢内燃机主要有四种方式：气化器、节流阀喷射、进气道喷射和缸内直喷，其中进气道喷射为主要技术方案。进气道喷射技术是将氢气在各缸进气道处顺序喷射，可较好地避免氢发动机回火。而氢汽缸内直喷是将氢气喷入发动机汽缸内，可完全避免回火，还可提高氢发动机动力性。

MAN 公司开发了氢内燃机客车，已在德国示范运行。这种汽车采用 MAN 公司 H2866UH 型氢发动机，该发动机为直列六缸、12L 排量，采用氢气进气道喷射。该发动机是从汽油机改为氢发动机的，其功率 140kW、最大转矩 700N · m。此后 MAN 公司又研发出 H2866UH01 和 H2866UH02 两款氢发动机，其主要性能见表 3-14。其中 H2866UH01 型采用机械增压器、进气道喷射技术；H2866UH02 型采用废气涡轮增压、缸内直喷技术，发动机功率进一步提高。

**MAN 公司氢气发动机技术数据** 表 3-14

| 技术指标 | H2866UH01 | H2866UH02 |
|---|---|---|
| 工作方式 | 四冲程奥拓循环，机械增压 | 四冲程奥拓循环，废气涡轮增压 |
| 排量(L) | 12.01 | 12.01 |
| 压缩比 | 7.5 | 12 |
| 氢气供给方式 | 进气道多点喷射 | 氢汽缸内喷射 |
| 最大输出功率 | 180kW/(2200r/min) | 200kW/(2200r/min) |
| 最大转矩 | (960N · m)/(1000r/min) | (1000N · m)/(1000r/min) |
| 废气后处理 | 专用催化剂 | 无 |

**(四)醇类燃料**

从 20 世纪 70 年开始，国际石油危机促使各国积极寻找石油的代用能源，美国、日本、德国、加拿大、法国、巴西、瑞典、新西兰等国积极开展了甲醇燃料汽车的研究和试用。但在 20 世纪 90 年代末以后，考虑到甲醇的排放、腐蚀性和天然气制甲醇成本高等问题，以及当时乙醇燃料商业化的可行性更好，因而国际上车用甲醇燃料发展处于停滞阶段。而我国由于具有相对丰富的煤矿资源，煤制甲醇的成本低廉，因此甲醇汽油在山西省等少数地区得到了积极的推广应用。2009 年我国颁布了《车用燃料甲醇》和《车用甲醇汽油(M85)》(M85 意为含 85% 甲醇的燃料，以下同)国家标准，并于年底正式开始实施。山西和四川等省还先后颁布了 M3、M5、M15、M30、M50 等不同比例甲醇汽油燃料的地方标准。

1. 醇类燃料的主要特性

醇类燃料主要是指甲醇($CH_3OH$)和乙醇($C_2H_5OH$)，都是分子量较小的单质。甲醇可以从天然气、煤、生物质等原料中提取，乙醇可以从含淀粉和糖的农作物中制取，原料来源广泛，并且可以再生。与汽油相比，它的特点是：

(1)醇类燃料热值低,但醇中含氧量大,理论空燃比比汽油小,所以两者的混合气热值相当,保证发动机的动力性能不降低。

(2)醇的汽化潜热是汽油的3倍左右,燃料蒸发汽化可以促使进气温度进一步降低,增加充气量,但是冷起动困难,需要预热。

(3)醇的辛烷值高,抗爆性能好,对提高压缩比有利。

(4)醇的沸点低,产生气阻的倾向比汽油大。

(5)甲醇对视神经有损伤作用,有一定的毒性,在储运及使用中要注意安全。另外,甲醇对金属有一定的腐蚀作用,应采用防腐蚀措施。

(6)醇类的十六烷值很低,着火性差,着火延迟期长,在压燃式内燃机中使用醇类很困难。

(7)醇类燃料的着火上下限都比石化燃料宽,能在稀混合气区工作,有利于降低油耗;燃烧完全,燃烧产物中基本没有炭烟,$NO_x$的排放浓度也很低,是一种低污染性燃料。

2. 醇类燃料在发动机上的使用

1)甲醇燃料

(1)甲醇燃料的应用方式。

甲醇的性质接近汽油,在汽油机上使用甲醇燃料,发动机结构不需做大的变动。因此,目前甲醇主要用于汽油机。甲醇与汽油的相溶性较好,容易实现各种比例掺烧。按使用比例不同对汽油机的要求各异。使用低比例甲醇汽油(M15以下)的发动机可以不作任何改变,仅在甲醇汽油中加入相应添加剂,即要求“油适应车”。其优点在于不需要增加成本,而冷起动性和加速性与汽油车没有明显区别,动力性略有增加,热效率基本相当,CO、HC排放有一定改善,$NO_x$排放基本不变。

使用高比例甲醇汽油(M80以上)的发动机需要进行大的技术改造和性能优化,即要求“车适应油”。由于压缩比可以提高,因而其功率和热效率都优于原汽油机,排放改善效果明显,但其冷起动和耐久性问题突出。

使用中比例甲醇汽油时,不仅发动机需作适当改变和调整,而且还存在甲醇汽油的互溶性、溶胀性、腐蚀性等问题,应用成本较高,因而极少使用。

由于甲醇和汽油没有互换性,因此甲醇汽车普及的突出矛盾是燃料供给设备问题。甲醇汽车的推广必须和燃料供给设备的普及相适应。

20世纪80年代,美国福特公司开发了一种灵活燃料汽车(flexible fuel vehicle,FFV),可以使用任意比例掺混的甲醇汽油混合燃料,这样就不会受到加油站限制。电控系统用燃料传感器识别甲醇比例,据此提供发动机最佳运行参数。灵活燃料汽车也是甲醇燃料应用的一种方式。

目前也有一些甲醇用于柴油机的研究在进行,但由于甲醇比乙醇更难与柴油混配,因而其供油方式主要使用两用燃料法,类似下述乙醇在柴油机上的应用方法。

(2)甲醇燃料应用中的主要问题。

甲醇燃料在与汽油掺混使用时,需要解决非常规排放、腐蚀性、溶胀性、毒性等问题。

①非常规排放。甲醇燃烧后会产生未燃甲醇和甲醛等非常规排放,这一直是国内外十分关注的问题。最近的研究结果表明(图3-81),在发动机充分暖机条件下,常规三元催化

转化器对这些非常规排放有很高的净化效率，使得甲醇汽油发动机在催化转化器后的甲醇、甲醛排放（图 3-81 中 M20）与汽油机处于同一水平。但在冷起动过程中，由于催化剂尚未起燃，催化剂后的甲醇和甲醛排放仍有明显增加。

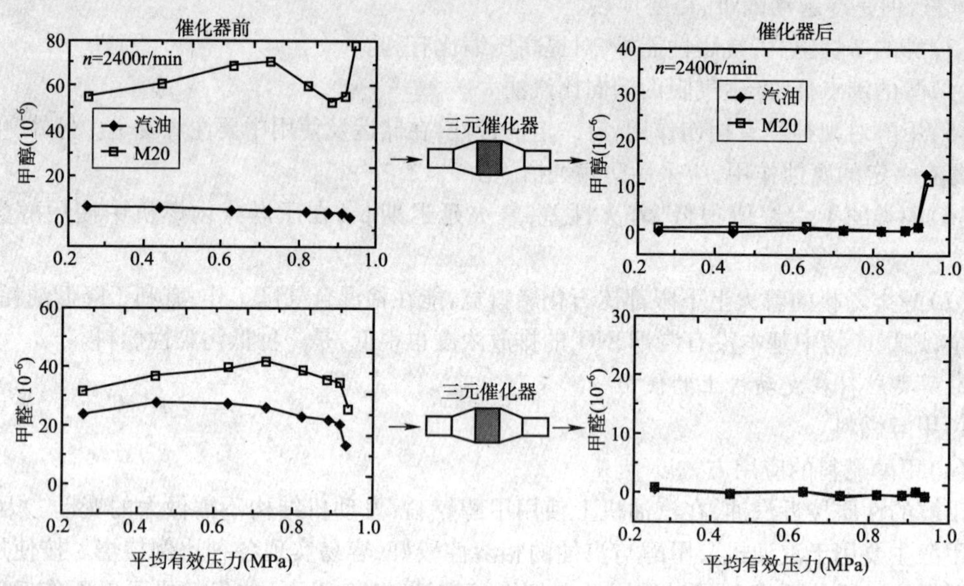


图 3-81　催化转化器使用前后甲醇、甲醛排放对比

②腐蚀性。甲醇对锡、铜、铝、镁、锌等有色金属材料都有腐蚀性，在发动机燃油供给系统中腐蚀镀铅锡合金、铝锌镁合金及黄铜等金属层后生成氢氧化物。含水甲醇还会使钢管或薄钢板件腐蚀、生锈。这些腐蚀生成物进入曲轴箱内会加速润滑油氧化变质。同时甲醇和其燃烧产物会腐蚀气门及座圈、活塞环、汽缸套等零部件，导致异常磨损。

③溶胀性。甲醇与橡胶件有一定相溶性，某些橡胶件、塑料件受甲醇侵蚀后会发生溶胀变形或脆裂引起供油系统故障和泄漏。

④毒性。甲醇经口腔、呼吸道和皮肤进入人体，可出现急性中毒。职业接触的空气中甲醇最高允许浓度（MAC）为 50mg/$m^3$，比汽油的 MAC（350mg/$m^3$）要严格得多。

2）乙醇燃料

①乙醇在汽油机上的应用。低比例乙醇汽油可以允许发动机不作任何改动，这也是混配 10% 乙醇的燃料（E10，下同）在世界上应用最广泛的原因。巴西以甘蔗渣为原料生产燃料乙醇，于 20 世纪开始乙醇汽油的商业化应用，目前所有市售汽油中都加入了不同比例的乙醇，如 E15、E20 和 E25，或者使用任意比例乙醇的灵活燃料汽车（FFV）。美国以玉米为原料生产乙醇，以 E10 乙醇汽油为主，也有少量 E85 乙醇汽油，是仅次于巴西的乙醇汽油应用大国。我国已有 10 个省（或直辖市）在使用 E10 乙醇汽油。

由于乙醇的加入，扩大了混合气的着火界限、可燃用稀混合气。由于乙醇辛烷值高于汽油，改善了燃料的抗爆性，可以进一步提高汽油机的压缩比，从而提高发动机的动力性及燃油经济性。并因乙醇含氧 34.8%（质量比），使得燃烧完全，可减少燃烧室表面的燃烧沉积物，改善未燃 HC 和 CO 的排放。同时，由于乙醇的汽化潜热大，使得燃烧温度降低，$NO_x$ 排放减少。Ford 汽车公司在发动机中使用 Ed85(85% 变性乙醇,15% 汽油),试验结果证实可以达到加州超低排放(ULEV)标准。

目前对乙醇的研究多是集中在使用无水乙醇上,这主要是因为,乙醇含水后与汽油的互溶性显著降低,会出现分层问题。

②乙醇在柴油机上的应用。目前乙醇在柴油机尚未有大规模的商业化应用,但国内外许多研究工作和示范运行表明乙醇在柴油车上有很好的节能和降低排放效果。

a. 燃料供给方式。乙醇应用于柴油机时的供给方式有三种:乙醇柴油、在线混合以及柴油引燃乙醇。

乙醇柴油:将柴油与乙醇制备成乙醇柴油混合燃料的方法在三种供给方式中最简单,发动机可以不作改动,但由于乙醇与柴油难以互溶,即使借助于互溶剂也最多能混入 15% 的乙醇(E15)。生物柴油能比普通柴油更好地与乙醇互溶,在柴油中加入 10% 的生物柴油,可以使乙醇的混配比例提高至 30% 。

在线混合:在线混合系统如图 3-82 所示。通过调节流量控制阀可以改变乙醇与柴油的混配比例,以适应于不同的工况。混合器可以提高两种燃料的混合均匀性,以使燃烧稳定。但在线混合方法需要对发动机供油系统作一定改进。

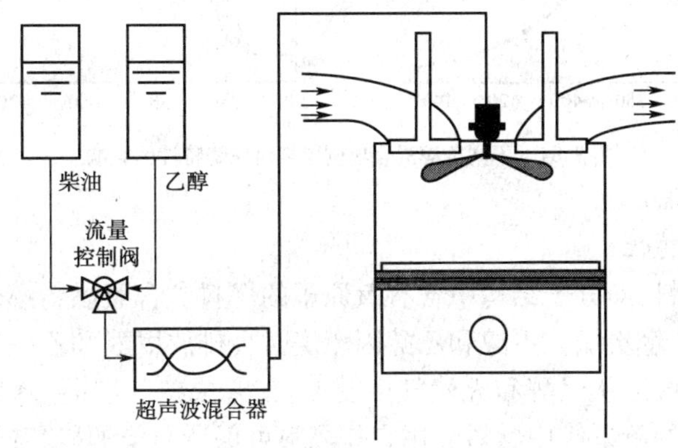


图 3-82　乙醇 - 柴油在线混合系统

柴油引燃乙醇:与下述 HCII 方法相似,该方法是将乙醇作为主燃料在进气道中喷射,在缸内形成均质混合气,柴油作为引燃燃料在缸内喷射。显然这种方法对发动机和供油系统的改动最大。

b. 燃烧与排放特性。图 3-83 所示给出了混配比例为 10%(E10)、30%(E30)的乙醇柴油混合燃料与纯柴油(E0)的排放特性对比,试验中采用在线混合方法。随着负荷的提高,乙醇混合燃料降低炭烟的效果显著提高,在 BMEP = 0.7MPa 时,E10 和 E30 燃料分别降低炭烟 42% 和 74% 。小负荷时随着乙醇混配比例增大而 $NO_x$ 有所降低,其原因是乙醇降低了燃烧温度;但大负荷时 $NO_x$ 上升 20% ~ 30% ,其原因是氧化氛围提高,与下述生物柴油相似。

图 3-84 所示给出了上述三种燃料的燃烧特性对比。随着乙醇比例的增大,滞燃期增长,最高燃烧压力升高,预混合燃烧速率提高,这也是导致大负荷 $NO_x$ 上升的原因之一。

上述试验研究还表明,当乙醇混配比例提高至 60% ~ 80% 时,其有效热效率(或有效能量利用率)可超过纯柴油,最高改善幅度可达 10% 。

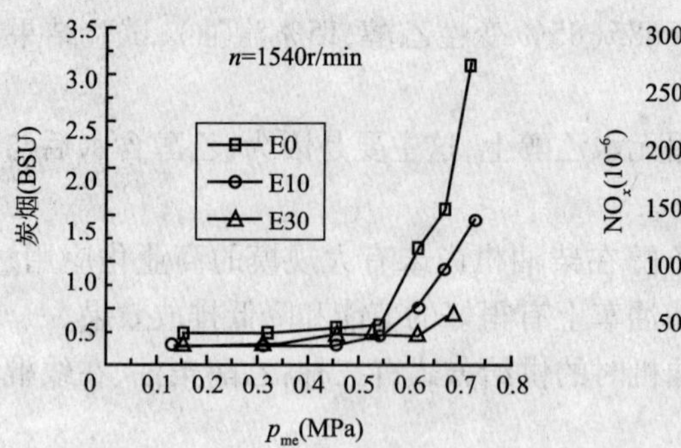


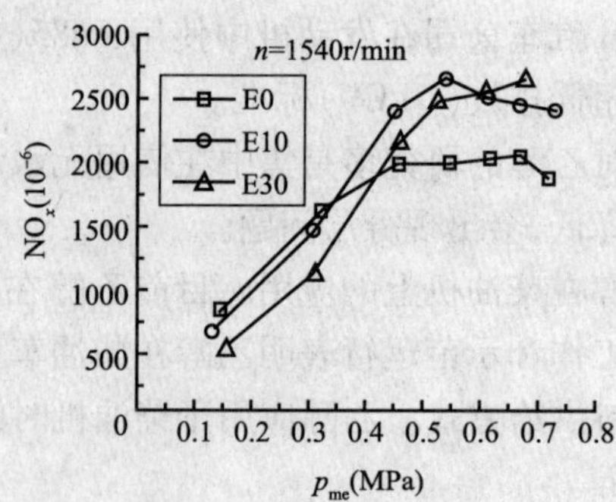


图 3-83　在线混合不同比例乙醇柴油混合燃料排放特性

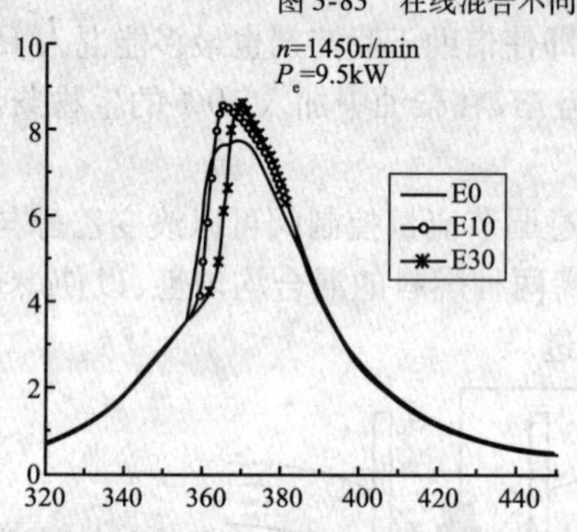


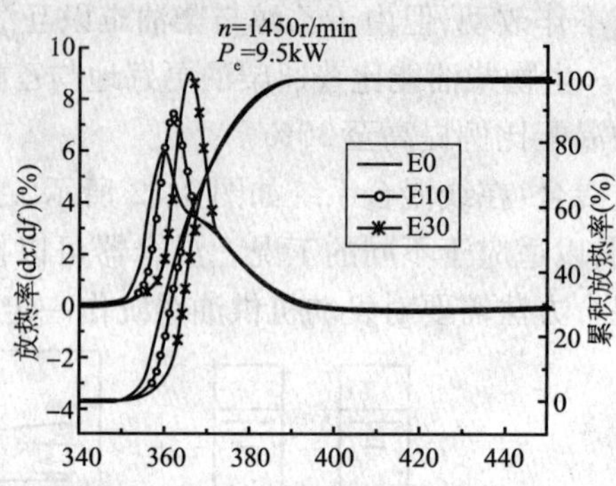


图 3-84　不同乙醇混合比例燃料对燃烧特性的影响

**(五)二甲醚(DME)**

1. 二甲醚的主要特性

二甲醚是含氧燃料,即分子结构中含有氧原子的燃料。含氧燃料燃烧时所需空气少,易充分燃烧,基本上不产生炭烟。甲醇和乙醇因燃烧时会排放甲醛和乙醛等有害成分,在使用上受到限制。二甲醚可以从甲醇和天然气中提取,工艺成熟,且其十六烷值高,是一种特别适用于压燃式内燃机的新型代用燃料。用它作燃料可保持与柴油机相同的输出功率和热效率,还可解决柴油机的炭烟及 $NO_x$ 的排放。二甲醚发动机能够满足目前世界上最严格的排放标准要求。因此,目前许多国家和地区都在积极地研究和开发二甲醚汽车。同汽油、柴油相比,二甲醚有如下特点:

(1)二甲醚的分子式为 $CH_3-O-CH_3$,只有 C－H 和 C－O 键没有 C－C 键,又是含氧燃料(含氧量为 34.8%),容易燃烧完全,在燃烧时不会像柴油那样产生炭烟,即有利于减少燃烧生成的烟度和微粒,微粒排放物几乎为零。

(2)二甲醚无毒,常温、常压下是无色气体,比空气重,加压至 0.5MPa 时,由气体变为无色透明的液体。其蒸气压力特性与 LPG 相近,可采用与 LPG 相同的方式运输和储存。使用二甲醚时,还可使用更大的废气再循环(EGR),降低 $NO_x$ 的排放。

(3)二甲醚的十六烷值为 55～60,一般柴油只有 40～55,比柴油高,远高于其他代用燃料。二甲醚的着火温度为 235℃,低于柴油的 250℃,着火性能优于柴油。在柴油机上燃用二甲醚不需采用助燃措施。

(4)二甲醚不发生光化学反应,对人体无毒,当体积分数超过 10% 时,才会产生轻微的麻醉作用,因此对环境和人体无害。

(5)二甲醚是一种可再生燃料，不仅可以从石油及天然气中提取合成，而且可从煤、植物、生活垃圾中提取合成。

(6)二甲醚的低热值只有柴油的64.7%，质量密度也小于柴油，为达到柴油机的动力性，必须增大二甲醚的循环供应量。相同能量时所喷射的体积是柴油的1.8倍。

(7)二甲醚在常温、常压下的饱和蒸气压力为0.5MPa。随温度的升高，其饱和蒸气压增大，为防止气阻现象发生，燃料供给系统的压力远高于柴油机燃料供给系统的压力。

(8)二甲醚的汽化温度低，其喷射压力不需太高即可得到满意的功率、油耗和排放指标，还可使发动机的噪声降低10~15dB(A)。

2.二甲醚发动机

国际上二甲醚发动机的研究始于1990年，丹麦Haldor Topsoe A/S公司和丹麦技术大学将二甲醚作为燃料在一台排量0.273L的自然吸气式小型柴油机上进行了试验研究，分析了燃用二甲醚发动机的燃烧过程、供给系统变化，结构参数、运行参数对发动机排放及性能的影响。此后世界各国纷纷开始了二甲醚发动机的相关研究。

研究表明，在相同喷射压力下，DME的喷雾贯穿距离只有柴油的1/3，喷雾锥角明显增大。图3-85给出了在一直喷式柴油机上所作的排放特性试验结果。燃用柴油时，炭烟排放随负荷增加而很快上升，而燃用DME时，在各种负荷下都能实现无烟燃烧。喷油较早时[图3-85a)中上止点前17℃A]，DME的$NO_x$排放高于柴油，通过推迟喷油[图3-85b)中上止点前5℃A]，可使$NO_x$排放略低于柴油，而炭烟排放仍保持为零。同时，CO和THC排放也有明显降低。

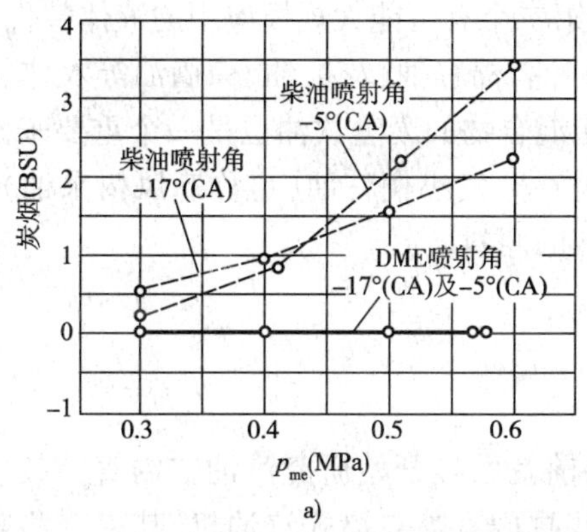


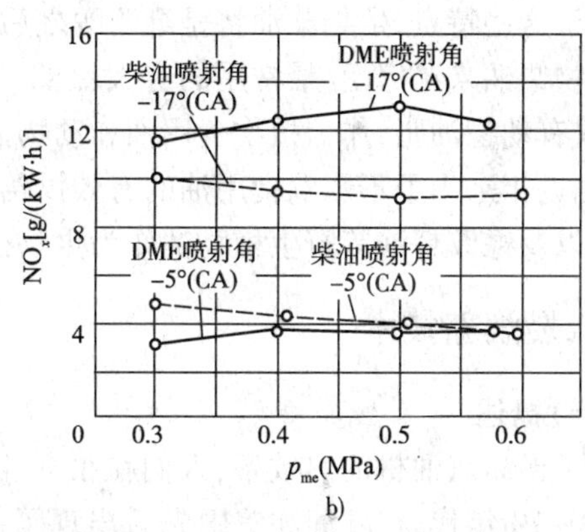


图3-85 DME的炭烟和$NO_x$排放特性

a)DME的炭烟排放特性；b)DME的$NO_x$的排放特性

由图3-86所示的放热速率可以看出，DME的滞燃期明显短于柴油，初期放热速率(预混合燃烧阶段)以及放热速率峰值明显低于柴油，扩散燃烧的比例增加，整个燃烧持续期并没有比柴油燃烧时延长。

二甲醚可以与柴油以任意比例混合后作为柴油机燃料，既有降低炭烟效果，也可以解决单纯使用二甲醚时喷油系统异常磨损以及能量密度低的问题。二甲醚也可与LPG混合使用，使得一般作为汽油替代燃料的LPG也可成为柴油替代燃料。

由于二甲醚存在热值低、密度小、黏度低、润滑性差、对橡胶有溶胀性等问题，柴油机要作适当改造或改型设计才能使用二甲醚。二甲醚汽车发动机实际应用可靠性和耐久性研究需进一步加强。

**(六)生物柴油**

生物柴油又称脂肪酸甲酯,是以植物和动物脂肪油做原料,与低碳醇(甲醇或乙醇)经酯交换反应后生成的C12~C24的脂肪酸单烷基酯,具有与化石柴油相近的性质,主要有以下特点:

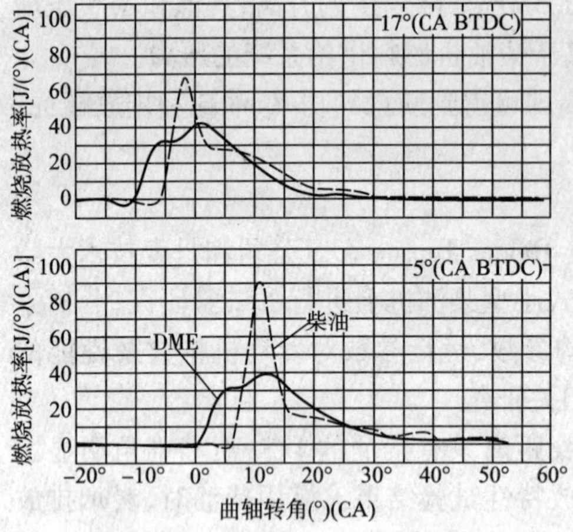

图3-86 DME与柴油燃烧特性对比

(1)优良的环保性。含硫量低,不含芳香烃,不增加大气中$CO_2$排放量(原料本身就参与光合作用自然循环)。

(2)良好的燃料性能。十六烷值高,燃烧性能好,润滑性能好。

(3)较好的安全性。闪点高,可溶解,对土地和水的污染小。

(4)可再生和废物利用。

柴油机在不作任何改动的条件下,可以直接使用100%生物柴油(称为B100),也可以使用不同掺混比例的混配柴油,如混配5%、10%和20%生物柴油的燃料(分别称为B5、B10和B20)。大量试验结果表明,柴油机使用生物柴油后最显著的特点是炭烟和微粒排放会有不同程度的降低。

由于这些特点,生物柴油将是继乙醇之后的第二个有可能大规模应用的液体替代燃料。

生物柴油来源广泛,最常用的有大豆油、菜籽油、棉籽油、花生油、棕榈油等农作物植物油,其次有动物油脂,作为植物食用油和动物油脂混合物的废餐饮油也是一个重要来源。另外,我国近年来为了不影响食用油的有效供给,也在开发小桐籽油(也称麻风树果油)、黄连树果油以及橡胶籽油等野生植物油作为生物柴油的原料。

## 二、燃烧新技术

**(一)概述**

为了提高汽油机的热效率,人们在很多年以前就已经开始研究汽油缸内直喷技术。20世纪50~70年代,在欧洲和美国先后出现了一些缸内直喷点燃式汽油机,其中一些曾少量生产并装车进行车队试运行,例如美国福特公司的PROCO发动机(Programed Combustion)。由于这类发动机通常采用分层燃烧,常被称为直喷分层混合气DISC发动机(Direct-Injection Stratifled-Charge)。在1980年以后,进气道喷射的电喷汽油机开始出现在市场以满足美国更严格的排放法规。虽然当时的缸内直喷点燃式汽油机已展示出较高的热效率,但无法满足新的排放法规而被放弃。

从1990年前后开始,缸内直喷点燃式汽油机又逐渐被重视,并被正名称为DISI(Direct-Injection Spark-Ignition)发动机。这是由于新汽油喷射系统的出现使缸内直喷点燃式汽油机有了成功的机会。与过去的缸内直喷汽油喷射系统相比,新的喷射系统主要有两个特点。首先,喷雾特性有了很大改善以满足汽油缸内直喷发动机的需要。其次,采用了蓄压油道

(共轨,common rail)电控喷油,喷射时间可以根据需要调整。这两个特点结束了过去因喷油系统能力不足而对缸内直喷技术发展的一些限制,成为现代缸内直喷点燃式汽油机的基础。

从研发的时间上来看,欧洲汽车公司最早开始研发汽油缸内直喷技术,至少在20世纪50年代就开发出缸内直喷点燃式汽油机,并在车队使用。但可能是由于过去没有真正成功所造成的影响,欧洲汽车公司直至20世纪90年代中期才重新开始重视现代缸内直喷点燃式汽油机的开发。日本的汽车公司过去基本上没有进行过早期的缸内直喷点燃式汽油机的研发工作,没有包袱。因此在20世纪80年代末最早开始研发采用新一代喷射系统的缸内直喷点燃式汽油机,并首先投入市场。美国的汽车公司在20世纪60年代开始研发缸内直喷点燃式汽油机,在20世纪80年代初基本放弃,直至1992年夏又重新开始研发现代缸内直喷点燃式汽油机。

从20世纪90年代初重新开始研发现代缸内直喷点燃式汽油机时就有两个不同方向,即两种不同概念的直喷点燃式汽油机燃烧系统。大部分汽车公司和发动机研发机构从事分层燃烧系统的开发,以尽量降低发动机油耗。少数汽车公司开始研发均匀混合燃烧系统,以便能更容易地处理尾气排放问题。

从1996年开始,一些缸内直喷点燃式汽油机先后投入市场。最先投入市场的产品汽油机采用分层燃烧。缸内直喷分层燃烧系统也有不同的概念。最先投入生产的分层燃烧系统依靠特殊形状的活塞顶面来阻挡从侧面喷射的喷雾,在汽缸中心形成含油混合气。在这种依靠壁面阻挡来形成分层混合气的缸内直喷点燃式汽油机产品问世之前的1994年,一种不同的分层燃烧的概念就已经被提出,其要点是依靠适当的喷雾特性在较简单的燃烧室中部形成含油混合气。从2006年起,这种主要依靠适当喷雾特性的分层燃烧系统也开始投入市场,并被公认为是性能最好的分层燃烧系统。分层燃烧系统目前的主要问题是氮氧化物排放后处理较困难,使整个发动机系统的控制复杂,成本高,热效率的提高受到一些影响。同时,目前的稀燃排气后处理技术需要发动机使用超低硫汽油,在一些汽油含硫量高的国家应用分层燃烧需要对炼油设备进行改造。

近年来,由于分层燃烧系统的发展遇到一些困难,均匀混合缸内直喷燃烧系统在氮氧化物排放后处理方面的优势受到越来越多汽车公司的认识和重视。这类发动机从2003年开始上市以来,已逐渐成为缸内直喷点燃式汽油机产品开发和投产的主流。从2006年初开始的两年多来,除了上述依靠喷雾形成分层混合气的缸内直喷点燃式汽油机以外,所有正在销售的缸内直喷点燃式汽油机都采用了均匀混合。单纯采用均匀混合缸内直喷技术对发动机热效率的提高非常有限,因此这种发动机都和可变气门定时技术或增压技术相结合,互相利用各自的优点来弥补对方的不足之处,成为一个优化的发动机燃烧系统。

**(二)汽油机缸内直喷(GDI)分层燃烧**

在进气道喷射汽油机上,随着空燃比的进一步提高,单靠分层充气燃烧已不能保证稳定着火,因为浓混合气区域难以维持很长时间。这样,为进一步提高稀燃程度,缸内直喷式汽油机(GDI)应运而生。1996年日本三菱公司推出了世界上第一款分层稀燃缸内直喷汽油机产品,并命名为GDI(后来GDI逐渐成为一个技术概念)。这种分层稀燃GDI可以使稀燃界限扩大至$\alpha=40$以上,比传统PFI汽油机节油20%~30%。

缸内直喷汽油机(GDI)中燃料直接喷入燃烧室,喷油时刻控制灵活,可以实现均质当量比和分层稀燃两种混合气形成方式。如图 3-87 所示，在进气冲程中喷油(早喷)，喷雾油滴在缸内经历进气和压缩两个行程，点火时燃烧室内可以形成相对均匀的混合气；而在压缩行程中喷油(晚喷)，喷油到点火的时间短，同时缸内气体压力高，喷雾油滴的扩散和蒸发被限制在缸内局部区域，点火时燃烧室内可以形成火花塞附近浓而周围稀的分层混合气。

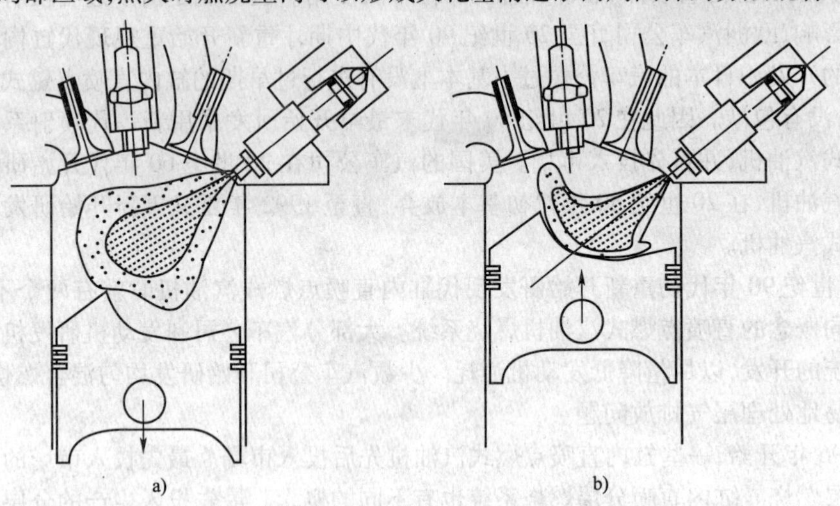


图 3-87　缸内直喷汽油机混合气形成模式

a)早喷均质模式；b)晚喷分层模式

1. GDI 汽油机的喷雾特性

由于 GDI 汽油机从喷油到点火的混合气形成时间相对气道喷射短，同时压缩行程喷射时喷油背压高，因此 GDI 汽油机需要采用高压喷射。GDI 汽油机的喷油压力一般为 4 ~ 20MPa，远高于 PFI 汽油机，喷雾粒径 SMD 为 10 ~ 30μm。GDI 发动机有旋流式(或称涡流式)、多孔式以及外开式(或称散喷式)三种不同形式的喷嘴。

图 3-88 给出了三种不同形式喷嘴在不同背压和不同时刻的喷雾形态(室温，喷射压力为 0.1MPa 和 0.6MPa)。旋流喷嘴喷射时，燃油在喷孔内部(具有涡旋槽)被引导作旋流运动，由于离心力与喷射双重作用，燃油喷雾呈现中空圆锥形极薄液膜的特殊形状(图 3-88a)，并伴有旋转运动，也称螺旋伞喷。其具有很快的扩散混合速度，很好地弥补了 GDI 汽油机混合气形成时间短于 PFI 汽油机的不利因素。这种喷雾形态的喷雾贯穿距离受背压影响较小，但随背压增加(空气密度升高)，喷雾锥角会明显减小，造成伞状喷雾收缩以及混合速度变慢容易形成较高的局部混合气浓度。

多孔喷嘴[图 3-88b)]，一般不超过 10 个孔，多孔成均匀或不均匀分布。喷嘴喷出的各个喷束在贯穿距离内是彼此分开的，油束方向由喷嘴设计决定，散开角度不受背压影响，其喷雾贯穿距离随背压增大而略微变小。多孔喷嘴主要缺陷是喷孔容易结焦堵塞，为获得好的雾化质量，需要比旋流喷嘴更高的喷油压力。

相比于前两种类型的喷嘴，外开式喷嘴的喷雾锥角最大[图 3-88c)]。通过和压电执行器组合，喷雾锥角几乎与背压无关，而喷雾贯穿距离受背压的影响很大。在喷雾锥的外缘形成环状回流区，有利于混合气形成并具有高度一致性。对于喷雾引导的燃烧系统，在此区域适合布置火花塞。外开式喷射的优点是小的喷雾液滴直径和短的喷雾贯穿距离，而且相比多孔喷嘴,外开式喷嘴孔不容易结焦堵塞。外开式喷油器适合于喷雾引导的燃烧系统,但目前产业化应用的尚不多见。

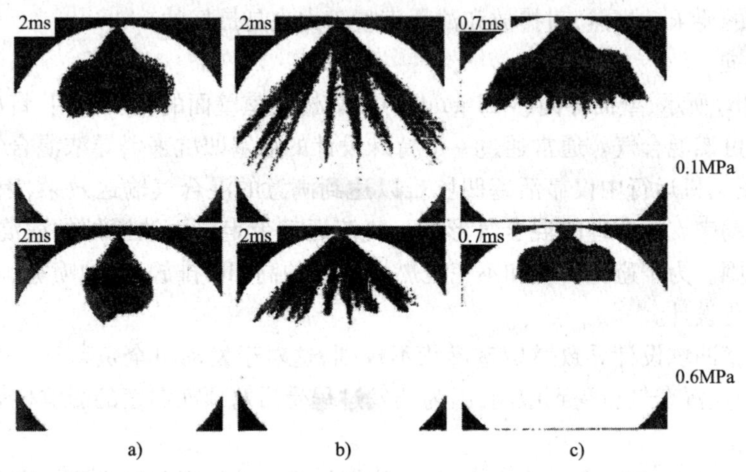


图 3-88 不同形式喷嘴的喷雾形态

a)旋流喷嘴;b)多孔喷嘴;c)外开式喷嘴

2. 分层稀燃 GDI 汽油机的混合气形成

在分层稀燃 GDI 中,混合气可以由多种方式从燃油喷雾区域输送到火花塞附近,燃油在此过程中要充分汽化并适当与空气混合,因此要保证一定的输送距离和混合时间,以避免未汽化的燃油液滴浸湿火花塞,以及保证着火时在火花塞周围的混合气浓度合适。其主要影响因素是火花塞位置、燃烧室形状、缸内气流运动形态、喷雾特性以及燃油输送距离等。根据这些影响因素,分层稀燃 GDI 的混合气形成方式可以分为三类,即喷雾导向、壁面导向和空气导向,如图 3-89 所示。

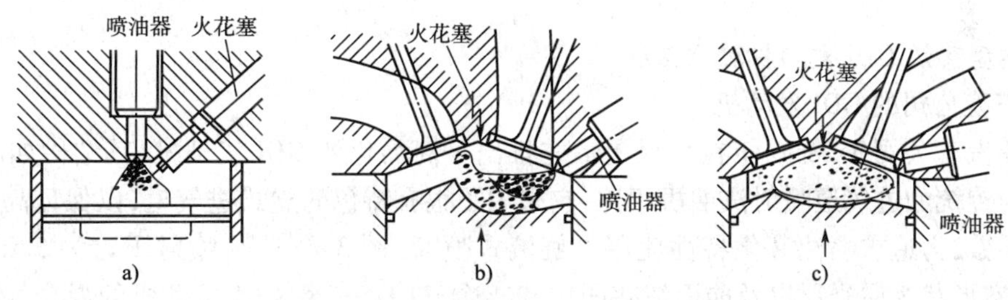


图 3-89 GDI 汽油机燃烧过程分类

a)喷雾导向;b)壁面导向;c)空气导向

1)喷雾导向

如图 3-89a)所示,喷雾导向(spray-guided)依靠喷嘴喷雾将燃料输送到火花塞附近形成可燃混合气。喷雾引导系统中分层混合气主要取决于燃料喷雾特性,缸内空气运动无须特别关注。因此,燃烧室设计的原则是喷雾不受阻挡。最好采用竖直方向并接近汽缸轴线的喷油器布置形式,以利于在燃烧室中心火花塞附近产生可燃混合气团。可燃混合气团被空气或空气/废气包围,以获得低的传热损失。点火的最佳位置是喷雾锥外层很薄的区域。如果燃油润湿火花塞会形成积炭导致火花塞过热和污染。在大负荷时,采用中心布置喷油器和紧凑型燃烧室可以获得良好的均质混合气并减少喷雾湿壁。

相比于其他直喷系统混合气形成方式,喷雾引导系统对喷嘴喷雾质量和混合气形成稳定提出了很高的要求。当然,对排放和油耗直喷潜力也是最好的。

2)壁面导向

如图 3-89b)所示,壁面导向(wall-guided)依靠燃烧室壁面的相互作用,将燃料输送到火花塞附近形成可燃混合气。通常通过一个特殊设计的活塞凹坑来引导浓混合气到火花塞附近。然而,在发动机运行中仅靠活塞凹坑难以达到满意的混合气输送效果,因此,还需要特殊设计气流运动来支持合理的混合气形成。气流运动带走壁面油膜处的浓混合气,使之输送到火花塞周围。为了避免后燃和不完全燃烧导致的高 HC 排放,燃油喷雾、活塞形状和气流运动需要优化设计。

复杂的活塞凹坑设计导致燃烧室形状不规则,这对于发动机全负荷运行是不利的。而对于冷起动,分层混合气也受到限制,因为蒸发过程受活塞顶面温度的影响显著。

3)空气导向

如图 3-89c)所示,空气导向(air-guided)依靠气流运动将燃料输送到火花塞附近形成可燃混合气。空气导向系统中喷油嘴和火花塞布置上通常有较大距离。燃油喷射是朝向点火源,但不是直接喷射到火花塞。燃烧室设计需要考虑喷雾形态和气流运动,燃料输送到火花塞主要是依靠缸内流动。由于避免了壁面油膜,这种系统在降低 HC 排放方面有很大的潜力。但在低速时气流运动太弱,不足以输送混合气到火花塞附近。因此,可以通过节流(增加了泵气损失)来提高气流运动强度,同时保证三元催化剂所需的排气温度。

当然,已有的 GDI 发动机混合气形成方式并非都能很清楚地列入上述三个主要形式。目前通过组合各种喷雾的概念,结合不同的气流运动形式(涡流、滚流、逆滚流)出现了多样的缸内直喷燃烧系统。另外,GDI 发动机产品系列化和生产工艺也限制了燃烧系统的多样性。

### 3. 典型稀燃 GDI 发动机燃烧系统

1)三菱公司的 GDI 发动机

三菱汽车公司于 1996 年在世界上最先推出了商品化的 GDI 发动机,其结构如图 3-90 所示。与传统的进气道喷射汽油机相比,它采用了很有特色的立式进气道,以保证高的滚流及充气系数;为追求喷油雾化特性使用了旋流式喷嘴[图 3-88a)],喷射压力为 5.0MPa 左右;燃烧室形状为屋脊形以及曲面活塞凹坑和 4 个气门。三菱 GDI 发动机的混合气形成过程基本属于壁面和空气导向相结合的类型,通过滚流、伞状喷雾以及燃烧室形状的合理配合,引导燃油向火花塞方向运动,在这个过程中全部汽化并与空气混合,最终在火花塞周围形成适于点燃的较浓混合气。

三菱公司 GDI 发动机相对于同系列的 PFI 汽油机的性能改善效果如图 3-91 所示,可以在空燃比 $\alpha$ 为 40 以上的稀燃条件下稳定工作(转矩波动很小),中小负荷时的油耗比化学计量比工作的 PFI 汽油机节油 35%[图 3-91a)]。同时,在 $a=40$ 的稀燃条件下,$NO_x$ 可降低 60% 以上;若同时采用 30% 的 EGR,将进一步降低至 90% 左右;如果再采用选择还原型稀燃催化剂,则可降低 97%[图 3-91b)]。由于采用稀燃方式并能保证燃烧安定性,怠速时的稳定工作转速可由 750r/min 降低到 600r/min,怠速节油 40%[图 3-91c)]。

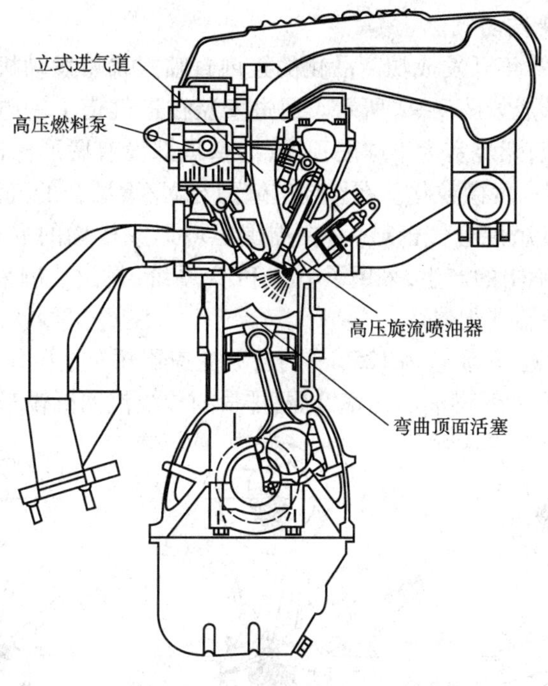


图 3-90　三菱公司 GDI 发动机结构

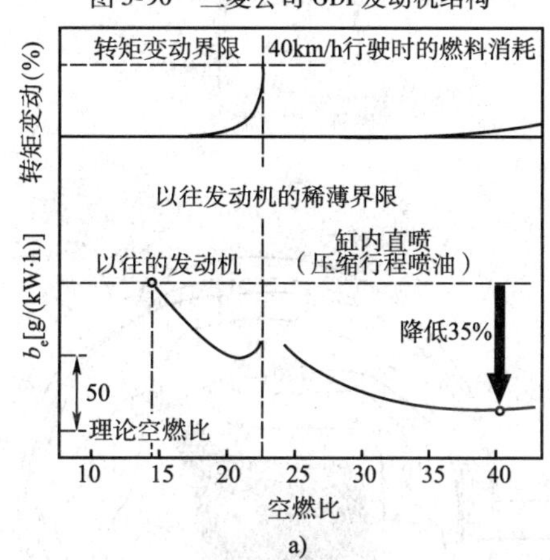


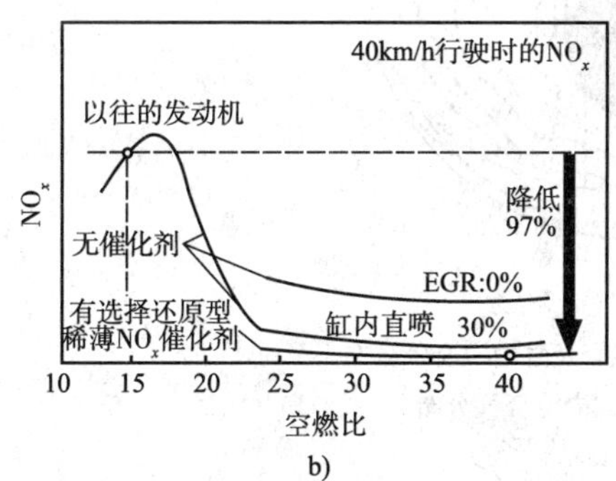


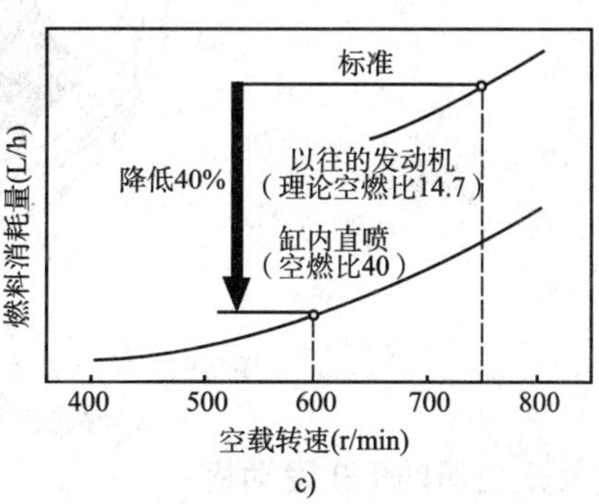


图 3-91　三菱 GDI 发动机稀燃前后性能对比

a）对油耗的影响；b）对 $NO_x$ 的影响；c）对怠速的影响

2)丰田公司的 D-4 发动机

丰田公司也于 1996 年开发成功商品化的缸内直喷式稀燃发动机,命名为 D-4 发动机,其燃烧系统及混合气形成如图 3-92 所示。通过安装在进气道上的电子涡流控制阀形成不同角度的斜向进气涡流;燃烧室为半球屋顶形,活塞顶部设有唇形深皿凹坑;采用高压(8 ~ 13MPa)旋流喷嘴,实现高度微粒化。在燃烧室壁面与涡/滚结合的气流运动引导下,在火花塞周围形成较浓的易点燃混合气区域,而在周围区域形成极稀的混合气[图 3-92b)]。同时,为控制分层燃烧时 $NO_x$ 的产生,采用了电控 EGR 系统,排放控制采用紧凑耦合三元催化器和 $NO_x$ 吸附还原型稀燃催化器。

在装用 D－4 发动机、车质量为 1250kg 的自动变速器轿车上所作的日本 10 · 15 工况实验中,实现了 17.4km/L 的低燃油消耗率,比同排量的传统汽油机轿车节油 35%。

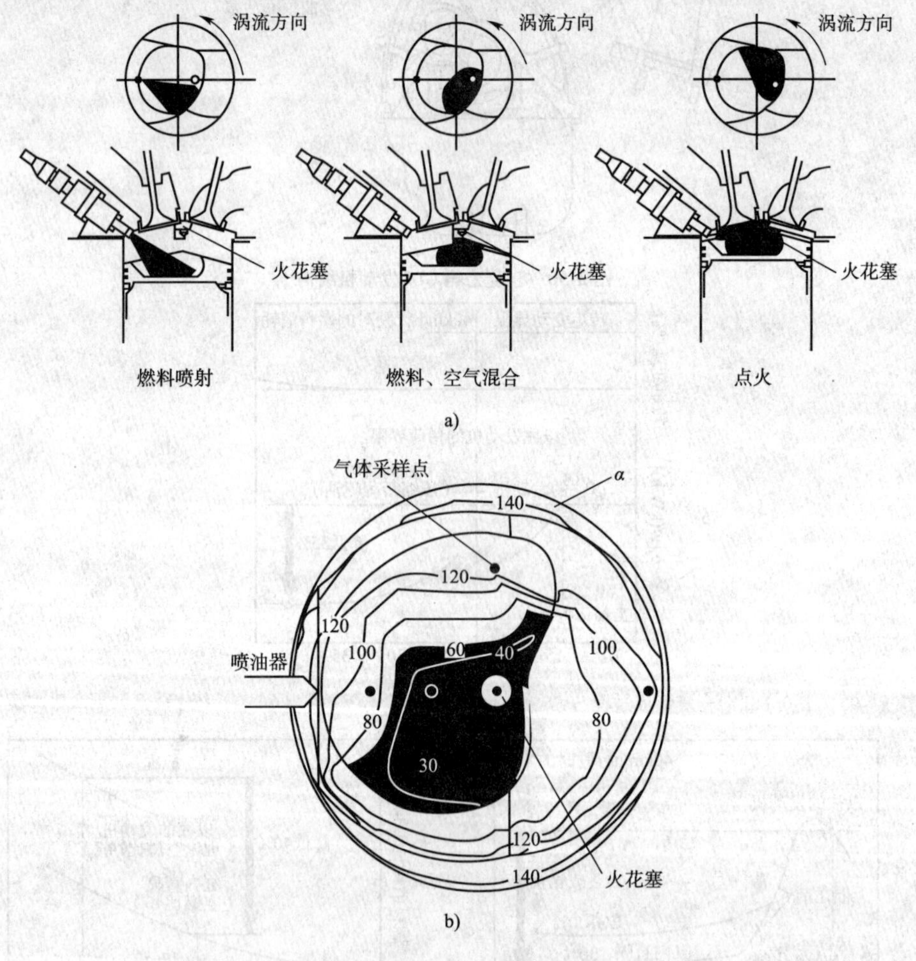


图 3-92 D－4 发动机燃气混合及缸内混合气分布

a)发动机燃气混合;b)缸内混合气分布

3)大众公司的 FSI 发动机

大众公司于 1999 年推出了 E111 型 1.4 升 GDI 发动机,装在 LUPO(路波)轿车上。该排气后处理系统中也采用了吸附还原型催化剂,但用 $NO_x$ 传感器来控制催化剂的还原反应时间是其特点。

大众公司2001年推出的FSI汽油机（图3-93），利用滚流阀来改变缸内流动结构，优化混合气形成过程。滚流阀位于进气道下部，低速时关闭滚流阀将进气道流通截面下半部分遮挡，空气经进气道上半部分高速直接进入汽缸，产生强滚流，到压缩行程末期形成强湍流，从而加快燃烧速度，提高热效率。中高转速时滚流阀完全打开，进气道获得全部的流通横截面，获得高的汽缸充气量来实现目标功率。

采用多孔式喷油器。喷油器布置在进气侧。喷油器的每个油束单独设计方向，形成不同于传统旋流式喷油器的燃油束结构形状，避免了进气行程期间早期喷油沾湿已打开的进气门，有利于获得混合气均质化，从而减少排放和循环波动。

燃烧系统的特点是采用双滚流混合气形成方式。低负荷时，可燃混合气仅在进气门一侧的滚流区形成，中负荷时，喷油可到达包括排气门在内的区域，混合气在两个滚流区域都可生成。

4. 稀燃GDI与传统汽油机的比较

图3-94显示了分层稀燃GDI与传统PFI汽油机在部分负荷工况的有效燃油消耗率的对比。可以看出，分层稀燃GDI在低速低负荷时的油耗显示了明显的优势。随着转速或者负荷的增加，油耗逐渐增加以致最终与传统汽油机相当。在NEDC测试循环中，缸内直喷汽油机的燃油经济性可比传统汽油机提高10%～14%。

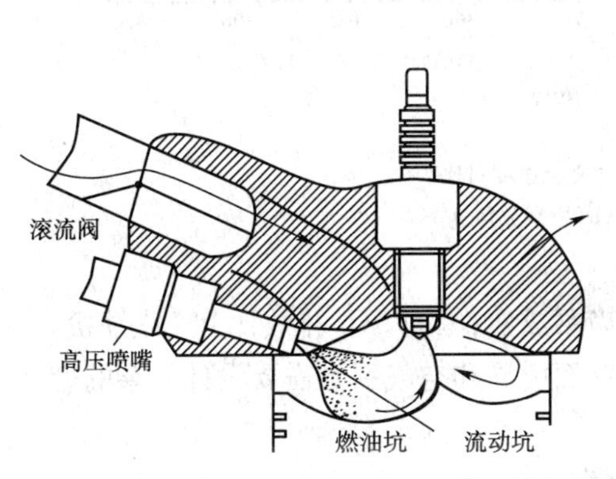


图3-93 大众FSI混合气形成过程

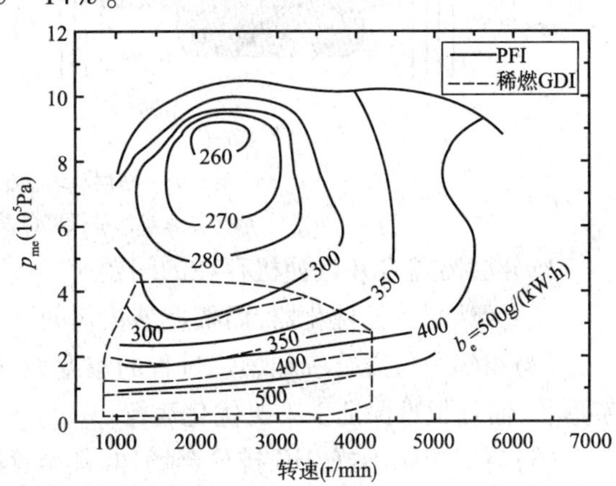


图3-94 GDI与传统PFI汽油机油耗比较

1）稀燃GDI汽油机的主要优点

（1）由于燃油在缸内汽化产生的冷却效果，高负荷的爆震倾向降低，压缩比可以提高（一般可由10提高到12），由此可使燃油消耗率改善2%～5%。同时，汽化冷却作用以及进气只有新鲜空气可以提高充量系数，使得最大转矩可以提高5%左右。

（2）采用稀薄混合气燃烧，气体的绝热指数增大（大约由1.3增大到1.4），可使理论循环的热效率提高2%～5%。

（3）部分负荷取消节气门截流，可减小泵气损失15%。

（4）稀薄燃烧可降低燃烧温度，尤其是周边区域和燃烧室壁面附近的混合气燃烧温度较低，使壁面传热损失减小，这也是油耗降低的重要原因。

（5）采用分层混合气和提高压缩比可以使燃烧放热速率提高，燃油消耗率改善2%～3%，而怠速改善10%以上。图3-95给出了清华大学开发的两次喷射分层稀燃汽油机（TSG-

DI)的对比试验结果,在相同空燃比条件下,采用两次喷射方式(进气行程喷油量 $g_{b1}$ 和压缩行程喷油量 $g_{b2}$)比均质混合气方式(全部燃油在进气行程喷射)的燃烧速率明显提高。这是因为两次喷油形成了中间浓周围稀的分层混合气分布,先期参与燃烧的浓区具有很高的火焰传播速度。

(6)GDI 汽油机没有燃料在进气道附壁现象,因而不存在混合气浓度变化时的响应滞后,使得加减速过程的控制更灵敏,冷起动过程的 HC 排放容易控制。

(7)在二冲程汽油机上采用 GDI 技术,能够解决扫气过程中油气混合气逃逸的问题,而这是二冲程汽油机的最大弊端,它导致了二冲程汽油机油耗过高。

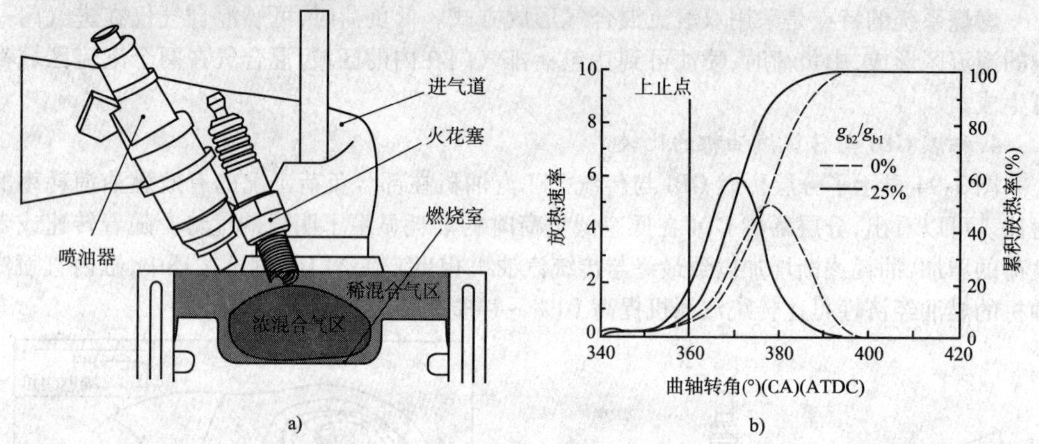


图 3-95 分层与均质混合气燃烧速度对比

a)分层稀燃汽油机燃烧系统;b)燃烧放热速率

2)分层稀燃 GDI 汽油机存在的问题

(1)无法用三元催化器,而稀燃催化剂的开发尚不成熟,因而 $NO_x$ 排放比 PFI 汽油机高。

(2)组织分层混合气和燃烧过程的难度大,如壁面引导和空气引导需要设计复杂的燃烧室形状,而且很难保证全工况优化运行。

(3)有时组织不好,HC 排放会增加,甚至冒黑烟。

其他还有机械效率会有所降低等问题,这主要因为高压油泵驱动耗功和缸内压力升高导致摩擦损失增大。

**(三)均质混合气压燃燃烧**(HCCI)

1. 柴油机的 HCCI 燃烧

1)柴油机 HCCI 燃烧的基本原理

由柴油机燃烧的基本原理可知,炭烟和微粒是柴油机扩散燃烧方式的固有产物,而汽油机由于采用预混合燃烧一般不出现。尽管柴油机混合气总体上很稀($\varphi_a > 1.2$),但实际上存在许多局部过浓的易产生炭烟的区域和 $\varphi_a = 1.0$ 左右易产生 $NO_x$ 的区域,即关键问题是扩散燃烧的非均质特性。因此,应用均质混合气压缩着火 HCCI 的概念,理论上可以基本消除炭烟和 PM 排放。

图 3-96 是在柴油机 HCCI 燃烧研究中常用的 $\varphi_a$-$T$ 图,它给出了混合气浓度($\varphi_a$)和燃烧温度($T$)对炭烟及 $NO_x$ 生成的影响。常规柴油机由于喷雾周边高温富氧燃烧产生大量 $NO_x$,

喷雾核心区在较高温度下过浓缺氧燃烧产生炭烟，因此，$NO_x$和 PM 排放呈现相悖关系，无法同时降低这两种有害排放。HCCI 燃烧发生在低温稀燃范围（$T < 2000K$，$\varphi_a < 1$），同时避开了 $NO_x$和炭烟的生成区域，但 $\varphi_a$-$T$ 区域狭小，难以控制。

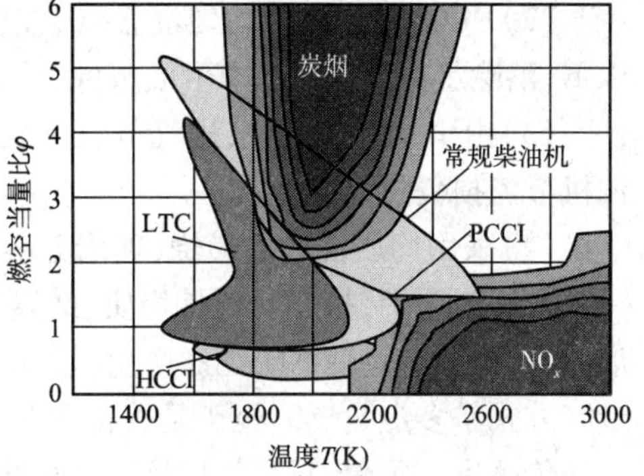


图 3-96 柴油机燃烧 $\varphi_a$-$T$ 图

2）柴油机 HCCI 燃烧的主要控制方法

汽油因为物理稳定性不好而化学稳定性好，容易形成均质混合气而不容易自燃着火，因而汽油 HCCI 的主要难点是控制 CI（压缩着火）的问题，而柴油物化特性相反，因而柴油 HCCI 的主要难点是控制 HC（均质混合气）的问题。

在柴油机上实现 HCCI 燃烧的主要方法有：采用雾化速度更快的喷油方法，如更多的喷孔或类似稀燃 GDI 汽油机那样的伞喷油嘴；提前喷油，使燃油在着火前有充分的蒸发混合时间；推迟喷油，并想方设法大幅度延长滞燃期，以形成均质混合气。

（1）提前喷油。丰田公司在 1995 年开发的 UNIBUS（uniform bulky combustion system）燃烧系统是一个典型的提前喷油 HCCI 系统。它大幅度提前喷油时刻，采用喷雾锥角为 60°的轴针型喷嘴，以形成贯穿距离小、喷雾范围大、油粒细而均匀的喷雾。在喷油时刻提前至上止点前 50°（CA）时可以使炭烟和 $NO_x$同时接近零，但 THC 排放明显恶化，功率下降，并且只能在较小负荷下运行。在以后的研究中，UNIBUS 燃烧采用了两次喷射的策略，进一步拓展了负荷范围。

（2）推迟喷油。推迟喷油的典型实例是日产公司 1996 年开发的 MK（modulated kinetics）燃烧系统，其主要特点是大幅度推迟喷油时间至上止点附近、采用涡流比为 3 ~ 5 的强进气涡流以及采用高达 45% 的 EGR（$O_2$浓度显著下降）。

2. 汽油机的 HCCI 燃烧

传统汽油机中的自燃现象是产生爆震的根源，往往是需要极力避免的，而汽油机 HCCI 燃烧实际是一种燃烧速率可控的自燃着火燃烧过程。

HCCI 燃烧现象最早于 1979 年由日本研究者在二冲程汽油机试验中发现，在一些中低负荷及中低转速工况时，不用火花点火也可以平稳运转；用高速摄影发现这种燃烧没有明显的火焰传播，混合气几乎是同时着火；用光谱分析在压缩行程中发现了 OH、CH 和 $C_2$等活性成分，这些活性基团可能对着火有促进作用。基于这些现象，他们称之为活化热氛围燃烧（ATAC）。

1983 年美国 Wisconsin 大学首次在四冲程汽油机上研究证实了采用外部 EGR 和进气加热可以实现汽油和异辛烷燃料的自燃着火。1989 年美国西南研究院第一次提出了均质混合气压缩着火（即 HCCI）的概念。

2000 年以后，国内外各研究部门和各大汽车公司纷纷开展对 HCCI 燃烧的研究，并重点围绕其产业化关键技术进行开发。

1）汽油 HCCI 燃烧的基本原理与特征

（1）HCCI 燃烧是多点大面积同时压缩着火，没有火焰传播前锋面，因而它可以在极短时间内[大约10°(CA)]完成燃烧放热,其燃烧放热速率和等容度要远比传统的火花点燃火焰传播的IICSI方式高得多,因而指示热效率和油耗会明显改善。

(2)HCCI采用稀薄均匀混合气,并引入大量EGR,因而局部燃烧温度可控制在1800K以下,消除了热NO的基本生成条件。

(3)由于是稀薄燃烧,进气节流可大大减少或完全不节流(像GDI那样),改善了传统汽油机节流损失过高的弊端。

(4)采用均质混合气燃烧,理论上不生成炭烟。

上述诸项中,核心问题是均质、低温和快速放热三点。均质可以避免扩散燃烧引起的炭烟生成;低温燃烧使$NO_x$无法产生;快速放热可以提高汽油机的热效率,而实现快速放热的最好方式是多点自燃。至于是否稀燃并不是必要条件,因为稀燃会限制功率密度;是否存在火焰传播也不重要,只要能保持整体放热速率较高即可。

HCCI汽油机的油耗可以大幅度降低,甚至降至柴油机水平,其原因是HCCI燃烧能同时解决汽油机热效率低的5个问题,即压缩比$\varepsilon$低、比热容比$\kappa$低、泵气损失大、燃烧等容度低以及循环波动率高。

但这种理想的燃烧方式在实际汽油机上很难控制其稳定燃烧。燃烧温度和压缩终点压力过低时,汽油混合气难以自燃着火,出现失火和着火时刻极不稳定等现象;燃烧温度和压缩终点压力过高时,着火时刻过于提前以及燃烧速率过快,出现粗暴燃烧等现象。因此,如何控制HCCI的着火和燃烧速率问题是目前研究的重点。

2)汽油HCCI燃烧的主要控制方法

对于内燃机这类以极高频率周期性进行着火-燃烧-熄火-再着火的高速燃烧过程来说,如果没有一个强制性的着火控制手段,则燃烧是无法稳定进行的。传统的柴油机用喷油时刻来控制着火时刻,传统的汽油机用火花点火时刻来控制着火时刻,因此,HCCI燃烧也必须有可靠的强制性着火控制手段。

如果说传统柴油机燃烧速率受混合气形成速度控制,传统汽油机燃烧速率受火焰传播速度控制,则HCCI燃烧速率主要受化学动力学反应速度控制,因为它是以预先完成混合以及所有区域同时着火(理论上)方式进行的。

化学反应过程主要受温度、压力、反应物成分和浓度影响。其中,温度起到了最主要的作用。因此许多研究者认为HCCI的着火主要是一个如何控制温度的问题,这曾造成了开始时大量研究工作集中在温度控制方法上,如提高进气温度、提高压缩比等。但这些方法在实际发动机上很难快速(响应敏捷地)变化,因而无法应对车用发动机变工况工作的特点。后来,用内部EGR和混合气浓度控制着火的思路逐渐被提出,而这些是容易实现人为地强制性控制的手段,这样就使可选择的控制途径增多了。因此,控制汽油HCCI着火和燃烧的原则应该是温度、浓度和组分协同控制。目前汽油HCCI燃烧控制的主要方法有以下几种。

(1)提高进气温度。进气温度是影响HCCI燃烧最显著的参数,也是被研究最多的参数。一般采用的方法控制进气温度,在初期的许多基础性研究中最常用这种方法。当发动机转速和负荷变化时,为保持合理的燃烧相位,最佳进气温度也需随之快速变化,而进气加热方法难以适应频繁变工况工作的车用发动机。但也有些研究者利用废气回热的方法对进气温度进行快速热管理,仍在进行一些研究探索。

(2)提高压缩比。提高压缩比可以提高压缩终点温度使汽油混合气自燃,汽油机若实现压缩着火一般要将压缩比提高到15~18以上,但能形成低负荷稳定着火的压缩比往往会引起高负荷时的爆震。因此,一般是将压缩比提高到11~12,同时引入一定量的热EGR,使压缩终点的缸内温度达到汽油自燃着火条件。最理想的方法是可变压缩比,但目前尚未有实用技术,仅有的几种方法也存在结构复杂以及可变范围小的问题。

(3)EGR。汽油HCCI燃烧中,EGR的主要作用有两点:提高进气温度和压缩终了温度,以利于自燃着火;利用本身含有的不活性成分来控制燃烧速率不过高,以实现低温燃烧。同时,EGR也可以使进气中的新鲜充量降低,有利于中小负荷时提高节气门开度,减小进气节流损失。但仅靠EGR所提高的进气温度是有限的,而内部EGR可以大幅度提高缸内温度。

(4)活化氛围。在负阀重叠NVO期间,由于活塞上行压缩废气,缸内温度再次升高,这时如果喷入少量燃油,则会在高温缺氧条件下发生不完全氧化反应,会生成大量的CO、$H_2$、羟基(0H)、甲醛($CH_20$)以及过氧化物等活性成分或反应中间产物,这些成分会使随后的着火变得容易。这种方法被称为活化氛围法。

活化氛围法最初由戴姆勒公司于1998年提出,2003年由日产和沃尔沃公司先后在发动机上实现,当时被称为燃料重整。这种方法明显不同于内燃机燃烧控制的传统方法,对改善HCCI汽油机中小负荷的着火性能十分有效,是汽油HCCI研究中的一项重要技术进步,目前得到了广泛应用。

(5)混合气浓度控制。对于以稀燃为主的HCCI汽油机中小负荷,可以用缸内直喷系统进行两段喷油或多段喷油,以形成浓度分层的混合气。用分层混合气控制着火相位的思路由美国国家实验室在2004年提出,清华大学也在同一时期提出并在发动机上实现了这种控制。图3-97给出了清华大学的研究实例,在进气行程进行第一次喷射,以形成均质稀混合气,在压缩行程后期进行第二次喷射,在燃烧室凹坑内形成接近均质的浓混合气。压缩终了时,浓混合气区域首先着火,缸内温度和压力升高,由此引起稀混合气区域随之着火。由图3-97b)的试验结果可知,二次喷射时刻与自燃着火时刻近乎呈线性关系,而二次喷射时刻的早晚实际上决定了混合气的分层程度。混合气浓度分层方法有利于HCCI工况范围向高负

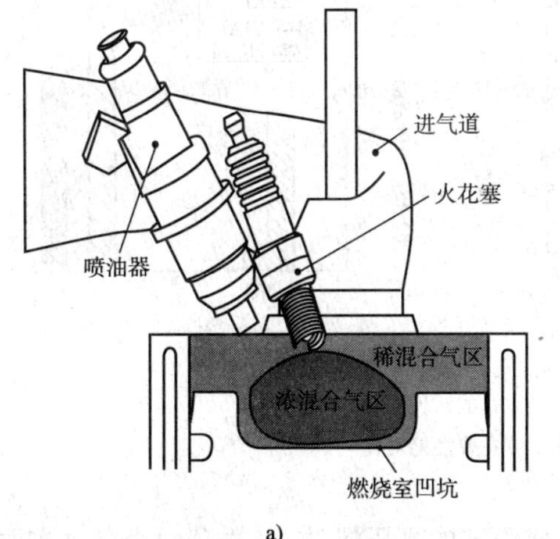


a)

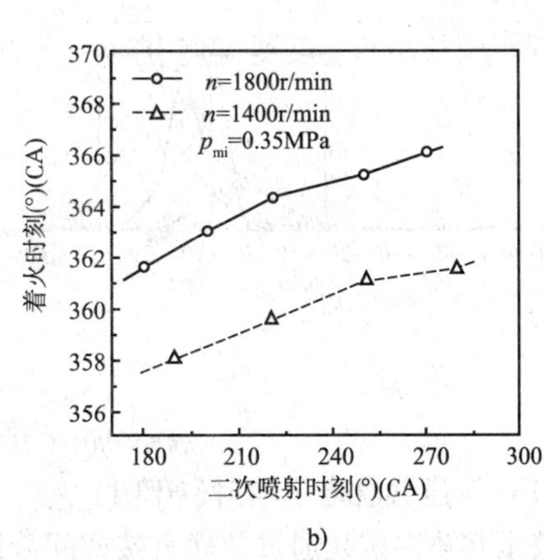


b)

图3-97 以混合气浓度控制HCCI着火时刻

a)燃烧系统;b)着火时刻随喷油时刻的变化

荷扩展,而上述活化氛围法有利于改善小负荷的稳定自燃着火。

其他研究也表明,用分层混合气可以控制 HCCI 燃烧速率。为防止由过浓区域产生炭烟,浓区也应该尽可能均质。

分层混合气看起来似乎与 HCCI 的思路相矛盾,但实际上它是一种分区均质概念。尽管在一般汽油机上分层混合气会导致 $NO_x$ 上升,但在 HCCI 这种低温燃烧条件下可以控制 $NO_x$ 在极低水平。分层混合气方法为汽油 HCCI 着火和燃烧速率控制提了更多的选择,是 HCCI 研究进程中的一次重要的思路拓展。

(6)火花点火辅助。HCCI 本来的概念是"自燃",但一些研究中发现火花点火辅助可以提高某些工况下 HCCI 的着火稳定性。同时,研究者还推测,当可燃混合气被压缩至接近临界着火状态时,用火花点火首先产生局部区域的着火和燃烧,由此放出的热量会引起其余混合气的后续自燃着火,因此,火花点火有可能是一种控制汽油 HCCI 着火的有效手段。

后来的试验结果证明了这种可能性。如图 3-98a)所示,火花点火使得燃烧出现两阶段放热,第一阶段放热速率比较平缓,是由火花点火和一定范围内的火焰传播造成的[图 3-98a)中 SI 区间];第二阶段放热速率很快,是由剩余混合气同时自燃造成的[图 3-98a)中 CI 区间]。因此称这种燃烧为 SIAI(spark ignition auto ignition)燃烧。SIAI 与上述混合气浓度控制方法相结合,可以更好地控制着火时刻以及控制最高放热速率(因而也控制了最高压升率)等燃烧特性。由图 3-98b)可以看出,SIAI 燃烧时的 $NO_x$ 排放和指示油耗(ISFC)介于传统火花点火燃烧(SI)与 HCCI 燃烧之间。另外的研究工作还表明,在一定混合气浓度和热力条件下,随点火时间提前而着火时刻提前,两者近乎呈线性关系。同时,火花点火的辅助作用使得燃烧更加稳定,循环波动减小。

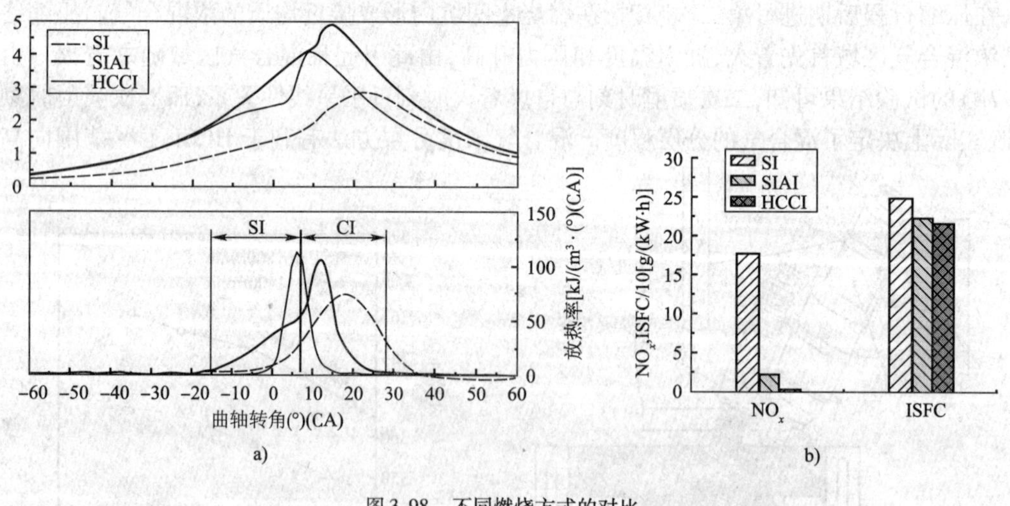


图 3-98　不同燃烧方式的对比

a)示功图、放热率对比;b)主要性能对比

**(四)液压共轨电子喷射(HEUI)**

液压共轨系统是通过共轨直接或间接地形成恒定的高压燃油,分送到每个喷油器,并借助于集成在每个喷油器上的高速电磁开关阀的开启与闭合,定时、定量地控制喷油器喷射至柴油发动机燃烧室的油量,从而保证柴油发动机达到最佳的燃烧比和良好的雾化,以及最佳

的点火时间、足够的点火能量和最少的污染排放。

现在该项新技术已开始在国内外以柴油发动机提供动力的汽车上投入使用。这是世界汽车工业为满足日益严格的废气排放标准的必然趋势。

共轨式柴油发动机，作为发动机本体，与其他类型的柴油发动机无任何区别，只是燃料供给系统有本质上的不同。

共轨式柴油发动机使用燃油泵将低压油泵成中压油或高压油，然后将中压或高压油送入主油道，这个主油道被称之为共轨。储存在共轨中的稳定的中压柴油或稳定的高压柴油，再由共轨分别送入各缸喷油器。由此可知，共轨的一个最突出的特点就是取消了凸轮。

共轨分中压共轨和高压共轨。高压共轨是将柴油用油泵升压至150MPa，然后将高压的柴油送入一个储油的专用管道。因共轨内储存的柴油压力超高，所以共轨均用10～12mm管径的锻造钢管，各缸喷油器均与此钢管（即称之为共轨的油道）相通。只要电控单元按点火顺序控制安装在各缸喷油器中的电磁阀通断电，便可使喷油器针阀进行开闭，高压柴油便以良好的雾化质量喷入各缸。其典型代表有：

（1）德国博世公司开发的第四代高压共轨式喷油系统，其喷油压力增大到220MPa。

（2）日本电装公司开发的ECD-U2电控高压共轨式喷油系统。

另一类共轨系统是中压共轨系统，它是用机油泵将机油泵至10～20MPa的中压，然后将其送入铸造在汽缸盖上的油道（即称之为共轨）内。共轨内的机油由电控单元控制各缸喷油器上的电磁阀，按点火顺序和喷油提前角，将机油送入喷油器的高压柱塞腔，推动柱塞将喷油器内待命的柴油进行二次升压，高压柴油打开喷油器针阀，将高压柴油喷入各缸。其典型代表有：

（1）美国卡特匹勒公司开发的HEUI型电控喷油系统，用共轨油道内的中压机油来驱动燃油增压机构。最大喷油压力可达到150MPa。

（2）美国BKM公司开发的ServOjet型电控喷油系统，用共轨油道内的中压燃油来驱动燃油增压机构。最大喷油压力超过150MPa。

以下介绍HEUI系统，HEUI型电控喷油系统是由美国卡特匹勒公司开发的。

该系统用共轨油道内的中压机油来驱动燃油增压机构，最大喷油压力可达到150MPa。

机油泵将机油泵至中压，然后将中压机油送入铸造在汽缸盖上的各缸公用的油道（共轨）中，并由电控单元控制转送至喷油器，对喷油器中的增压柱塞加压，使燃油二次加压。电控中压共轨系统结构原理如图3-99所示。

从图可知，中压共轨系统由低中压机油供给系统、低压柴油供给系统和柴油加压及喷射系统三大部分组成：

（1）低中压机油供给系统：低中压机油供给系统由齿轮式机油泵、机油冷却器、机油滤清器、柱塞式中压机油泵和机油中压调节器等组成。装在发动机油底壳内的机油泵将机油压力泵至250～300kPa，经机油冷却器和机油滤清器送入柱塞式中压机油泵中，中压机油泵泵出的机油，经机油压力调节器调节到10～20MPa后送入汽缸盖上的共轨内，在共轨中有单向阀，使共轨内的机油压力即使在停机的状况下，仍然可以保压。共轨油压由机油压力传感器监测，中压机油压力传感器多用压电式或压阻式传感器。传感器将监测到的机油压力以电压信号的形式反馈给电控单元，电控单元控制压力调节阀上的电磁阀，将共轨压力修正成目标压力，形成中压共轨机油压力的闭环控制，多于机油从喷油器上端的回油管路直接流回气门室，然后流回油底壳。

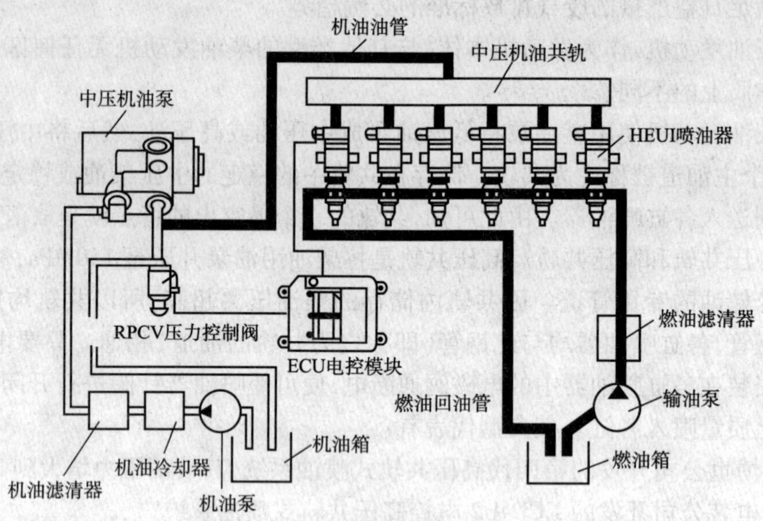


图 3-99　电控中压共轨系统

(2)低压柴油供给系统：电控共轨系统中的燃油是由装在油箱里的输油泵泵油的，输油泵均为电动泵，有转子式输油泵，也有叶片式输油泵。输油泵泵出 200～250kPa 的燃油，经燃油滤清器滤清后直接送入喷油器的储油腔内，待命二次加压后从喷油器喷出。

(3)高压柴油喷射系统：中压机油共轨系统中的高压燃油的形成及喷射，均在喷油器总成内完成。喷油器总成如图 3-100 所示。

从图可知，该共轨喷射装置(喷油器)由两部分组成，即中压机油电子控制系统和高压燃油控制系统。

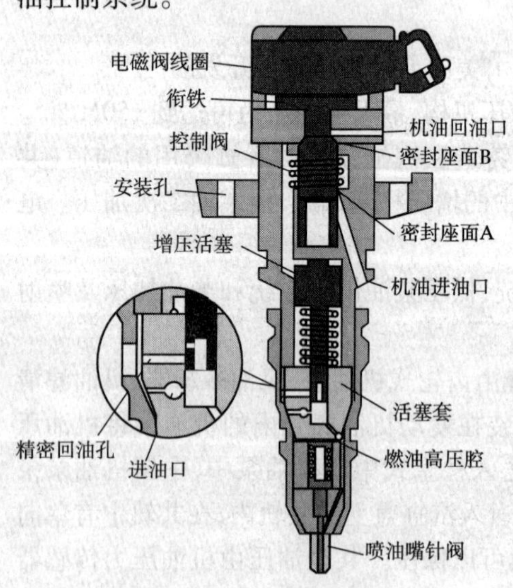


图 3-100　燃油喷射装置示意图

(1)中压机油电子控制系统：中压机油电子控制系统由电磁阀、衔铁，以及滑杆和弹簧等组成。滑杆和衔铁连成一体，当电磁阀不通电时，滑杆在弹簧作用下移动到下端，使滑杆落座，当电磁阀通电时，产生的电磁吸引力吸动衔铁，衔铁带动滑杆上移至上端面。

(2)高压燃油喷射系统：由柱塞、增压柱塞、喷油嘴体、针阀和弹簧及低压燃油进油道组成，低压燃油通过图中的进油孔进入柱塞的下腔，并且充满下腔后进入喷油嘴的油腔中，在油腔处待命。

中压共轨喷油器的工作原理：

(1)电磁阀断电时工作原理：当电磁阀不通电时，滑阀在弹簧力的作用下复位落座，在滑阀落座时，由于滑阀密封了阀座，此时由中压机油进油口作用在滑阀上的机油压力,即不对滑阀产生轴向力,滑阀靠弹簧的张力便可将滑阀压靠在阀的下座上,切断中压机油进入中压腔。同时,滑阀离开滑阀座上端的密封座孔,将中压机油从回油口泄掉,中压控制腔泄压,使柱塞在复位弹簧的作用下上移,使针阀内的油囊减压,与此同时,在针阀弹簧作用下,针阀落座,紧接着柱塞将进油口打开,低压燃油进入柱塞腔和油囊。

(2)电磁阀通电时工作原理:电控单元按喷油顺序向某缸电磁阀通电时,电磁阀产生吸力将衔铁吸动,克服弹簧的弹力将滑阀吸起时,滑阀受电磁力、弹簧力和阀打开后的油压的合力作用,所以滑阀很快上移压靠在上端阀座上,此时又增加了一个滑阀锥体承压面的液体压力。于是将低压泄油道封闭,切断泄油油路,使中压机油控制腔回油口被密封,与此同时,滑阀的上移,使中压机油进油口打开,中压的机油便将其油压加载在控制腔内的加压活塞上,于是加压活塞下行,由于控制腔内的加压活塞的直径远大于燃油加压柱塞的直径,通过两柱塞直径比的合理设计,可用中压机油油压,将燃油压力加压至标定的喷油压力,使喷油器油囊内的高压燃油对针阀承压面加压,使针阀克服针阀弹力升起,将高压燃油喷入汽缸。当电磁阀断电时,由于电磁力消失,滑阀弹簧力大于滑阀锥体承压面的油压压力,于是滑阀下行,中压控制阀回油油口打开,使中压控制腔泄压,使柱塞在复位弹簧的作用下上移,使控制腔,针阀油囊减压,针阀落座,停止喷油。

可见,喷油器何时喷油,是由电磁阀何时通电决定的。电控单元控制各缸电磁阀的通电时刻,即可控制喷油器的喷油始点,即喷油提前角。电控单元控制喷油器通电时间的长短,即可控制喷油器的喷油量。

共轨机油压力可将喷射压力加至100~150MPa。

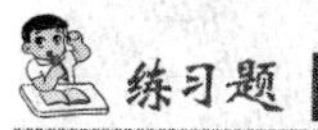

## 练习题

### 一、复习题

1. 什么是过量空气系数?
2. 简述燃料的着火机理?
3. 简述汽油机与柴油机混合气形成的区别及对燃烧过程的影响?
4. 简述汽油机的燃烧过程。
5. 简述柴油机的燃烧过程。
6. 柴油机燃烧过程优化的基本原则是什么?
7. 爆震的机理是什么? 如何防止爆震?
8. 爆震产生的原因是什么? 有什么危害?

### 二、思考题

1. 为什么说柴油机的着火过程是低温多级着火? 汽油机的着火过程是高温单级着火?
2. 简述直喷式燃烧室柴油机的性能特点,并与分隔式燃烧室柴油机做对比。
3. 简述汽油机的不正常燃烧? 说明分别由什么原因引起的?
4. 何谓稀燃系统? 稀燃对汽油机有何益处?
5. 何谓分层燃烧系统? 分层燃烧对发动机有何益处?
6. 对比分析汽油机和柴油机有害排放物生成的机理和排放特点?

# 第四章　发动机工况及特性

## 教学目标

1. 了解发动机工况。
2. 了解发动机调整特性。
3. 理解发动机动态、调速、排放特性。
4. 掌握发动机运行特性。

## 教学要点

| 知识要点 | 掌握程度 | 相关知识 |
|---|---|---|
| 发动机工况 | 知道 | 发动机典型工况;发动机不稳定工况 |
| 发动机运行特性 | 掌握 | 发动机速度特性;发动机负荷特性;发动机万有特性;影响发动机各种特性的因素 |
| 调整特性 | 学会 | 柴油机调整特性;汽油机调整特性 |
| 发动机动态、调速、排放特性 | 理解 | 发动机调速特性;发动机动态特性;发动机排放特性 |

## 第一节　发动机运行工况

### 一、发动机典型工况

在汽车运行过程中,具有代表性的工况,称为典型工况。发动机始终工作在一个恒定工况下的情况是极少的,在实际使用情况中发动机的运行工况变化是不稳定的。根据发动机的使用情况,大致可分为以下三类典型工况。

第一类工况:转速不变,而功率改变。例如,发电用发动机正常起动后,为使其工作稳定,要求发动机转速基本恒定。功率随电机负荷大小,从零直接变到最大,没有固定的规律性,但要使发动机转速不变,才能确保输送的频率稳定,那么在工况图上会出现一条垂直线(图 4-1 中的曲线 1),称为线工况。

第二类工况:功率与转速的关系类似于三次幂函数,$P_e = Kn^3$,$K$ 为比例常数。船用机就是这类发动机,因为它是带动螺旋桨工作,故称螺旋桨工况或推进工况,也是线工况。如图

4-1 中曲线 2 所示。这样,发动机功率与转速之间就呈现一种十分有规律的变化。

第三类工况:转速变化幅度很大,功率变化也极不稳定。

转矩取决于汽车行驶时的阻力,在相同转速的情况下,可由零负荷变到全负荷;转速的连续变化使得车速从最低车速到最高车速连续变化;当汽车需要制动时,例如汽车下斜坡,发动机因为传动系统倒拖做了负功。

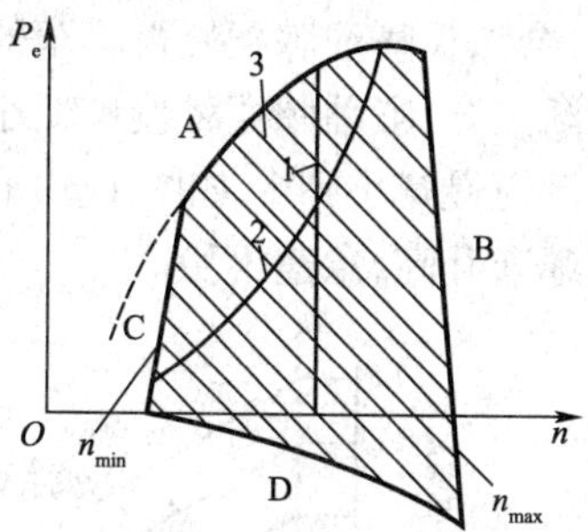

图 4-1 发动机的典型工况与工作范围
1-恒速工作;2-螺旋桨工作;3-陆上运输

上边界线 A 是不同转速下的发动机所能发出的的功率最大值(曲线 3);左边界线 C 为发动机最低稳定工作的转速限制线;右边界线 B 为发动机最高转速限制线,下边界线 D 是汽车熄火,外力倒拖发动机的工况线,称为倒拖功率。发动机在这样一个面区域内工作,这就是车用发动机在路面行驶过程中会遇到的工况。

## 二、发动机不稳定工况

### 1. 发动机起动工况

在起动机的辅助下,将发动机由静止状态转动到靠燃料燃烧做功的惯性力维持运转的过程称为发动机的起动工况,简称起动。

汽油机起动时,由于转速非常低,空气流动速度慢,从而导致燃料的雾化程度差,使得进入汽缸的混合气中的大部分燃料以液态形式存在。以气态形式存在的燃料少,实际参与燃烧的混合气变稀。特别在低温起动时,汽油蒸发速度下降,在混合气形成的时间内,实际蒸发量减少,当蒸发形成的实际混合气的浓度降至着火下极限 $\varphi_a > 1.4$ 时,汽油机将因为混合气太稀不能着火做功。因此,为了能让发动机起动顺利,传统化油器式的燃料供给系统要求供给特浓的混合气,其 $\varphi_a$ 值为 0.3 ~ 0.6,实际以气态参与反应的混合气浓度 $\varphi_a$ 值在 0.8 ~ 1.2,其他燃料来不及参与燃烧,直接随同废气排入大气,这是汽油机起动碳氢排放高的主要原因。电控喷射汽油机虽然由于喷射,雾化好于化油器发动机,但仍然不能完全蒸发,因此,起动过程仍然需要加浓喷射,过量空气系数 $\varphi_a$ 值一般在 0.5 ~ 0.8。

发动机低温起动之后,因为可燃混合气在温度较低的情况下雾化的程度差,燃料附着在进气管上从而使燃料混合气浓度降低,致使发动机运行不良或者发动机灭火。因此起动之后一小段间隔里,要加大燃料供给量,从而提高实际参与燃烧的燃料混合气浓度升高,使发动机运行稳定不会因此而灭火。起动时发动机的温度决定了增加燃油量比例的高低,而且起动后随着时间的推移,增油量比例慢慢减小直至正常供油量,如图 4-2 所示,只有发动机电控喷射才能实现这一要求。传统化油器发动机将只能提供固定的浓混合气保证起动后正常运转。

### 2. 发动机暖机工况

发动机在冷车的情况下起动后发动机保持转速在某一转,等发动机工作温度正常后转速回到标准转速。这个过程就是暖机工况。

发动机起动之后的暖机时间里,发动机的温度稍有升高,但仍不足,可燃混合气在温度不高的情况下雾化的程度仍然比较差,有少量的燃料沉积在燃烧室内壁面和进气管上,导致可燃混合气浓度降低，从而使燃料燃烧不良。所以在发动机暖机时间里，要加大燃料供给量，发动机的温度决定了加大燃料量比例高低。ECU 根据温度传感器测得的发动机温度低时，会加长喷油脉宽使得暖车的可燃混合气浓度升高。随着温度传感器测得的发动机温度逐渐上升，喷油脉宽将慢慢变小，当发动机的温度高于 60℃之后不在增加喷油脉宽，增油量比例慢慢减小到 1，如图 4-3 所示。化油器发动机不能实现这一功能，因此，暖车过程怠速转速逐渐升高，怠速不稳。

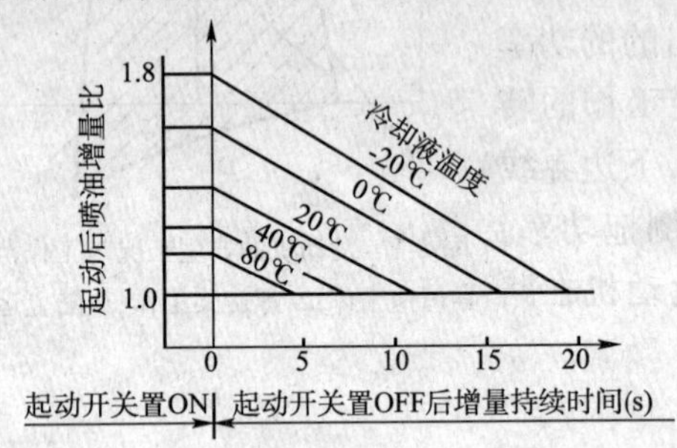


图 4-2　起动后喷油增量

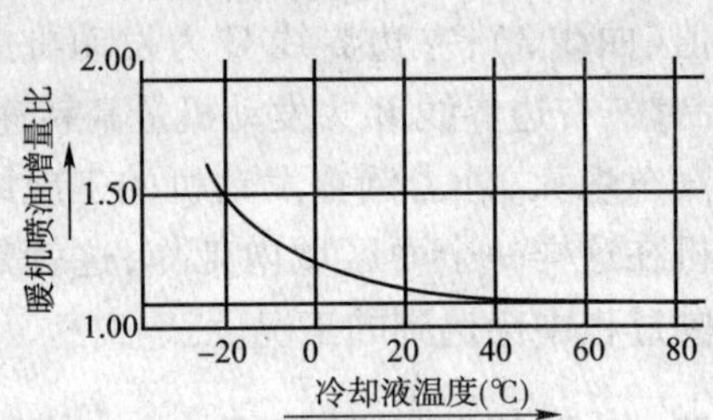


图 4-3　暖机喷油增量

3. 发动机加速工况

汽车在使用过程中，在某些时间内需要突然加快汽车的速度，这就要求汽油机能够迅速加大输出功率。为了满足加速过程动力性的要求，汽油机需要提供最大功率的混合气。但是在传统化油器式汽油机供给系统中，虽然设计加速泵，额外增加供油量，但由于汽油的惯性较大，燃料流量的增长比空气流量的增长要慢得多，这将导致混合气暂时过稀。另外，驾驶员猛踩加速踏板，使得节气门开的度徒然变大，进气管内的气体压力突然升高，大量的冷空气增加导致气体温度下降，使得进气管内的燃料蒸发变得更难，导致可燃混合气浓度变得更低，使得驾驶的感觉是踩下加速踏板时，车速没有迅速提升，而稍加停顿后，车速才提上来。从以上的叙述可知，为了保证汽车在加速时中的动力性要求，应供给经过特别浓度的可燃混合气，所以加速时，要加大喷油量，满足发动机的需要。

在当前电控发动机的加速过程中，为了保证其动力性，提高发动机加速时的性能，燃油增量比例大小与加浓时间取决于加速时发动机的温度和节气门的变化率等。温度传感器测得的发动机温度越低时，喷油脉宽越宽，节气门变化率越大，加速喷射脉宽越长，即喷油量越多。

4. 发动机减速工况

车辆在行驶过程中，有时需要减慢车速或紧急停车，此时，不希望发动机提供动力。从节能和环保的角度出发，希望燃料供给系统不提供燃料。但是，在化油器式燃料供给系统中，由于节气门需要关小，喉口真空度降低，空气供给量减少，而燃料供给在惯性和高真空度作用下减少比例不如空气量多，不仅不能断油，反而使得混合气变浓，造成燃料浪费，这是化油器不能避免的问题。而采用电控喷射，此工况可以实现不喷油控制，从而实现环保和节油的双重效果。

5. 发动机怠速工况

发动机节气门接近全关，无动力输出，燃料燃烧尽仍可以驱动自身附件，维持自身运转的工况称为怠速工况，简称怠速。

发动机怠速时运转的转速也较低，四缸汽油机机为750～1000r/min，刚起动后机体温度较低时，由于雾化不良、蒸发较差，加上节气门基本关闭，燃烧室内的可燃混合气数量较少。这样，燃烧室内的残余废气系数上升，残余废气对新鲜混合气的降低浓度的作用明显，燃料燃烧速度放缓甚至熄灭。因此，当汽油机怠速时，要求供给较浓的混合气，其$\varphi_a$值为0.6～0.8。

6.变负荷不稳定工况

1)小负荷工况

发动机节气门开度较小，一般小于25%，燃料燃烧除可以驱动自身附件维持自身运转外，对外有较低的输出转矩的工况称为小负荷工况，简称小负荷。

汽油机在此工况时，节气门开度有所增加，转速有所提高，空气流动速度加快，使燃油的雾化、蒸发有所改善，但由于节气门开度不是很大，节流损失存在，使得进气阻力较大，汽缸内残余废气比例较多，导致燃烧迟缓，因而仍需供给较浓的混合气。另一方面，当汽油机负荷小于10%节气门开度，较高转速时，更需要比较浓的可燃混合气。小负荷时，混合气浓度的值$\varphi_a$为0.7～0.9。

2)中等负荷工况

节气门开度在25%～85%称为中等负荷工况，该工况混合气形成条件较好，混合气浓度稀。从0.6～1.3都能燃烧，从能否燃烧角度，对混合气浓度要求不苛刻。但是，中等负荷工况是汽油发动机最常使用工况，从汽车的使用经济性考虑，用户希望供给最经济的混合气，保证汽车具有良好的经济性。因此，传统汽油机在该工况供给的混合气$\varphi_a$=1.05～1.15。现代电控喷射汽油机，为了降低发动机的排放，保证三元催化剂高效工作，过量空气系数$\varphi_a$都控制在了1附近，牺牲了经济性。

3)大负荷及全负荷工况

汽油机节气门接近全开的工况称为大负荷工况，节气门全开的工况称为全负荷工况。大负荷和全负荷时，内燃机输出最大功率去平衡行驶的阻力与风阻，这时动力性要求处于第一位，而经济性要求降低。为了保证汽车具有良好的动力性，应该供给功率混合气，其$\varphi_a$为0.85～0.95。化油器发动机采用加浓装置实现控制，电控喷射汽油机采用增加喷射脉宽的方法，从程序上较容易实现控制。

## 第二节　发动机特性

### 一、发动机运行特性

#### (一)发动机速度特性

发动机的速度特性：发动机在油量调整装置保持不变，其各性能指标参数随发动机转速的变化情况，称为发动机的速度特性。

保持节气门某一位置不变，由于外界阻力的变化，使得发动机的转速发生变化，其他性能参数也将随之变化。当节气门处于最大位置时，所测得的发动机速度特性为外特性，节气门低于最大位置时的速度特性，称为部分负荷速度特性。

1. 汽油机的速度特性

对于一台交付使用的汽油机，化油器已经调整好，点火提前角调整装置也已经确定，驾驶员直接操纵节气门以改变车速。当节气门放在一定位置上时，汽油机转速将随外界负荷变化而改变。这时，它的性能参数也将随之而变化。若以转速为横坐标，其他参数（有效功率、有效转矩、有效油耗率等）为纵坐标，得到的特性曲线，称为汽油机速度特性曲线。

图 4-4 所示为某吉普车用汽油机外特性，图 4-5 示出了一般汽油机在节气门不同开度下的速度特性曲线的趋向，我们简要分析如下。

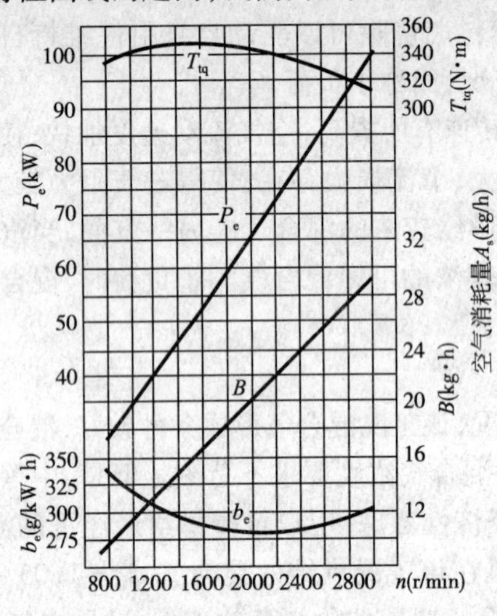


图 4-4　某车用汽油机外特性

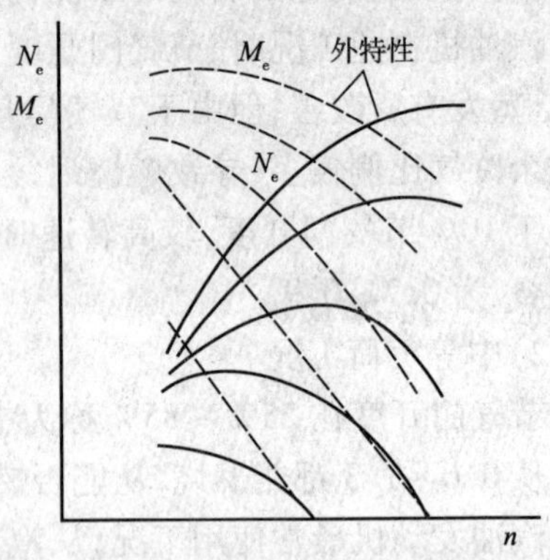


图 4-5　部分负荷速度特性

汽油发动机的有效功率 $p_e$ 为

$$p_e = \frac{iV_h n}{30\tau} p_{me} = \frac{iV_h}{30\tau} \frac{\rho_0 h_u}{l_0} \frac{\varphi_c}{\varphi_a} \eta_i \eta_m n = k_2 \frac{\varphi_c}{\varphi_a} n \eta_i \eta_m = k_2 \frac{\varphi_c}{\varphi_a} n \eta_e \tag{4-1}$$

式中：$\eta_e$——有效热效率，即 $\eta_e = \eta_i \eta_m$ 的乘积，表示能量转换的总效率；

$\eta_i$——指示热效率；

$\eta_m$——机械效率；

$V_h$——发动机工作容积；

$\rho_0$——气体密度；

$h_u$——燃料热值；

$l_0$——理论空燃比；

$\tau$——行程数；

$i$——汽缸数；

$k_2 = \frac{iV_h}{30\tau} \frac{\rho_0 h_u}{l_0}$，对一种发动机即为常数。

发动机的有效转矩为

$$T_{tq} = \frac{9550}{n} p_e = \frac{9550}{n} \frac{iV_h}{30\tau} \frac{\rho_0 h_u}{l_0} \frac{\varphi_c}{\varphi_a} n \eta_i \eta_m = \frac{318 i \rho_0 V_h h_u}{\tau l_0} \frac{\varphi_c}{\varphi_a} \eta_i \eta_m = k_3 \frac{\varphi_c}{\varphi_a} \eta_i \eta_m \tag{4-2}$$

一般汽油机通过化油器保证它在最佳混合比 $\varphi_a$ 下工作，$\varphi_a$ 值基本不随转速而变化，燃烧过程稳定，热效率 $\eta_i$ 变化很小。但，低转速时涡流减弱，雾化质量较差，燃气与壁面之间散热增加，漏气相对增加等因素导致 $\eta_i$ 略有下降；高转速时，则由于燃烧所占的曲轴转角增大，燃烧及时性下降 $\eta_i$ 下降，对 $\eta_i$ 也产生不利影响，致使 $\eta_i$ 在某一中间转速时较大。由于 $\eta_i$ 变化很小，为了便于分析，突出主要因素的影响，不妨把 $\eta_i$ 和 $\eta_i/\varphi_a$ 作为定值处理，经这样简化后，转矩仅决定 $\varphi_c$ 和 $\eta_m$ 随转速变化的规律了。

图 4-6a）示出了充量系数 $\varphi_c$ 随转速 $n$ 而变化的情况，图中的数字是表示节气门不同开度下的 $\varphi_c$ 曲线和在节气门全开情况下 $\varphi_c$ 曲线。在节气门全开情况下，$\varphi_c$ 曲线在某一中间转速处呈上凸形状，具体形状与配气相位直接有关，对于一个固定的配气相位角，将有一个最佳充量系数转速，这一点将是发动机最大转矩点。节气门部分开度时，由于节气门的节流作用增强，进气阻力增加，$\varphi_c$ 将随着转速增加而减小。而且随着节气门开度的减小，它随转速升高而下降的速率也增大。不同开度时，充量系数 $\varphi_c$ 低速区差别小，高速差别大。

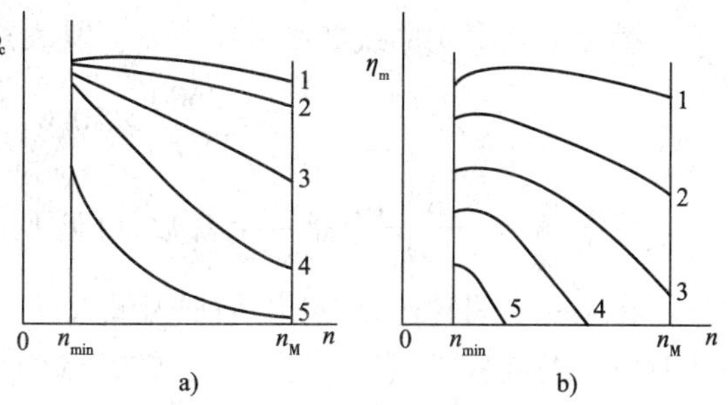


图 4-6 充量系数 $\varphi_c$ 和机械效率 $\eta_m$ 与节气门开度的关系

1-节气门全开；2、3、4、5-节气门部分开启，逐渐减小

由机械效率定义式可得

$$\eta_m = \frac{P_e}{p_i} = 1 - \frac{p_m}{p_i} = 1 - \frac{p_m}{p_t \eta_i} \tag{4-3}$$

图 4-6b）示出了与图 4-6a）相应节气门开度下机械效率 $\eta_m$ 随转速变化情况。

机械效率的影响因素主要受机械损失功率和指示功率的影响。机械损失功率包括：摩擦损失、驱动附件损失和泵气损失三大部分。发动机外特性上，机械损失的三个要素，均与转速成线性上升，而循环功率 $P_t$ 也与转速是线性关系，比值基本固定，影响曲线趋势的只有指示效率 $\eta_i$。前面已经分析，因此，外特性机械效率曲线趋势，即为指示效率趋势曲线。两边低中间偏低速有极值点。负荷降低，摩擦损失也降低，但驱动附件损失基本不变，泵气损失反而增加，并且，进气节流损失随转速变化明显，导致部分负荷机械效率随转速下降明显。并且，有用功占总工比例下降，机械效率总体随负荷降低而下降。

从式(4-2)可知，$\varphi_c$ 和 $\eta_m$ 的乘积决定了转矩曲线的形状，根据上面分析可以看出，节气门全开时，转矩曲线将是一条上凸曲线；在部分开度时，转矩将随转速升高而下降，开度越小，曲线越陡，其趋势如图 4-7 所示。

汽油机转矩曲线与柴油机的相比，弯曲度较大，其外特性转矩储备系数可达 10% ~ 30%，适应性较好，在部分开度时，适应性系数还将增大，工作更加稳定，但是克服外界阻力总能力降低了。

功率曲线即为转矩曲线和转速的乘积，低速区转矩和转速同时上升，功率曲线陡峭；中速区转速上升，转矩略有下降，乘积上升速度缓慢；高速区转矩下降的影响大于转速升高的影响，功率反而下降。

它的功率曲线与柴油机的相比，也有很大的不同，在外特性上有一处功率为最大，超过所相应转速后，功率开始下降。因而继续提高发动机转速，不仅不会带来功率的增加，反而带来磨损的加剧和运动件惯性负荷的增加，基于上述原因，通常把这一点功率和转速标定为汽车发动机铭牌功率和转速。在部分开度时，功率曲线弯曲度更大，功率曲线将在标定范围内与横坐标轴相交；发动机将在相应转速下空负荷运行。即使节气门全开，发动机飞车转速一般也不超过标定转速60%；由于汽油机采用进气总量的调节方法，因而燃烧过程也不致过度恶化，因此汽油机飞车不会像柴油机飞车那么严重。

燃油消耗率 $b_e$ 曲线如图4-4所示。其表达式如下式所示：

$$b_e=\frac{3600}{H_u\eta_{et}}\times1000=\frac{3.6\times10^6}{H_u\eta_{et}}=K_4\frac{1}{\eta_i\eta_m}\tag{4-4}$$

式中，$K_4=\dfrac{3.6\times10^6}{H_u}$是一个常数，可见 $b_e$ 与指示效率和机械效率的乘积 $\eta_i\eta_m$ 成反比关系。在某一中间转速时，$\eta_i\eta_m$ 乘积为最大，$b_e$ 为最小。这是由于高速时，$\eta_m$ 下降过多，而低速时由于涡流减弱，漏气散热损失增加导致 $\eta_i$ 下降较为明显所致，因此，$b_e$ 曲线是一条上翘曲线。

2. 柴油机速度特性

当喷油泵齿条（或节气门拉索）位置一定时，柴油机的性能参数随转速变化的关系，称为柴油机的速度特性。根据国家标准，标定功率有四种，因此，通用柴油机的全负荷速度特性也有四种，专用柴油机只需测定铭牌上所标明的两种功率速度特性。图4-7所示为某柴油机的1h及12h功率的速度特性。齿条固定在标定功率以下位置所测得的速度特性，称为部分负荷的速度特性，如图4-8所示。汽车用柴油机按照国家规定，除了做15min功率的速度特性试验外，还需增做标定功率的90%、75%、50%和25%负荷的速度特性试验。

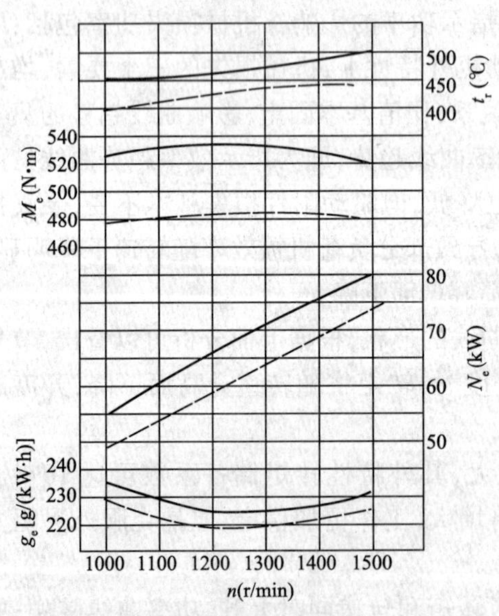


图4-7 某柴油机的速度特性

（实线为1h功率速度特性；虚线为12h速度特性）

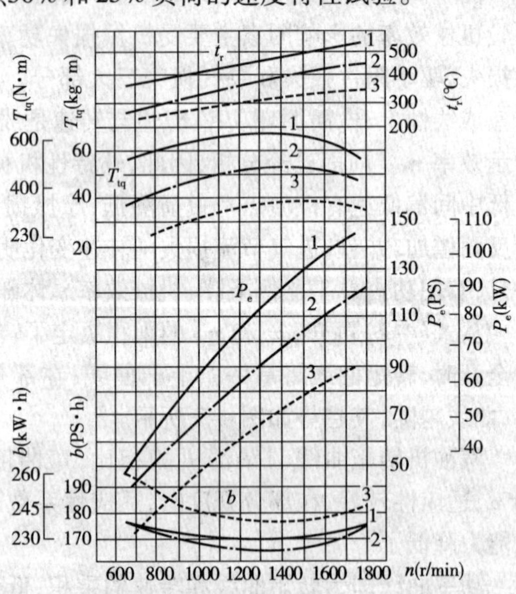


图4-8 某柴油机部分负荷速度特性

1-90%负荷；2-75%负荷；3-55%负荷

一般柴油机只做全负荷时的速度特性，因为全负荷时的转矩大小及其随转速 $n$ 的变化规律决定了柴油机的动力性能。下面分析一下非增压柴油机转矩 $T_{tq}$、功率 $P_e$ 和燃油消耗

率 $b_e$ 随转速 $n$ 而变化的趋势。

喷油泵每循环供油量 $b_i$ 通常是按标定工况下确定的。在没有油量校正装置下，随着柴油机转速下降，循环供油量 $b_i$ 有些减少；而柴油机的充气效率 $\varphi_c$，由于平均气流速度下降而获得某些增加，因此转速下降时，过量空气系数 $\varphi_a$ 和指示热效率 $\eta_i$ 均有些提高。另一方面，转速下降时，机械损失下降使机械效率 $\eta_m$ 得到某些提高。根据柴油机功率表达式为

$$p_e = \frac{iV_h n}{30\tau} p_{me} = \frac{iV_h}{30\tau} \frac{h_u}{v_h} b_i \eta_i \eta_m n = \frac{ih_u}{30\tau} b_i n \eta_i \eta_m = k_2' b_i n \eta_i \eta_m \tag{4-5}$$

式中，$k_2' = \frac{i}{30\tau} H_u$ 是一个常数。转矩表达式为式(4-6)，只要将功率表达式去除转速影响即可。

$$T_{tq} = \frac{9550 P_e}{n} = \frac{ih_u}{30\tau} b_i n \eta_i \eta_m \frac{9550}{n} = \frac{9550 ih_u}{30\tau} b_i n \eta_i \eta_m = k_3' b_i \eta_i \eta_m \tag{4-6}$$

由转矩表达式中可以看出转矩与转速无直接关系。转速 $n$ 对指示效率和机械效率的影响与汽油机相同，由于高压油泵速度特性的影响，随着转速的提高，循环供应量 $b_i$ 略有增加，最后导致个参数乘积的极大值向中高速平移，使得转矩变化的曲线趋向平坦，从而使得功率曲线更加线性，如图 4-8 所示。这样的曲线难以满足拖拉机和工程机械发动机对转矩储备的要求。因为这种用途的发动机在工作时，经常会遇到短期过载情况，要求发动机在转速下降时能自动增加输出转矩，以克服短期过载，避免发动机熄火。

衡量柴油机动力性能的指标之一是适应性系数 $K$ 或转矩储备系数 $\mu$。

$$K = \frac{M_{emax}}{M_e} \tag{4-7}$$

$$\mu = \frac{M_{emax} - M_e}{M_e} \times 100\% \tag{4-8}$$

式中：$M_{emax}$——最大转矩；

$M_e$——标定工况时的转矩。

柴油机不带校正器时适应系数 $K$ 可达 1.05 左右。采用校正器可使 $K$ 提高到 1.1 ~ 1.24。校正方法有两种，其中出油阀校正器，采用这种校正器，校正作用不大，一般 $K$ 值只能提高到 1.07 左右。对于工程机械远不能满足要求，需要采用校正作用更强的弹簧校正器方法，这样，转矩储备系数可达 15% ~24%。需要指出的是，这样大的转矩储备系数是以牺牲标定功率为前提的(即要适当减少标定工况的供油量)。

燃油消耗率公式与汽油机完全一致，变化趋势与汽油机一致。但由于柴油机压缩比大，循环热效率高，从而使得指示效率明显好于汽油机，因此，燃油消耗率曲线明显低于汽油机，且显得平坦。

柴油机的部分负荷仅改变循环供应量，不控制进气量，因此，泵气损失与负荷无关，机械效率曲线在各种负荷下均比较平坦。随着负荷下降，定容燃烧比例加大，指示效率曲线提高，因此部分负荷转矩曲线更加平坦，如图 4-8 所示。

柴油机功率 $P_e$ 正比于 $T_{tq} \cdot n$，由于 $T_{tq}$ 曲线变化平坦，在一定转速范围内，功率几乎与转速成比例增加，如果齿条卡死(或调速器失灵)，而柴油机又卸去负荷情况下，柴油机将发生

飞车事故,转速大幅度上升,排气冒黑烟,排气管烧红,严重的可以造成零件损坏。这是由于柴油机进气阻力较小,$\eta_m$ 随 $n$ 上升而下降较慢,循环供油量 $b_i$ 还是很大,因此不像汽油机那样,可燃混合气数量随转速上升而很快下降而不至于引起过高的飞车转速。

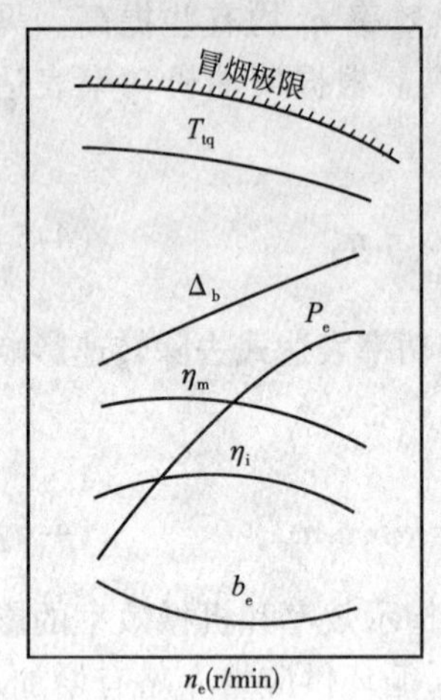


图 4-9 柴油机的冒烟极限曲线

图 4-9 中的冒烟极限曲线是将各个转速下的炭烟极限连起来的。柴油机只允许在冒烟极限下运行,因此全负荷的速度特性必须位于冒烟极限以下。这一点就是确定标定油量和校正油量特性的依据。

**(二)发动机负荷特性**

保持发动机的转速恒定,发动机性能参数有效功率 $P_e$、有效转矩 $T_{tq}$、平均有效压力 $P_{me}$ 随负荷的变化规律成为负荷特性。用曲线表示表达这些规律,则称为负荷特性曲线。

1. 汽油机负荷特性

汽油机在固定转速下工作,借助于改变节气门开度,控制进入汽缸混合气数量多少来适应外界负荷的变化。这时,发动机的每小时燃油消耗量 $B$,燃油消耗率 $b_e$ 以及其他参数将随负荷大小而变化,其变化造成如图 4-10a)所示,简要分析如下。

由于化油器式发动机采用进气总量控制的调节方法,除了接近满负荷(80% ~100% 标定功率)时采用加浓混合气外,其余大部分负荷供给经济混合气。因此,指示热效率 $\eta_i$ 变化不大。低负荷时,由于雾化不良、残余废气增加、燃烧速率减慢以及相对热损失增大,导致 $\eta_i$ 下降;而在满负荷时,由于混合气加浓、燃烧不完全导致 $\eta_i$ 某些下降。过量空气系数 $\varphi_a$ 和指示热效率如图 4-10 所示。

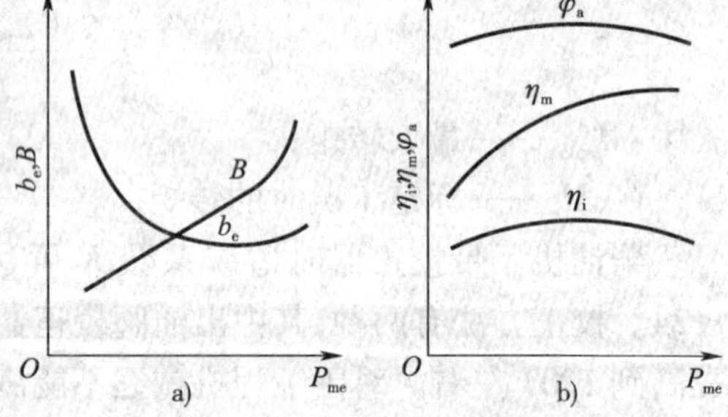


图 4-10 化油器式发动机负荷特性

机械效率 $\eta_m$ 变化规律与柴油机负荷特性的情况一致,由式 $\eta_m = 1 - P_m/(P_e + P_m)$ 决定。机械损失功率决定于转速而与负荷大小关系不大,因此,转速不变时,可以视为常值。当空负荷时,$P_e = 0$,$\eta_m = 0$,$b_e = \infty$;随着负荷增大,总功增加,机械损失增加不多,机械损失相对总功比例减小,$\eta_m$ 迅速地增大,$b_e$ 迅速地下降;接近满负荷时,由 $\eta_i$ 下降引起了 $b_e$ 曲线上翘,如图 4-10a)所示。

从上面分析可以看出,在中等负荷以下,$\eta_m$ 的上升使得油耗下降,在高负荷时,热效率 $\eta_i$ 下降引起了 $b_e$ 的上升。

2. 柴油机负荷特性

柴油机负荷特性就是发动机转速不变时,其他性能参数随负荷(节气门位置或油量调节机构位置)而变化的关系。这时,由于转速为常数,有效功率也可度量负荷。柴油机负荷特性曲线如图 4-11 所示。横坐标是负荷(功率或平均有效压力),纵坐标是性能参数,主要参数是燃油消耗率 $b_e$(g/kW·h)和排气温度 $T_r$(℃)。此外,机械效率 $\eta_m$、过量空气系数 $\varphi_a$、最高燃烧压力 $P_z$、压力升高率 d$p$、d$\varphi$ 烟度、增压压力 $P_k$、废气涡轮前的压力 $P_r$ 等其他参数也可以根据需要测定出来,测绘成曲线。一般测定标定转速下的负荷特性。从负荷特性上可以看出不同负荷下运转的经济性。根据各种转速下的负荷特性,可以绘制成柴油机的万有特性。负荷特性是柴油机的基本特性,也比较容易测定,所以在发动机调试过程中,经常用负荷特性作为性能比较的标准。

图 4-11 是按负荷特性运转时一些参数随负荷变化的一般规律。增加负荷就是意味着增加每循环供油量。所以每小时的耗油量 $B$(或 $G_T$)随负荷增加而增加,而过量空气系数 $\varphi_a$ 随负荷增加而减小,供油量多,放热也多,使排气温度 $T_r$ 随负荷增加而升高。

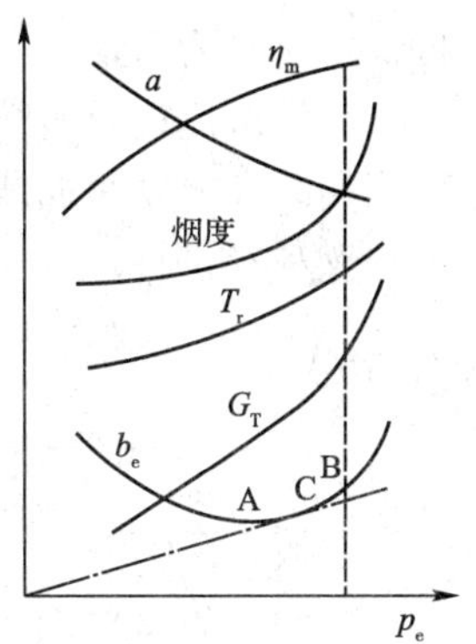


图 4-11　各基本参数随负荷变化情况

发动机的机械损失主要与转速有关,当转速一定时,机械效率变化与汽油机一致。负荷增加到 A 点位置,$b_e$达到最低值,再继续增加负荷,由于 $\varphi_a$ 减小,混合气形成和燃烧恶化,$b_e$反而升高。

排气烟度随负荷增加而增加,但在低负荷时,增加缓慢,且低负荷时烟度很小,肉眼看不出,可认为排气无烟。在高负荷时,烟度增加迅速,当接近最大功率时,由于 $\varphi_a$ 减小,混合气形成和燃烧恶化,燃烧不完全,排气烟度急剧增加(图中 B 点),此时燃油消耗率 $b_e$和活塞、汽缸盖等热负荷也迅速升高了。如再继续增加供油量,则柴油机大量冒黑烟,功率反会下降,因此柴油机存在一个冒烟极限。为了保证柴油机安全可靠地运行,不允许柴油机在冒烟极限下工作。小型高速柴油机的最大功率一般受冒烟极限的限制。至于多大的排气烟度作为冒烟极限,我国目前并没有明确的规定,也没有统一的烟度测量方法,因此对于柴油机的容许烟度存在不同的看法。有人不允许排气中有烟,排气中出现烟丝就认为已达到炭烟极限,显然这种看法不合理。因为只要有很小一部分燃料不完全燃烧就能产生明显的烟色,而对工作并无太大妨害。将负荷特性上烟度急剧升高的那一点(B 点)作为冒烟极限还是比较合理的。

从图 4-11 还可以看到,A 点 $b_e$ 最低,但功率较小;B 点功率虽高,但 $b_e$ 也高。从坐标原点作一射线与 $b_e$ 曲线相切得切点 C,C 点的功率与燃油消耗率之比值最大,这些点的位置,可作为标定功率时的参考。

**(三)发动机万有特性**

速度特性和负荷特性都只能在特定的情况下去衡量发动机各项性能的变化规律。在实际使用中发动机的转速和负荷都变化范围很大,比较复杂,想要详细的分析发动机不同工况下的性能需要很多张图形,这样分析比较麻烦,所以要将负荷特性、速度特性的实验数据综合整理,就要将发动机各项性能参数与转速、负荷之间的相互关系称为多参数特性,表现在同一张图形上,相应的曲线称为万有特性曲线。

1. 汽油机万有特性

汽油机主要使用场合是汽车。它经常在变速变负荷下工作,要了解整个使用范围内工作经济性,需要绘制万有特性。典型卡车汽油机万有特性如图 4-12 所示。现在汽油机转速已经上升到 4000 ~ 5000r/min,万有特性经济区有分成高速和低速两个经济区的趋势。特别是摩托车发动机表现的更加明显,出现马鞍形曲线。

2. 柴油机万有特性

由于车用发动机工况变化范围很广，要分析各种工况下的性能就需要许多负荷特性或速度特性。因此，用负荷特性和速度特性分析工况变化较广的车用柴油机性能，仍不方便。为了能在一张图上全面表示发动机的性能，经常应用多参数的特性曲线，这就是万有特性。

应用最广的万有特性是将转速作横坐标，平均有效压力作纵坐标，在图上画出等燃油消耗率曲线和等功率曲线，组成一群曲线族，如图 4-13 所示，很方便地表示出任一转速和负荷下的燃料经济性。

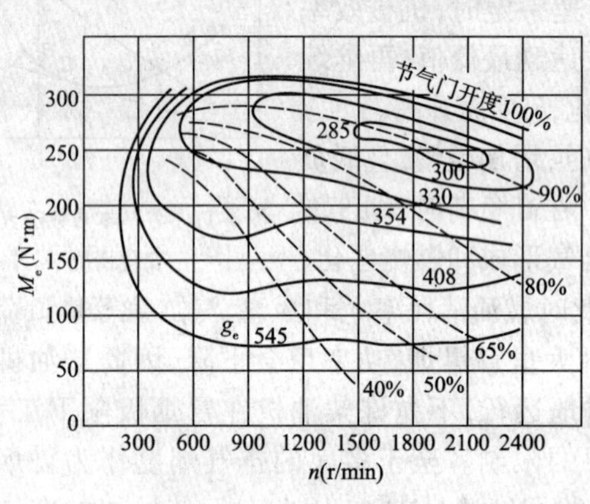


图 4-12　某车用汽油机万有特性

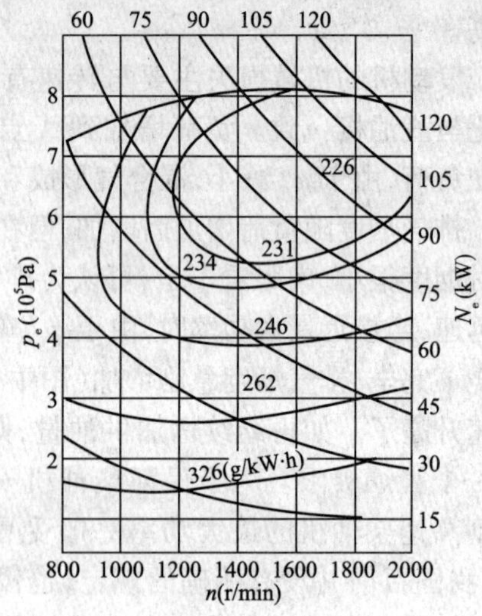


图 4-13　某柴油机万有特性

对比汽油机和柴油机万有特性，汽油机最经济区域偏高速大负荷，而柴油机的比较适中；其次，汽油机的燃油消耗率比柴油机的高得多，其主要原因是柴油机压缩比大，热效率远高于汽油机。

车用发动机经常在较低负荷率下工作，而汽油机在低负荷率下工作，油耗增大较快。因此，车用汽油机的燃料经济性远不如柴油机，特别是使用大排量发动机的轿车，城市工况经济性更差。研究如何提高实际使用燃料经济性，将有很大的经济意义。显然，提高发动机负荷率是提高燃料经济性最有效措施。从发动机与底盘配套观点来看，应根据动力装置不同用途和道路实际情况选择适当功率的发动机。如公共汽车，负荷中等而车速不高，为了获得较高的平均车速和要求较好加速性能。为此，选择低速转矩较大而最大功率适当的发动机就比较合适。小汽车为了追求动力性能和高速超车的能力，选择相对较大发动机，但却失去了经济性，小汽车如果在路面不良情况下行驶，它必然在很低负荷下工作，经济性很差，城市工况，受到车速限制，负荷率也很小，一般都在 20% ~30% 负荷下工作，经济性很差。为提高轿车的使用经济性，现在提倡轿车使用小排量发动机是一个有效方法。载货汽车，车速不高而负荷率较高，燃油经济性较好，从使用方面，载货汽车应避免空车轻载运行，要按规定的吨位装足。

3. 万有特性曲线的绘制

万有特性可以通过多组负荷特性或多组速度特性（一般，为了保证曲线的连续和光滑，需要八组以上数据)曲线来绘制。一般,负荷特性涵盖转速和负荷分布曲线均匀,所以,许多测功机自带控制程序中都采用负荷特性绘制方法。

绘制前先制取八组以上的负荷特性曲线。我们以燃油消耗率曲线的绘制来说明,其他曲线绘制同理。

燃油消耗率万有特性曲线绘制方法如下:

(1)将各种转速下负荷特性以 $P_{me}$ 为横坐标,$b_e$ 为纵坐标,以同一比例尺画出燃油消耗率的负荷特性曲线若干条。

(2)根据发动机工作转速范围,标出万有特性横坐标的标尺,纵坐标的标尺 $P_{me}$,要求与负荷特性图 $P_{me}$ 标尺相同。

(3)将某一转速下的负荷特性图躺倒在万有特性坐标轴的左边,如图 4-14 所示。在负荷特性图上引若干条等燃油消耗率线与 $b_e$ 曲线相交,各有 1 ~2 个交点。再从交点引水平线至万有特性图中,水平线与对应的等转速直线相交,活动万有特性曲线上对应的等油耗交点。在每交点上用铅笔标上相应的燃油消耗率量。然后,调换另一转速下负荷特性图,引与上相同的若干条等燃油消耗率线与该转速上 $b_e$ 曲线相交。再从交点引若干水平线至万有特性图相应的等转速直线上,获得第二组交点。在交点上同样标上相应的燃油消耗率值。所有转速的负荷特性都经过这样转换后,将 $b_e$ 值相等的点连成光滑曲线,即是万有特性上的等燃油消耗率线。

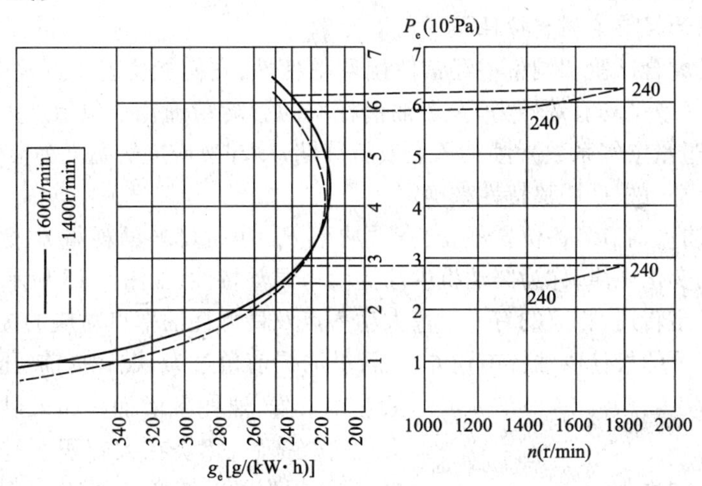


图 4-14 万有特性作图法

(4)用同样方法,将不同的等燃油消耗率线绘制在一张图内,即得到燃油消耗率的万有特性曲线。

(5)不同的燃油消耗率曲线,在万有特性内不能相交,要获得光滑万有特性图,必须在测录各种转速的负荷特性时,保持发动机冷却液温度和机油温度稳定,大气条件尽可能接近,变化尽可能小。即要求发动机试验过程中,控制参数状态一致。

等功率曲线是根据式,$P_e = \frac{P_{me}V_h ni}{30\tau} = KP_{me}n$ 作出,对于一定的发动机 $K = \frac{iV_h}{30\tau}$ 是一常数。所以,在 $P_{me}n$ 坐标中,等功率曲线是一群双曲线。

将发动机全负荷时的速度特性曲线 $P_{me}=f(n)$ 的关系画在万有特性图上，就构成万有特性图上边界限制线。

从万有特性上，很容易看到发动机最经济的负荷和转速。最内层的等燃油消耗率曲线相当于最经济的区域。曲线越向外扩展，经济性越差。等燃油消耗率曲线的形状及分布情况对发动机的使用经济性有重要影响。

对于车用发动机，希望最经济区最好在万有特性的中间位置，使常用转速和负荷在最经济区域内，并希望等燃油消耗率线沿横坐标方向长一些。对于工程机械用发动机，转速范围变化较小而负荷变化范围较大，希望最经济区在标定转速附近，并沿纵坐标方向上较长。如果发动机的万有特性不能满足使用要求，则应重新选择发动机，或对发动机进行适当调整以改变其万有特性。例如，可以进行配气相位调整来改变充气效率特性（即 $\eta_v=f(n)$ 曲线的形状），影响万有特性最经济区沿横坐标方向走势。也可以选择对发动机转速不敏感的燃烧系统，如柴油机选择分割式燃烧室等。

## 二、发动机调整特性

发动机的调整特性是指发动机在转速和其他参数不变的情况下，性能指标随调整参数而变化的规律。发动机有以下调整特性。

### （一）柴油机调整特性

#### 1. 柴油机供油提前角调整特性

在发动机的磨合试验和调整中经常使用调整特性，它们能使各个调整因素和发动机的工况参数对功率（或平均有效压力）及燃油消耗率的影响精确化。包括点火或喷油提前角、混合气成分（或过量空气系数）、喷油压力或持续期、冷却液或进气温度等参数对发动机功率和经济性的影响都可根据调整特性来确定。

转速恒定，油量调节装备位置不变，有效功率 $P_e$、小时燃料消耗量 $B$、燃油消耗率 $b_e$ 随供油提前角 $\theta$ 的变化规律，称为柴油机供油提前角调整特性，如图 4-15 所示。

对于一个恒定转速，相应的有一个最大功率点及最低耗油率点对应的提前角，我们将该角度成为该转速下的最佳供油提前角 $\theta_{佳}$。若供油提前角过大，燃烧提前，压缩功增加，使有效功率下降，油耗率增加。如果供油提前角过小，会使燃烧拖后，燃烧在大容积下进行，压力上升缓慢，散热损失及补燃增多，燃烧及时性下降，也使功率降低，油耗率加大。

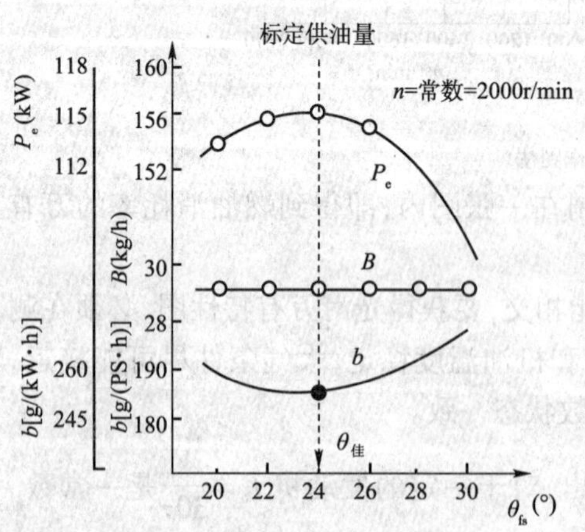

图 4-15　柴油机供油提前角调整特性

将供油量调节机构固定在标定功率的循环供油量时，做不同转速下 $P_e$ 随 $\theta_{fs}$ 而变化的曲线，则每种转速均有不同的最佳 $\theta_{fs}$（$\theta_{佳}$）。试验得出，最佳 $\theta_{fs}$ 随 $n$ 的升高而增大。

目前，已有发动机特性的计算方法，但是这些特性都是近似的。实际特性要在专门的试验台上对发动机试验时得出。在这种情况下必须考虑到，当在不同的环境条件下进行发动机试验时，所得出的结果也是不同的,因此,为了对试验结果进行比较,应按现行国家标准中给出的公式进行修正,把它们转换到同样的环境条件下。

传统发动机,供油提前角的调整试验,是通过调整高压油泵与驱动喷油正时的齿轮之间的连接角度关系进行调整的。在汽车上,保证最佳供油提前角随转速的变化是靠离心式供油提前角调整机构来实现的。

现代高压共轨电控喷射柴油机,一般通过改变上止点触发信号位置来改变喷油提前角。

2. 柴油机燃料调整特性

柴油机燃料调整特性:当供油提前角调整到最佳位置,保持发动机转速不变,发动机的各项指标随着供应量的变化关系,称为燃料调整特性。如图 4-16 所示。

在标定供油量以下,相当于柴油机的负荷特性。将调速器与喷油泵供油拉杆的断开,将高速限位螺钉松开,试验方法与柴油机负荷特性相同,曲线规律及分析也同柴油机负荷特性。该试验,一般用于柴油机研究和标定。试验过程中发动机冷却液温度、机油压力和温度在都要控制在正常范围内。

**(二)汽油机调整特性**

1. 汽油机点火提前角调整特性

当汽油机节气门开度、转速以及混合气浓度不变条件下,汽油机有效功率 $P_e$ 和燃油消耗率 $b_e$ 等性能指标随点火提前角 $\theta$ 变化的关系,称为点火提前角调整特性。典型特性曲线如图 4-17 所示。

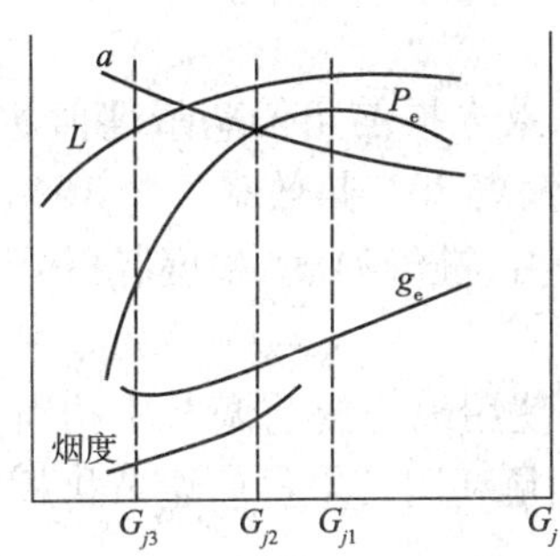


图 4-16 柴油机燃料调整特性

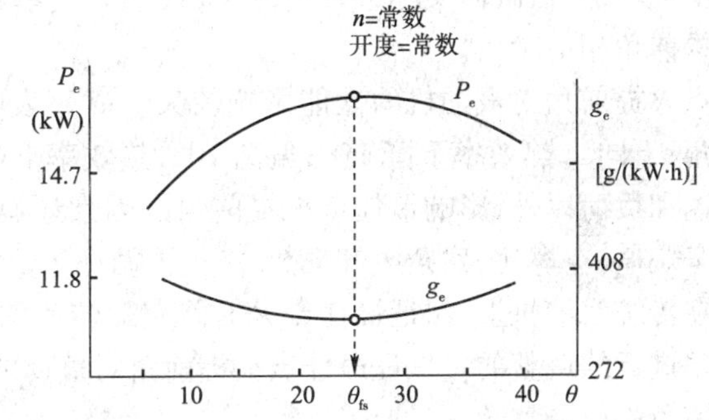


图 4-17 汽油机点火调整特性

其中,$P_e$ 最高点与 $b_e$ 最低点对应同一点火提前角 $\theta_{ig}$,即最佳点火提前角 $\theta$。点火提前角过大时,由于压缩功增加,使 $P_e$ 下降、$b_e$ 增加而且爆震倾向最大,点火提前角过小时,由于燃烧不及时,补燃增加,也使 $P_e$ 下降,$b_e$ 增加。

实际上,最佳点火提前角更精确的定义为获得最大转矩时的最小点火提前角。因为精确的试验表明,当点火提前角从爆震极限逐渐后移时,在某一个点火提前角范围内转矩基本保持不变。为了避免可能产生的爆震,通常取该范围内的最小点火提前角作为最佳点火提前角。

点火提前角对燃油消耗率也有很大的影响,图 4-17 给出了其变化的趋势,并与功率的变化进行了比较。由图中可看出,功率最大时的点火提前角非常接近最低燃油消耗率的点火提前角。

已经确定,最佳点火提前角相当于使最高燃烧压力在上止点后曲轴转角 $\varphi$ 为 12° ~15°

时到达，这时实际示功图与理论示功图最为接近(非瞬时燃烧损失最小)。

图4-18a)所示为节气门全开时的点火调整特性。可见，当节气门全开时，随汽油机转速的增加，最佳点火提前角相应增大。因为，同样燃烧时间对应的曲轴转角增加，所以，得到最大功率的曲轴转角会适当增加。

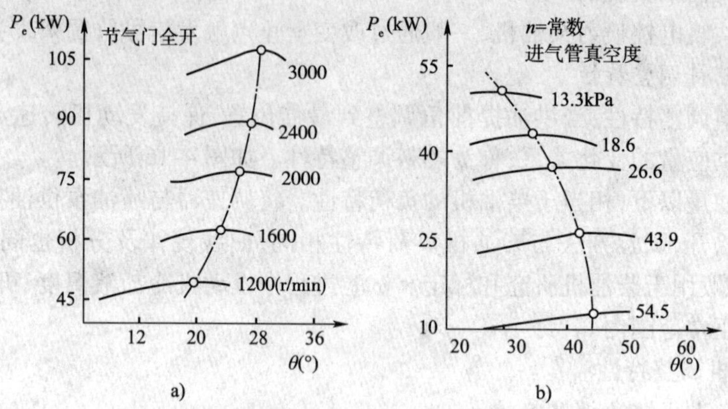


图4-18　25Y-6100Q汽油机的点火调整特性

a)节气门全开时；b)转速 $n = 1600$r/min时

图4-18b)所示为常用转速的点火调整特性。当转速一定时，随节气门开度的减小，进气管真空度增加，汽缸内实际进气量减少，残余废气系数增加，火焰燃烧速度减慢，以此，最佳点火提前角相应增大。

点火提前角对汽油机的性能影响较大。试验表明，如果点火提前角偏离最佳值5°(曲轴转角，下同)，热效率下降1%；偏离10°，热效率下降5%；偏离20°，热效率下降16%。除了转速和负荷以外，影响最佳点火提前角的因素还有大气压力、进气温度、湿度、缸体温度、燃料辛烷值、空燃比、残余废气系数、排气再循环等。

在传统汽油机上，保证最佳点火提前交随转速的变化是使用离心提前调节机构对点火提前角进行的调整的。保证最佳点火提前角对负荷的适应性是利用真空提前调节机构对点火提前角进行调整的。

2. 汽油机燃料调整特性

汽油机燃料调整特性：在发动机节气门开度位置不变及转速不变的情况下，点火提前角处于最佳状态，发动机性能参数随混合气成分的变化的规律称之为燃料调整特性。

图4-19为燃料调整特性曲线，从中可以看出，混合气过浓、过稀都会使燃料燃烧不良，从而导致发动机动力性、经济性下降。图4-19a)中 $A$ 点为该转速下最大功率点，相应的混合气成分为功率混合气。$C$ 点为该转速下最低耗油点，相应的混合气成分为经济混合气。可见，既要发动机功率最大，同时又要发动机油耗最低是不可能的。一般 $\varphi_a = 1.05 \sim 1.15$ 时，耗油率有最小值。$\varphi_a = 0.85 \sim 0.95$ 时，功率最大，最佳燃料调整选择在最低耗油率点与最大功率点之间，具体要根据发动机的使用情况而定。对经常在大负荷下工作的发动机选在最大功率点处，对动力性要求不高的发动机选在靠近最低耗油率处。图4-19b)给出了几个负荷下的燃料调整特性曲线，外特性上最大功率点 $\varphi_a$ 在0.9附近，如图4-19b)中曲线1所示。随着负荷的减小，最大功率混合气浓度增加，如图4-19b)中2、3曲线所示，其原因是负荷减小，残余废气系数增加，火

焰传播速度减慢，燃烧恶化，想要得到较好的功率，必须有足够浓度的混合气。

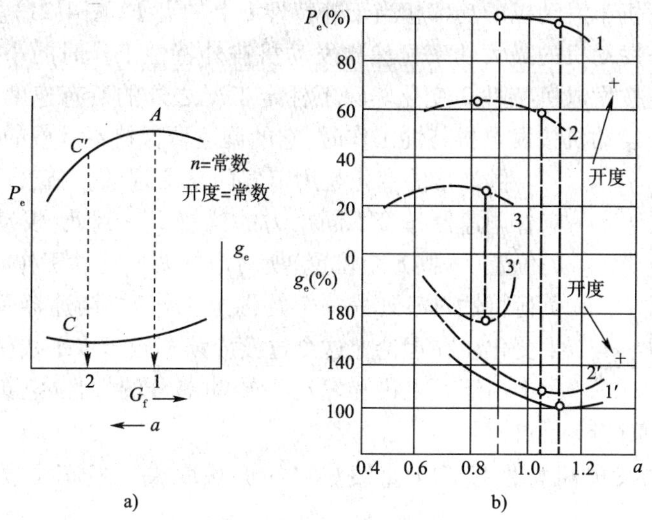


图 4-19　汽油机燃料调整特性

## *三、发动机调速特性

在柴油机上，由于高压油泵的速度特性，使得发动机转速难于控制，为了提高发动机的转速稳定性，根据不同的使用要求，需要安装不同类型的自动调速的装置，成为调速器。单制调速器用于只要求限制最高的(界限的)转速的场所。如果要保证发动机在低速下也能稳定的工作，就要装用两极调速器。全程调速器用于发动机整个转速变化区间的自动调速。

调速特性是指在调速器各种工作状态下发动机的主要工作指标与转速的关系。在图 4-20 上示出了全程和两极调速器的调速特性，这些特性曲线的形状取决于调速器和供油机构的参数以及发动机的参数。

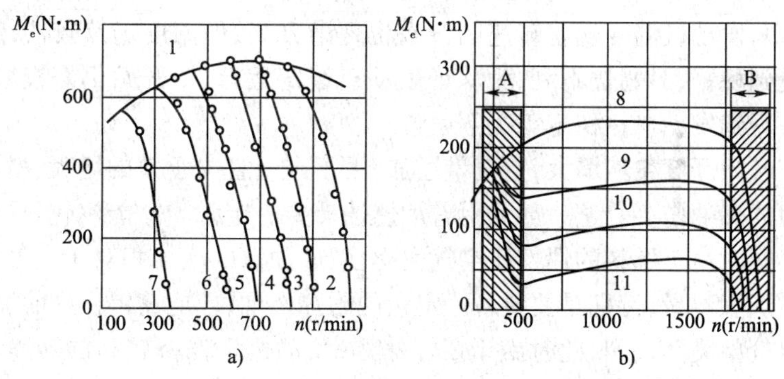


图 4-20　柴油机转矩的外特性和调速特性

a)采用全程调速器；b)采用两极调速器

A 和 B-调速器作用区；1 和 8-外特性；2～7-调速特性；9～11-部分特性

用来驱动机车主发电机的机车发动机的功率与转速的关系就称为机车特性。与发电机连接的发动机具有这样的转速调节器，它以一定的不均匀度保持着给定的转速不变。因此，在一定的控制机构的位置下,发动机按调速特性工作。

在标定转速下机车发动机的功率相当于外特性1上的点Ⅰ(图4-21)。在较低的转速下采用电传动的机车发动机的最大功率显然比发动机按外特性工作时的小些,这是因为发电机的功率随其转速按发电机特性2变化。除了标定工况之外的所有速度工况下,这个特性都低于外特性。当发动机按发电机特性工作时,它的调速器保持不满载的供油。

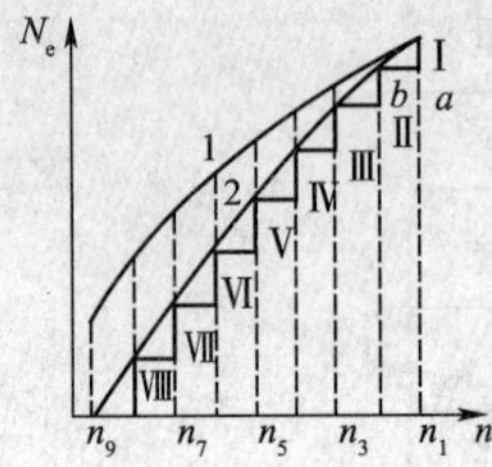

图4-21 机车发动机的特性

供油量的变化是用节气门来实现的。节气门手柄可以置于对应着调速器弹簧不同拉力的位置上。因此,发动机按每一个节气门位置(一共8个位置)所对应的调速特性工作。当发动机从一个负荷特性过渡到另一个特性上工作时,调速器弹簧的拉力就会发生变化。在理论上这个过渡应该相当于水平线(例如 $ab$)。但在实际上由于发电机和发动机转动部分的惯性,它按较复杂的规律进行过渡。

机车发动机的发电机特性接近于直线。它的形状取决于机车主发电机励磁系统的调整。

## *四、发动机动态特性

汽车发动机在冷起动、暖机、加速、减速等工况的运行过程中,发动机所处工况的力与热不平衡,工作状态不稳定,处于不断变化的过程中,汽车各部分元件也处于受力不平衡的状态,其运动状态不断变化,所以发动机的转矩、转速、油耗、功率等参数中的一个或几个参数在工作过程中随时间变化的关系特征,称为发动机的动态特性,实时地记录这些状态参数与时间的关系,称之为动态特性曲线。这些曲线一般使用较少,仅在研究发动机瞬态排放时,才有对这些动态数据采集的必要。特别是,整车为满足国Ⅳ以上排放标准,动态特性曲线的研究,越来越受到关注。

汽油机起动时,由于转速非常低,空气流动速度慢,从而导致燃料的雾化程度差,汽油蒸发速度下降,为了保证冷起动顺利,必须供给浓混合气。

暖机过程中,发动机温度随着转速的升高也逐渐升高,但温度仍然较低,缸内废气相对较多,混合气受到稀释,对燃烧不利,为保证发动机稳定运行,一开始仍需较浓混合气,之后逐渐减低浓度,直到发动机在稳定工况下运转。

加速时,节气门开度突然增大,空气量增加,由于进气管内压力的增大,燃油汽化程度降低,使附在壁面的燃油增多。这一部分附着的燃油需要一定时间才能汽化,导致实际进入汽缸的燃料不足,同时由于燃料的惯性比空气大得多,燃油量的增加相对于空气量的增加要滞后,所以需要增加燃料量,特别是要喷入一定量的附加燃油,才能获得良好的加速性能。

减速时,节气门突然关闭,此时由于惯性作用,发动机仍保持较高的转速,为了节油,供给的燃料应减少,甚至可以断油处理。

## *五、发动机排放特性

近些年由于城市中汽车行驶密度提高,发动机燃烧生成物对大气的污染急剧增加。当把发动机选用作驱动在封闭的建筑物中工作的装置的能源及用于在具有很长的隧道的铁路上工作的热力机车时,它的排污也表现出很大的影响。

1. 汽油机排放特性

图4-22为典型化油器式汽油机和某种控制策略(控制策略不同,排放指标相差很大)的汽油喷射发动机空燃比的万有特性图。在整个运行范围内汽油喷射发动机的空燃比相对较大,这是因为汽油喷射发动机的充气效率要比化油器式汽油机高,喷油量可以精确控制。

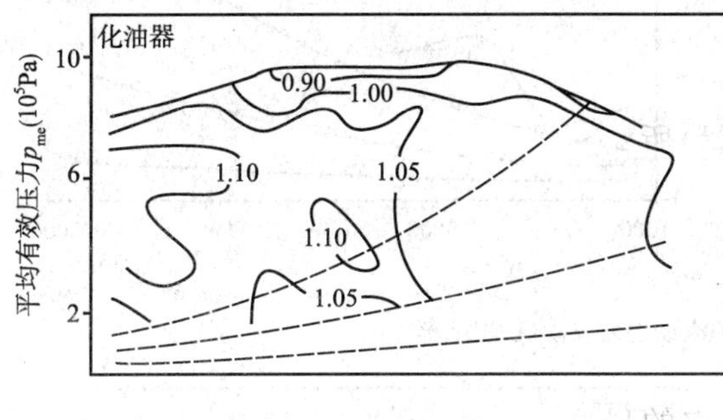


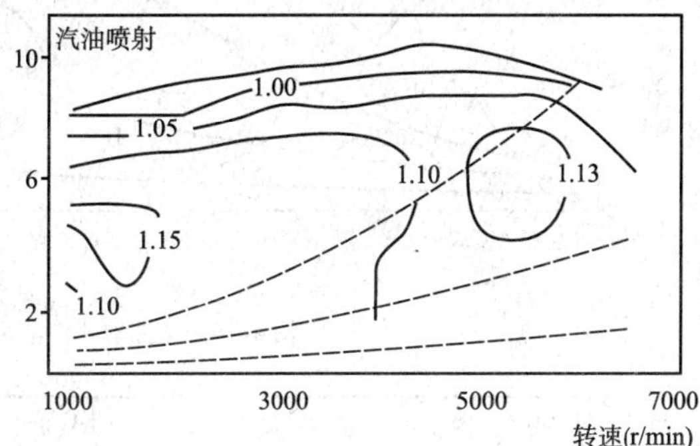


图4-22 化油器式汽油机与汽油喷射发动机空燃比比较

发动机废气排放问题越来越受到人们的重视,发动机的排放特性也成为发动机性能评判指标之一。图4-23为化油器式汽油机和汽油喷射发动机$NO_x$的万有特性图。从中可以发现,除了低速低负荷时化油器式汽油机和汽油喷射发动机具有相近的$NO_x$排放外,在其他工况,汽油喷射发动机的$NO_x$排放要严重得多,这是由于高速、高负荷时,缸内的工作温度升高之故。为此,通常汽油喷射发动机都要带三元催化器。

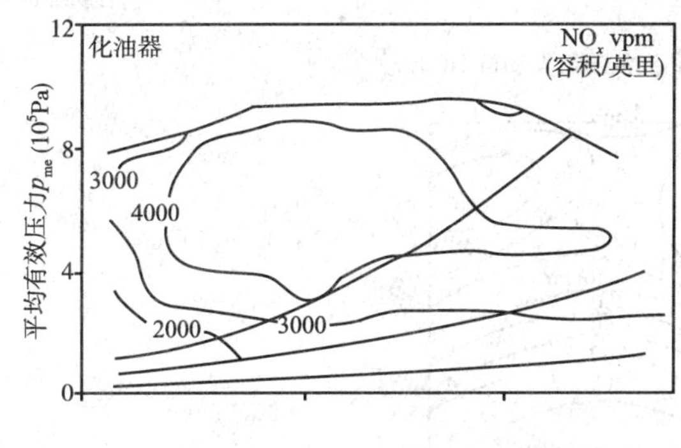


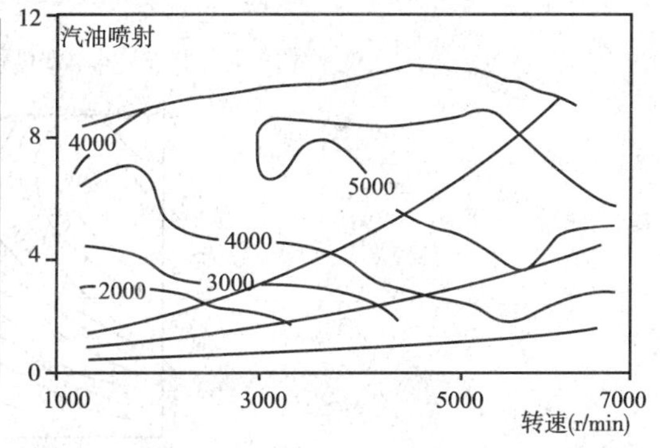


图4-23 化油器式汽油机和汽油喷射发动机$NO_x$比较

图4-24和图4-25为化油器式汽油机和汽油喷射发动机的CO和HC排放特性曲线。对于化油器式汽油机的CO来说,高负荷时由于浓混合气缺氧,CO增加了约10倍;在怠速区混合气较浓及缓慢的燃烧也使HC的浓度增加;高速时由于混合气混合得较好,HC浓度下降;高负荷时,由于混合气变浓,HC浓度又增加。相比之下,在整个运行范围内,汽油喷射发动机的CO排放比化油器式汽油机要低;在高速区,汽油喷射发动机的HC排放较低。

2. 柴油机排放特性

某柴油机的排放特性如图4-26所示。在特性图的比较中会发现,动力性和经济性好的区域,排放性能可能不好,而排放特性中低$NO_x$、HC、CO的范围也不同。所以,为了满足排放法规，除了以万有特性图上的动力性、经济性为依据进行动力匹配外，还必须考虑排放指标。

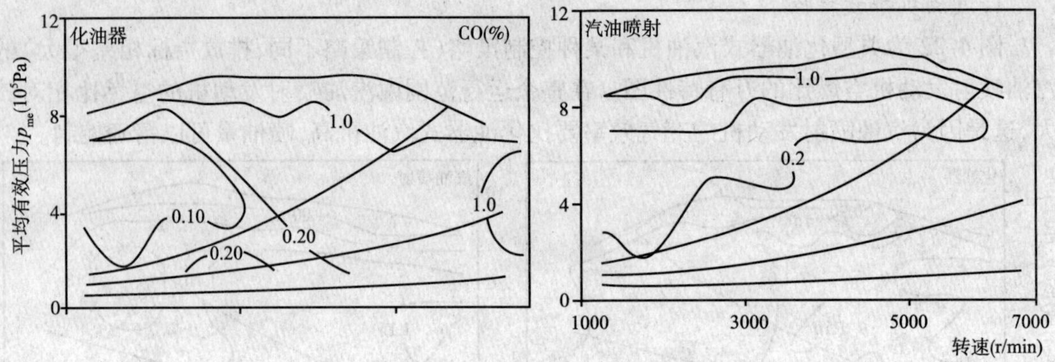


图 4-24　化油器式汽油机和汽油喷射发动机 CO 比较

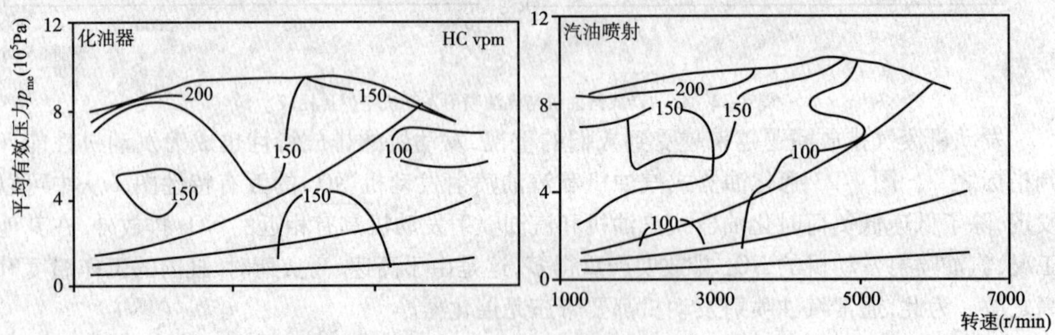


图 4-25　化油器式汽油机和汽油喷射发动机 HC 比较

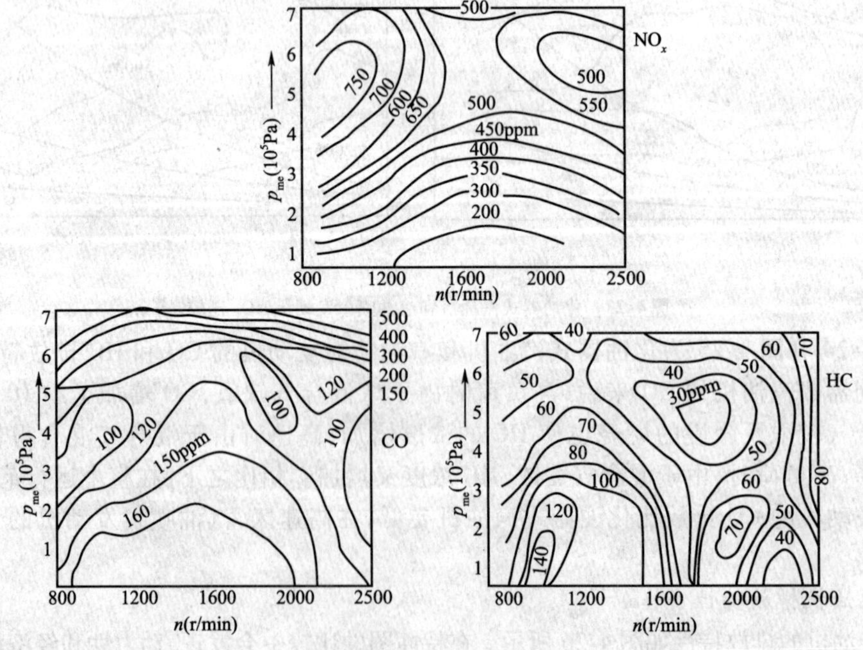


图 4-26　柴油机有害排放物的万有特性

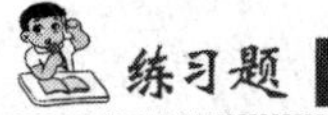

## 练习题

### 一、复习题

1. 什么是发动机负荷特性?

2. 什么是发动机速度特性?

3. 什么是最佳点火提前角? 分析最佳点火提前角与转速和负荷的关系?

4. 什么是发动机的运转特性? 什么是发动机的调整特性?

### 二、思考题

1. 如何测量发动机的速度特性、负荷特性?

2. 分析汽油机的速度特性曲线和负荷特性曲线?

3. 分析柴油机的速度特性曲线和负荷特性曲线?

4. 如何利用发动机的负荷特性曲线绘制发动机万有特性曲线?

# 第五章　发动机热力循环分析

## 教学目标

1. 了解发动机实际循环的计算方法及数学模拟。
2. 了解发动机理想循环有限时间热力学分析简介。
3. 理解理想参数对循环功与循环热效率的影响。
4. 掌握发动机实际工作过程热力循环。
5. 掌握发动机理想循环。
6. 掌握发动机实际循环中的能量和热量。

## 教学要点

| 知识要点 | 掌握程度 | 相关知识 |
| --- | --- | --- |
| 发动机实际工作过程热力循环 | 掌握 | 发动机实际工作过程特点;发动机实际热力循环简化 |
| 发动机理想循环 | 掌握 | 基本假设;自然吸气式发动机理想循环模型及循环参数 |
| 理想参数对循环功与循环热效率的影响 | 理解 | 混合加热循环中循环参数对发动机性能的影响;发动机理想循环的比较;发动机理想循环的研究意义及最佳化 |
| 发动机实际循环中的能量和热量 | 掌握 | 发动机实际循环中的能量损失;热平衡方程式;热平衡方程式中各项热量的确定 |
| 发动机实际循环的计算方法及数学模拟 | 学会 | 发动机循环经典热力学计算(见附录);发动机实际循环计算的零维模型;发动机实际循环零维模型的计算方法 |
| 发动机理想循环有限时间热力学分析简介 | 知道 | 有限时间热力学简介;仅考虑热阻不可逆因素的基本模型——内可逆模型;发动机循环参数对输出功率及热效率的影响 |

## 第一节　发动机理想循环

我们一般把热能转换为功的周而复始的热力过程称为热机循环。一种性能良好的热机就是要求它具有良好的动力性和经济性，而这些指标的优劣与热机工作时所依据的热力循环密切相关。对热机的热力循环作出全面的深入的分析，可以更深刻的揭示热机工作过程的本质和热功转换的规律，为新型热机的研制提供理论依据。

通过对发动机实际工作过程的分析，可以看出，在发动机能量转换的全部过程中，由于工质在‘质’和‘量’上都时刻发生着变化，机械摩擦、散热、燃烧、节流等引起的不可逆损失也大量存在。因此，在实际发动机中实现的实际循环的所有热力过程在某种程度上都是不可逆的，发动机的实际热力循环是一个非常复杂的不可逆过程。

为了定量的研究发动机实际热力循环中热力参数对发动机性能的影响，通常将实际循环进行简化，从而得到便于进行定量分析的内燃机的理想循环。

研究理想循环的目的可以概括为：

(1)阐明各基本热力参数间的关系，明确提高经济性和动力性的基本途径。

(2)确定循环热效率的理论极限，判断实际发动机工作过程进行的完善程度。

(3)分析和比较发动机不同热力循环方式的经济性和动力性。

## 一、发动机实际工作过程热力循环的简化

由于实际发动机的工作过程是很复杂的，为了从热力过程完善程度这一角度来分析发动机实际发生的过程，需要忽略某些影响发动机性能的因素。在分析过程中，根据不同发动机的热力过程特点，用某些特定的热力过程近似代替实际发动机中复杂的热力过程，从而实现对发动机实际热力循环的简化。

### (一)发动机实际工作过程特点

发动机的实际工作过程就是循环不断重复进行的过程，图 5-1 表示了四冲程发动机的实际工作过程示意图。由图可以看出，发动机实际工作过程是由进气过程、压缩过程、燃烧过程、膨胀做功过程和排气过程五个过程所组成的。

1)进气过程

进气过程如图 5-1a)所示。为了使发动机连续运转，必须不断地吸入新鲜工质，即进气过程。此时进气门在发动机曲轴运转到上止点前的某一角度开启。当活塞由上止点向下止点移动，首先是上一循环滞留在汽缸中的残余废气膨胀，压力由排气终了压力 $p_t$ 下降到小于大气压力 $p_0$，然后新鲜工质才被吸入汽缸。

该过程的特点：由于进气系统的阻力，进气终了压力 $p_a$ 一般小于大气压力 $p_0$，为 0.08 ~ 0.095MPa，压力波动变化不大。进气过程中进气气流受到发动机高温零件及残余废气的加热，进气终了的温度 $T$ 总是高于大气温度 $T_0$，变化范围约为 40K，同压力波动一样温度同样变化不大。值得注意的是进气门打开时，排气门并没有关闭，而是过了上止点后某一角度才关闭。

2)压缩过程

压缩过程中活塞由下止点向上止点移动，压缩过程开始时，排气门关闭，进气门为了充分利用进气气流的惯性，在下止点后某一角度才关闭。如图 5-1b)所示。这时，缸内工质受到压缩，温度、压力不断上升，工质受压缩的程度用压缩比 $\varepsilon$ 表示。压缩过程的作用是增大做功过程的温差，获得最大限度的膨胀比，提高热功转换效率，同时也为燃烧过程创造有利

的条件。在柴油机中,压缩后气体的高温还是保证燃料着火的必要条件。

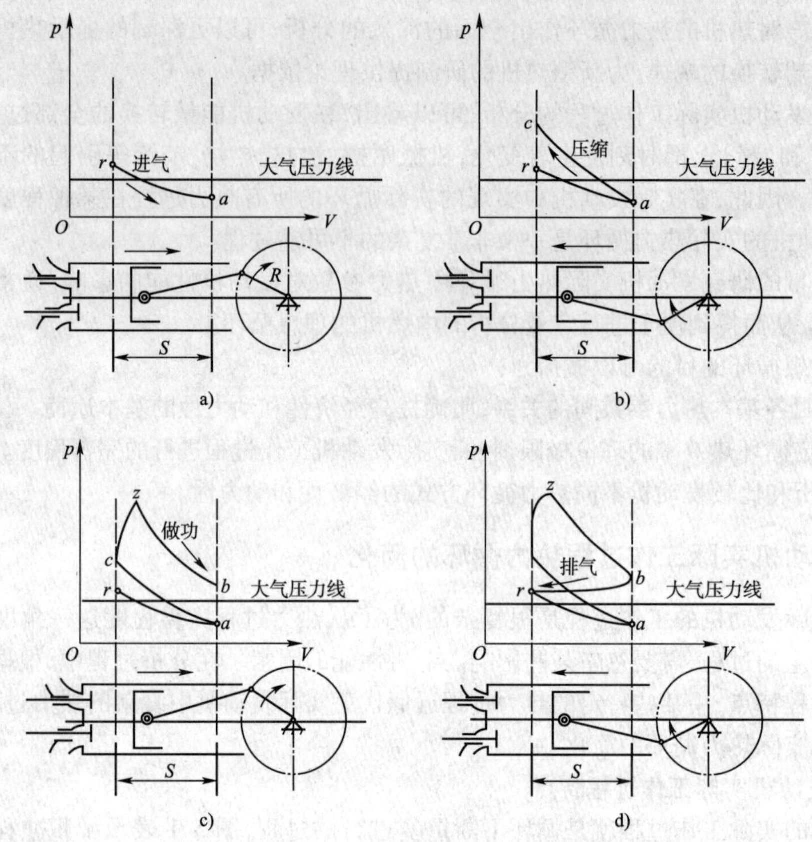


图 5-1　发动机实际工作过程

压缩过程的特点是:汽缸中的工质与缸壁间存在热交换及工质泄漏,发动机的压缩过程是一个复杂的多变过程,但由于工质与缸壁间的温差较小,热交换的强度较弱。

3)燃烧过程

从柴油机的燃烧过程分析中可知,由于在滞燃期内形成了大量的可燃混合气,当可燃混合气达到着火条件后,燃烧室内的混合气多处同时着火,在极短的时间内工质的压力、温度急剧升高。这一阶段的混合气形成燃烧过程类似于汽油机的燃烧过程,可以近似的认为是定容燃烧过程。随着柴油燃料的继续喷入燃烧室,这时燃料在燃烧室内一边被加热蒸发、一边与空气混合形成可燃混合气、一边燃烧。这时的燃烧过程是在燃烧室工质压力、温度极高的情况下发生的,并且压力变化不大,如图 5-2a)中 $z'$-$z$ 所示。因此,近似的将这一阶段认为是定压燃烧过程。

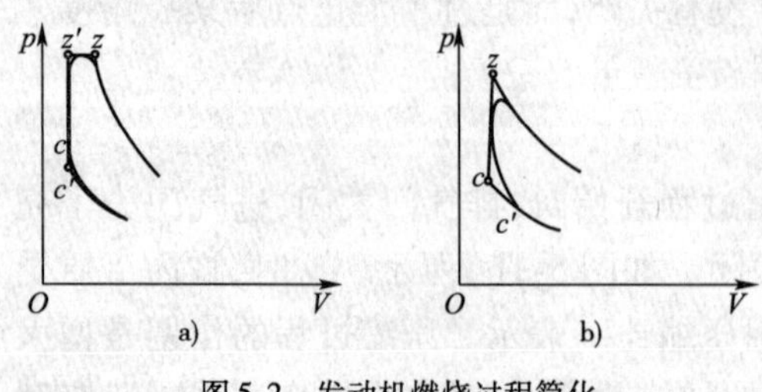


图 5-2　发动机燃烧过程简化

对于汽油机的燃烧过程,由于按一定空燃比预先混合好的可燃混合气充满了整个燃烧室,当在电火花的点燃下形成燃烧火焰中心后,火焰非常迅速地传播整个燃烧室,在上止点附近燃烧结束。整个燃烧过程近似于定容燃烧过程。如图 5-2b)中 $c$-$z$ 所示。

4)膨胀做功过程

膨胀过程如图5-1c)所示。膨胀过程中进、排气门均关闭。燃烧产生的高温、高压的工质推动活塞由上止点向下止点移动而膨胀做功,气体的压力、温度也随着活塞的向下运动迅速降低。膨胀过程的特点是:由于膨胀过程中高温、高压的工质通过汽缸体与外界有强烈的换热,热交换损失、漏气损失和补燃现象存在整个膨胀过程。因此,膨胀过程也是一个多变过程,但更为复杂。膨胀终了的温度在1000K左右,由于柴油机膨胀比大,转化为有用功的热量多,热效率高,所以膨胀终点的温度和压力柴油机均比汽油机小。

5)排气过程

排气过程如图5-1d)中表示的曲线。当膨胀过程接近下止点时,排气门打开,废气开始靠自身压力自由排气,汽缸内工质的压力急剧降低。膨胀过程结束时,活塞由下止点向上止点移动,将汽缸内的废气强制排出。当活塞接近上止点时,为了充分利用气流的惯性,减小活塞排气消耗的能量,以及充分利用进气对排气的扫气效应,活塞运动到上止点后某一曲轴转角排气门才关闭,排气过程结束。排气过程特点是:排气过程中,由于排气系统有阻力,排气终了的压力大于大气压力,压力差用来克服排气系统的阻力。排气系统阻力越大,排气终点的压力越高,残留在汽缸中的废气就越多。排气温度可用来考察发动机工作过程的完善程度,因为排气温度低,说明燃料燃烧后转变为有用功的热量多,发动机工作过程进行得越完善。

汽油机排气终了的压力约为0.1MPa,温度约为1000K,柴油机的排气终了压力和温度都比汽油机低。

**(二)发动机实际热力循环简化**

图5-3a)、b)示出了四冲程柴油机和四冲程汽油机实际工作循环的示功图。根据前面分析的发动机实际工作过程特点,将发动机实际工作循环作了如下简化:

(1)由于进气过程中压力波动变化较小,发动机的进气过程简化为压力不变的等压过程。如图5-3中$o$-$a$所示。

(2)忽略发动机压缩、膨胀过程中工质与缸壁间存在热交换及工质泄漏等不可逆因素,将压缩、膨胀过程认为是绝热等熵过程。如图5-3中$a$-$b$,$z$-$d$所示。

(3)根据柴油机燃烧过程的特点,将其简化为定容和定压两个燃烧过程组成;汽油机的燃烧过程简化为定容燃烧过程(图5-2)。

(4)发动机排出废气的过程,实际上是热机向低温环境放热的过程。在发动机排气过程中,由于随着排气门的打开,汽缸内的工质压力快速下降,因而,将发动机排气过程简化为定容放热过程与定压排气过程。如图5-3中$d$-$a$-$o$所示。

(5)忽略发动机进、排气过程损失,进、排气过程线将重合为一条线。如图5-3中$a$-$o$所示。

经以上简化,柴油发动机与汽油发动机的实际示功图由图5-3中a)、b)简化为图5-3中c)、d)表示的理论示功图。

## 二、发动机理想循环

**(一)基本假设**

由于在实际发动机中实现的实际循环的所有热力过程在某种程度上都是不可逆的。因此,鉴于发动机实际工作过程的复杂性,很难用数学解析的方法定量地分析发动机性能参数之间的变化规律。实际工程中将发动机实际工作过程热力循环简化为理想循环进行热力学分析就成为发动机热力循环分析中最基本的解析方法。

在分析过程中,把实际发动机中的热力过程理想化,即用理想的可逆循环代替发动机实际循环,可逆循环中的所有热力过程都是可逆的,我们称之为理想循环过程。

在已经得到的简化示功图 5-3c)、d)的基础上,对于发动机热力循环过程进一步简化就得到了发动机理想循环示功图,如图 5-4 所示。为此,采用了如下的假设:

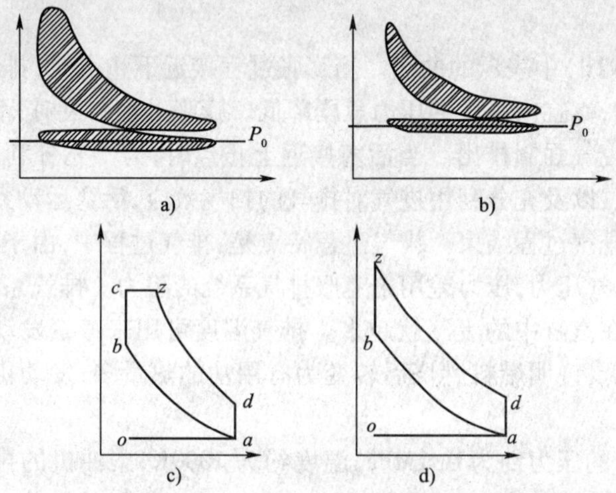


图 5-3　发动机实际热力循环示功

a)实际的柴油机热力循环示功图;b)实际的汽油机热力循环示功图;c)简化的柴油机热力循环示功图;d)简化的汽油机热力循环示功图

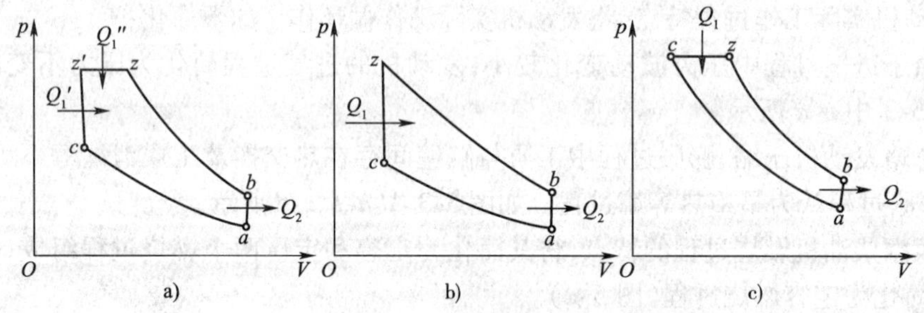


图 5-4　简化的发动机理想热力循环示功图

a)混合加热循环;b)等容加热循环;c)等压加热循环

(1)工质是理想气体。

(2)比热容为常数。

(3)所有的过程都是内部可逆的。

(4)在所有的热力过程中,工质的质量是不变的,化学成分也是不变的。

(5)发动机的燃烧过程是由假想的热源通过传热,向工质加入一定的热量来实现的。

(6)循环中的排气放热过程,是由假想的工质通过传热向低温热源释放一定的热量来实现的。

(7)发动机的压缩和膨胀过程是等熵过程。

(8)忽略进、排气过程中的所有损失。

上述理想循环示功图中的混合加热循环(萨巴德循环)是由高速柴油机实际热力循环简化来的,称之为双燃循环。等容加热循环是由汽油机实际热力循环简化来的,称之为奥托循环(Otto)。等压加热循环则是由低速柴油机实际热力循环简化来的,称之为狄赛尔循环(Diesel)。

显然在理想循环的假设下,发动机所能完成的循环功和热效率是实际发动机所能达到的极限情况。但是要注意到由于理想循环没有考虑到实际存在的各种因素的影响,由理想循环分析得到的结论,只是近似地反映了发动机工作过程的规律,有的结论甚至与实际发动机的工作过程相矛盾。例如:发动机的热效率随压缩比的变化,在理想循环中,热效率随压缩比的增大而单调上升。在考虑了实际工作过程的因素以后,发动机热效率随压缩比的变化,有一最佳压缩比。尽管理想循环存在上述的局限性,但对理想循环的研究,可以使我们从热力学的观点来确定在一定条件下发动机循环功和热效率的极大值。同时理想循环的研究,还可以定量的揭示循环工质的最低温度和最高温度,工质的热力学性质以及工质的压缩比等循环参数对发动机循环功和热效率的影响。从而在理论上为我们指出了改进发动机性能的方向,即提高发动机动力性和经济性的有效途径。下面我们将对发动机理想循环作一全面的论述。

**(二)自然吸气式发动机理想循环模型及循环参数**

1. 综合的发动机理想循环

图 5-5 为综合的发动机理想循环示功图。循环中包括了活塞式发动机和燃气轮机诸简单循环的所有基本过程,该循环由以下过程组成:绝热压缩过程(2-3);等容加热过程(3-4);等压加热过程(4-5);绝热膨胀过程(5-6);等容放热过程(6-1);定压放热过程(1-2)。

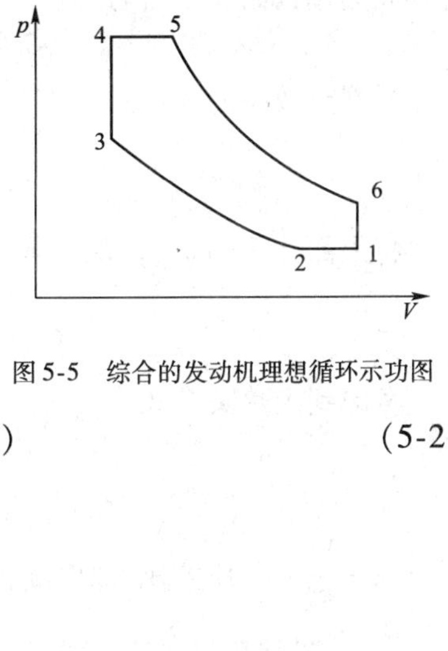

设工质从高温热源吸入的热量为 $q_1$,并且:

$$q_1 = q_{1p} + q_{1v} \tag{5-1}$$

式中:$q_{1p}$——定压加热过程中工质吸入的热量;

$q_{1v}$——定容加热过程中工质吸入的热量。

对于定压比热容的理想气体有

$$q_{1p} = c_p(T_5 - T_4)$$

$$q_{1v} = c_v(T_4 - T_3)$$

图 5-5 综合的发动机理想循环示功图

所以有

$$q_1 = c_p(T_5 - T_4) + c_v(T_4 - T_3) \tag{5-2}$$

考虑到定容过程及定压过程,有

$$\frac{T_4}{T_3} = \frac{p_4}{p_3}$$

$$\frac{T_5}{T_4} = \frac{V_5}{V_4}$$

所以式(5-2)变换为

$$q_1 = c_v T_3\left[\frac{T_4}{T_3} - 1 + k\frac{T_4}{T_3}\left(\frac{T_5}{T_4} - 1\right)\right]$$

或

$$q_1 = c_v T_3\left[\frac{p_4}{p_3} - 1 + k\frac{p_4}{p_3}\left(\frac{V_5}{V_4} - 1\right)\right] \tag{5-3}$$

令$\frac{p_4}{p_3}=\lambda$，称为压力升高比；$\frac{V_5}{V_4}=\rho$，称为预膨胀比。

即压力升高比为汽缸中最高循环压力与压缩终点压力之比，预膨胀比为定压加热过程终点的汽缸容积 $V_5$ 与燃烧室容积 $V_4$ 之比。所以

$$q_1=c_vT_3[\lambda-1+k\lambda(\rho-1)] \tag{5-4}$$

类似地工质向低温热源传出的热量为

$$q_2=q_{2p}+q_{2v}$$

式中：$q_{2p}$——定压放热过程中工质传出的热量；

$q_{2v}$——定容放热过程中工质传出的热量。

即

$$q_2=c_vT_2\left[\frac{T_1}{T_2}\left(\frac{T_6}{T_1}-1\right)+k\left(\frac{T_1}{T_2}-1\right)\right] \tag{5-5}$$

根据定压方程及定容方程

$$\frac{T_1}{T_2}=\frac{V_1}{V_2} \qquad \frac{T_6}{T_1}=\frac{p_6}{p_1}$$

类似地将式(5-5)变换为

$$q_2=c_vT_2\left[\frac{V_1}{V_2}\left(\frac{p_6}{p_1}-1\right)+k\left(\frac{V_1}{V_2}-1\right)\right] \tag{5-6}$$

令 $\rho_v=\frac{V_1}{V_2}$——容积缩小度；$\lambda_p=\frac{p_6}{p_1}$——压力降低度。

即容积缩小度为工质向低温热源定压放热的始点容积与终点容积之比；压力降低度为定容放热过程始点压力与终点压力的比值。考虑到上述引入的 $\rho_v$ 和 $\lambda_p$，则有

$$q_2=c_vT_2[\rho_v(\lambda_p-1)+k(\rho_v-1)] \tag{5-7}$$

根据热效率的表达式

$$\eta=1-\frac{q_2}{q_1} \tag{5-8}$$

将上面计算的 $q_1$、$q_2$ 两式代入上式则有

$$\eta=1-\frac{c_vT_2[\rho_v(\lambda_p-1)+k(\rho_v-1)]}{c_vT_3[\lambda-1+k\lambda(\rho-1)]}$$

考虑到绝热关系式

$$\frac{T_3}{T_2}=\left(\frac{V_2}{V_3}\right)^{k-1}=\varepsilon^{k-1}$$

式中：$\varepsilon=\frac{V_2}{V_3}$——压缩比，即发动机汽缸总容积 $V_a$ 与燃烧室容积 $V_c$ 的比值。

因此，得到热效率的一般表达式：

$$\eta=1-\frac{1}{\varepsilon^{k-1}}\cdot\frac{\rho_v(\lambda_p-1)+k(\rho_v-1)}{\lambda-1+k\lambda(\rho-1)} \tag{5-9}$$

根据循环功的定义

$$W=q_1-q_2 \tag{5-10}$$

将 $q_1$、$q_2$ 两表达式代入上式，则有

$$W = c_v T_3 [\lambda - 1 + k\lambda(\rho - 1)] - c_v T_2 [\rho_V (\lambda_p - 1) + k(\rho_v - 1)]$$

考虑到压缩比 $\varepsilon$ 的定义,则有

$$W = c_v T_2 \{\varepsilon^{k-1} [\lambda - 1 + k\lambda(\rho - 1)] - c_v T_2 [\rho_V (\lambda_p - 1) + k(\rho_v - 1)]\} \tag{5-11}$$

或

$$W = c_v T_2 \varepsilon^{k-1} [\lambda - 1 + k\lambda(\rho - 1)]\eta \tag{5-12}$$

2. 混合加热循环(萨巴德循环)

混合加热循环是前述图 5-3 所示的四冲程高速柴油机工作过程的简化。它的特点是工质从高温热源的吸热过程是经过等容和等压两个过程来完成的,放热过程简化为定容放热,即:$\rho_v = 1$。它是图 5-5 所示理想循环的一个特例。对于单位质量工质的混合加热循环如图 5-6 所示。

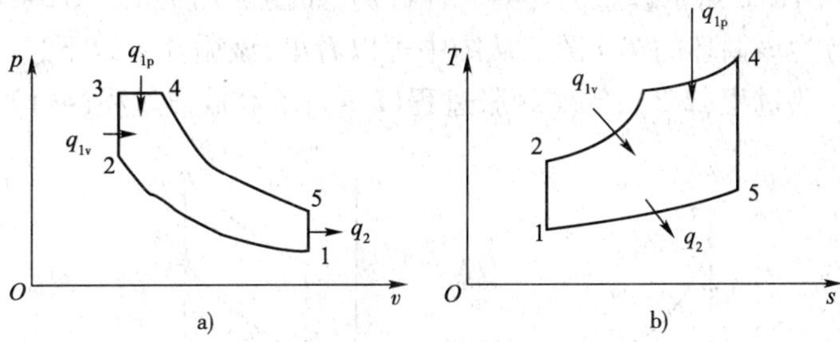


图 5-6 发动机混合加热循环示功图

a) $p$-$v$ 图;b) $T$-$s$ 图

图 5-6a)、b) 分别为该循环的 $p$-$v$ 图和 $T$-$s$ 图。由图所示,该循环由以下过程组成:①等熵压缩过程(1-2);②定容吸热过程(2-3);③定压吸热过程(3-4);④等熵膨胀过程(4-5);⑤定容放热过程(5-1)。

我们考察混合加热循环的各热力过程,有以下诸式:

$$\frac{T_5}{T_4} = \left(\frac{v_4}{v_5}\right)^{k-1};\frac{T_1}{T_2} = \left(\frac{v_2}{v_1}\right)^{k-1};\frac{T_3}{T_2} = \frac{p_3}{p_2}$$

考虑到:$v_3 = v_2, v_5 = v_1$ 及压缩比:$\varepsilon = \frac{v_1}{v_2}$,压力升高比:$\lambda = \frac{p_3}{p_2} = \frac{T_3}{T_2}$;预膨胀比:$\rho = \frac{v_4}{v_3} = \frac{T_4}{T_3}$,所以有以下诸式

$$T_2 = T_1 \varepsilon^{k-1}; T_3 = T_1 \lambda \varepsilon^{k-1}; T_4 = T_1 \lambda \rho \varepsilon^{k-1}; T_5 = T_1 \lambda \rho^k \tag{5-13}$$

考虑到混合加热循环中

$$\lambda_p = \frac{p_5}{p_1} = \frac{T_5}{T_1} = \lambda \rho^k; \rho_v = 1$$

所以式(5-9)表示的热效率,对于混合加热循环则有

$$\eta = 1 - \frac{1}{\varepsilon^{k-1}} \cdot \frac{\lambda \rho^k - 1}{\lambda - 1 + k\lambda(\rho - 1)} \tag{5-14}$$

而循环功的表达式则有

$$W = c_v T_1 \{\varepsilon^{k-1} [(\lambda - 1) + k\lambda(\rho - 1)] - (\lambda \rho^k - 1)\} \tag{5-15}$$

或

$$W = c_v T_1 \varepsilon^{k-1} [\lambda - 1 + k\lambda(\rho - 1)]\eta$$

考虑到式(5-13)、式(5-14),上式可以变换为如下表达式

$$W = c_v T_1 \cdot \left(\frac{\lambda\rho^k - 1}{1-\eta}\right)\eta \tag{5-16}$$

或以工质最高温度和最低温度表示的表达式

$$W = c_v \cdot \frac{T_4\left(\dfrac{\rho}{\varepsilon}\right)^{k-1} - T_1}{1-\eta}\eta \tag{5-17}$$

3. 奥托(Otto)循环

对于强制点火发动机的热力循环,可近似抽象为奥托循环。该循环的特点是工质在定容过程中由高温热源吸热,同样地也是在定容过程中向低温热源放热。即 $\rho = 1$ 和 $\rho_v = 1$。

它是图 5-5 和图 5-6 所示理想循环的一种特例,如图 5-7 所示。图 5-7a)所示为该循环的 $p$-$v$ 图,图 5-7b)为该循环的 $T$-$s$ 图。从图中可以看出,该循环由以下过程组成:等熵压缩过程(1-2);等容加热过程(2-3);等熵膨胀过程(3-4);等容放热过程(4-1)。

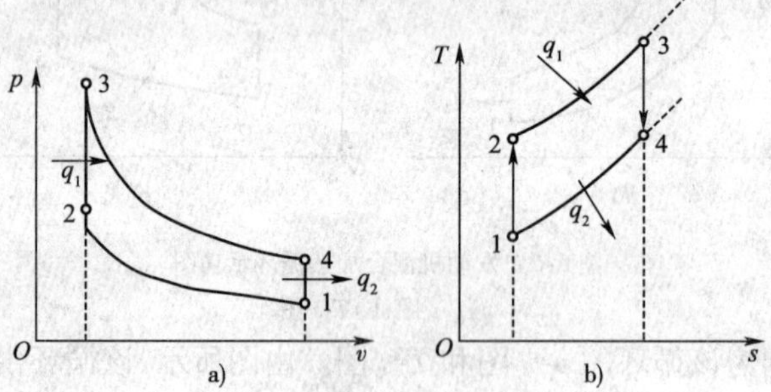


图 5-7　发动机奥托循环示功图

a) $p$-$v$ 图;b) $T$-$s$ 图

我们考察单位质量工质的奥托循环,考虑到奥托循环中:$\rho = 1$,所以式(5-14)表示的热效率,对于奥托循环则有

$$\eta = 1 - \frac{1}{\varepsilon^{k-1}} \tag{5-18}$$

而循环功的表达式则为

$$W = c_v T_1 [\varepsilon^{k-1}(\lambda - 1) - (\lambda - 1)] \tag{5-19}$$

或

$$W = c_v T_1 \varepsilon^{k-1}(\lambda - 1)\eta$$

考虑到式(5-13)、式(5-18)的关系式,上式式可以变换为以最高温度 $T_3$ 和最低温度 $T_1$ 表示的循环功和热效率的关系式:

$$W = c_v\left(T_3 - \frac{T_1}{1-\eta}\right)\eta \tag{5-20}$$

4. 狄赛尔(Diesel)循环

在发动机中,除上述抽象为奥托循环的强制点火发动机(汽油机)外,还有更广泛用于轮船、军用车辆、火车、汽车的低速柴油机。这种动力装置,在燃料与空气的混合方式和燃烧方式方面与汽油机机有显著的不同。例如在上面的论述中,已明显地看到汽油机中的燃烧过程可以认为是在接近等容过程下进行的,而低速柴油机燃烧过程则是在接近等压过程下完

成的。即 $\lambda=1$，简化为如图 5-8 所示的理想循环，称之为狄赛尔循环，它同样也是图 5-5 和图 5-6 所示理想循环的另一种特例。图 5-8a）和图 5-8b）分别表示低速柴油机理想循环的 $p$-$v$ 图和 $T$-$s$ 图。

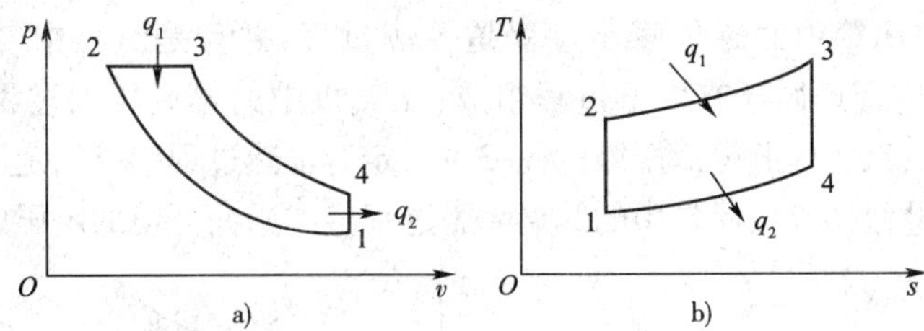


图 5-8 发动机狄赛尔循环示功图

a）$p$-$v$ 图；b）$T$-$s$ 图

由 $p$-$v$ 图可以看出，该循环的特点是加入工质的热量是在等压条件下进行的，而向低温热源的放热，则是在等容条件下进行的。

由 $p$-$v$ 图可知，狄赛尔循环由以下过程组成：等熵压缩过程（1-2）；等压加热过程（2-3）；等熵膨胀过程（3-4）；等容放热过程（4-1）。

我们考察单位质量工质的狄赛尔循环，考虑到式狄赛尔循环中 $\lambda=1$，所以式（5-14）表示的热效率，对于狄赛尔循环则有

$$\eta=1-\frac{1}{\varepsilon^{k-1}}\cdot\frac{\rho^{k}-1}{k(\rho-1)} \tag{5-21}$$

而循环功的表达式则有

$$W=c_vT_1[\varepsilon^{k-1}k(\rho-1)-(\rho^{k}-1)] \tag{5-22}$$

或

$$W=c_vT_1k\varepsilon^{k-1}(\rho-1)\eta$$

考虑到式（5-13）、式（5-21）的关系式，上式可以变换为

$$W=c_vT_1\frac{\rho^{k}-1}{1-\eta}\eta \tag{5-23}$$

或

$$W=c_vk(T_3-T_1\varepsilon^{k-1})\eta \tag{5-24}$$

### *（三）增压发动机理想循环分析

增压发动机一般根据排气管的结构和尺寸分为带脉冲涡轮的发动机和带常压涡轮的发动机。带脉冲涡轮的增压发动机充分利用排气管内气体的波动效应，使得在涡轮进口处的气体压力幅度达到最大，并使涡轮通流部分的气体速度在比较宽的范围内变化，它可以尽可能的充分利用汽缸排出的燃气能量。在带常压涡轮的发动机中，由于采用的排气管横截面积较大，可以看作是一个储压容积，力图使进入涡轮的气体压力变化幅度较小。

在增压发动机的理想循环中，假定工质从高温热源的吸热同混合加热循环一样，即等容过程吸热和等压过程吸热。由于增压发动机涡轮工作后排入大气的气体压力略高于大气压，并且在排气过程中压力幅度变化不大，因此假定工质向低温热源的放热过程是等压的，有时称这种放热过程为续胀过程。

下面我们首先考察带脉冲涡轮、带中冷器的增压发动机理想循环。

1. 有中冷器带脉冲涡轮的增压发动机理想循环

如图 5-9 所示，其中图 5-9a）表示该循环的 $p$-$v$ 图，图 5-9b）表示该循环的 $T$-$s$ 图。

我们假定在带脉冲涡轮的增压发动机工作过程中，气体由汽缸向涡轮流动过程中的损失略去不计，并假定涡轮中的燃气膨胀过程是等熵过程，并且是汽缸中气体膨胀过程的继续。因此增压发动机理想循环有以下过程组成：压气机中的等熵压缩过程（1-2）；中冷器内定压放热过程（2-3）；汽缸内的等熵压缩过程（3-4）；定容加热过程（4-5）；定压加热过程（5-6）；汽缸内的等熵膨胀过程（6-7）；涡轮中的等熵膨胀过程（7-8）；向环境的定压放热过程（8-1）。

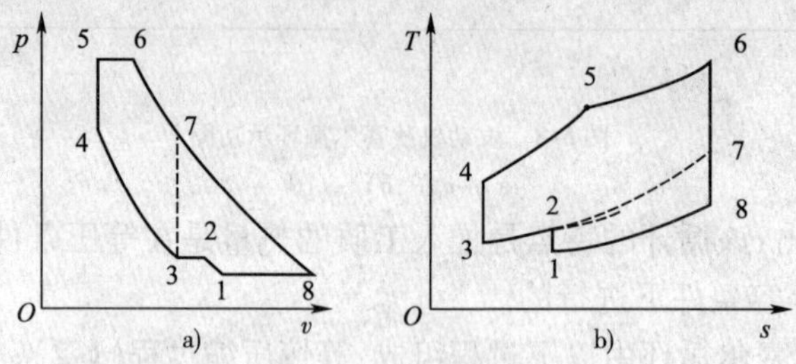


图 5-9 有中冷器带脉冲涡轮的增压发动机理想循环示功图

a）$p$-$v$ 图；b）$T$-$s$ 图

因此，有中冷器带脉冲涡轮的增压发动机理想循环可设想为由自然吸气式发动机理想循环 3-4-5-6-7-3 与有中冷器的脉冲燃气涡轮机理想循环 1-2-3-7-8-1 所组成。

从以上过程的特点可以看出，由于压气机中的压缩过程和涡轮中的膨胀过程是等熵的，因此温熵图中表现为平行于坐标纵轴的直线。须注意的是在实际增压发动机工作过程中，由于摩擦等不可逆损失，必然伴随着熵增。在中冷器中进行的放热过程是在压力变化很小的情况下进行的，因此可以认为是一个定压放热过程。

为了度量中冷器中压缩空气的冷却程度，我们定义冷却度的概念。即冷却度等于中冷器中空气的温度降低与压气机中压缩时的温度升高之比。并用 $\sigma$ 表示：

$$\sigma = \frac{T_2 - T_3}{T_2 - T_1} \tag{5-25}$$

在实际增压发动机中，中冷器后的空气温度总是高于压气机中压缩始点的空气温度，即 $T_3 > T_1$，所以在实际发动机中 $\sigma$ 总是小于 1。

上述考察的对于单位质量工质的增压发动机理想循环，在定压过程中工质向低温热源的放热量 $q_2'$，则有下面的计算公式：

$$q_2' = c_p(T_8 - T_1) = c_p T_1\left(\frac{T_8}{T_1} - 1\right)$$

根据容积缩小度的定义：

$$\rho_v = \frac{v_8}{v_1} = \frac{T_8}{T_1}$$

因此

$$q_2' = c_p T_1(\rho_v - 1) \tag{5-26}$$

中冷器中空气的冷却过程也是一个定压过程，这时工质传给中冷器的热量 $q_2''$ 为

$$q_2'' = c_p(T_2 - T_3) = c_p T_2\left(1 - \frac{T_3}{T_2}\right)$$

我们定义：$\rho_{vx}=\dfrac{v_2}{v_3}=\dfrac{T_2}{T_3}$，并称之为中冷器中空气的容积缩小度。

因此
$$q_2''=c_pT_2\left(1-\frac{1}{\rho_{vx}}\right) \tag{5-27}$$

总括上述，在整个理想循环中，工质放出的全部热量为
$$q_2=q_2'+q_2''=c_pT_1(\rho_v-1)+c_pT_2\left(1-\frac{1}{\rho_{vx}}\right)$$

即
$$q_2=c_pT_1\left[(\rho_v-1)+\frac{T_2}{T_1}\left(1-\frac{1}{\rho_{vx}}\right)\right] \tag{5-28}$$

由于压气机中的空气压缩过程是等熵的，所以有等熵关系式：
$$\frac{T_2}{T_3}=\left(\frac{v_1}{v_2}\right)^{k-1}$$

我们定义：$\varepsilon_k=\dfrac{v_1}{v_2}$，即工质在压气机内压缩过程始点的比体积与压缩终点的比体积之比，我们称之为压气机的压缩比。这时式(5-28)可改写为
$$q_2=c_pT_1\left[(\rho_v-1)+\varepsilon_k^{k-1}\left(1-\frac{1}{\rho_{vx}}\right)\right] \tag{5-29}$$

根据以上我们对有中冷器的脉冲涡轮增压发动机理想循环中诸过程的分析，可以得到以下诸过程中温度表达式：
$$T_2=T_1\cdot\varepsilon_k^{k-1}$$
$$T_3=T_1\cdot\frac{\varepsilon_k^{k-1}}{\rho_{vx}}$$
$$T_4=T_1\cdot\frac{(\varepsilon\cdot\varepsilon_k)^{k-1}}{\rho_{vx}}$$
$$T_5=T_1\cdot\frac{\lambda(\varepsilon\cdot\varepsilon_k)^{k-1}}{\rho_{vx}}$$
$$T_6=T_1\cdot\rho\cdot\lambda\frac{(\varepsilon\cdot\varepsilon_k)^{k-1}}{\rho_{vx}}$$

在上述公式中出现的 $\varepsilon\cdot\varepsilon_k$ 我们用 $\varepsilon_0$ 表示，并定义为增压发动机总压缩比。即：$\varepsilon_0=\varepsilon\cdot\varepsilon_k$。同时定义：$\delta=\dfrac{v_8}{v_6}$，称之为容积比。即工质在膨胀过程中终点的比体积与膨胀过程始点的比体积之比。根据热效率的定义，这时带中冷器的脉冲涡轮增压发动机的循环热效率为
$$\eta=1-\frac{q_2}{q_1}$$

将式(5-2)及式(5-29)代入上式，得
$$\eta=1-\frac{c_pT_1\left[(\rho_v-1)+\varepsilon_k^{k-1}\left(1-\dfrac{1}{\rho_{vx}}\right)\right]}{c_vT_4[\lambda-1+k\lambda(\rho-1)]}$$

由前述的温度表达式知
$$\frac{T_1}{T_4}=\frac{\rho_{vx}}{\varepsilon_0^{k-1}}$$

将上式代入 $\eta$ 的表达式得

$$\eta=1-\frac{k\cdot\rho_{vx}\left[(\rho_v-1)+\varepsilon_k^{k-1}\left(1-\frac{1}{\rho_{vx}}\right)\right]}{\varepsilon_0^{k-1}\left[\lambda-1+k\lambda(\rho-1)\right]}$$

上式继续化简为

$$\eta=1-\frac{k\left[\rho_{vx}\rho_v-\rho_{vx}+\varepsilon_k^{k-1}(\rho_{vx}-1)\right]}{\varepsilon_0^{k-1}\left[\lambda-1+k\lambda(\rho-1)\right]} \tag{5-30}$$

对于上式中出现的 $\rho_{vx}\rho_v$ 项,考虑到计算的方便,根据对有关参数的定义,可以继续将上式变换为(详细推导过程见附录1)

$$\eta=1-\frac{k\left[\rho\cdot\lambda^{\frac{1}{k}}-\rho_{vx}+\varepsilon_k^{k-1}(\rho_{vx}-1)\right]}{\varepsilon_0^{k-1}\left[\lambda-1+k\lambda(\rho-1)\right]} \tag{5-31}$$

根据循环功的定义,有如下表达式

$$\begin{aligned}W&=c_vT_4\left[\lambda-1+k\lambda(\rho-1)\right]-c_pT_1\left[\rho_v-1+\varepsilon_k^{k-1}\left(1-\frac{1}{\rho_{vx}}\right)\right]\\&=c_vT_1\left\{\frac{T_4}{T_1}\left[\lambda-1+k\lambda(\rho-1)\right]-k\left[\rho_v-1+\varepsilon_k^{k-1}\left(1-\frac{1}{\rho_{vx}}\right)\right]\right\}\end{aligned}$$

$$W=c_vT_1\cdot\frac{\varepsilon_0^{k-1}\left[\lambda-1+K\lambda(\rho-1)\right]-k\left[\rho\lambda^{\frac{1}{k}}-\rho_{vx}+\varepsilon_k^{k-1}(\rho_{vx}-1)\right]}{\rho_{vx}}$$

或

$$W=\frac{c_vT_1}{\rho_{vx}}\varepsilon_0^{k-1}\left[\lambda-1+k\lambda(\rho-1)\right]\cdot\eta \tag{5-32}$$

对于热效率和循环功计算式中出现的 $\rho_{vx}$,根据定义:

$$\rho_{vx}=\frac{T_2}{T_3}$$

若给定中冷器的冷却度 $\sigma$,则根据定义有

$$\sigma=\frac{T_2-T_3}{T_2-T_1}=\frac{1-\frac{T_3}{T_2}}{1-\frac{T_1}{T_2}}=\frac{1-\frac{1}{\rho_{vx}}}{1-\frac{1}{\varepsilon_k^{k-1}}}$$

将上式化简后有

$$\rho_{vx}=\frac{1}{(1-\sigma)+\frac{\sigma}{\varepsilon_k^{k-1}}} \tag{5-33}$$

由上式可知,若给出中冷器的冷却度 $\sigma$,则可以根据式(5-33)计算中冷器的容积缩小度 $\rho_{vx}$。一般情况下,实际增压发动机的中冷器冷却度 $\sigma=0.5\sim0.8$。

以上我们分析了有中冷器的带脉冲涡轮的增压发动机理想循环,下面我们将分析无中冷器的带脉冲涡轮的增压发动机理想循环。

2. 无中冷器带脉冲涡轮的增压发动机理想循环

如图5-10所示,图5-10a)、b)分别表示该理想循环的 $p$-$v$ 图和 $T$-$s$ 图。由图可以看出,

压气机中的压缩过程为等熵压缩过程，并且可以看作是汽缸内工质等熵压缩过程的一部分。即汽缸内工质等熵压缩过程是压气机中的等熵压缩过程的继续。该理想循环的其他诸过程与有中冷器的带脉冲涡轮的增压发动机理想循环的过程完全相同。由于不带中冷器，这时容积缩小度 $\rho_{vx}=1$，因此该理想循环的循环热效率为

$$\eta=1-\frac{K(\rho\cdot\lambda^{\frac{1}{k}}-1)}{\varepsilon_0^{k-1}[\lambda-1+k\lambda(\rho-1)]} \tag{5-34}$$

循环功的表达式由式(5-32)有

$$W=c_vT_1\{\varepsilon_0^{k-1}[\lambda-1+k\lambda(\rho-1)]-k(\rho\cdot\lambda^{\frac{1}{k}}-1\}$$

$$W=c_vT_1\varepsilon_0^{k-1}[\lambda-1+k\lambda(\rho-1)]\cdot\eta \tag{5-35}$$

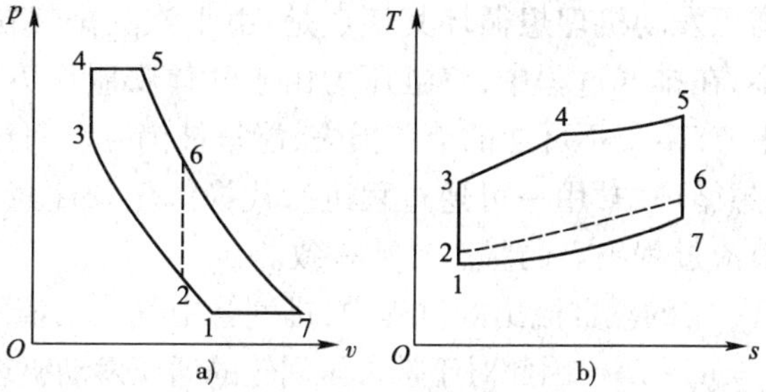

图 5-10　无中冷器带脉冲涡轮的增压发动机理想循环示功图

a) $p$-$v$ 图；b) $T$-$s$ 图

在某些增压发动机中，随着压气机中压缩比的提高，压缩终点的压力增大，燃烧过程是在近似于压力不变的条件下进行的。采用定压燃烧室（无回热）的燃气轮机可逆循环可做类似的简化。如图 5-11 所示。

由图可以看出，在该理想循环中，$\lambda=1$，这时根据式(5-34)，循环热效率为

$$\eta=1-\frac{1}{\varepsilon_0^{k-1}} \tag{5-36}$$

循环功的表达式为

$$W=c_vT_1k(\rho-1)(\varepsilon_0^{k-1}-1) \tag{5-37}$$

或

$$W=c_vT_1k(\rho-1)\varepsilon_0^{k-1}\eta$$

还有某些增压发动机受到压缩比的限制，压缩终点的压力较低，燃烧过程是在近似于定容条件下进行的。如图 5-12 所示。采用定容燃烧的（无回热）燃气轮机可逆循环也有着这样的形式。

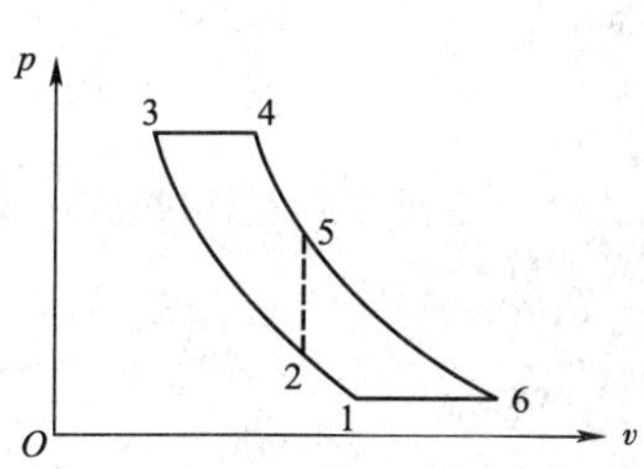

图 5-11　定压燃烧的增压发动机理想循环示功图

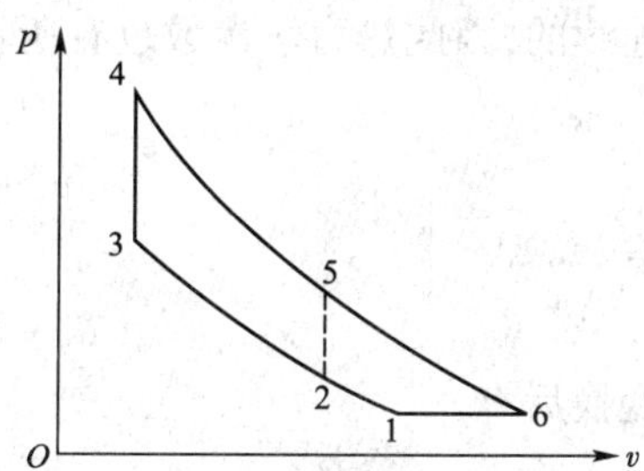

图 5-12　定容燃烧的增压发动机理想循环示功图

由图中循环过程可以看出，该理想循环中的预膨胀比 $\rho=1$，这时根据式(5-35)，循环热效率为

$$\eta=1-\frac{k(\lambda^{\frac{1}{k}}-1)}{\varepsilon_0^{k-1}(\lambda-1)} \tag{5-38}$$

循环功的表达式为

$$W=c_vT_1[\varepsilon_0^{k-1}(\lambda-1)-k(\lambda^{\frac{1}{k}}-1)] \tag{5-39}$$

或

$$W=c_vT_1\varepsilon_0^{k-1}(\lambda-1)\eta$$

3.有中冷器带常压涡轮的增压发动机理想循环

采用常压涡轮的增压发动机理想循环其特点是：由于汽缸排气初期汽缸中的压力要比排气管中的压力高得多，在排气过程中，汽缸压力由于气体膨胀压力下降，但并没有对外做有效功。在排气过程中，产生了不可逆的节流损失，能量被消耗。对于这样的不可逆节流过程，在我们所考察的理想循环中，用一可逆过程进行代换。但须注意，该可逆过程终点的状态参数保持与不可逆节流过程终点的状态参数一致。

由于燃气在由容积一定的汽缸流出的过程中，排气管中气体焓值的增量等于汽缸中燃气内能的变化。即 $u_7-u_3=h_8-h_3$。因此对于带常压涡轮的增压发动机理想循环，我们可用可逆的定容放热过程和可逆的定压加热过程来代替循环中的不可逆节流过程。如图5-13所示。

由以上分析，下面我们考察单位质量工质的带常压涡轮的有中冷的增压发动机理想循环。图5-13a)、b)分别为该理想循环的 $p$-$v$ 图与 $T$-$s$ 图。该理想循环由以下过程组成：①压气机中的等熵压缩过程(1-2)；②中冷器中的定压放热过程(2-3)；③汽缸中的等熵压缩过程(3-4)；④定容加热过程(4-5)；⑤等压加热过程(5-6)；⑥汽缸中的等熵膨胀过程(6-7)；⑦汽缸中的定容放热过程(7-3)；⑧涡轮中的定压加热过程(3-8)；⑨涡轮中的等熵膨胀过程(8-9)；⑩工质向低温热源的放热过程(9-1)。其中(7-3)、(3-8)两可逆过程代替了实际循环中排气的不可逆节流过程。与带中冷器有脉冲涡轮的增压发动机理想循环的 $p$-$v$ 图相比较，该理想循环的 $p$-$v$ 图，燃气在汽缸中的绝热膨胀过程与涡轮中的绝热膨胀过程不是连续的，因此热力学参数也有所不同。

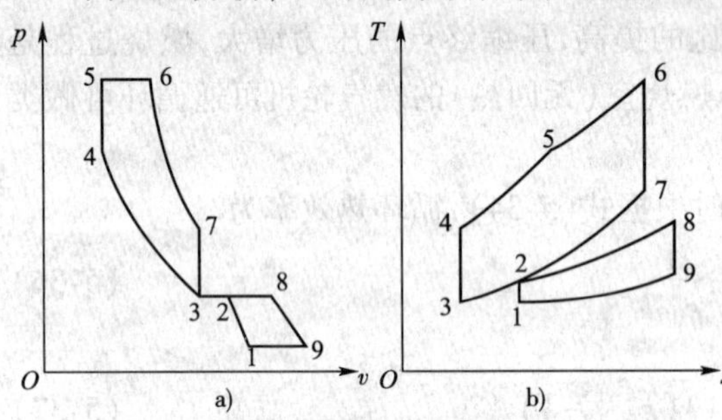


图5-13　有中冷器带常压涡轮的增压发动机理想循环示功图
a) $p$-$v$ 图；b) $T$-$s$ 图

由于

$$u_7-u_3=h_8-h_3$$

所以有

$$c_v(T_7-T_3)=c_p(T_8-T_3)$$

上式变换后有

$$T_8=\frac{T_7}{k}\left[1+\frac{T_3}{T_7}(k-1)\right] \tag{5-40}$$

考虑到等容放热过程(7-3)和定压加热过程(3-8),根据状态方程则有

$$\frac{T_3}{T_7}=\frac{p_3}{p_7}=\frac{p_8}{p_7}$$

上式代入式(5-40)后有

$$T_8=\frac{T_7}{k}\left[1+\frac{p_8}{p_7}(k-1)\right] \tag{5-41}$$

上式中的 $T_8$ 就是涡轮中等熵膨胀过程始点的燃气温度或排气管中涡轮前的温度。

另一方面,尽管我们对节流过程假定了是绝热的,即没有考虑燃气在流入涡轮的过程中与汽缸壁面及管道的传热,但由于节流过程是不可逆的,因此必然有熵的增大。所以在 $T$-$s$ 图上,点 8 的熵值大于点 7 的熵值。

在该理想循环中,根据对过程的分析,不可逆节流过程中存在关系式 $u_7-u_3=h_8-h_3$。因此,其工质的吸热过程与放热过程与我们前面考察的有中冷器带脉冲涡轮的增压发动机理想循环完全一样,因此其循环热效率的表达式也应完全一样。即

$$\eta=1-\frac{k[\rho_{vx}\rho_v-\rho_{vx}+\varepsilon_k^{k-1}(\rho_{vx}-1]}{\varepsilon_0^{k-1}[\lambda-1+k\lambda(\rho-1)]} \tag{5-42}$$

但须特别注意,由于两种理想循环的差异,$p$-$v$ 图与 $T$-$s$ 图都是不相同的,因此公式中的参数 $\rho_{vx}$,$\rho_v$ 的表达形式也不一样。也就是说式(5-42)与式(5-30)形式尽管相同,但它化简后的形式就不再是式(5-31)的表达形式。式(5-42)化简后的形式为(具体推导过程见附录 2)

$$\eta=1-\frac{\lambda\rho^k-1+k(\varepsilon_k^{k-1}-1)(\rho_{vx}-1)}{\varepsilon_0^{k-1}[\lambda-1+k\lambda(\rho-1)]} \tag{5-43}$$

循环功的表达式为

$$W=\frac{c_vT_1}{\rho_{vx}}\{\varepsilon_0^{k-1}[\lambda-1+k\lambda(\rho-1)]-[\lambda\rho^k-1+k(\varepsilon_k^{k-1}-1)(\rho_{vx}-1)]\} \tag{5-44}$$

或

$$W=\frac{c_vT_1}{\rho_{vx}}\{\varepsilon_0^{k-1}[\lambda-1+k\lambda(\rho-1)]\eta$$

若不带中冷器,则有 $\rho_{vx}=1$,即不带中冷器有常压涡轮的增压发动机理想循环热效率为

$$\eta=1-\frac{\lambda\rho^k-1}{\varepsilon_0^{k-1}[\lambda-1+k\lambda(\rho-1)]} \tag{5-45}$$

循环功的表达式则为

$$W=c_vT_1\{\varepsilon_0^{k-1}[\lambda-1+k\lambda(\rho-1)]-(\lambda\rho^k-1)\} \tag{5-46}$$

或

$$W=c_vT_1\{\varepsilon_0^{k-1}[\lambda-1+k\lambda(\rho-1)]\eta$$

对于带中冷器的增压发动机理想循环热效率及循环功表达式中的中冷器的容积缩小度 $\rho_{vx}$,若给出中冷器的冷却度 $\sigma$,则可根据式(5-33)计算出 $\rho_{vx}$。

## 三、循环参数对循环功与循环热效率的影响

从以上各理想循环的分析中可以看出,发动机性能受到各循环参数的影响,分析循环的目的就是要寻求发动机性能最佳化时各循环参数之间的关系,以便探寻影响发动机性能的

循环参数变化规律,为改善发动机的性能提供理论上的依据和可遵循的路径。

**(一)混合加热循环中循环参数对发动机性能的影响**

1. 循环功与最大循环功

由循环功的表达式(5-15)

$$W=c_vT_1\{\varepsilon^{k-1}[(\lambda-1)+k\lambda(\rho-1)]-(\lambda\rho^k-1)\}$$

可以看出,混合加热循环中循环功与循环参数 $T_1$、$\rho$、$\lambda$、$\varepsilon$ 和工质热力学参数 $c_v$、$k$ 有关。将混合加热循环中的关系式:

$$\lambda=\frac{T_4}{T_1}\cdot\frac{1}{\rho}\cdot\frac{1}{\varepsilon^{k-1}}\text{或}\rho=\frac{T_4}{T_1}\cdot\frac{1}{\lambda}\cdot\frac{1}{\varepsilon^{k-1}}$$

带入循环功的表达式,合并后化简消去 $\lambda$ 或消去 $\rho$ 则有

$$W=c_vT_1\left(\frac{T_4}{T_1}\cdot\frac{1}{\rho}-k\frac{T_4}{T_1}\cdot\frac{1}{\rho}-\frac{T_4}{T_1}\cdot\frac{1}{\varepsilon^{k-1}}\cdot\rho^{k-1}-\varepsilon^{k-1}+k\frac{T_4}{T_1}+1\right)\tag{5-47}$$

$$W=c_vT_1\left[k\frac{T_4}{T_1}-\varepsilon^{k-1}-(k-1)\varepsilon^{k-1}\lambda-\frac{1}{\lambda^{k-1}}\left(\frac{T_4}{T_1}\cdot\frac{1}{\varepsilon^{k-1}}\right)^k+1\right]\tag{5-48}$$

由以上两式可以看出,对于混合加热循环,循环功不仅与参数 $T_4/T_1$、$\varepsilon$ 等有关,而且还与循环参数预膨胀比 $\rho$ 或压力升高比 $\lambda$ 有关。在上述两式中若 $\rho=1$ 代入,即为奥拓循环的循环功表达式

$$W=c_vT_1\left(\frac{T_3}{T_1}\frac{1}{\varepsilon^{k-1}}-1\right)(\varepsilon^{k-1}-1)$$

若以 $\lambda=1$ 代入,即为狄赛尔循环的循环功表达式

$$W=c_vT_1\left[k\left(\frac{T_3}{T_1}-\varepsilon^{k-1}\right)-\left(\frac{T_3}{T_1}\right)^k\cdot\frac{1}{\varepsilon^{k(k-1)}}+1)\right]$$

式(5-47)、式(5-48)表达了循环功与循环参数 $\varepsilon$ 及工质最高温度 $T_4$ 与最低温度 $T_1$ 之比间的关系。图 5-14、图 5-15 示出了当工质性能参数 $k$ 及最高温度 $T_4$、最低温度 $T_1$ 一定时(以下讨论中取:$k=1.4$,$T_4/T_1=8$),无因次量循环功 $W/(T_1c_v)$ 在不同压缩比时,随循环参数压力升高比 $\lambda$ 和预膨胀比 $\rho$ 的变化关系。图中表示了三条不同压缩比的(带□的曲线 $\varepsilon=24$,带△的曲线 $\varepsilon=20.74$,带×的曲线 $\varepsilon=16$)变化曲线。

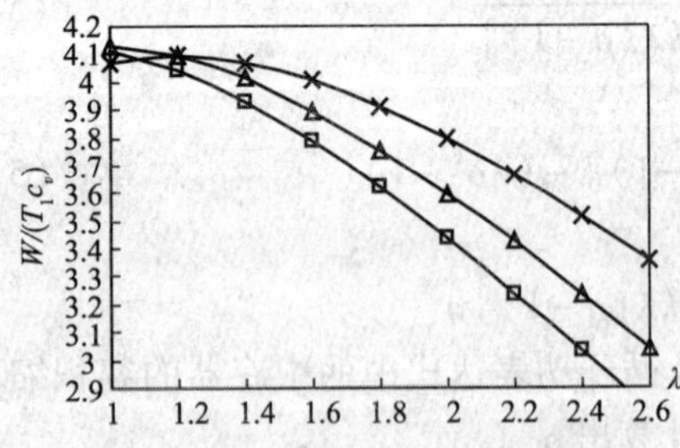


图 5-14 混合加热理想循环循环功随压力升高比的变化

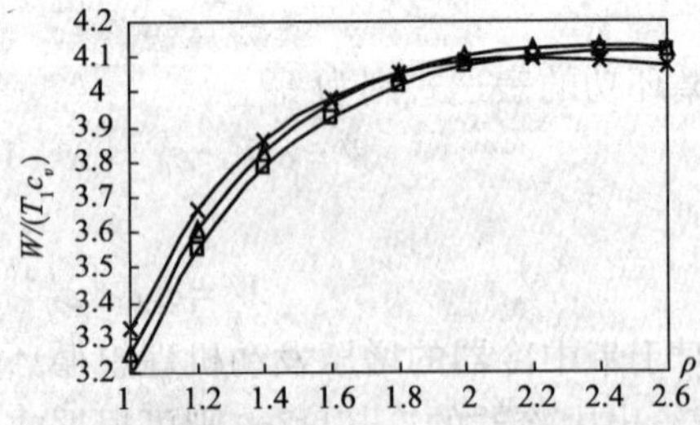


图 5-15 混合加热理想循环循环功随膨胀比 $\rho$ 的变化

由图 5-14 可以看出,等熵指数 $k$ 和温度比(循环最高温度与最低温度之比)一定时,压缩比 $\varepsilon<20.74$ 时,循环功随着压力升高比 $\lambda$ 的增大增大,达到极大值后随着压力升高比 $\lambda$

的增大而逐渐减小。

当压缩比 $\varepsilon \geqslant 20.74$ 时,可以看出 $\lambda = 1$ 时有最大的循环功,即等压加热循环有最大的循环功(这一点下面将给出证明)。然后,随着压力升高比 $\lambda$ 的增大快速下降。

当压缩比 $\varepsilon > 20.74$ 或 $\varepsilon < 20.74$ 时,循环功的极大值都有所减小。而且,随着压缩比的减小循环功极大值对应的 $\lambda$ 值逐渐增大($\varepsilon = 16$ 时,$\lambda \approx 1.2$)。

由图 5-15 可以看出,等熵指数 $k$ 和温度比一定时,无因次量循环功 $W/(T_1 c_v)$ 随着预膨胀比 $\rho$ 的增大而增大。当 $\rho$ 较小时,循环功变化率较快,当 $\rho$ 增大到 1.8 左右时变化逐渐变缓,当接近 $\rho = 2.378$ 时,达到极大值,随后循环功随着预膨胀比 $\rho$ 的增大而又缓慢下降。

由图可以看出,不同压缩比对循环功随预膨胀比 $\rho$ 的变化规律影响较小。但压缩比越小,循环功达到极大值后随预膨胀比增大而下降较快。

由上述讨论可知,压缩比的变化对循环功随压力升高比 $\lambda$ 的变化规律的影响更为显著,压缩比越大,循环功达到极大值后随压力升高比增大而迅速下降。由曲线变化规律发现,当压缩比 $\varepsilon$ 在 16 ~ 24 变化时,对应的最佳压力升高比 $\lambda$ 在 1 ~ 1.2 变化,对应的最佳预膨胀比 $\rho$ 在 2.2 ~ 2.4 变化,当其他参数不变时,循环功随温度比 $T_4/T_1$ 增大,急剧增大;循环功随等熵指数 $k$ 增大而增加,但影响程度比温度比小。

由式(5-47)可以看出,对于混合加热循环,当工质热力学参数和温度比一定,其循环功是压缩比 $\varepsilon$ 和预膨胀比 $\rho$ 的二元函数。根据二元函数的极值,有

$$\frac{\partial W}{\partial \varepsilon} = c_v T_1 \left[ (k-1)\frac{T_4}{T_1} \cdot \frac{1}{\varepsilon^k} \cdot \rho^{k-1} - (k-1)\varepsilon^{k-2} \right]$$

$$\frac{\partial W}{\partial \rho} = c_v T_1 \left[ \frac{T_4}{T_1}(k-1)\frac{1}{\rho^2} - (k-1)\frac{T_4}{T_1}\frac{1}{\varepsilon^{k-1}} \cdot \rho^{k-2} \right]$$

令上述两式分别等于零并联立求解,得

$$\rho = \left(\frac{T_4}{T_1}\right)^{\frac{1}{k+1}}$$

$$\varepsilon = \left(\frac{T_4}{T_1}\right)^{\frac{k}{k2-1}}$$

按照同样的二元函数求极值的方法,式(5-48)当循环功有极大值时,存在以下关系式:

$$\varepsilon = \left(\frac{T_4}{T_1}\right)^{\frac{k}{k2-1}}$$

$$\lambda = 1$$

将以上两式分别代入式(5-47)、式(5-48)都得到相同的最大循环功表达式:

$$W_{\max} = c_v T_1 \left[ k\frac{T_4}{T_1} - (k+1)\left(\frac{T_4}{T_1}\right)^{\frac{k}{k+1}} + 1 \right] \tag{5-49}$$

将关系式

$$\rho = \left(\frac{T_4}{T_1}\right)^{\frac{1}{k+1}};\varepsilon = \left(\frac{T_4}{T_1}\right)^{\frac{k}{k2-1}};\lambda = 1 \tag{5-50}$$

代入式(5-15)也得到与式(5-49)完全相同的最大循环功表达式。

因此得出结论：当式(5-50)成立时，混合加热循环的循环功有极大值。在前述的曲线图中，当 $k=1.4$，$T_4/T_1=8$ 时，由式(5-50)可以得到：当 $\rho=2.378$，$\lambda=1$，$\varepsilon=20.749$ 时，无因次量循环功有极大值 $W/(T_1c_v)=4.127$。

2. 热效率与最佳热效率

由式(5-14)知，混合加热循环的热效率为

$$\eta=1-\frac{1}{\varepsilon^{k-1}}\cdot\frac{\lambda\cdot\rho^k-1}{\lambda-1+k\lambda(\rho-1)} \tag{5-51}$$

将表达式

$$\lambda=\left(\frac{T_4}{T_1}\right)\frac{1}{\rho}\cdot\frac{1}{\varepsilon^{k-1}}\text{或}\rho=\left(\frac{T_4}{T_1}\right)\frac{1}{\lambda}\cdot\frac{1}{\varepsilon^{k-1}}$$

代入循环热效率表达式后，就可以得到循环热效率与温度比$\frac{T_4}{T_1}$，压力升高比 $\lambda$，或预膨胀比 $\rho$ 之间的函数关系。这时有

$$\eta=1-\frac{\left(\frac{T_4}{T_1}\right)\left(\frac{\rho}{\varepsilon}\right)^{k-1}-1}{\left(\frac{T_4}{T_1}\right)\cdot\frac{1}{\rho}-\varepsilon^{k-1}+k\left(1-\frac{1}{\rho}\right)\cdot\frac{T_4}{T_1}};\eta=1-\frac{\left(\frac{T_4}{T_1}\right)^k\cdot\frac{1}{\lambda^{k-1}}\cdot\frac{1}{\varepsilon^{k^2-1}}-\frac{1}{\varepsilon^{k-1}}}{\left(\frac{T_4}{T_1}\right)\cdot\frac{1}{\rho}-\varepsilon^{k-1}+k\left(1-\frac{1}{\rho}\right)\cdot\frac{T_4}{T_1}}$$

根据上述两式绘成的曲线如图 5-16、图 5-17 所示。图中曲线变化分别表示了混合加热循环的循环热效率随循环参数 $\lambda$、$\rho$ 的变化关系（曲线计算的已知条件与图 5-14、图 5-15 完全相同）。

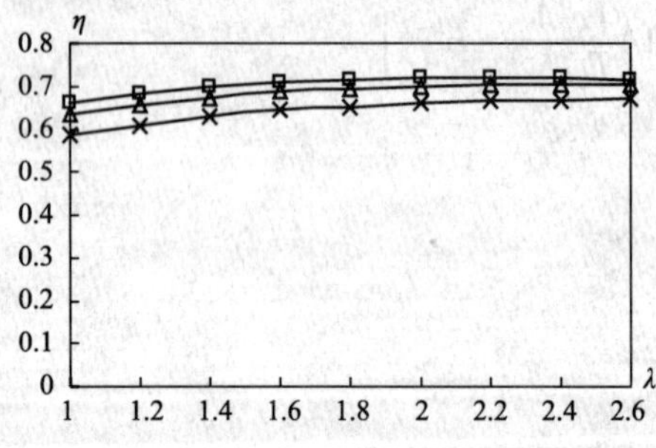


图 5-16　混合加热理想循环热效率随压力升高比的变化

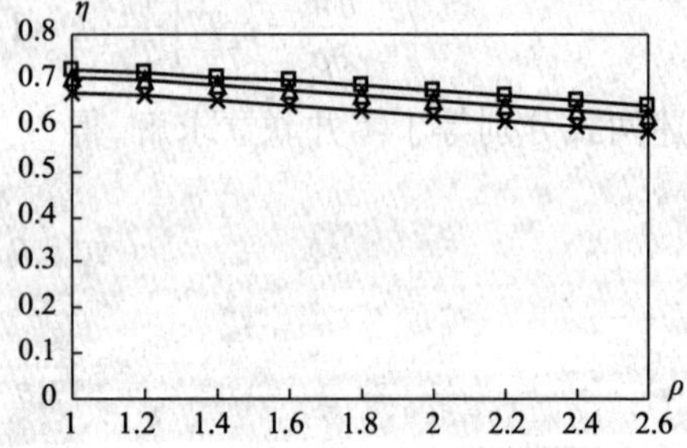


图 5-17　混合加热理想循环热效率随预膨胀比的变化

由变化曲线可以看出，在一定的压缩比时，热效率随压力升高比的增大而增大。当增大到某一数值达到最大值后又随压力升高比的增大而缓慢下降。随着压缩比的增大，对应热效率极大值的 $\lambda$ 值也缓慢减小。当压缩比 $\varepsilon$ 在 16～24 变化时，对应最大热效率值的压力升高比 $\lambda$ 在 2.2～2.6 变化。

热效率随预膨胀比的增大单调下降，但热效率变化缓慢。压缩比的变化对热效率随预膨胀比的变化规律影响不大。

当其他参数不变时，热效率随等熵指数 $k$ 增大而增加，但影响程度比较小，热效率缓慢变化。热效率不随温度比 $T_4/T_1$ 变化，即与温度比的变化无关，这也由式(5-51)得到验证。

将式(5-50)代入循环热效率的表达式(5-51)，可以得到最大循环功下的循环热效率。

即最佳热效率表达式：

$$\eta_{opt}=1-\frac{\left(\frac{T_4}{T_1}\right)^{\frac{k}{k+1}}-1}{k\left[\frac{T_4}{T_1}-\left(\frac{T_4}{T_1}\right)^{\frac{k}{k+1}}\right]} \tag{5-52}$$

由式(5-52)和式(5-49)可以看出，最佳热效率和最大循环功仅与工质的热力学参数 $k$ 和温度比 $T_4/T_1$ 有关，而与循环参数无关，在上述分析的实例中，最佳热效率 $\eta_{opt}=0.636$。

可以得出结论：在一个热力循环中，对于单位质量工质的最大循环功和最佳热效率，当热力学参数 $k$ 不变时仅仅是温度比 $T_4/T_1$ 的函数。即最佳热效率和最大循环功随热源最高温度的升高或冷源最低温度的减小而增大；随最高温度的降低或最低温度的升高而下降。

提高热源最高温度或降低冷源最低温度都可以改善发动机的动力性和经济性。但是，受到发动机燃料燃烧和结构的制约，最高温度是有限度的。

当温度比一定时，循环参数对发动机动力性和经济性的影响是显著的。由前述对循环参数影响规律的讨论可知，动力性和经济性往往是不能兼顾的。例如：热效率随压力升高比的增大而增大，但随着压力升高比的增大循环功急剧下降。

在前述讨论的实例中，当发动机压缩比 $\varepsilon$ 在 16～24 变化，压力升高比 $\lambda$ 在 1～1.2 变化，预膨胀比 $\rho$ 在 2.2～2.4 变化时，发动机的动力性和经济性都较好。这一结论与发动机的统计数据有一定的误差，这也反映了理想循环模型的局限性。

上述对于混合加热循环的分析方法同样适用于奥托循环和狄塞尔循环，不同的是循环参数有不同的表达形式，这里不再赘述。

### *(二)有中冷器脉冲涡轮增压发动机理想循环中循环参数对发动机性能的影响

1. 循环功与最大循环功

由式(5-32)循环功的表达式：

$$W=\frac{c_v T_1}{\rho_{VX}}\{\varepsilon_0^{k-1}[\lambda-1+k\lambda(\rho-1)]-k[\rho\cdot\lambda^{\frac{1}{k}}-\rho_{vx}+\varepsilon_k^{k-1}(\rho_{vx}-1)]\}$$

可以看出，增压发动机理想循环中的循环功与循环参数 $T_1$、$\lambda$、$\rho$、$\varepsilon$、$\varepsilon_k$、$\rho_{vx}$ 以及工质热力学参数 $c_v$、$k$ 等有关。

我们由前述工质最高温度与最低温度的关系式可以导出：

$$\lambda=\frac{T_6}{T_1}\cdot\frac{1}{\rho}\cdot\frac{\rho_{vx}}{\varepsilon_0^{k-1}}及\rho=\frac{T_6}{T_1}\cdot\frac{1}{\lambda}\cdot\frac{\rho_{vx}}{\varepsilon_0^{k-1}}$$

代入循环功表达式，消去 $\lambda$ 和 $\rho$ 则有

$$W=c_v T_1\left\{\left[\frac{T_6}{T_1}\cdot\frac{1}{\rho}-\frac{\varepsilon_0^{k-1}}{\rho_{vx}}+k\left(1-\frac{1}{\rho}\right)\frac{T_6}{T_1}\right]-k\left[\left(\frac{T_6}{T_1}\right)^{\frac{1}{k}}\cdot\rho^{\frac{k-1}{k}}\cdot(\rho_{vx}\varepsilon_0)^{-\frac{k-1}{k}}-1+\left(1-\frac{1}{\rho_{vx}}\right)\varepsilon_k^{k-1}\right]\right\} \tag{5-53}$$

和

$$W=c_v T_1\left\{\left[k\frac{T_6}{T_1}-\frac{\varepsilon_0^{k-1}}{\rho_{vx}}-(k-1)\cdot\frac{\varepsilon_0^{k-1}}{\rho_{vx}}\cdot\lambda\right]-k\left[\left(\frac{T_6}{T_1}\right)(\lambda^{\frac{1}{k}}\cdot\varepsilon_0)^{-(k-1)}-1+\varepsilon_k^{k-1}\left(1-\frac{1}{\rho_{vx}}\right)\right]\right\} \tag{5-54}$$

将总压缩比表达式：$\varepsilon_0 = \varepsilon \cdot \varepsilon_k$ 及 $\lambda = \left(\frac{\delta}{\varepsilon \cdot \varepsilon_k}\right)^k$（见附录）代入式(5-54)，化简后有

$$W = c_v T_1 \left[ k\frac{T_6}{T_1} - \frac{(\varepsilon \cdot \varepsilon_k)^{k-1}}{\rho_{vx}} - (k-1) \cdot \frac{\delta^k}{\rho_{vx}\varepsilon \cdot \varepsilon_k} - k\left(\frac{T_6}{T_1}\right)\frac{1}{\delta^{k-1}} + k - k\left(1 - \frac{1}{\rho_{vx}}\right)\varepsilon_k^{k-1} \right] \tag{5-55}$$

由式(5-53)可以看出，该式反映了循环功与增压发动机参数 $\rho_{vx}$、$\varepsilon_0$、$\varepsilon_k$ 及循环参数 $\rho$ 之间的函数关系。式(5-54)则反映了循环功与增压发动机参数 $\rho_{vx}$、$\varepsilon_0$、$\varepsilon_k$ 及循环参数 $\lambda$ 之间的函数关系。式(5-55)表示了循环功在一定的温度比$\frac{T_6}{T_1}$下，与增压发动机性能参数 $\rho_{vx}$、$\varepsilon_k$、$\delta$ 之间的函数关系。

仿照前述对混合加热循环循环功随工质热力学参数及循环参数变化的分析方法，可以通过上述诸式考察增压发动机性能随工质热力学参数及循环参数的变化规律，这里不再赘述。

式(5-55)分别对 $\rho_{vx}$、$\varepsilon_0$、$\varepsilon_k$ 求导，可得循环功分别以 $\rho_{vx}$、$\varepsilon_0$、$\varepsilon_k$ 为变量的极值。

对增压发动机最佳膨胀比 $\varepsilon_k$ 的推导如下：

$$\frac{\partial W}{\partial \varepsilon_k} = C_V T\left[ -\frac{\varepsilon^{k-1}}{\rho_{vx}}(k-1)\varepsilon_k^{k-2} - (k-1)\frac{\delta^k}{\rho_{vx} \cdot \varepsilon}\left(-\frac{1}{\varepsilon_k^2}\right) - k\left(1 - \frac{1}{\rho_{vx}}\right)(k-1)\varepsilon_k^{k-2} \right]$$

令$\frac{\partial W}{\partial \varepsilon_k} = 0$，并化简后有

$$\varepsilon^{k-2} \cdot \varepsilon_k^{k-2}(k-1) - (k-1)\frac{\delta^k}{\varepsilon} \cdot \frac{1}{\varepsilon_k^2} + k(k-1)(\rho_{vx} - 1)\varepsilon_k^{k-2} = 0 \tag{5-56}$$

即

$$\varepsilon_k = \frac{\delta}{[\varepsilon^k + k\varepsilon(\rho_{vx} - 1)]^{\frac{1}{k}}}$$

将上述增压发动机最佳压缩比代入循环功的表达式，就得到增压发动机最大循环功。

2. 热效率与最佳热效率

由循环热效率表达式知：

$$\eta = 1 - \frac{k[\rho \cdot \lambda^{\frac{1}{k}} - \rho_{vx} + \varepsilon_k^{k-1}(\rho_{vx} - 1)]}{\varepsilon_0^{k-1}[\lambda - 1 + k\lambda(\rho - 1)]}$$

将 $\lambda = \left(\frac{\delta}{\varepsilon \cdot \varepsilon_k}\right)^k$ 及 $\rho = \frac{T_6 \rho_{vx}}{T_1 \delta^k} \cdot \varepsilon_0$ 代入循环热效率表达式有

$$\eta = 1 - k\frac{\left(\frac{T_6}{T_1}\right)\rho_{vx} \cdot \frac{1}{\delta^{k-1}} - \rho_{vx} + \varepsilon_k^{k-1}(\rho_{vx} - 1)}{k\left(\frac{T_6}{T_1}\right)\rho_{vx} - (\varepsilon \cdot \varepsilon_k)^{k-1} - (k-1)\frac{\delta^k}{\varepsilon \cdot \varepsilon_k}} \tag{5-57}$$

式(5-57)表示了循环热效率与增压发动机参数 $\rho_{vx}$、$\delta$、$\varepsilon_k$ 即工质热力学参数之间的函数关系。

将增压发动机最佳压缩比式(5-56)代入上式，即可得最大循环功时的增压发动机热效率，即最佳热效率。

3. 循环功与循环热效率之间的关系

由表达式(5-31)及式(5-32)可以得到循环功与循环热效率之间的函数关系式：

$$W=\frac{C_V T_1}{\rho_{vx}}\cdot\frac{k[\rho\lambda^{\frac{1}{k}}-\rho_{vx}+\varepsilon_k^{k-1}(\rho_{vx}-1)]}{1-\eta}\cdot\eta \tag{5-58}$$

将

$$\lambda=\frac{T_6}{T_1}\cdot\frac{1}{\rho}\cdot\frac{\rho_{vx}}{\varepsilon_0^{k-1}}\text{及}\rho=\frac{T_6}{T_1}\cdot\frac{1}{\lambda}\cdot\frac{\rho_{vx}}{\varepsilon_0^{k-1}}$$

代入式(5-58)可以得到循环参数 $\rho$ 或 $\lambda$ 表示的循环功与循环热效率之间的函数关系。

$$W=C_V T_1\cdot\frac{K\left[\left(\frac{T_6}{T_1}\right)^{\frac{1}{k}}\cdot\rho^{\frac{k-1}{k}}(\rho_{vx}\varepsilon_0)^{-\frac{k-1}{k}}-1+\left(1-\frac{1}{\rho_{vx}}\right)\varepsilon_k^{k-1}\right]}{1-\eta}\cdot\eta$$

或

$$W=C_V T_1\cdot\frac{k\left[\left(\frac{T_6}{T_1}\right)\rho_{vx}(\lambda^{\frac{1}{k}}\cdot\varepsilon_0)^{1-k}-\rho_{vx}+(\rho_{vx}-1)\varepsilon_k^{k-1}\right]}{1-\eta}\cdot\eta \tag{5-59}$$

以 $\varepsilon_0=\varepsilon\cdot\varepsilon_k$ 及 $\lambda=\left(\frac{\delta}{\varepsilon\cdot\varepsilon_k}\right)^k$ 代入式(5-59)则有

$$W=C_V T_1\cdot\frac{k\frac{T_6\,\rho_{vx}}{T_1\delta^{k-1}}-k\rho_{vx}+k(\rho_{vx}-1)\varepsilon_k^{k-1}}{1-\eta}\cdot\eta \tag{5-60}$$

式(5-60)表示了以增压发动机参数 $\rho_{vx}$、$\delta$、$\varepsilon_k$ 所表示的循环功与循环热效率之间的函数关系。

4. 中冷器的冷却对增压发动机性能的影响

可以利用图5-18表示的上述两种循环的温熵图对带中冷器与不带中冷器的增压发动机理想循环进行比较。两个循环的比较是在条件 $q_1$ = 常数，最大爆发压力 $p_z$ = 常数的条件下进行的。

图5-18中 $a'$-$k$-$a$-$c$-$z$-$g$-$a'$ 表示了采用压气机后冷却的增压发动机理想循环，$a'$-$a_1$-$c_1$-$z_1$-$g_1$-$a'$ 表示了不采用压气机后冷却的增压发动机理想循环。$a'$-$k$ 表示了工质在压气机中的等熵压缩过程，$a$-$a_1$ 表示了中冷器对工质冷却时的定压放热过程。可以看出带中冷器的增压发动机汽缸中压缩始点(点 $a$)的温度低于不用冷却的发动机循环 $a'$-$a_1$-$c_1$-$z_1$-$g_1$-$a'$ 压缩始点 $a_1$ 的温度。

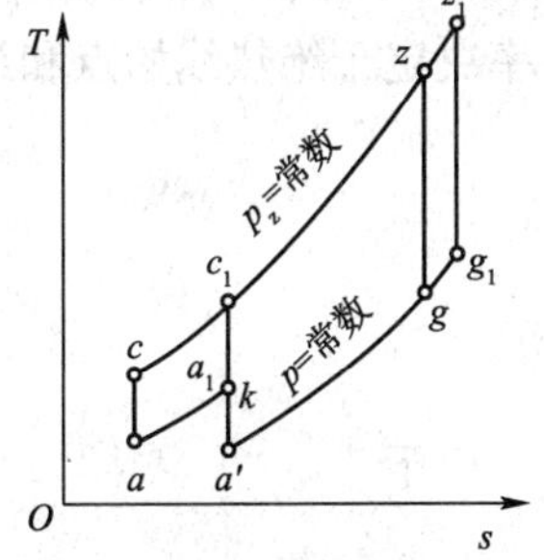

图5-18　带中冷器和不带中冷增压发动机理想循环比较

中冷器的冷却对增压发动机循环功的影响可以这样来考虑。由于采用中冷器的发动机循环中汽缸压缩始点的温度低于不用中冷器的发动机循环压缩始点的温度，但是因为点 $a$ 和 $a_1$ 处在同一条压力线上，即对于汽缸中压缩始点的压力，无论是否采用中冷器都是相同的。因此，在具有相同汽缸容积 $V_a$ 的发动机循环中，采用中冷的循环，工质的密度及质量都比不采用中冷的循环大。

我们根据汽缸中压缩始点的状态参数来计算工质质量比时，对于过程 $a'$-$a_1$ 利用状态方程和绝热方程，并考虑到循环中当 $\sigma=1$ 时，则有：$T_a=T_{a'}$，$m_{zr}=m_z\varepsilon_k^{k-1}$，其中 $m_{zr}$、$m_z$ 分别表示带中冷器和不带中冷器时充满汽缸容积时的空气质量。即具有一定汽缸容积的采用中冷的增压发动机汽缸内工质质量，将比不采用中冷的增压发动机汽缸内工质质量增大 $\varepsilon_k^{k-1}$ 倍，也就是说，在单位质量工质加热量相同的条件下，根据 $Q_1=q_1m$，总加热量也将增大到 $\varepsilon_k^{k-1}$ 倍。由于循环功正比于所加入循环的热量，因此带中冷器的增压发动机循环功将大于不采用中冷的增压发动机循环功。

正是由于上述原因，采用中冷的增压发动机的平均循环压力将大于不用中冷的增压发动机平均循环压力，所以对于输出相同功率的增压发动机，采用中冷后可减少外形尺寸和质量。在采用中冷的发动机循环中，汽缸内压缩始点的温度较低，相应的最高循环温度和加热过程中的平均温度都较低，因此可降低零件的热应力，这一点对降低发动机的热负荷非常重要。

采用中冷后，对增压发动机循环效率的影响，我们可由效率表达式得出。

根据增压发动机带中冷器与不带中冷器的循环热效率表达式：

带中冷为

$$\eta=1-\frac{k[\rho\lambda^{\frac{1}{k}}-\rho_{vx}+\varepsilon_k^{k-1}(\rho_{vx}-1)]}{\varepsilon_0^{k-1}[\lambda-1+k\lambda(\rho-1)]}$$

不带中冷为

$$\eta=1-\frac{k[\rho\cdot\lambda^{\frac{1}{k}}-1)]}{\varepsilon_0^{k-1}[\lambda-1+k\lambda(\rho-1)]}$$

由于

$$\rho_{vx}-\varepsilon_k^{k-1}(\rho_{vx}-1)<1$$

所以得出结论：带中冷器的增压发动机循环效率小于不带中冷器的增压发动机循环效率。上述结论我们也可以由采用中冷和不采用中冷的增压发动机循环的 $T$-$s$ 图上得出。

由图 5-18 可以看出，表示带中冷器的增压发动机理想循环 $a'$-$k$-$a$-$c$-$z$-$g$-$a'$ 可以看作是由 $a$-$c$-$c_1$-$k$-$a$ 和 $a'$-$a_1$-$c_1$-$z$-$g$-$a'$ 两个循环组成，该两个循环加入和排出的总热量以及循环所做的总功与原循环相等。

由于由两条定压线和两条绝热线组成的循环的热效率与所加入的热量无关，因此循环 $a'$-$a_1$-$c_1$-$z$-$g$-$a'$ 与不采用中冷器的增压发动机循环 $a'$-$a_1$-$c_1$-$z_1$-$g_1$-$a'$ 有相同的热效率。该热效率决定于绝热线始点和终点的温度比，即

$$\eta_{a'}=1-\frac{T_{g_1}}{T_{z_1}}=1-\frac{T_g}{T_z}=1-\frac{T_{a'}}{T_{c_1}}$$

$$\eta_a=1-\frac{T_{a_1}}{T_{c_1}}$$

由于

$$T_{a_1}>T_{a'}$$

所以

$$\eta_a<\eta_{a'}$$

由此可以得出结论:采用中冷器的增压发动机循环 $a'$-$k$-$a$-$c$-$z$-$g$-$a'$热效率小于不采用中冷器的增压发动机循环热效率,但大于上述 $a$-$c$-$c_1$-$k$-$a$ 所表示循环的热效率。或者说,在具有最高循环压力值和相等的加热量的可比条件下,不采用中冷的定压加热循环具有最高的效率。这一结论也可用采用中冷器的增压发动机理想循环加热过程中的平均温度较低来解释。

以上我们对各理想循环参数与循环输出功及热效率之间的影响关系作了系统的分析。一方面我们对影响热效率和循环功的因素和影响规律有了较为深刻的认识,但另一方面也必须认识到由于是理想循环,它与发动机实际热力过程存在着差别,因此有些影响规律与实际有一定的差距。

**(三)发动机理想循环的比较**

前面我们讨论了理想循环的循环参数对发动机性能的影响,找出了它们之间的影响规律,为我们改进发动机的结构,提高发动机的动力性和经济性在理论上提供了可遵循的方向,也为寻找更为合理的循环模型奠定了基础。

为了更好的了解不同循环的特点和它们之间的优缺点,我们讨论在一定的可比条件下,发动机相同循环及不同循环之间的比较。

1. 当加入热量一定时,同一循环中,压缩比对发动机性能的影响

如图 5-19 所示为奥托循环当压缩始点的压力和温度不变,加入的热量也不变时,不同压缩比下循环的 $p$-$v$ 图及 $T$-$s$ 图。

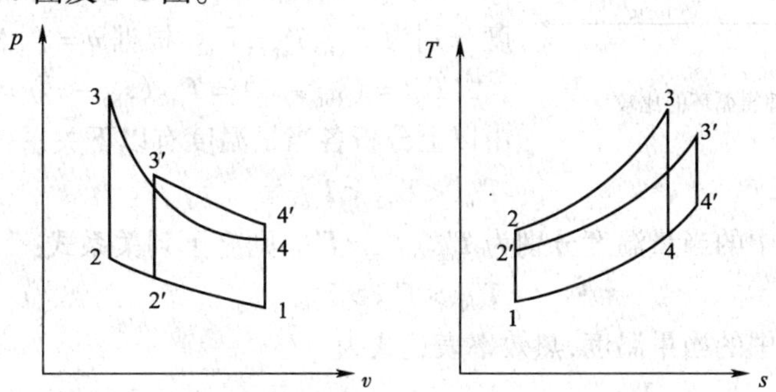


图 5-19 压缩比对发动机性能的影响

对于单位质量工质来说,加入的热量 $q_1$ 一定,由温熵图可以看到,压缩比小的循环,对应的熵增 $\Delta s$ 就大。由定容加热过程中熵增表达式:$\Delta s = c_v \ln\lambda$ 知,压缩比小的循环,则压力升高比就大。

从而根据奥托循环热效率表达式

$$\eta = 1 - \frac{c_v T_1(\lambda - 1)}{q_1}$$

可知,在 $q_1$ 不变的条件下,$\lambda$ 越大热效率 $\eta$ 就越小。

从而得出结论:对于奥托循环,压缩比较高的循环热效率大于压缩比较低的循环热效率。

这也可以从 $T$-$s$ 图上直接得到上述结论。从图中可以看到,压缩比较小的循环,由于熵增大于压缩比较大的循环,因此它所对应的放出热量的相应面积也就大于压缩比较大的循

环。在加入热量不变的条件下，它的循环热效率也就必然小于压缩比大的循环的循环热效率。

以上结论已经为发动机发展的历史所证实。这里我们虽然仅讨论了奥托循环，但结论对所有类型的发动机都具有重要意义。汽油机的发展史就是以不断努力提高压缩比为特征，但是它提高要受到汽油机爆震的限制。对于柴油机来说，虽然压缩比的提高不受爆震的限制，但压缩比太高，会使最高爆发压力太高，这就给柴油机的可靠性、强度等提出了新的课题。

2. 发动机三种理想循环之间的比较

我们讨论的另一种比较就是在最高循环压力及单位质量工质加入热量相同的条件下，三种不同理想循环的循环功及循环热效率的比较。

图5-20表示三种理想循环的温熵图。

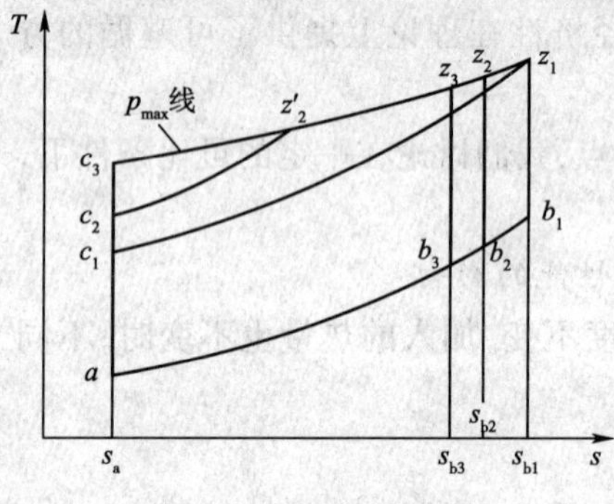


图5-20　三种理想循环的比较

图中表示了混合加热循环 $a$-$c_2$-$z_2$-$z_2$-$b_2$-$a$，奥托循环（定容加热循环）$a$-$c_1$-$z_1$-$b_1$-$a$，狄赛尔循环（定压加热循环）$a$-$c_3$-$z_3$-$b_3$-$a$。当满足最高循环压力和加入的热量一定时，点 $c_3$-$z_2$-$z$-$z_1$-$z_2$，位于 $p_z$ 等于常数的定压线上。并且比熵有 $s_{b1} > s_{b2} > s_{b3}$。根据压缩始点压力，温度相同的条件，各循环在加热过程中的熵增分别为：$s_{b1} - s_a$；$s_{b2} - s_a$；$s_{b3} - s_a$；令各循环加热过程中的当量温度分别为 $T_{cp1}$，$T_{cp3}$，$T_{cp2}$，根据 $q = T_{cp}\Delta s$，有下列关系式：

$$T_{cp1} = (s_{b1} - s_a) = T_{cp2}(s_{b2} - s_a) = T_{cp3}(s_{b3} - s_a)$$

由以上分析各当量温度有以下关系：

$$T_{cp1} < T_{cp2} < T_{cp3}$$

令各循环放热过程中的当量温度分别为 $T'_{cp1}$、$T'_{cp3}$、$T'_{cp2}$，则有下列关系式：

$$T'_{cp1} > T'_{cp2} > T'_{cp3}$$

根据工质变温过程中的当量温度，热效率表达式为

$$\eta = 1 - \frac{T'_{cp}}{T_{cp}}$$

由此得到各循环热效率关系式为

$$\eta_1 < \eta_2 < \eta_3 \tag{5-61}$$

由于 $q_1$ 一定，由此三种不同循环放出的热量 $q_2$ 有关系式：

$$q_{21} > q_{22} > q_{23}$$

根据循环功的定义

$$W = q_1 - q_2$$

因此三种循环的循环功关系为

$$W_3 > W_2 > W_1 \tag{5-62}$$

在以上讨论中：$W_3$、$\eta_3$、$q_{23}$ 分别为狄赛尔循环的循环功、热效率、放出的热量；$W_2$、$\eta_2$、$q_{22}$ 分别为混合加热循环的循环功、热效率、放出的热量；$W_1$、$\eta_1$、$q_{21}$ 分别为奥托循环的循环功、热效率、放出的热量。

由以上分析得出结论:在同样的最高循环压力及单位质量工质加入相同热量的条件下,狄赛尔循环(定压加热循环)产生的功最大,并且该循环的热效率也最高。此结论与前理论推导完全相同。

3. 混合加热循环与增压发动机理想循环的比较

在图 5-10 中,1-3-4-5-7-1 表示增压发动机理想循环,其中线 7-1 表示增压发动机中的定压放热过程。由图可以看出,增压发动机循环产生的循环功大于混合加热循环产生的循环功,这一差值在数值上相当于 1267 的面积。因此,根据热效率的定义,采用脉冲涡轮的增压发动机循环热效率高于一般发动机理想循环的热效率。

但是对于带常压涡轮的增压发动机循环,由于燃气从汽缸流入排气管时的节流损失,定压放热过程的优点为之失去。如果发动机的压缩比 $\varepsilon$ 等于增压发动机循环的总压缩比,则根据式(5-14)及式(5-45)可以得出结论,两种循环的热效率相等,如果增压发动机循环的总压缩比大于发动机的压缩比 $\varepsilon$,则热效率提高。

4. 带脉冲涡轮与带常压涡轮的增压发动机理想循环的比较

图 5-21 表示的是带脉冲涡轮的增压发动机与带常压涡轮的增压发动机理想循环比较。

从图中可以看到,由于采用常压涡轮的增压发动机中的节流,工质的等熵膨胀过程从图中 $b$ 点转变到对应于图中 $f$ 点的另一状态。我们用定容放热过程 $b$-$a$ 和定压加热过程 $a$-$f$ 表示工质从汽缸到排气管的不可逆节流过程。显然,在节流过程中,燃气不做功,因此,节流过程中燃气做功能力的损失相当于 $badb$ 的面积。这部分能量转变成了相当于面积 $dmnfd$ 的热量。

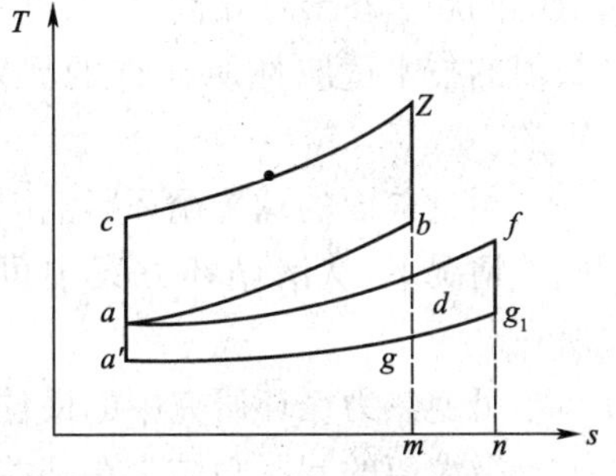

图 5-21　带脉冲涡轮与带常压涡轮的增压发动机理想循环比较

通过以上分析知,采用常压涡轮的增压发动机的循环功减小了相当于面积 $mgg_1nm$ 的数值,它恰恰等于循环中传给冷源的热量增加值。由于比较的条件是加入的热量相等,因此根据循环功及热效率的定义,可以得出结论:在采用脉冲涡轮的增压发动机热力循环中,当加入的热量一定时,该循环的热效率要比采用常压涡轮的增压发动机热力循环的热效率高一些,循环功要大一些。

以上我们对各理想循环进行了比较,可以发现,对于各种理想循环,压缩比是一个重要的参数,增大压缩比,无论是哪一种理想循环,其热效率与循环功都有较大的增大。同时由比较可以发现,增压发动机的循环功和热效率都优于非增压发动机。因此,增压是一种提高发动机动力性和经济性的有效手段。

## 四、发动机理想循环的研究意义及最佳化

1. 发动机理想循环的应用价值

理想循环分析为我们提供了一种通过数学解析的方法定量分析发动机工作过程的工具。运用这种方法可以定量分析循环参数(例如,压缩比、压力升高比、预膨胀比等),热力过程参数(例如,最高温度、环境温度、加热量、放热量等),工质参数(例如,比热容、等熵指数等)影响发动机能量转换的规律,为我们寻找改善发动机工作性能的有效途径指明了方向,

为我们研究发动机热力过程的最佳化提供了理论依据。

前面我们所做的所有理想循环的分析，都是在两个以上热源之间进行的可逆循环。由热力学的知识知道，卡诺循环是各种热力循环中具有最大热效率的循环，即热力循环与卡诺循环的接近程度是各循环热力学过程是否完善的评价标准。

对发动机热力循环的最佳化理解为寻求这样的循环组合方案提供了理论依据，在这种方案中，循环的热效率最大限度的接近于可逆卡诺循环的热效率。

在实际发动机循环研究过程中，是在过程的形式和循环的一系列特征参数具有限制的情况下来寻求最佳化问题的。例如对于活塞式四冲程发动机，其各可逆循环的所有过程形式都已确定，循环特征参数或者由加热方式(例如，单位工质的加热量)决定，或者受限于发动机的可靠性条件。例如：在增压式发动机中应严格限制最高循环压力和涡轮前的气体温度，在强制点火的发动机中，压缩比的上限受爆震燃烧的限制，在柴油机和汽油机热力循环中最高燃烧压力受限于发动机的机械负荷强度等。

从数学方法的观点出发，可把可逆热力循环研究中的最佳化问题表述为，在各种等式或不等式约束条件限制的情况下，求包含某些变数的循环热效率 $\eta_i$ 和平均循环压力 $p_z$ 的极大值的问题。在最佳化问题中，循环参数必须予以限制，这不仅关系到极大值可能处于循环参数值的技术适应性所允许的界限之外，而且如果不限制范围，则问题可能变成完全不确定的。

通过前面的理想循环影响因素分析和诸循环之间的性能比较分析，可以得到在严格限制的情况下，从诸循环方案中可以挑选最好的热力循环，这是理想循环分析的重大意义所在。

可逆热力循环研究中的最佳化问题可以采用数值优化方法，这时函数在什么样的条件下有极大值的问题归结为在某些点的邻域内寻找最优解的问题。在循环研究中，遇到热效率和平均循环压力的最大值处于循环参数限制的范围内的不同点上的情况。在这样的情况下，最优化的数学方法给不出解，必须进行折中，这种折中可根据经验进行。

在类似问题的数学模型最优化求解中，通过理想循环分析得到的关于热效率和平均循环压力随特征参数变化规律的知识，以及在循环研究中积累的经验，都具有重大意义。因为在所研究的问题范围内，如果它处在界限点上的话，函数的极大值可能是不存在的。在发动机理想循环的研究中，这样的情况恰恰是典型的。

2. 发动机理想循环的局限性

通过简化的理想循环模型，我们对发动机热力循环进行了详细地分析讨论。理想循环传统热力学分析尽管为我们提高发动机的动力性和经济性在理论上提供了可遵循的方向，揭示了循环参数对发动机性能的影响规律，但它不能回答以下诸多问题：如发动机在循环周期内，产生给定的功所需最少能量为多少？在时间 $\tau$ 内，在给定输入能量下，发动机产生的最大功 $W_{max}$ 是多少？即热机能输出的最大功率为多少？在有限时间内运行的热机的性能界限是什么？在有限时间内运行给定的热力过程的最佳路径是什么？在有限时间内运行的发动机的性能界限如何确定？热阻、内不可逆性、热漏等不同损失对实际热力过程的影响有何特点？等等问题。

对于发动机理想循环模型，传统的热力学分析是建立在可逆热力循环的基础上。由于各理想循环模型讨论的都是可逆的循环过程,而可逆过程要求循环各过程中内外势差趋于零。这就意味着过程进行的无限缓慢,过程所花费的时间无限长,因而发动机做出一定量的功需要无限长的时间,即输出功率为零。所以,发动机理想循环模型不可能反映发动机功率的变化规律。

作为发动机实际热力过程,必然受到有限时间的条件限制,这实质上就是一个不可逆过程。以理想循环导出的卡诺效率是所有实际热机的效率界限,但由于实际过程的不可逆性,发动机的效率都不可能达到卡诺效率。因此,在实际中,以卡诺效率作为实际热机达到的效率界限嫌之过大,它与实际相差较大,因此有必要寻求更为接近实际热机效率的界限。

有限时间热力学正是由此需要而被提出来的。1975 年加拿大学者 Curzon 和 Ahlbon 首先注意到了这一问题,论述了有限时间热力学的问题。此后几十年来,各国学者先后研究了热机、制冷机、热泵和化学反应等热力过程中的有限时间热力学问题。目前有限时间热力学已发展成为现代热力学理论的一个新分支。

下面我们将介绍有限时间热力学的最基本理论及其在发动机热力循环分析中的应用。

## *五、发动机理想循环有限时间热力学分析简介

### (一)有限时间热力学简介

19 世纪中叶,法国人 Carnot 经过研究得出卡诺定理:在温度不同的两个恒温热源($T_L$、$T_H$)之间工作的任何热机中,以可逆热机的效率为最高,而且在上述热源条件下工作的一切可逆热机具有相同的效率:$\eta_C=1-T_L/T_H$,其中 $T_L$ 和 $T_H$ 分别代表低温和高温热源,此即为著名的 Carnot 效率。由此开创的经典热力学这一科学领域,随着科学的不断发展,经过科学家的不断探索和创新,在 Carnot 定理的基础上相继发现了热力学第一定律、第二定律。两个定律的建立和运用推动了热力学数学理论的发展,并使用数学及逻辑的方法建立了基于基本定律的完整的经典热力学体系。它要求所有的实际过程都要与可逆过程进行比较加以研究,因为系统只有从一个状态可逆的变化到另一状态才能得到最大功,而不可逆过程总是要伴随着系统做功能力的损失。因此经典热力学最优问题的解就是可逆热力过程,即在过程中系统保持内平衡,系统和环境的总熵不变,在此约束条件下,系统的热力过程必须进行的无限缓慢,从而使系统的功率输出为零。但是由于系统和环境之间的实际交换过程是不可逆的,交换速率不是无限小,系统热力过程进行的时间是有限的,因此经典热力学由此导出的热机性能界限太高,与实际热机性能偏离较大。

鉴于此,对经典热力学进行改进,求出存在系统与环境间有限速率热交换的有限时间过程和有限尺寸装置的热力学性能界限,就是有限时间热力学最初所要研究的主要内容。前苏联学者 Novikov(1957 年)、法国学者 Chambadal(1957 年)和加拿大学者 Curzon 和 Ahlborn(1975 年)分别注意到了这一问题。他们在内可逆的条件下,考虑了热机传热过程中的有限速率,导出了工质与高、低温热源间存在热阻损失时的卡诺热机最大功率输出时的效率界限为

$$\eta_{CA}=1-\sqrt{\frac{T_L}{T_H}} \tag{5-63}$$

此即为著名的 CA 效率,它提供了不同于卡诺效率的新的热机性能界限。这成为有限时间

热力学研究的奠基性结果。自20世纪70年代中期以来,以寻求热力过程的性能界限、达到热力学优化为目标的这类研究工作均取得了巨大进展,并称之为“有限时间热力学”理论。

有限时间热力学与传统的不可逆热力学不同,是其进一步发展。传统的不可逆过程热力学侧重于了解系统的状态参量随时空变化的规律,建立局域微分方程,因而一些过程函数(如功、热量等)在特定过程中的变化净效应不易由这种不可逆热力学得出结论;而有限时间热力学则着重于系统的整体描述,应用变分原理等数学工具,可导出过程变化的最佳净效应。

**(二)内燃机理想循环的有限时间热力学表达**

内燃机理想循环的有限时间热力学分析的研究思路是对实际内燃机热力过程作一定的假设,得到热力学表达的数学模型,在给定的一系列约束条件下,找出给定路径下的目标极值或所取目标为极值时的最优路径,并求出与时间有关的目标值,以及最佳的时间,得到所分析过程的最佳性能指标。内燃机理想循环的有限时间热力学分析现阶段主要以理论研究为主,在有限时间热力学蓬勃发展的背景下虽然也得到一定的发展,但发表的论文不过几十篇。

下面就此项研究加以综合分析。

*1.仅考虑热阻不可逆因素的基本模型——内可逆模型*

发动机工作过程有限时间热力学是考虑了不可逆因素提出来的,它所建立的物理模型比经典热力学的可逆模型更接近于实际循环,但也是理想化的。热机的内可逆模型是其最基本的模型,它的实质是:在工质的循环过程中,工质本身进行的循环认为是可逆的,但工质与高低温热源间的传热是不可逆的,这个模型是由加拿大学者 Curzon 和 Ahlborn 于1975年提出的。下面作简单的介绍。

为了满足内可逆的条件,作如下基本假设:

(1)由于热机工质内部驰豫时间与循环中任一过程进行的时间相比要短的多,所以假设工质内部进行的是准静态过程。

(2)不考虑摩擦、涡流等内部耗散的不可逆因素。

(3)不可逆性仅考虑热源与工质间的热阻损失,不考虑热漏等因素。

由于工质与热源间的传热存在热阻,因此,热力循环中工质的等温传热过程的温度并非热源的温度 $T_H$、$T_L$,而是某一当量温度 $T_{cp}$、$T_c$,并且满足:

$$T_H > T_{cp} > T_c > T_L$$

热阻模型(传热规律)采用牛顿传热模型,即高、低温热源与工质的传热量可表示为

$$q_1 = a\alpha t(T_H - T_{cp}) \tag{5-64}$$

$$q_2 = b\beta t(T_c - T_L) \tag{5-65}$$

式中:$\alpha$——吸热过程中,传热系数与传热面积的乘积;

$\beta$——放热过程中,传热系数与传热面积的乘积;

$q_1$——工质从高温热源($T_H$)吸取的热量;

$q_2$——工质向低温热源($T_L$)放出的热量;

$t$——一个循环的时间,$a$、$b$ 均为小于1的常数,$at$ 表示吸热过程经历的时间,$bt$ 表示放热过程经历的时间。

在上述模型的基础上，导出热机输出最大功率时的热效率为

$$\eta_{CA} = 1 - \sqrt{\frac{T_L}{T_H}} \tag{5-66}$$

式(5-66)即为著名的CA效率，比卡诺效率 $\eta_t = 1 - \frac{T_L}{T_H}$ 更为接近热机的实际热效率。

把上述内可逆基本模型应用于发动机工作过程的热力学分析，作如下的处理：

假设可用以工质的当量温度 $T_{cp}$ 的可逆等温膨胀过程和工质与高温热源间的热传导过程来代替混合加热循环中的定容和定压吸热过程；以工质的当量温度为 $T_c$ 的可逆等温压缩过程和工质与低温热源间的热传导过程来代替循环中的定容放热过程。基于此，当工质为理想气体时，在吸热和放热过程中所吸收和放出的热量为

$$q_1 = T_{cp} c_v \ln(\lambda \cdot \rho^k) \tag{5-67}$$

$$q_2 = T_c c_v \ln(\lambda \cdot \rho^k) \tag{5-68}$$

式中：$c_v$——定容比热容；

$\lambda$——压力升高比；

$\rho$——预膨胀比；

$k$——等熵指数。

根据热传导定律，在吸放热过程中，吸收和放出的热量同式(5-64)、式(5-65)，由混合加热循环过程的温熵图得

$$q_1 = c_v T_1 (\lambda - 1) \varepsilon^{k-1} + c_p T_1 \lambda (\rho - 1) \varepsilon^{k-1} \tag{5-69}$$

式中：$\varepsilon$——压缩比。

经过分析（假设 $\alpha = \beta$）得

$$t = \frac{T_{cp} c_v \ln(\lambda \cdot \rho^k)}{a\alpha (T_H - T_{cp})} \tag{5-70}$$

由循环平均输出功率

$$p = \frac{q_1 - q_2}{t} \tag{5-71}$$

可以导出

$$P = a\alpha (T_H - T_{cp}) \left[ 1 - \frac{bT_L}{(a+b)T_{cp} - aT_H} \right] \tag{5-72}$$

由循环热效率计算式

$$\eta = 1 - \frac{q_2}{q_1} \tag{5-73}$$

得循环热效率

$$\eta = \left[ 1 - \frac{bT_L}{(a+b)T_{cp} - aT_H} \right] \tag{5-74}$$

由前两式消去循环当量温度 $T_{cp}$ 后得功率与热效率关系式

$$P = \frac{ab\alpha}{(a+b)} \left( T_H - \frac{T_L}{1-\eta} \right) \eta \tag{5-75}$$

式(5-75)即为应用有限时间热力学分析方法得到的对于混合加热循环，发动机输出功

率和热效率之间的函数关系式。此式是二源热机的基本关系式，它确定了在给定的输出功率下，实际热机所能达到的效率界限，也可以由此式导出在给定热效率下的最大输出功率，以及由此式导出的给定输出功率下的最大热效率。

2. 发动机循环参数对输出功率及热效率的影响

1）关于当量温度

在前述基本假设的前提下，可以导出循环的当量温度为

$$T_{cp}=T_1\frac{\lambda-1+k\lambda(\rho-1)}{\ln(\lambda\rho^k)}\varepsilon^{k-1} \tag{5-76}$$

$$T_c=T_1\frac{\lambda\rho^k-1}{\ln(\lambda\rho^k)} \tag{5-77}$$

在 $a$、$b$、$\alpha$、$T_H$、$T_L$ 为常数的情况下，式(5-72)对 $T_{cp}$ 求导，并令 $dp/dT_{cp}=0$，得到输出功率有极大值时，循环当量温度为

$$T_{cp}=\frac{b\sqrt{T_HT_L}+aT_H}{a+b} \tag{5-78}$$

此时最大功率表达式有

$$P_{max}=\frac{ab\alpha}{a+b}T_H\left(1-\sqrt{\frac{T_L}{T_H}}\right)^2 \tag{5-79}$$

最大功率下的热效率为

$$\eta_{opt}=1-\sqrt{\frac{T_L}{T_H}} \tag{5-80}$$

同样的方法也可以得到由循环当量温度 $T_c$ 表示的表达式。

2）发动机输出功率与热效率的一般关系式

取发动机输出功率的无因次表达式：

$$P/P_{max}=(1-T_L/(T_H(1-\eta)))\eta/\left(1-\sqrt{T_L}/\sqrt{T_H}\right)^2 \tag{5-81}$$

当循环最高温度和最低温度比一定时，发动机无因次输出功率与热效率关系式曲线如图 5-22 所示。

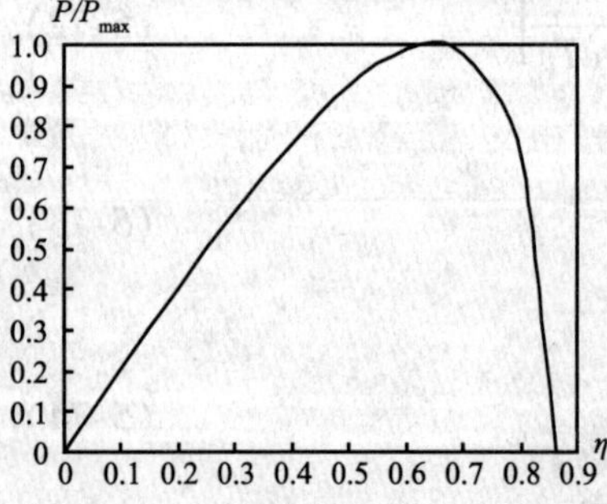


图 5-22　发动机输出功率及热效率的关系

由曲线变化规律可以看出，随着发动机热效率的提高，发动机输出功率逐渐增大，当热效率增大到某一数值以后，输出功率有一极大值，之后输出功率随热效率的增大急剧减小。由曲线变化规律可以看出，因为过高的追求热效率，则输出功率将会下降。在发动机的设计中必须兼顾两者的统一，当热效率低于最大输出功率对应的热效率时，设计是不合理的。

3）输入热量一定时，发动机的输出功率及热效率与循环参数之间的关系

由式(5-74)、式(5-70)经变换后可得：

$$\eta = 1 - \frac{T_L}{T_H - \frac{6nq_1}{\alpha}\left(\frac{1}{\varphi_p} + \frac{1}{\varphi_c}\right)} \tag{5-82}$$

或

$$\eta = 1 - \frac{T_L}{T_{cp} - \frac{6nq_1}{\alpha}\frac{1}{\varphi_c}} \tag{5-83}$$

式中：$n$——发动机转速；

$\varphi_p$、$\varphi_c$——以发动机曲轴转角计量的发动机吸热过程和放热过程所经历的时间。

根据上述表达式分别计算了当输入热量一定时，发动机输出功率及热效率随 $T_H$、$\varphi_p$、$\varepsilon$、$\lambda$、$\rho$ 参数的变化。

图 5-23 表示了发动机功率及热效率随 $T_H$ 的变化关系，纵坐标表示发动机的无因次输出功率和热效率，图中上边的曲线为发动机无因次输出功率 $P/P_{max}$，下边的曲线为发动机热效率（下同）。由曲线的变化可以看出，当发动机输入热量一定时，发动机热效率随 $T_H$ 的升高单调升高，发动机输出功率开始随 $T_H$ 的升高缓慢升高，当达到最大值后快速下降。

图 5-24 表示了发动机功率及热效率随 $\varphi_p$ 变化的曲线。由发动机输出功率及热效率随 $\varphi_p$ 变化的曲线可以看出，当输入热量一定时，$\varphi_p$ 对输出功率与热效率影响比较强。但是 $\varphi_p$ 的影响在一定的变化范围内（图中 10°～20°曲轴转角）对功率及效率的影响表现显著，并且当 $\varphi_p$ 等于某一值时有极大值，当 $\varphi_p$ 超过该值后，热效率变化缓慢，而输出功率则呈下降趋势。

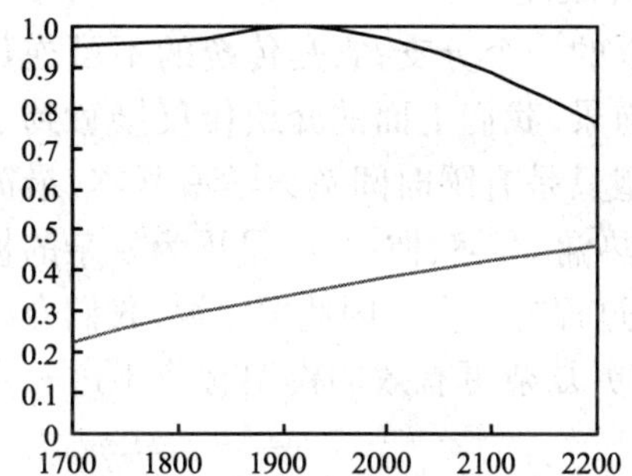


图 5-23 $T_H$ 与发动机输出功率及热效率的关系

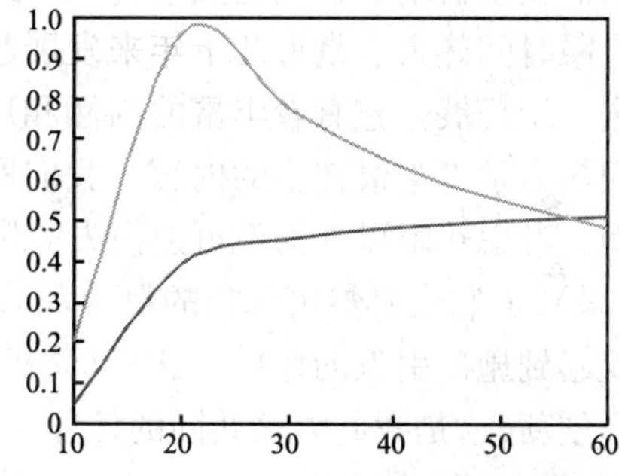


图 5-24 $\varphi_p$ 与发动机输出功率及热效率的关系

图 5-25 表示了压缩比对输出功率及热效率的影响。由变化曲线可以看出，对于发动机输出功率随着压缩比的增大而逐渐下降，发动机热效率则正好相反，随着 $\varepsilon$ 的增大，热效率逐渐上升，在高压缩比范围内变化都比较缓慢。

图 5-26、图 5-27 表示了压力升高比 $\lambda$ 及预膨胀比 $\rho$ 对发动机输出功率及热效率的影响。

由压力升高比对输出功率及热效率的影响曲线可以看出，当输入热量一定时，输出功率随压力升高比的增大缓慢单调下降；热效率变化则相反，随 $\lambda$ 的增大缓慢单调上升。

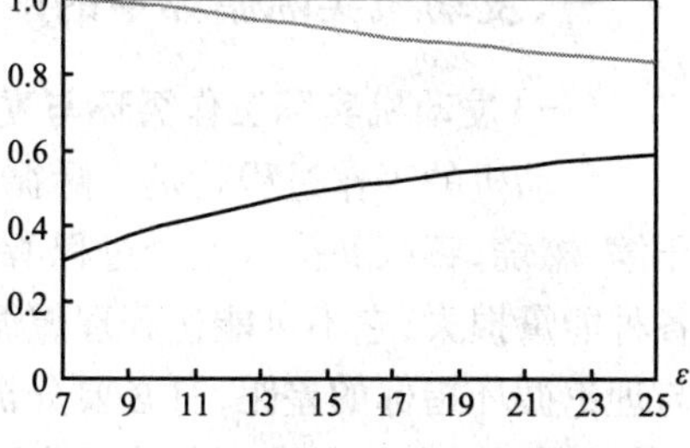


图 5-25 压缩比与发动机输出功率及热效率的关系

预膨胀比对输出功率及热效率的影响与压力升高

比的影响十分相似。当输入热量一定时输出功率随预膨胀比的增大缓慢单调上升；热效率变化则相反，热效率则随 $\rho$ 的增大缓慢单调下降。

以上分析反映出的发动机性能参数（$T_H$、$\varphi_p$、$\varepsilon$、$\lambda$、$\rho$）对发动机热效率及输出功率的影响规律及最佳变化范围与统计资料基本吻合。可以看出，有限时间热力学模型分析得出的结论比理想循环模型能更好地反映发动机的实际工况，分析结果与发动机实际工作过程更好的吻合。

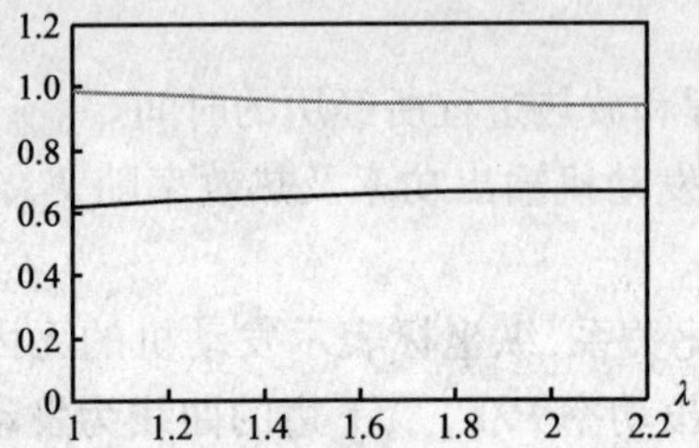


图 5-26　λ 与发动机输出功率及热效率的关系

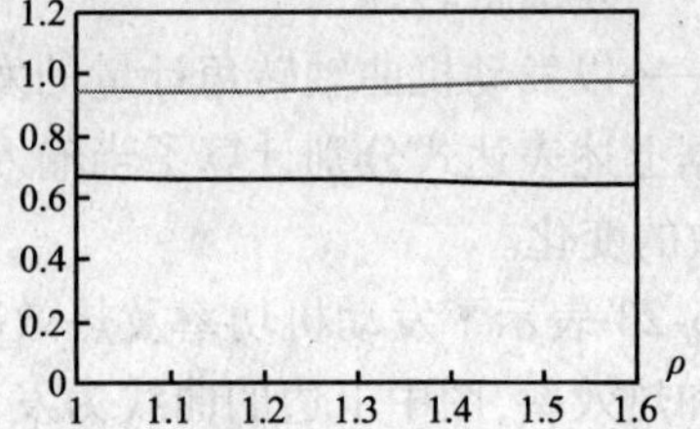


图 5-27　ρ 与发动机输出功率及热效率的关系

我们用有限时间热力学分析方法，对发动机的混合加热循环进行了讨论分析。它们揭示的发动机循环的内在规律（热效率及输出功率与诸循环参数之间的关系）更深刻，与发动机统计资料吻合的较好。另一方面也回答了传统的可逆循环分析所不能回答的问题（循环时间对发动机热效率及输出功率的影响，发动机在实际循环中热效率所达到的界限等）。当然，由于所建立的物理模型与发动机实际循环仍有一定的差距（不考虑摩擦、热漏等），因此所反映的发动机诸参数变化关系，仍不可避免地带有局限性。

有限时间热力学是近几十年来发展起来的热力学的一个分支，它是传统的不可逆热力学的进一步拓展。它有着丰富的内涵和广阔的应用前景，我们上面的介绍仅仅接触到了有限时间热力学理论最初步的内容。我们所介绍的模型只是有限时间热力学最基本、最简单的模型。考虑热阻以外的不可逆损失的模型（如考虑热漏、摩擦、惯性等）是更为复杂的模型（见附录），但它也必然更深刻的揭示发动机实际热力过程的本质。因此可以说，我们介绍的内容仅起到抛砖引玉的作用，反映发动机热力过程的更复杂更有效的模型有待于进一步的发展和创新，这是我们大家共同的任务。

## 第二节　发动机实际循环

### 一、发动机实际循环中的能量损失

#### （一）发动机实际工作循环与发动机理想循环的比较

发动机的工作过程就是实际循环不断重复进行的过程。发动机的实际循环是由进气、压缩、燃烧、膨胀和排气五个过程所组成，与理想循环比较要复杂得多，由于不可避免地存在各种能量损失，它不可能达到理想循环的热效率。为使发动机实际热力循环获得改善，缩小与理论循环指标的差距，有必要分析实际循环与理想循环的差异所在，以及引起实际循环各项热损失的原因，以求不断改善实际循环，促进发动机性能的改进与提高。

现以一台非增压四冲程柴油机为例进行讨论，图 5-28 所示为其理想循环与实际循环 $p$-$V$

图。其中用实线表示实际循环示功图,而用加了黑点的实线表示与之相对应的理想循环示功图,分析中假设两个示功图具有同样的热量输入。

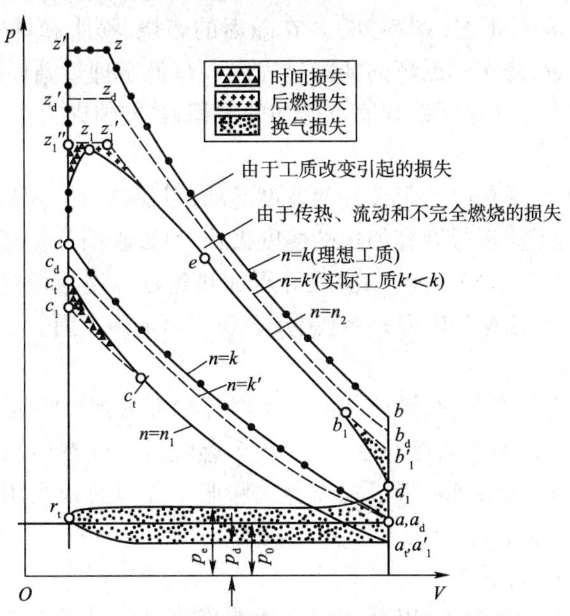


图 5-28 发动机实际工作循环与发动机理想循环的比较

### (二)发动机实际工作循环中的能量损失

1. 工质的影响

理想循环的工质是理想气体,它的物理及化学性质在整个循环中是不变的。在实际循环中,燃烧前的工质是新鲜充量和上一个循环残留废气的混合气。燃烧过程中以及燃烧后,工质的成分变为燃烧产物,不仅成分有变化,而且容积数量即物质的量也发生变化;当温度在 1300K 以上时燃烧产物有发生高温分解的现象,会降低最高燃烧温度,使循环热效率下降。理想循环工质的比热容是不随温度变化而变化的。实际循环工质是空气和燃烧产物的混合物,它们的比热容随温度升高而上升。若加热量 $Q_1$ 相同,则实际循环达到的最高温度较理想循环为低,其结果导致循环热效率的降低,循环所做的功减少。在图 5-28 上表现为实际循环的燃烧膨胀线(图中虚线)低于理想循环的燃烧膨胀线。

2. 换气损失

发动机实际热力循环中,燃烧废气的排出和新鲜充量的吸入,是维持发动机循环得以周而复始地进行所不可缺少的过程。在实际循环的换气过程中,排气门要提前开启,废气在下止点前便开始逸出(沿 $b_1d_1$ 线),在 $p$-$V$ 示功图上,表现为有用功面积的减小(图 5-28 上的 $b_1b_1'd_1$ 小块麻点区所示)。在进行的排气和吸气过程中,由于流动阻力工质的推动功是不一样的(图 5-28 上 $d_1r_1a_1$ 麻点区所示)。排气门提前开启造成的损失与进、排气过程推动功之差,这两部分损失之和构成了发动机循环的换气损失。

3. 汽缸壁的传热损失

理想循环假定汽缸壁和工质之间无热交换。但在实际循环中,汽缸壁和工质之间自始至终存在着热量交换。在压缩过程初期,汽缸壁温度高于工质温度,工质吸热;在压缩过程后期,工质的温度超过汽缸壁温度,工质向汽缸壁散热。因此,工质的平均多变压缩指数低于理想循环，存在热量损失，使发动机实际压缩过程的压缩线低于理想循环的压缩线（图5-28上的虚线）。此外，由于进气终了压力 $p_a$ 低于大气压力，因此，整个实际压缩线 $a_1c_1$ 处于理论压缩线 $ac$ 的下方（图5-28）。在随后的燃烧、膨胀和排气过程中，工质继续不断地向汽缸壁传出热量，使实际循环的膨胀过程线 $z_1d_1$ 低于理想循环的膨胀线 $zb$，在示功图上减少的有用功面积大于理论压缩线底下增加的面积，其差值即为实际循环的传热损失。

4. 时间损失

理想循环中，认为活塞是以无限缓慢的速度运动，以保持汽缸内的工质始终处于平衡状态，并且认为由热源向工质进行等容加热的速度极快，可以在瞬间完成；在等压加热时，加热的速度要与活塞运动的速度相匹配，以实现等压加热过程。这一切在实际循环中都无法做到，造成了实际循环与理论循环的差别，这主要表现在以下两方面。

1）压缩消耗功增加

这是因为燃烧速度是有限的，因此柴油机燃料开始喷入汽缸需要有供油提前角 $\theta$，使着火能在活塞到达上止点以前的 $c_t'$点开始，并使整个燃烧过程能在活塞过了上止点后不久即完全结束，以保证燃料输入的热量得以在充分的膨胀中加以有效利用，减少后燃损失。（表现在图5-28上，就是 $c_t$ 点的压力大于 $c_1$ 点的压力）。

2）最高燃烧压力 $p_z$ 的下降

由于实际循环存在传热损失，以及燃料迅速燃烧放热的过程中活塞继续运动离开上止点，使汽缸的容积逐渐增大，从而使实际循环中的压力增长 $c_1z_1$ 小于理想循环的压力增长 $cz'$。

所有这一切，都使燃烧过程偏离了理想循环的等容和等压加热过程，增加了压缩过程消耗的功，减少了膨胀过程的有用功。在图5-25$p$-$V$示功图中，出现了上止点附近用小三角形区表示的所谓时间损失。

5. 燃烧损失

由图5-28所示，在理想循环中，高温热源是在 $z$ 点以前完成向工质全部热量的输入，然后工质转入绝热膨胀过程。但在实际循环中，当燃烧过程接近 $z_1'$点时，由于氧气含量降低，引起燃烧速度降低。因此，燃烧过程一直要延续到膨胀线的点 $e$ 才告结束，这就是所谓的后燃现象。点 $e$ 的位置决定于混合气形成的完善程度、供油规律、过量空气系数的大小、转速等一系列因素。一般来说，点 $e$ 的位置大概处于上止点后40°～70°（CA）的范围内，但也可能一直拖延到排气门打开。后燃期间热功转换的效率由于膨胀比小而大大下降，这就造成后燃损失。

由于空气不足或混合气形成不良会引起燃烧不完全，使部分燃料的热值得不到充分利用，这亦促使膨胀线位置下移，产生不完全燃烧损失。但通常在 $\varphi_a > 1$ 时，未燃烧燃料所占百分比并不大（约小于0.5%）。

实际循环的燃烧损失是上述两方面的总和。

6. 涡流和节流损失

活塞的高速运动使工质在汽缸内产生涡流，造成压力损失。此外，对于分隔式燃烧室，工质在主、副燃烧室中流进、喷出将会引起强烈的节流损失。在活塞平均速度为10m/s的涡流室燃烧室中，压缩行程中气体流入涡流室产生的节流损失可达23～40kPa，但这种损失会由于涡流对混合气的形成和对燃烧过程的改善而得到部分弥补。

7. 泄漏损失

气门处的泄漏可以防止,但活塞环处的泄漏却无法避免。不过在良好的磨合状态下泄漏量不多,占工质的0.2%左右。

通过以上分析表明,在这些损失中,工质影响造成的损失是人们很难加以改变的,其余各项损失中,汽缸壁传热损失和燃烧损失所占比重比较大。如一台柴油机,其压缩比$\varepsilon = 13$,最高燃烧压力$p_z = 5000\text{kPa}$;其理想循环热效率约为$\eta_t = 0.61$,而实际循环$\eta_i = 0.45$。即由于实际存在的各种损失,实际循环的热效率约为理想循环的74%。

各项损失使热效率下降的大致分配值见表5-1。

热效率大致分配比例 表5-1

| 损失项 \ 发动机 | 汽油机 | 柴油机 |
|---|---|---|
| 理论循环热效率 | 0.54~0.58 | 0.64~0.67 |
| 指示热效率 | 0.30~0.40 | 0.40~0.45 |
| 工质比热容变化 | 0.10~0.12 | 0.09~0.10 |
| 燃烧不完全及热分解 | 0.08~0.10 | 0.06~0.09 |
| 传热 | 0.03~0.05 | 0.04~0.07 |
| 提前排气 | 0.01 | 0.01 |

## 二、发动机热平衡

燃料在发动机汽缸中燃烧产生的总热量中除25%~45%能转化为有效功外,其他部分均以不同的热传递方式散失于发动机之外。所谓发动机的热平衡,就是给出燃料燃烧的总热量转换为有效功和其他各项热损失的分配比例。从这些热量分配中,可以了解到热损失的情况,以作为判断发动机零件的热负荷和设计冷却系统的依据,并为改善发动机的性能指标指明方向。发动机的热平衡通常是由试验确定的。

### (一)热平衡方程式

发动机的热平衡可用方程式表达如下:

$$Q_T = Q_E + Q_W + Q_R + Q_B + Q_L \tag{5-84}$$

式中:$Q_T$——燃料在汽缸中完全燃烧发出的总热量(kJ/h);

$Q_E$——转变为有效功的热量(kJ/h);

$Q_W$——冷却介质带走的热量(kJ/h);

$Q_R$——废气带走的热量(kJ/h);

$Q_B$——燃料不完全燃烧损失的热量(kJ/h);

$Q_L$——其他损失的热量(kJ/h)。

### (二)热平衡方程式中各项热量的确定

热平衡一般由发动机试验测定,试验通常在额定工况稳定运转的条件下进行。

1)燃料在汽缸中完全燃烧发出的总热量$Q_T$

发动机汽缸中发出的总热量是由燃料燃烧产生的,是通过试验测出发动机每小时燃料

消耗量 $B$(kg/h)和燃料的低热值 $H_u$(kJ/kg)按下面公式计算确定,即

$$Q_T = BH_u \tag{5-85}$$

2)转变为有效功的热量 $Q_E$

由试验可测得发动机的有效功率 $P_e$(kW),即

$$Q_E = 3.6 \times 10^3 P_e \tag{5-86}$$

3)冷却介质带走的热量 $Q_W$

$Q_W$ 包括:工质通过汽缸壁的传热损失;废气流经排气道时传给冷却介质的热量;活塞与汽缸壁摩擦产生的热量传给了冷却介质;润滑油传给冷却介质的热量等。$Q_W$ 的计算公式为

$$Q_W = q_m c_B (t_2 - t_1) \tag{5-87}$$

式中:$q_m$——通过发动机的冷却介质的质量流量(kg/h);

$c_B$——冷却介质的比热容[kJ/(kg·℃)];

$t_2$、$t_1$——冷却介质入口和出口的温度(℃)。

4)废气带走的热量 $Q_R$

废气带走的热量和冷却介质带走的热量一样,属于发动机的主要热损失之一。它可由实测的单位时间的进气流量 $q_k$(kg/h)、燃油消耗量 $B$(kg/h)和进、排气温度 $t_k$、$t_r$(℃),按下式近似地求出,即

$$Q_R = (q_k + B)(c_{pr} t_r - c_{pk} t_k) \tag{5-88}$$

式中:$q_k$——每小时消耗的空气量;

$c_{pr}$、$c_{pk}$——废气和空气的比定压比热容[kJ/(k·℃)];

$t_r$——靠近排气门处的废气温度(℃);

$t_k$——进气管入口处的工质温度(℃)。

5)燃料不完全燃烧损失的热量 $Q_B$

发动机工作时因部分燃料燃烧不完全,因此常常会损失一部分热量。例如,汽油机为获得较大的功率,常会采用浓混合气工作,于是有一部分燃料不能完全燃烧。柴油机由于燃料与空气混合不均匀,即便是总的空气量有富余,也会产生局部燃料不完全燃烧。由于不完全燃烧而损失的热量可由下式计算求得,即

$$Q_B = Q_T (1 - \eta_c) \tag{5-89}$$

式中:$\eta_c$——燃烧效率。

6)其他损失的热量 $Q_L$

其他热量损失包括驱动发动机附件的能量消耗、未被冷却介质吸收的摩擦热、发动机向大气的辐射传热以及其他未计入的热损失等。这一部分热量损失难以准确地测定,一般用下式计算,即

$$Q_L = Q_T - (Q_E + Q_W + Q_R + Q_B) \tag{5-90}$$

**(三)发动机的热平衡及热平衡图**

发动机的热平衡除了以热平衡方程式表示外,通常还以燃料总热量的百分数表示,即

$q_e = Q_E/Q_T \times 100\%$;$q_w = Q_W/Q_T \times 100\%$;$q_R = Q_R/Q_T \times 100\%$;$q_B = Q_B/Q_T \times 100\%$;$q_L = Q_L/Q_T \times 100\%$;$q_e + q_w + q_R + q_B + q_L = 100\%$。

为了把热平衡中各项热量的分配和转移情况更清晰、更形象化地表现出来,发动机的热

平衡常采用热平衡图来表示,如图5-29所示,由图可以一目了然地看到发动机中热量流动的情况及各项损失所占的比例。

由图可见,燃料在汽缸中燃烧所放出的热量$Q_T$(图中1)主要有三个流向:转化为指示功的热量$Q_i$(图中2),废气的能量(图中3)和传到汽缸壁上的热量(图中5)。转化为指示功的热量$Q_i$又可划分为转变为有效功的热量$Q_E$(图中10)、发动机本身摩擦损失的热量(图中7)、驱动发动机附件的热当量(图中8)和因辐射而散失到大气中的热量等。发动机热平衡中各项数值范围见表5-2。从表5-2可知,在燃料的总热量中仅有25%~45%的热量转变为有效功,其余55%~75%的热量都损失掉了。其中主要部分由废气带走,废气带走的热量占总热量的25%~40%。

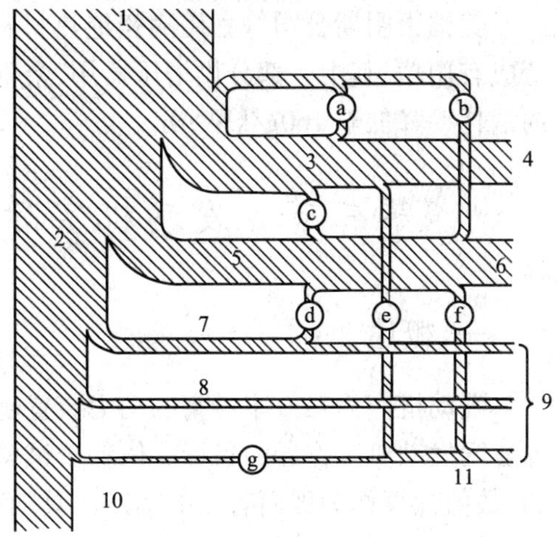

图5-29 发动机的热平衡图

1-燃烧放出的热量;2-转化为指示功的热量;3-废气的能量;4-废气带走的热量;5-传到汽缸壁上的热量;6-冷却介质带走的热量;7-发动机本身的摩擦损失的热量;8-驱动发动机附件的热量;9-摩擦和辐射损失;10-有效输出功;11-辐射热;a-从残余废气回收的热量;b-由汽缸壁传给进气的热量;c-从废气传给冷却液的热量;d-摩擦热中传给冷却液的热量;e-排气系统散出的辐射热;f-从冷却系统和水套壁向外的辐射热;g-从曲轴箱和其他非冷却部件向外的辐射热

回收这部分热量一直是人们十分关注的问题,曾做过大量工作,其中最成功的回收方法是在发动机上安装废气涡轮增压器,这种方法可使发动机的有效热效率提高到一个新水平。其次是传给冷却液的热量,冷却液带走的热量占总热量的10%~35%。目前,国内外正在研制的所谓绝热发动机,即采用高温材料隔绝燃烧室与外界的热交换,使发动机在接近绝热的状态下工作,就是想回收冷却液带走的这部分热量。

**热平衡中各项数值范围** 表5-2

| 发动机类型 | $q_e$ | $q_w$ | $q_r$ | $q_b$ | $q_l$ |
|---|---|---|---|---|---|
| 汽油机 | 25~30 | 12~27 | 30~50 | 0~5 | 3~10 |
| 柴油机 | 30~40 | 15~35 | 25~45 | 0~5 | 2~5 |
| 增压柴油机 | 35~45 | 10~25 | 25~40 | 0~5 | 2~5 |

提高发动机循环的热量利用率始终是发动机性能研究的一个重要课题,在降低热量损失时自然想到要减少占能量损失大部分的冷却损失和排气损失,以及这些能量的有效利用。

具体方案之一就是绝热发动机的研究。绝热发动机又称"陶瓷发动机",是以优质绝热材料制造的一种新型热力发动机,20世纪70年代末开始发展。通常用耐热性好、导热系数小、膨胀系数低的高级陶瓷合成材料制造汽缸盖、汽缸体和活塞等受热部件,可提高燃烧效率、减少散热损失,具有体积小、质量轻、耐磨、耐腐蚀、热效率高、对燃料适应性强等特点,但对材料强度和制造工艺要求较高。

绝热发动机的汽缸没有传给冷却液的散热损失,汽缸里的温度很高,汽缸壁的平均温度要超过1373K,排气的温度也极高。

具体方案之二是废气涡轮增压技术的应用。用发动机排气能量驱动废气涡轮增压器实现发动机增压,增加进入发动机汽缸的充量密度,从而提高平均有效压力,达到提高发动机功率、改善燃料经济性和排放性的目的。

美国康明斯公司等利用陶瓷绝热材料减少发动机的散热,用废气涡轮把废气的能量转变成有用功,其中一部分供增压器用,余下的部分增加输出轴输出。采用这个方法后可使燃油消耗率降低至160g/kW·h。

## *第三节　发动机实际循环的计算方法及数学模拟

### 一、概述

发动机作为热效率最高的动力装置越来越受到重视,设计出性能优越的发动机,成为世界各国发动机工作者的目标。依赖于试验手段和工作经验的设计方法已远远不能达到此目的,数值计算作为强而有力的辅助工具随着计算机仿真技术的发展而迅猛发展。

**(一)内燃机数值模拟简介**

20世纪60年代以来,内燃机燃烧模型先后经历了经典热力学计算、零维模型、准维模型和多维模型的发展。

1. 经典热力学计算模型

经典热力学计算是应用较简单的关系式和利用一些经验数据,通过能量守恒定律,计算出直接反应燃烧过程特征的燃烧规律,即确定燃料燃烧释放的能量随着曲轴转角变化的关系,其实质是把试验结果通过数学手段进一步分析,该计算方法不用于预测排放。

2. 零维模型(zero-dimensional model,ZDM)和准维模型(quasi-dimensional model,QDM)

上述两种模型都是依据能量守恒来分析燃烧过程,对所涉及的流体动力学过程不予考虑,或只作简单的处理,其控制方程是以时间为唯一自变量的常微分方程。零维模型如林慰梓的三角形法、Wiebe模型、Watson模型和Whitehouse-Way模型等,把整个汽缸视为均匀场,不考虑参数随空间位置的变化。准维模型也称现象模型(phenomenological model),如林慰梓的油气射流模型和广安的油滴蒸发模型等,模型对空间作分区处理,每个区域都视为均匀场,即参数相同,但各区之间参数互不相同,从而能在一定程度上反映缸内参数随空间的变化。零维模型由于比较简单,运算速度快,多用于循环分析和预测优化发动机工作过程的主要性能参数。但其用简单的数学关系掩盖了燃烧过程的本质,无法从机理上揭示发动机工作过程的特性,且计算的准确性又依赖于经验系数的选取,一般不能进行排放预测。准维模型的计算精度较多依赖于初始条件的设定,能在一定程度上预测排放。

3. 多维模型(multi-dimensional model,MDM)

考虑到缸内三维空间的分布和时间变化,从质量、动量和能量守恒出发建立微分方程,更适合预测发动机多种现象耦合的、瞬变的、多维多相的、极其复杂的物理化学过程。根据空间坐标,多维模型又可分为一维、二维和三维模型。多维模型主要由模拟缸内各个物理化学过程的若干子模型组成,如气体流动模型、燃油喷雾混合模型、化学反应模型和传热模型等,计算时间较长,计算精度很大程度取决于子模型。计算结果能够对发动机各方面性能进行全面预测,对排放预测功能强大。近年来,由于高速计算机的普遍应用,多维模型的研究获得了不断的发展和深化。

**(二)内燃机缸内工作过程基本控制方程**

无论内燃机的燃烧过程多么复杂,它们都遵循燃烧过程的控制方程,这些方程是计算机模拟的基础和出发点。一般来说,内燃机计算模拟可分为四个步骤进行:

(1)依据物理模型建立微分方程组和定解条件。

(2)将求解区域划分成许多子区域,即划分网格。

(3)将微分方程转变为节点上物理量的代数方程,即离散方程,此步骤是数值求解过程中的重要环节。

(4)求解代数方程组。

根据质量、组分、动量和能量守恒定律建立的微分方程组通式为

$$\frac{\partial}{\partial t}(\rho\varphi)+\frac{\partial}{\partial x_{\mathrm{j}}}(\rho\mu_{\mathrm{j}}\varphi)=\frac{\partial}{\partial x_{\mathrm{j}}}\left(\Gamma_{\varphi}\frac{\partial_{\varphi}}{\partial x_{\mathrm{j}}}\right)+S_{\varphi} \tag{5-91}$$

式中:$\Gamma_{\varphi}$ 和 $S_{\varphi}$——因变量 $\varphi$ 相应的交换系数和源项。

式(5-91)中,第一项为代表时间变化率的非定常项,第二项为由流体宏观运动所引起的对流项,第三项为由流体分子运动所引起的扩散项,第四项为其他源项。由上述通式为代表的方程组再加上气体混合物状态方程构成一个封闭的方程组。理论上,只要其中源项能够根据有关学科领域的知识计算出来,再加上适当的定解条件,就可以得出描述发动机整个燃烧过程的数值解。然而,发动机工程实际的流动和燃烧过程几乎是湍流过程,而上述通式所代表的基本控制方程组是针对层流状态推导出来的,如何将这些方程加以修正,依赖于热力学、流体力学、传热传质学、化学反应动力学和数值分析的学科发展,更离不开高速大容量计算机的发展和科研工作者的不懈努力。

## 二、发动机实际循环的数学模拟

**(一)发动机循环经典热力学计算**(见附录)

经典热力学计算是一种建立在简单热力学关系基础之上的一种近似的、半经验的估算方法。这种方法是俄国学者格里涅维茨基于1907年提出的,是长期以来内燃机设计制造单位习惯采用的一种常规计算方法。这种方法是以理论的等容加热或混合加热循环作为出发点,并假定其中的几个过程始、终点是上、下止点,然后求出各特征点的状态参数,绘制出示功图并用丰满系数加以修正的计算方法。这种算法的实质是应用较简单的关系式和利用一些经验数据来处理实际上的复杂过程。实践证明,这种计算方法具有一定的实用价值,与应用电子计算机进行工作过程逐点计算的方法相比,具有计算简单和便于掌握应用的优点。

经典热计算方法既可用于对方案设计阶段确定的指标、尺寸、结构参数进行校核计算,又可为动力计算和强度计算提供原始数据。同时,对初学者理解和掌握内燃机的基本知识也是颇有裨益的,但其精度和应用范围受到了较大的限制。

**(二)发动机实际循环计算的零维模型**

对发动机的热力学过程特别是汽缸内的热力学过程进行模拟计算,在发动机的研究与开发初期是非常有用的。它不仅可以预测所设计发动机的初步性能,进行多方案的比较,以期获得最佳的设计方案,而且也可以对结构参数与运行参数进行优化,对发动机的寿命和可靠性进行预测,以减少试验的工作量,缩短发动机的设计周期,节省开发研究费用。

20世纪60年代以后,随着发动机数值模拟技术的不断完善和计算机技术的进步,有关数值模拟方面的研究也不断深入,新的理论不断涌现,极大促进了设计手段的更新和设计观念的变革。与此同时,用于发动机的商品化软件陆续推出,其功能也不断完善,从零维模型到多维模型,从整机到分部件、分系统的计算软件,从性能预测到强度分析等。

作为对发动机工作过程数值计算方法概念上的理解,本节将介绍一种较为常用的计算模型——热力学模型。该模型是以热力学基本概念为基础,不涉及发动机中各种热力学参数在空间场的不均匀性问题以及工作过程的细节,故又称零维模型,其基本的思路是:从发动机工作循环各系统内所发生的物理过程出发,用微分方程对各系统的实际工作过程进行数学描述,通过编制计算机程序,得到汽缸内各参数随时间(或曲轴转角)的变化规律;然后,通过相应的计算公式,计算出发动机的宏观性能参数。

1. 模型的假定

在推导汽缸内工作过程计算的基本微分方程式时,采用如下的简化假定:

(1)不考虑汽缸内各点的压力、温度与浓度场的差异,并认为在进气期间,流入汽缸内的空气与汽缸内的残余废气实现瞬时的完全混合,汽缸内的状态是均匀的,亦即为单区过程。

(2)工质为理想气体,其比热容、内能仅与气体的温度和气体的组成有关。

(3)气体流入与流出汽缸为准稳定流动,不计流入或流出时的动能。

(4)不计进气系统内压力和温度波动的影响。

(5)汽缸内工质在封闭过程中无泄漏。

2. 基本微分方程组

在上述假定下,将汽缸内壁面、活塞顶面以及汽缸盖底面所围成的容积作为一个热力学系统,图5-30所示。对该变容积热力学系统分别应用热力学第一定律、质量守恒定律以及气体状态方程,经过适当的变换,得到计算发动机工作过程的通用方程,即

$$\frac{dT}{d\varphi}=\frac{1}{m\left(\frac{\partial u}{\partial T}\right)}\left(\frac{dQ_B}{d\varphi}+\frac{dQ_W}{d\varphi}-p\frac{dV}{d\varphi}+\frac{dm_s}{d\varphi}h_s+\frac{dm_e}{d\varphi}h_e-u\frac{dm}{d\varphi}-m\frac{\partial u}{\partial\varphi_a}\frac{d\varphi_a}{d\varphi}\right) \tag{5-92}$$

$$\frac{dm}{d\varphi}=\frac{dm_B}{d\varphi}+\frac{dm_s}{d\varphi}+\frac{dm_e}{d\varphi} \tag{5-93}$$

$$pV=nRT \tag{5-94}$$

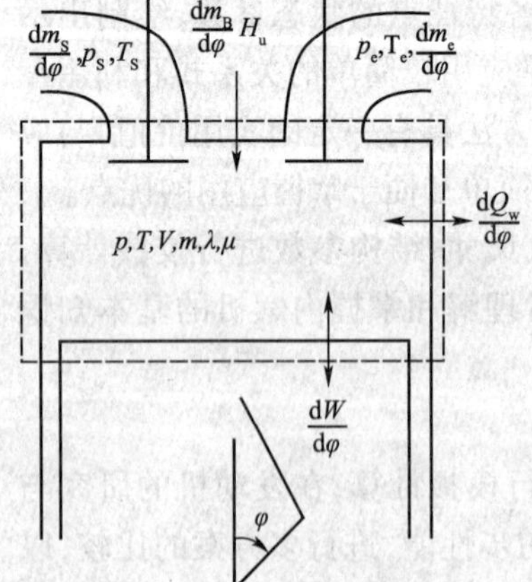

图5-30　汽缸内工作过程计算简图

式中:下标s——通过进气门流入汽缸的气体参数;

下标e——通过排气门流出汽缸的气体参数;

下标B——燃料燃烧放热项;

下标w——通过汽缸内壁面与热力学系统间发生的热量交换。

其余无下标的各项,分别表示汽缸内的有关参数,而$\varphi_a$为瞬时过量空气系数(其意义见下文)。

为了使得计算顺利进行,假定加入系统的能量或质量为正,离开系统的能量或质量为负。同时,假设内能为温度和成分的函数,并以$\varphi_a$来反映混合气的组成成分,则

$$u = u(T, \varphi_a) \tag{5-95}$$

将以上诸式联立求解，可以得到汽缸内温度 $T$、压力 $p$ 和工质质量 $m$ 三个未知量随曲轴转角 $\varphi$ 的变化关系。但由于方程组中还有多个待求解的微分变量，因此必须列出相关的约束条件，逐一建立计算式，方可使方程组封闭。有关约束条件的计算要点如下：

(1)汽缸工作容积根据活塞连杆机构运动学的几何关系式导出：

$$\frac{dV}{d\varphi} = \frac{V_s}{2}\left[\frac{2}{\varepsilon_c - 1} + 1 - \cos\varphi + \frac{1}{\lambda_s}\left(1 - \sqrt{1 - \lambda_s^2 \sin\varphi}\right)\right] \tag{5-96}$$

上式中的参数 $V_s$、$\varepsilon_c$、$\lambda_c$(曲柄连杆比)可根据发动机的结构参数确定。

(2)工质流入、流出汽缸的质量流量，可根据流体力学中气体流经节流过程的计算关系式推出，其一般形式为

$$\frac{dm_{s,e}}{d\varphi} = \frac{1}{6n}\mu_{s,e} A_{s,e} \psi_{s,e} \sqrt{p_1 \rho_1} \tag{5-97}$$

式中：下标1——流动上游参数；

$\mu_{s,e}$、$A_{s,e}$——气门处的流量系数与流通截面积，可分别根据试验结果与几何关系确定；

$\psi_{s,e}$——流动函数，与上下游的压力差即流动状态有关。

$\psi$ 通用计算式为

$$\psi = \sqrt{\frac{2k}{k-1}\left[\left(\frac{p_2}{p_1}\right)^{\frac{2}{k}} - \left(\frac{p_2}{p_1}\right)^{\frac{k+1}{k}}\right]} \qquad \frac{p_2}{p_1} > \left(\frac{2}{k+1}\right)^{\frac{k}{k-1}}$$

$$\psi = \left(\frac{2}{k+1}\right)^{\frac{1}{k+1}} \sqrt{\frac{2k}{k+1}} \qquad \frac{p_2}{p_1} \leqslant \left(\frac{2}{k+1}\right)^{\frac{k}{k-1}}$$

式中：下标2——流动下游参数。

(3)工质与活塞顶面、汽缸内壁面及缸盖底面的传热量计算式为

$$\frac{dQ_w}{d\varphi} = \frac{1}{6n}\sum_{i=1}^{3} \alpha F_i (T_{wi} - T) \tag{5-98}$$

式(5-98)中的各传热表面积 $F_i$ 可根据活塞位移情况以及发动机的几何参数确定；汽缸内壁面温度 $T_{wi}$ 根据统计值选定；换热系数 $\alpha$ 有多种经验或半经验的回归公式，实际应用时根据所研究对象的具体情况选定一种。

(4)燃料的燃烧放热过程较为复杂，在本类模型中一般用一个简化的代用燃烧放热规律来代替实际过程，即认为燃料是按照一定的函数形式进行燃烧放热的，并且在代用过程中所放出的总热量以及所产生的结果(性能指标)与实际过程是一致的。常用的函数有余弦函数以及韦伯(weibe)函数等，其中，韦伯函数是应用较广泛的一种，其形式为

$$\frac{dQ_B}{d\varphi} = H_u g_b \eta_c \frac{dx}{d\varphi} = H_u g_b \eta_c 6.908 \frac{m+1}{\varphi_z}\left(\frac{\varphi - \varphi_0}{\varphi_z}\right)^m e^{-6.908\left(\frac{\varphi - \varphi_0}{\varphi_z}\right)^{m+1}} \tag{5-99}$$

式(5-99)中的 $\eta_c$ 为燃烧效率，取决于燃烧方式，而三个主要参数(燃烧始点 $\varphi_0$、燃烧持续期 $\varphi_z$ 以及燃烧品质指数 $m$)也与发动机的类型有关，其中 $m$ 的变化范围为0.2~3.0，取决于燃烧放热的速率与方式。

(5)工质热力学参数的计算。由于发动机的工质是由空气与燃油组成的混合气,其组成成分在燃烧过程前后有明显的不同,精确计算其比热容、焓、内能等热力学参数,涉及复杂的非线性方程组的求解问题,较为复杂。为了方便起见,往往采用一个简化关系式来计算热力学参数,如较为常用的Justi公式,即

$$u=4.1868\left[-\left(0.0975+\frac{0.0485}{\lambda^{0.75}}\right)(T-273)^{3}\cdot 10^{-6}+\left(7.768+\frac{3.36}{\lambda^{0.8}}\right)(T-273)\cdot 10^{-4}+\left(4.896+\frac{46.4}{\lambda^{0.98}}\right)(T-273)\cdot 10^{-2}+1358.6\right] \tag{5-100}$$

该式适用于混合气较稀的柴油机,而汽油机由于存在不完全燃烧、高温分解等特殊现象,其计算式复杂一些。在得到内能或焓的计算式之后,其他的热力学参数均可以通过基本热力学关系式推导得到,这样,求解方程组中的热力学参数均可以求出。

(6)值得强调的是,在本方程式的建立过程中,引入了瞬时过量空气系数 $\varphi_a$ 的概念,其目的在于便于计算工质的成分随燃烧过程而发生变化的情况。与传统的过量空气系数的定义相仿,$\varphi_a$ 的定义是汽缸内瞬时空燃比与化学计量空燃比的比值,而瞬时空燃比则是某一瞬时汽缸内的空气质量与该瞬时汽缸内累计燃料质量之比,即

$$\lambda=\frac{1}{l_0}\frac{m_s}{m_B}$$

首次迭代计算或汽缸内无残余废气时,可将其瞬时过量空气系数定为一个较大值,如 $10^4$。

**(三)发动机实际循环零维模型的计算方法**

1.汽缸内实际工作过程的计算

对求解方程组,结合补充的各种约束条件,即可对发动机的实际工作过程进行模拟计算。计算一般从压缩始点(进气门关闭时刻)开始,依次完成一个完整循环。当再次回到计算始点时,比较两次计算结果,如达不到精度要求,则将计算得到的始点参数作为初始参数重新计算,直到满足要求。

根据汽缸内实际过程在各个阶段的不同特点,求解方程组呈现出不同的简化形式,可以采用不同的处理方法。

根据热力学系统的划分状况,在整个发动机工作循环中,汽缸可分为闭式阶段(依次可以分为压缩期、燃烧期及膨胀期)以及开式阶段(进、排气过程)两个阶段。

1)闭式阶段

在闭式阶段的三个不同期间,压缩期与膨胀期在微分方程组的形式上是相同的,不同的仅是汽缸内质量上的差异。在这一时期,由于工质内的质量无变化,质量守恒方程项略去,这样能量守恒方程就变换为

$$\frac{dT}{d\varphi}=\frac{1}{m\left(\frac{\partial u}{\partial T}\right)}\left(\frac{dQ_w}{d\varphi}-p\frac{dV}{d\varphi}\right)$$

上式与气体状态方程联立,即可对发动机汽缸内的气体状态进行求解,相对于开式过程而言,这一方程要简单得多。

对于燃烧过程来说,工质的质量由于燃料的燃烧而发生变化,而燃料的燃烧过程变化规

律是预先给定的(如韦伯代用燃烧放热规律),故质量守恒方程为

$$\frac{dm}{d\varphi}=\frac{dm_B}{d\varphi}=\frac{1}{H_u}\frac{dQ_B}{d\varphi}$$

对于瞬时过量空气系数的变化情况,不难推导出:

$$\frac{d\lambda}{d\varphi}=-\frac{m_B}{l_0 m_B^2 H_u}\frac{dQ_B}{d\varphi}$$

这样,能量守恒方程中的各项可以依次求出,从而求出燃烧过程中的汽缸内状态参数。

2)开式阶段

从排气门开启至进气门关闭为开式阶段,又称充量更换过程。由于通过汽缸内热力学系统边界有气体流入或流出,该阶段的数学求解较为复杂一些。其中,在求解流经进、排气门的气体流量时,需要已知进、排气管内的热力学状态,这就涉及发动机的另一个过程——进、排气管系内的热力学计算。同时,充量更换阶段的另一个问题是工质成分在换气过程中的变化,根据瞬时过量空气系数的定义,并假定排气时燃料(以折合燃料的形式出现,因为实际上燃料已经燃烧完毕)和空气是成比例地排出汽缸的,可以推导出:

$$\frac{d\lambda}{d\varphi}=-\frac{1}{l_0 m_B}\frac{dm_s}{d\varphi}$$

上式将汽缸内气体成分的变化与进气流量关联起来,使能量方程各项均可以求出,从而使式求解方程组得以封闭。

2. 进、排气过程的计算

进、排气过程热力学参数的计算,不仅是求解工作过程其他各项热力学参数所必需的,而且对于了解进、排气过程的压力及温度波动情况和预测及验证进、排气系统的设计结果以及进行增压发动机的增压匹配计算等,也是十分重要的。

对于进、排气过程计算的最简单的方法是容积法,又称充满—排空法,即把进、排气管系看成是与原有管道容积相当的一个简单容器,而容器内的压力变化完全是由气体的充填和排空决定的,把一些存在压力降的过程(如空气滤清器、气门、消声器)当作节流元件。这样,对于简化后的简单容积系统,可以分别列出质量守恒方程、能量守恒方程以及气体状态方程,其形式与求解汽缸内参数的公式相似,从而可以解出进、排气系统的质量、压力、气体温度等热力学参数。对于多缸发动机,还存在着如何根据发火间隔,将流入各缸的气体合理地分配以及将各缸流出的气体流量引入排气系统中的问题。

3. 发动机性能的计算

按照上述数值模拟计算方法,可以求出汽缸内的压力、温度随曲轴转角的变化关系,以及在整个循环中汽缸内工质质量、瞬时过量空气系数的变化情况,如图 5-31 所示。

图 5-31 所示是一个低速增压柴油机的计算结果,该图的上半部分画出了汽缸压力和温度随曲轴转角的变化曲线,图中可见,温度 $T$ 在排气门开启后,因提前排气而迅速下降,以及进气门开启后,由于冷空气流入进行扫气,而产生的第二次更迅速的下降。图的下半部分为汽缸内质量、流出质量、流入质量以及瞬时过量空气系数 $\varphi_a$ 的变化曲线。在压缩阶段 $m$ 保持不变,随后由于燃料的加入而质量稍有增加,在膨胀期达到最大值,在排气重叠期降低到最小值,此后由于新鲜充量的流入又再次升高。在气门重叠期,流入的空气质量与汽缸内质

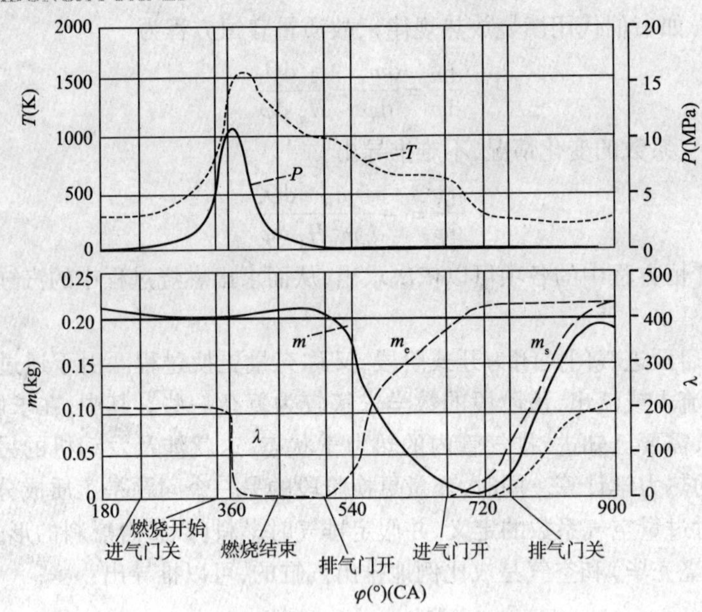


图 5-31　某一低速增压柴油机模拟计算结果

量之差即相当于扫气空气量。在压缩期瞬时过量空气系数为 215，在燃烧期由于燃料的加入而很快下降，燃烧结束后其值降为 2.1，且在进气门开启前一直保持不变，而当进气门开启后，由于新鲜空气的流入而再度增大。

此外，为了求出发动机的有效性能参数，需要确定机械损失的大小，即平均机械损失压力或机械效率的大小。尽管有许多研究者提出了较多的公式，但目前尚无通用计算式，一般要考虑到转速、汽缸直径、负荷、增压压力、润滑油温度等影响，计算式为

$$p_{mm} = D^d(bc_m + cp_{me} + a)$$

式中：$a$、$b$、$c$、$d$——与发动机类型有关的系数。

在平均机械损失压力 $p_{mm}$ 确定之后，可以根据有关计算公式，得到发动机有效功率、有效热效率、有效燃油消耗率、平均有效压力以及充量系数等值。

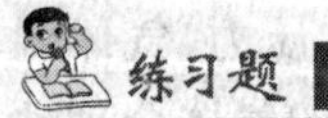

## 练习题

### 一、复习题

1. 理论循环模型的基本假设是什么？论述研究理论循环的意义？

2. 发动机发动机理论循环与实际循环是如何建立联系的？

3. 分析发动机实际循环的各种损失及在 $p$-$V$ 图上的表示。

4. 理论循环传统热力学分析与理论循环有限时间热力学分析有何本质区别？

### 二、思考题

1. 在燃烧最高压力相等条件下，利用示功图和温熵图比较三种理论循环的热效率。

2. 如何在实验中测试发动机热平衡？改善能量转换效率的途径有哪些？

3. 用理论循环传统热力学分析与有限时间热力学分析两种方法，分析比较在相同条件下发动机热力学参数 $\varepsilon$、$\lambda$、$\rho$ 对发动机热效率的影响规律有何不同？

# 附录1　第五章有关公式推导

## 一、关于式(5-31)的推导

$$\eta = 1 - \frac{k[(\rho_{vx}\rho_v - \rho_{vx} + \varepsilon_k^{k-1}(\rho_{vx} - 1)]}{\varepsilon_0^{k-1}[\lambda - 1 + k\lambda(\rho - 1)]} \tag{5-30}$$

对于式(5-30)中出现的$\rho_{vx}\rho_v$项,考虑到计算的方便,根据对有关参数的定义,可以继续将式(5-30)变换。考虑到:

$$\frac{v_8}{v_1} = \rho_v;\frac{v_2}{v_3} = \rho_{vx};\frac{v_1}{v_2} = \varepsilon_k;\frac{v_3}{v_4} = \varepsilon;\frac{v_8}{v_6} = \delta;\frac{v_6}{v_4} = \rho$$

所以有

$$\rho_v \cdot \varepsilon_k \cdot \rho_{vx} \cdot \varepsilon = \frac{v_8}{v_1} \cdot \frac{v_1}{v_2} \cdot \frac{v_2}{v_3} \cdot \frac{v_3}{v_4} = \frac{v_8}{v_4} = \frac{v_8}{v_6} \cdot \frac{v_6}{v_4} = \delta \cdot \rho$$

由上式化简有

$$\rho_v \cdot \rho_{vx} = \rho\frac{\delta}{\varepsilon \cdot \varepsilon_k}$$

下面我们将上式中等号右边的项$\frac{\delta}{\varepsilon \cdot \varepsilon_k}$继续进行变换。

考虑到压气机内工质的压缩过程,汽缸内工质的压缩过程和膨胀过程都是等熵过程,因此有以下等熵关系式:

$$p_1v_1^k = p_2v_2^k;p_3v_3^k = p_4v_4^k;p_8v_8^k = p_6v_6^k$$

又考虑到工质向低温热源传热过程和中冷器内工质的冷却过程都是等压过程,所以有

$$p_2 = p_3;p_8 = p_1$$

因此有

$$p_8v_1^k = p_2v_2^k;p_2v_3^k = p_4v_4^k$$

或

$$p_8 = p_2\left(\frac{v_4}{v_1}\right)^k;p_2 = p_4\left(\frac{v_4}{v_3}\right)^k$$

所以有

$$p_8 = p_4\left(\frac{v_4}{v_3}\right)^k \cdot \left(\frac{v_2}{v_1}\right)^k$$

或

$$p_4\left(\frac{v_4}{v_3}\right)^k \cdot \left(\frac{v_2}{v_1}\right)^k \cdot v_8^k = p_6v_6^k$$

或

$$\frac{p_6}{p_4}=\left(\frac{v_4}{v_1}\cdot\frac{v_2}{v_1}\cdot\frac{v_8}{v_6}\right)^k$$

或

$$\lambda=\left(\frac{\delta}{\varepsilon\cdot\varepsilon_k}\right)^k$$

将上式代入式(5-29)和式(5-30)后得热效率表达式：

$$\eta=1-\frac{k[(\rho\cdot\lambda^{\frac{1}{k}}-\rho_{vx}+\varepsilon_k^{k-1}(\rho_{vx}-1)]}{\varepsilon_0^{k-1}[\lambda-1+k\lambda(\rho-1)]} \tag{5-31}$$

## 二、关于式(5-43)的推导

对于式
$$\eta=1-\frac{k[\rho_{vx}\rho_v-\rho_{vx}+\varepsilon_k^{k-1}(\rho_{vx}-1]}{\varepsilon_0^{k-1}[\lambda-1+k\lambda(\rho-1)]} \tag{5-42}$$

须特别注意，由于两种理想循环的差异，$p$-$v$ 图与 $T$-$s$ 图都是不相同的，因此公式中的参数 $\rho_{vx}$、$\rho_v$ 的表达形式也不一样。也就是说式(5-42)与式(5-30)形式尽管相同，但它化简后的形式就不再是式(5-31)的表达形式。

式(5-42)化简后的形式推导如下：

由于

$$\frac{v_9}{v_1}\cdot\frac{v_2}{v_3}\cdot\frac{v_1}{v_2}\cdot\frac{v_3}{v_4}=\frac{v_9}{v_4}=\frac{v_9}{v_6}\cdot\frac{v_6}{v_4}$$

考虑到以上各项的定义有

$$\rho_v\cdot\rho_{vx}\cdot\varepsilon_k\cdot\varepsilon=\rho\cdot\delta$$

所以有

$$\rho_v\cdot\rho_{vx}=\rho\cdot\frac{\delta}{\varepsilon\cdot\varepsilon_k} \tag{5-42a}$$

下面我们将导出$\frac{\delta}{\varepsilon\cdot\varepsilon_k}$的具体表达式。

对于图 4-13 中汽缸内工质等熵膨胀过程(6-7)和涡轮中等熵膨胀过程(8-9)，有以下等熵关系式：

$$p_7v_7^k=p_6v_6^k;p_9v_9^k=p_8v_8^k$$

由以上两式得

$$\frac{p_7}{p_8}\cdot\left(\frac{v_7}{v_8}\right)^k=\frac{p_6}{p_9}\cdot\left(\frac{v_6}{v_9}\right)^k$$

对于上式的$\frac{v_7}{v_8}$推导如下：

考虑到定容放热过程(7-3)和定压吸热过程(3-8)，所以有

$$v_3=v_7\qquad p_3=p_8$$

又根据状态方程

$$p_3v_3 = RT_3 \qquad p_8v_8 = RT_8 \qquad p_7v_7 = RT_7$$

所以有以下表达式

$$\frac{v_3}{v_8} = \frac{T_3}{T_8} = \frac{v_7}{v_8} \qquad \frac{p_3}{p_7} = \frac{T_3}{T_7}$$

由以上两表达式得

$$\frac{v_7}{v_8} = \frac{1}{T_8} \cdot \frac{p_3T_7}{p_7} = \frac{p_8}{p_7} \cdot \frac{T_7}{T_8}$$

将上式代回原表达式，则有

$$\frac{p_7}{p_8} \cdot \left(\frac{p_8}{p_7} \cdot \frac{T_7}{T_8}\right)^k = \frac{p_6}{p_9} \cdot \left(\frac{v_6}{v_9}\right)^k = \left(\frac{T_7}{T_8}\right)^k \cdot \left(\frac{p_8}{p_7}\right)^{k-1}$$

又考虑到

$$p_9 = p_4\left(\frac{v_4}{v_3} \cdot \frac{v_2}{v_1}\right)^k$$

以及有关参数的定义

$$\frac{\delta}{\varepsilon \cdot \varepsilon_k} = \frac{v_9}{v_6} \cdot \frac{v_2}{v_1} \cdot \frac{v_4}{v_3}$$

则有

$$\frac{p_6}{p_9} \cdot \left(\frac{v_6}{v_9}\right)^k = \frac{p_6}{p_4}\left(\frac{v_6}{v_9} \cdot \frac{v_3}{v_4} \cdot \frac{v_1}{v_2}\right)^k = \lambda \cdot \left(\frac{\varepsilon \cdot \varepsilon_k}{\delta}\right)^k$$

从而我们得到表达式

$$\left(\frac{T_7}{T_8}\right)^k \cdot \left(\frac{p_8}{p_7}\right)^{k-1} = \lambda \cdot \left(\frac{\varepsilon \cdot \varepsilon_k}{\delta}\right)^k \tag{5-42b}$$

又根据式(4-41)有

$$\left(\frac{T_7}{T_8}\right)^k = \left[\frac{k}{1 + \dfrac{p_8}{p_7}(k-1)}\right]^k$$

又考虑到前面的计算式

$$\frac{p_8}{p_7} = \frac{p_3}{p_7} = \frac{T_3}{T_7} = \frac{1}{\lambda\rho^k}$$

所以得到表达式

$$\left(\frac{T_7}{T_8}\right)^k \cdot \left(\frac{p_8}{p_7}\right)^{k-1} = \left[\frac{k}{1 + \dfrac{1}{\lambda\rho^k}(k-1)}\right]^k \left(\frac{1}{\lambda\rho^k}\right)^{k-1}$$

上式化简后有

$$\left(\frac{T_7}{T_8}\right)^k \cdot \left(\frac{p_8}{p_7}\right)^{k-1} = \lambda\left(\frac{\rho k}{k-1+\lambda\rho^k}\right)^k$$

考虑到前面式(5-42b)，有

$$\lambda \cdot \left(\frac{\varepsilon \cdot \varepsilon_k}{\delta}\right)^k = \lambda\left(\frac{\rho k}{k-1+\lambda\rho^k}\right)^k$$

考虑到前面式(5-42a)，化简后得

$$\rho_v \cdot \rho_{vx} = \rho \cdot \frac{\delta}{\varepsilon \cdot \varepsilon_k} = \frac{\lambda\rho^k + k - 1}{k}$$

将上式代入循环热效率表达式(5-42)，则有

$$\eta = 1 - \frac{k\left[\frac{\lambda\rho^k + k - 1}{k} - \rho_{vx} + \varepsilon_k^{k-1}(\rho_{vx} - 1)\right]}{\varepsilon_0^{k-1}[\lambda - 1 + k\lambda(\rho - 1)]}$$

上式化简后即为式(5-43)：

$$\eta = 1 - \frac{\lambda\rho^k - 1 + k(\varepsilon_k^{k-1} - 1)(\rho_{vx} - 1)}{\varepsilon_0^{k-1}[\lambda - 1 + k\lambda(\rho - 1)]} \tag{5-43}$$

# 附录 2　发动机不可逆热力循环模型

## 一、热机的不可逆过程

文献《车用发动机热力学分析及优化》详细地论述了热机(以内燃机为例)中的热力过程,附图 2-1 所示为热机的不可逆过程示意图。其中 $\dot{Q}_H$ 表示系统从高温热源(温度为 $T_H$)吸收的热流,$\dot{Q}_L$ 为系统排入环境(温度为 $T_L$)的热流。$\dot{E}_Q$ 和 $\dot{E}_{Q0}$分别为 $\dot{Q}_H$ 和 $\dot{Q}_L$ 中所含有的热量熵流;$P$ 为系统对外界输出的功率;假定系统为稳态流动,则有熵平衡方程式:

$$\dot{E}_Q = P + \Delta(\dot{m}e) + \dot{\Pi} \tag{附 2-1}$$

其中 $\dot{\Pi}$ 为熵损失率。它包括系统与高温热源,系统与环境进行的有限温差换热产生的不可逆传热熵损失率(分别用 $\dot{E}_H$ 和 $\dot{E}_{Q0}$表示)以及主要由于热漏、摩擦和内部耗散等因素引起的不可逆熵损失率 $\dot{E}_m$。因此有关系式:

$$\dot{\Pi} = \dot{E}_{Q0} + E_H + \dot{E}_m \tag{附 2-2}$$

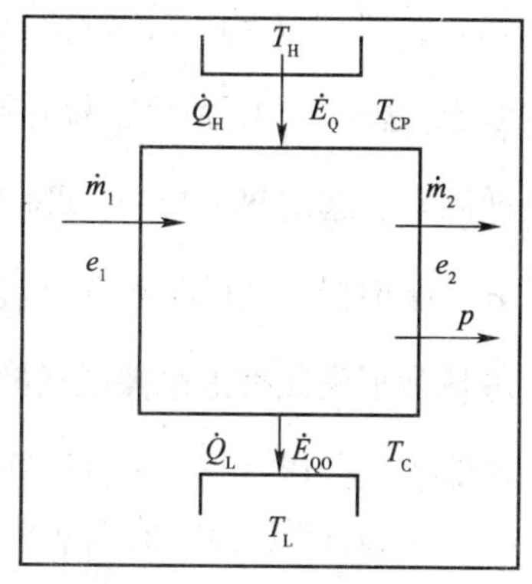

附图 2-1　热机的不可逆过程示意图

一般文献中将 $\dot{E}_{Q0}$和 $\dot{E}_H$由于有限温差换热引起的不可逆损失称外不可逆,而由于内部耗散等因素引起的不可逆损失称为内不可逆。文献《柴油机可用能分析》对实际柴油机工作过程进行了熵试验分析,根据测试的汽缸内工质温度与熵的变化绘制了实际工作过程的温熵图,实际柴油机工作过程 $T$-$s$ 图与由两个等熵过程(压缩和膨胀过程)和吸放热过程组成的内可逆循环(理想循环)相比有较大的区别。显然内可逆模型已不能准确反映实际的热机工作过程,为此必须寻找较准确反映热机实际工作过程的热力循环模型。

## 二、热力循环数学模型

基于以上热力学分析,在假设热源为无限大热容的情况下,在内可逆循环模型的基础上,考虑到热机的实际工作过程,即存在热漏、摩擦和内部耗散等其他不可逆因素,建立热机不可逆循环的有限时间热力模型。基本假设:

(1)热机中工质内部进行的是准静态过程,不考虑化学反应。

(2)以工质与假想的高温热源(温度为 $T_H$)和低温热源(温度为 $T_L$ 的环境)之间的传热来代替热机实际工作过程中的燃烧放热和向环境排出废气的过程。

(3)工质与高、低温热源之间的传热是在有限温差下进行的,工质在传热过程中的当量温

度 $T_{cp}$ 和 $T_c$ 不同于高、低温热源温度，并且有 $T_H > T_{cp} > T_c > T_L$。热机中除了工质与两热源间的传热不可逆性外，还存在热漏、摩擦和内部耗散等各种不可逆因素，以通用函数 $\dot{q}_f$ 表示。

从而热力循环模型的数学表达式如下：

$$\left.\begin{aligned}\dot{Q}_H &= \dot{q}_1 + I\dot{q}_f \\ \dot{Q}_L &= \dot{q}_2 + \dot{q}_f\end{aligned}\right\} \tag{附 2-3}$$

式中：$\dot{Q}_H$ 为高温热源每循环传给系统的热流量，$\dot{Q}_L$ 为系统每循环传给环境的热流量。$\dot{q}_1$ 为在内部可逆条件下高温热源每循环通过有限温差传热传给工质的热流量；$\dot{q}_2$ 为在内部可逆条件下工质每循环通过有限温差传热传给环境的热流量。式(附 2-3)中 $\dot{q}_f$ 表示由于系统存在内部耗散、摩擦、热漏等因素(除热阻以外的一切不可逆因素)引起的热流量损失，它是一个多变量函数，反映了热阻以外的一切不可逆因素对热机的影响。对于一个具体的热力模型，函数 $\dot{q}_f$ 都应有具体的表达形式。系数 $I$ 是引入的一个大于等于 0、小于等于 1 的常数，它的意义就是表示由于热漏引起的热流损失占除热阻外其他不可逆因素引起的热流损失的份数。例如：当 $I=1$ 时，仅表示考虑热漏和热阻损失。即除热阻、热漏外的一切不可逆损失都不考虑，这时 $\dot{q}_f$ 仅表示热漏引起的热流损失。当 $I=0$ 时，$\dot{q}_f$ 表示除热阻和热漏外的其他不可逆因素引起的热流损失，即除考虑热阻外，还考虑除热漏外的其他不可逆损失。这时 $\dot{q}_f$ 可取表示摩擦损失的函数形式，或取表示内部耗散损失的函数形式等。当 $1>I>0$ 时，$\dot{q}_f$ 表示既考虑热漏损失又考虑摩擦或耗散等其他不可逆因素引起的热流损失，$I\dot{q}_f$ 表示由于热漏引起的热流损失。函数 $\dot{q}_f$ 的引入是该循环模型与其他文献发表的循环模型的主要区别。

假设工质与高、低温热源间的传热满足线性传热定律，则有关系式：

$$\left.\begin{aligned}q_1 &= a\alpha t(T_H - T_{cp}) \\ q_2 &= b\beta t(T_c - T_L)\end{aligned}\right\} \tag{附 2-4}$$

或

$$\left.\begin{aligned}\dot{q}_1 &= a\alpha(T_H - T_{cp}) \\ \dot{q}_2 &= b\beta(T_c - T_L)\end{aligned}\right\} \tag{附 2-5}$$

式中各符号的意义同内可逆模型。

为了定量描述热机循环过程中不可逆性对热机性能的影响程度和简化计算，引入表征不可逆程度的因子 $\varphi_0$ 和 $\varphi_f$，并定义：

$$\left.\begin{aligned}\frac{\dot{q}_1}{\dot{q}_2} &= \varphi_0 \frac{T_H}{T_L} \\ \frac{\dot{Q}_H}{\dot{Q}_L} &= \varphi_f \frac{T_{CP}}{T_C}\end{aligned}\right\} \tag{附 2-6}$$

称 $\varphi_0$ 为外不可逆因子，$\varphi_f$ 为内不可逆因子。不可逆因子是为了描述热机热力循环过程的不可逆程度定义的一个参数，它完全由建立的热机热力循环模型所决定，它不是建立热机热力循环模型所必需的。

上述模型与有关文献中提出的以常数项 $q$ 表示热漏，以常系数 $\varphi$ 表示除热阻和热漏外的其他不可逆性的模型相比较，提出的热机热力循环模型更具普遍性。

## 三、热机功率及效率特性

1. *功率、效率及功率-效率表达式*

根据功率的定义及上述建立的模型，热机的输出功率为

$$P=\dot{Q}_H-\dot{Q}_L=\dot{q}_1-\dot{q}_2-(1-I)\dot{q}_f$$

对于内可逆循环，热机输出功率 $P_t$ 为

$$P_t=\dot{q}_1-\dot{q}_2=A(1-\varphi_0)(T_H-T_L/\varphi_0)$$

因此输出功率 $P$ 和热效率 $\eta$ 分别为

$$P=A(1-\varphi_0)(T_H-T_L/\varphi_0)-(1-I)\dot{q}_f \tag{附2-7}$$

$$\eta=\frac{A(1-\varphi_0)(T_H-T_L/\varphi_0)-(1-I)\dot{q}_f}{A(1-\varphi_0)T_H+I\dot{q}_f}$$

或

$$\eta=1-\frac{\dot{Q}_L}{\dot{Q}_H}=1-\frac{1}{\varphi_0}\cdot\frac{1}{\varphi_f}\cdot\frac{T_L}{T_H} \tag{附2-8}$$

上面诸式中

$$A=a\alpha/(1+f\alpha/\beta),f=a/b$$

由式(附2-7)和式(附2-8)消去 $\varphi_0$ 即得 $P$-$\eta$ 关系式

$$(1-\eta)P^2+\{(AT_H+I\dot{q}_f)\eta-[A(T_H-T_L)+(1+I)\dot{q}_f]\}\eta P+[A(T_H-IT_L)+I\dot{q}_f]\eta^2\dot{q}_f=0 \tag{附2-9}$$

为了计算方便，将式(附2-7)和式(附2-9)两边同除以内可逆时热机最大输出功率

$$P_{tmax}=A(\sqrt{T_H}-\sqrt{T_L})^2$$

得到输出功率的无因次形式

$$P^*=\frac{P}{P_{tmax}}=\frac{(1-\varphi_0)(T_H-T_L/\varphi_0)}{(\sqrt{T_H}-\sqrt{T_L})^2}-\frac{1-I}{(\sqrt{T_H}-\sqrt{T_L})^2}\cdot\frac{\dot{q}_f}{A} \tag{附2-10}$$

$$(\sqrt{T_H}-\sqrt{T_L})^2(1-\eta)P^{*2}+\{(T_H+I\dot{q}_f/A)\eta-[(T_H-T_L)]+(1+I)\dot{q}_f/A]\}\eta P^*+[(T_H-IT_L)+I\dot{q}_f/A]\cdot\eta^2/(\sqrt{T_H}-\sqrt{T_L})^2\cdot\dot{q}_f/A=0 \tag{附2-11}$$

由以上诸式可以看出，只要给出 $\varphi_0$、$\dot{q}_f$ 的具体表达式，就可以计算热机输出功率、热效

率以及热机的功率-效率特性,进而讨论不同条件下的热机循环性能界限。

2. 不可逆因子 $\varphi_0$、$\varphi_f$ 与函数 $\dot{q}_f/A$ 的关系

关于不可逆因子 $\varphi_0$ 的计算文献《仅考虑热阻时发动机不可逆过程中熵的变化》已做了详细的讨论,对于建立的热力模型,在引入不可逆因子以后,根据前面诸式可以导出:

$$\frac{\dot{q}_f}{A}=\frac{(1-\varphi_0)(1-\varphi_f)T_H \cdot T_L}{\varphi_0\varphi_f T_H - IT_L} \tag{附 2-12}$$

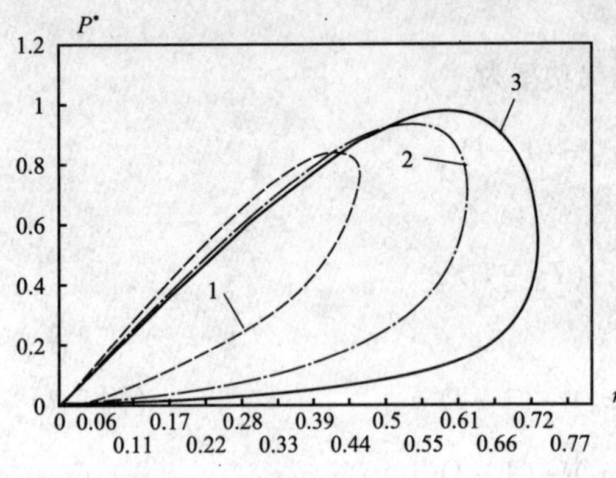


附图 2-2 热机输出功率-效率变化曲线

将式(附 2-12)代入式(附 2-11),就可以得到新的以不可逆因子 $\varphi_f$ 为中间变量的热机输出功率-效率特性关系式。由附图 2-2 可以看出热机输出功率-效率变化曲线呈扭叶型,它反映了热机功率-效率特性随不可逆因子 $\varphi_f$ 的变化规律。随着 $\varphi_f$ 的增大(即不可逆程度的减小),功率-效率特性曲线向右、向下扩展,最大输出功率和最大热效率增大。从而可以定量地考察热机循环过程中不可逆程度对热机输出功率-效率特性的影响规律。图中曲线 1,$\varphi_f=0.4$;曲线 2,$\varphi_f=0.6$;曲线 3,$\varphi_f=0.8$。

## 四、几个特例

(1)当 $\dot{q}_f=0$ 时,模型即为热机内可逆热力循环模型。

这时前述的热效率、功率表达式分别变化为

$$\eta=1-\frac{1}{\varphi_0}\cdot\frac{T_L}{T_H}$$

$$P=A(1-\varphi_0)\left(T_H-\frac{T_L}{\varphi_0}\right)$$

$$P=A\left(T_H-\frac{T_L}{1-\eta}\right)\eta$$

上述模型在有关文献《仅考虑热阻时发动机输出功率和热效率》中已做出了详细的论述。

(2)当 $I=1$,并取函数 $\dot{q}_f$ 的表达式为

$$\dot{q}_f=C_i(T_H-T_L)$$

即为除热阻外仅考虑热漏而不考虑其他一切不可逆损失时的热机热力模型。这时热效率、功率表达式分别变化为

$$P=A(1-\varphi_0)\left(T_H-\frac{T_L}{\varphi_0}\right)$$

$$\eta=\frac{(1-\varphi_0)(T_H-T_L/\varphi_0)}{(1+C_i/A)T_H-(\varphi_0 T_H+T_L C_i/A)}$$

$P$-$\eta$ 关系式为

$$(1-\eta)P^2+\{(AT_{\mathrm{H}}+\dot{q}_{\mathrm{f}})\eta-[A(T_{\mathrm{H}}-T_{\mathrm{L}})+2\dot{q}_{\mathrm{f}}]\}\eta P+[A(T_{\mathrm{H}}-T_{\mathrm{L}})+\dot{q}_{\mathrm{f}}]\eta^2\dot{q}_{\mathrm{f}}=0$$

上述模型在有关文献《热漏对热机功率效率特性的影响》中已作了详细地讨论。

(3)当 $I=0$,并取函数 $\dot{q}_{\mathrm{f}}$ 的表达式为仅考虑机械损失时的功率损失。

例如对于某型直喷发动机:

$$\dot{q}_{\mathrm{f}}=[5.808\times10^{-5}(\varepsilon-4)n+4.025\times10^{-7}n^2]\pi SD^2+3.713\times10^{-9}\pi S^3D^2n^3$$

式中:$S$——发动机行程(mm);

$D$——发动机汽缸直径(mm);

$\varepsilon$——压缩比;

$n$——柴油机转速(r/min)。

即仅考虑机械损失功率时的热机热力模型,该模型在文献《机械损失对柴油机热力循环特性的影响》中已作了详细地讨论。

(4)当 $1>I>0$,并取函数 $\dot{q}_{\mathrm{f}}$ 的表达式为既考虑机械损失又考虑热漏时的功率损失。

附图2-3 表示了内可逆热力循环模型(曲线4)、除热阻外仅考虑机械损失时的热力循环模型(曲线3)、除热阻外仅考虑热漏时的热力循环模型(曲线2)、除热阻外既考虑机械损失又考虑热漏时的热力循环模型(曲线1)中热机输出功率-效率特性曲线的变化。由曲线的变化可以看出,内可逆热力循环模型的功率-效率特性曲线呈抛物线型,而考虑内、外不可逆性的热力循环模型的功率-效率特性曲线呈扭叶型。当热机热力循环模型仅考虑机械损失时,则热机输出功率、热效率较内可逆热力循环模型均下降。而当热机热力循环模型仅考虑热漏时,则使热机的热效率急剧下降。既考虑机械损失又考虑热漏时的热力循环模型则反映了热机输出功率和热效率的同时明显下降,并且热机最大输出功率对应的热效率也明显下降。附图2-3 表示了既考虑机械损失又考虑热漏时的热力循环模型中 $I$ 的变化对热机输出功率、效率特性曲线的影响(图中曲线从内向外 $I$ 分别等于 0.4、0.6、0.8),可以看出随着除热阻、热漏外其他不可逆因素引起的热流损失所占总热流损失份数的增大,热机输出功率和热效率同时下降。

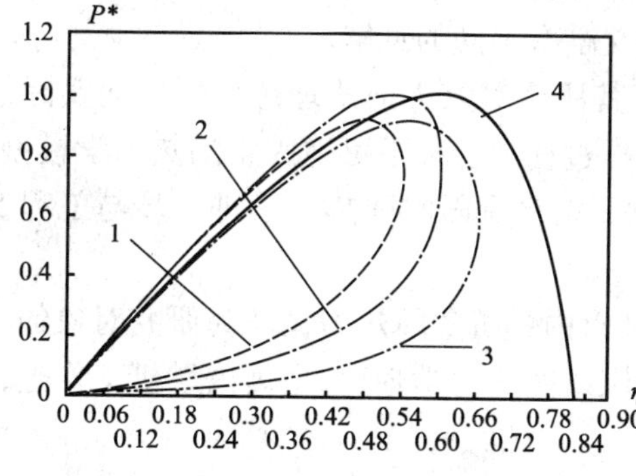


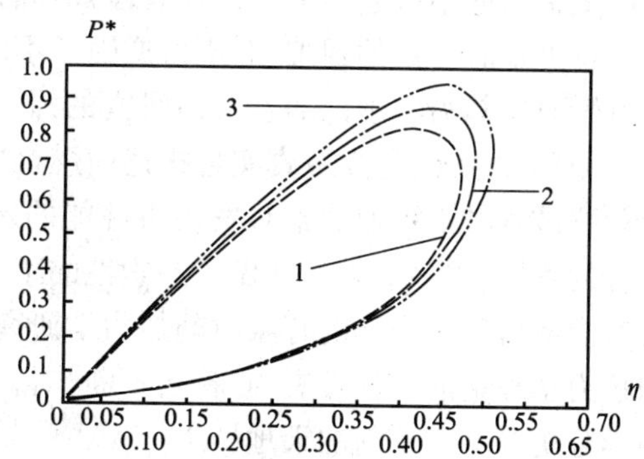


附图2-3 内、外不可逆热力循环的功率-效率特性曲线

上述建立的模型统一考虑了热阻外的其他各种不可逆因素,只要将描述不可逆因素的函数代入建立的模型即可。该模型包括了内可逆热力循环模型和考虑热阻及热漏的热力循

环模型，以及考虑其他不可逆因素时的热力循环模型，例如：摩擦、内部耗散等不可逆因素。循环模型所反映的热机输出功率、效率特性变化规律与实际发动机一致，该模型比较简洁全面地反映了热机的实际工作过程，更具有普遍性，展现了有限时间热力学理论在工程中的应用前景。

## 五、有限时间热力学理论在内燃机循环分析中的应用和发展

内燃机理想循环的有限时间热力学分析是用热力学和传热学及流体力学相结合的方法，用来分析内燃机装置的性能优化问题，侧重于发现新现象，探索新规律，建立新方法。迄今为止，其理论远远不够完善，但由前述文献的研究成果表明，此领域将会得到进一步拓宽和延伸，其影响力将会越来越大，将成为分析内燃机循环的强有力工具。今后的发展将会是采用内可逆模型为基础以突出分析其主要不可逆性，建立其设计和运行优化理论，实现内可逆性泛化；在此基础上建立更加符合实际过程的复杂模型，分析其各种不可逆性对内燃机实际性能的综合影响，并优化内燃机的性能，从而建立更为完善的理论体系。

当前对于内燃机理想循环有限时间热力学的研究，应着重于：

### 1. 进一步探索热阻模型（传热规律）对内燃机理想循环的影响

内燃机燃烧过程是一个十分复杂带有化学反应的高温燃烧过程，最高温度高达2000K以上。随着缸内气流的高速运动伴有热辐射、对流换热，热传导等各种传热形式的存在，因此以简单的牛顿传热规律建立的热阻模型还不能更真实的反应内燃机缸内的燃烧过程，需根据实验资料，改进原有模型。

### 2. 热源模型对内燃机理想循环的影响

内燃机燃烧过程中温度是始终变化的，将内燃机理想循环作为有限热容（变温）热源研究是比较接近实际的，但限于模型的简化，一般将其作为恒温热源加以研究，由于偏离实际过程，从而带来较大误差。在有限热容条件下，应着重探索给定热量下，内燃机的性能和性能优化以及在最大输出功率条件下的热效率和在一定传热规律下的热源温度变化规律等。

### 3. 内不可逆性对内燃机理想循环的影响

在内燃机循环中，必须考虑内不可逆对内燃机性能的影响。目前的研究在内可逆模型的基础上引入内不可逆因子。这种处理方式的优点是模型统一、简单，但在内不可逆因子的定量计算上还有一定的困难，对不可逆因子不同文献有不同的见解。

有限时间热力学理论随着人们研究的深入，其研究对象逐渐从理想循环转向实际过程的热力循环。当前，建立更真实地描述内燃机工作过程中各种不可逆因素的热力学模型，以及定量测试各种不可逆因素对发动机性能的影响，是将有限时间热力学进一步与工程实际相结合的关键，很多文献为此做了探索性的工作。

对内燃机理想循环的有限时间热力学研究和以内燃机实际热力循环为研究对象的有限时间热力学理论的不断发展，必将会不断丰富有限时间热力学理论，也为内燃机工作过程的热力学分析开辟一片新的天地。

# 附录3　发动机实际循环的热力学计算

实际循环的近似计算是一种半经验的估算。这种方法称为活塞式内燃机的经典热力学计算，是俄国学者格里涅维茨基于1907年提出的，是长期以来内燃机设计制造单位习惯采用的一种常规计算方法。这种方法是以理论的等容加热或混合加热循环作为出发点，并假定其中的几个过程始、终点是上、下止点，然后求出各特征点的状态参数，绘制出示功图并用丰满系数加以修正的计算方法。这种算法的实质是应用较简单的关系式和利用一些经验数据来处理实际上的复杂过程。实践证明，这种计算方法具有一定的实用价值，与应用电子计算机进行工作过程逐点计算的方法相比，具有计算简单和便于掌握应用的优点。

经典热计算方法既可用于对方案设计阶段确定的指标、尺寸、结构参数进行校核计算，又可为动力计算和强度计算提供原始数据。同时，对初学者理解和掌握内燃机的基本知识也是颇有裨益的。为此，本附录不仅要详细介绍这种方法，而且还将提供这种方法的计算实例和编程指南，供读者在计算机上进行经典热计算时参考。

本节介绍的实际循环近似计算方法是以四冲程内燃机为研究对象，所列的经验数据仅用于标定工况。至于二冲程内燃机热计算方法和非标定工况的经验数据范围要另查资料。

## 一、燃烧热化学计算

按照第一章介绍的内容和计算公式，并根据给定或选定的燃料成分、过量空气系数 $\varphi_a$ 和残余废气系数 $\gamma$ 计算下列各值：

1kg 燃料所需的理论空气量 $L_0$；新鲜充量的摩尔数 $M_1$；燃烧产物的摩尔数 $M_2$；残余废气的摩尔数 $M_\gamma$；理论分子变更系数 $\mu_0$；实际分子变更系数 $\mu$。

## 二、换气过程参数的确定

### 1. 进气终点压力 $p_a$

$p_a$ 是影响充气效率的主要因素，对泵气损失也有影响。一般情况下，进气终点的汽缸内压力 $p_a$ 低于环境大气压力 $p_0$，其差值取决于吸气过程中的压力降 $\Delta p_a$。

$$\Delta p_a = p_a - p_0 \quad \text{（非增压内燃机）}$$

$$p_a = p_k - \Delta p_a \quad \text{（增压内燃机）}$$

式中：$p_k$——增压压力。

气体在进气系统内的流动损失 $\Delta p_a$ 主要是发生在最小流动截面——进气门处，由流体力学的公式可得

$$\Delta p_a = k_1 \rho \frac{c^2}{2} = k_2 n^2 \tag{附3-1}$$

式中：$c$——进气门最小截面处的气体平均流速；

$\rho$——进气门处空气的密度；

$k_1, k_2$——与进气系统设计有关的常数。

可见，内燃机转速越高，进气门开启截面越小，则进气管道流动阻力越大，亦 $\Delta p_a$ 越大。在初步估算中，一般 $p_a$ 可取下列统计数据：

四冲程非增压柴油机、汽油机：$(0.85 \sim 0.95)p_0$；

四冲程增压柴油机：$(0.90 \sim 0.95)p_k$。

2. 残余废气系数 $\gamma$

汽缸中残留的废气越多，则吸入的新鲜工质越少。在四冲程内燃机中，当气门重叠角较小，在不考虑燃烧室扫气作用时，根据残余废气系数的定义可得

$$\gamma = \frac{M_\gamma}{M_1} = \frac{p_\gamma V_\gamma}{8314T_\gamma} \div \left(\eta_\gamma \frac{p_s V_h}{8314T_s}\right)$$

式中：$p_\gamma$、$T_\gamma$、$V_\gamma$——排气终点工质的压力、温度和容积；

$p_s$、$T_s$——进气门前的工质压力和温度。

设 $V_\gamma \approx V_c$（$V_c$ 为压缩终点汽缸容积），则

$$\gamma = \frac{1}{\varepsilon - 1} \frac{p_\gamma}{p_s} \frac{T_s}{T_\gamma} \frac{1}{\varphi_c} \tag{附 3-2}$$

可见，压缩比 $\varepsilon$、排气终点的参数 $p_\gamma$、$T_\gamma$ 和 $V_\gamma$ 将影响 $\gamma$ 的大小。当 $p_\gamma/T_\gamma$ 比值增大和 $\varepsilon$ 减小时，废气的密度和在燃烧室中所占容积比例都增加，$\gamma$ 值便随之上升。对于具有强制燃烧室扫气作用的增压柴油机，$\gamma$ 值降低，甚至等于零。

类似 $p_a$ 值的计算：

非增压内燃机为

$$p_\gamma = p_0 + \Delta p_\gamma$$

增压内燃机为

$$p_\gamma = p_T + \Delta p_\gamma$$

式中：$\Delta p_\gamma = k_3 n^3$，$k_3$ 是与排气系统设计有关的系数；

$p_T$——排气管中的背压。

根据统计资料：

高速四冲程非增压柴油机、汽油机：

$$p_\gamma = (1.05 \sim 1.15)p_0$$

废气涡轮增压柴油机：

$$p_\gamma = (0.75 \sim 1.0)p_k$$

$T_\gamma$ 的大小与内燃机的负荷、转速、$\varepsilon$ 等都有关系。负荷增加，$T_\gamma$ 上升。$n$ 提高，也使 $T_\gamma$ 上升。$\varepsilon$ 大，则膨胀比大，$T_\gamma$ 下降。

$T_\gamma$ 和 $\gamma$ 的一般范围见附表 3-1。

**$T_\gamma$ 和 $\gamma$ 的一般范围** 附表 3-1

| 发动机类型 | $T_\gamma$(k) | $\gamma$ |
|---|---|---|
| 四冲程非增压柴油机 | 700 ~ 900 | 0.03 ~ 0.06 |
| 四冲程增压柴油机 | 800 ~ 1000 | 0 ~ 0.03 |
| 四冲程汽油机 | 900 ~ 1100 | 0.06 ~ 0.16 |

3. 进气终点温度 $T_a$

$T_a$ 的大小受到进气温度 $T_s$、残余废气的热含量、高温零件对新鲜工质的加热和工质动能转化为热能等因素的影响。如将后面两种因素造成的温升用 $\Delta T$ 表示，则进气终点的热平衡方程式为

$$(M_1+M_\gamma)c_p'T_\alpha=M_\gamma c_p''T_\gamma+M_1c_p(T_s+\Delta T) \tag{附3-3}$$

式中：$c_p$、$c_p'$、$c_p''$——新鲜工质、新鲜工质与残余废气混合物、残余废气的定压比热容。

设 $c_p\approx c_p'\approx c_p''$，则得

$$T_\alpha=\frac{T_s+\Delta T+\gamma T_\gamma}{1+\gamma} \tag{附3-4}$$

$\Delta T$ 和 $T_a$ 的一般范围见附表3-2。

**$\Delta T$ 和 $T_a$ 的一般范围** 附表3-2

| 发动机类型 | $\Delta T$(℃) | $T_a$(K) |
|---|---|---|
| 四冲程非增压柴油机 | 10~20(40) | 300~340 |
| 四冲程增压柴油机 | 5~10 | 310~380 |
| 四冲程汽油机 | 0~40 | 340~380 |

4. 充量系数(充气效率)$\varphi_c$

每循环实际进入汽缸的新鲜空气量与按进气管状态($p_s$、$T_s$)下计算得到的理论空气量的比值定义为充量系数，即

$$\varphi_c=\frac{m_1}{m_{sh}}=\frac{M_1}{M_{sh}}=\frac{V_1}{V_h} \tag{附3-5}$$

式中：$m_1$、$M_1$、$V_1$——实际进入汽缸的新鲜工质的质量、摩尔数及其 $m_1$ 在进气管状态($p_s$、$T_s$)下的体积；

$m_{sh}$、$M_{sh}$、$V_h$——进气管状态下充满汽缸工作容积的工质的质量、摩尔数及汽缸工作容积。

进气终点汽缸充量的摩尔数可表示为

$$M_1+M_\gamma=M_1(1+\gamma)=\varphi_cM_{sh}(1+\gamma)$$

以 $M_1+M_\gamma=\frac{p_aV_a}{8314T_a}$，$M_{sh}=\frac{p_sV_h}{8314T_s}$和 $V_a=V_c+V_h$ 代入上式，经整理得

$$\varphi_c=\frac{\varepsilon}{\varepsilon-1}\frac{p_\alpha}{T_\alpha}\frac{T_s}{p_s}\frac{1}{1+\gamma} \tag{附3-6}$$

式中：$V_c$——发动机燃烧室容积。

此式对四冲程和二冲程内燃机均适用。

$\varphi_c$ 的统计范围见附表3-3。

**$\varphi_c$ 的统计范围** 附表3-3

| | |
|---|---|
| 四冲程非增压柴油机 | 0.75~0.90 |
| 四冲程增压柴油机 | 大致接近于1.0 |
| 四冲程汽油机 | 顶置气门 0.75~0.85；侧置气门 0.70~0.75 |

## 三、压缩过程

实际的压缩过程与理论的相比存在很大的区别。在实际的内燃机中，对工质的压缩始于进气门完全关闭之后；在整个压缩过程中，工质和汽缸壁之间不断地进行热量交换，其比热容也在变化，同时在压缩过程末期燃料已开始燃烧。在诸多的变化因素中，占主要地位的因素是热交换和比热容变化，其他因素影响较小，在近似计算中不予计及。

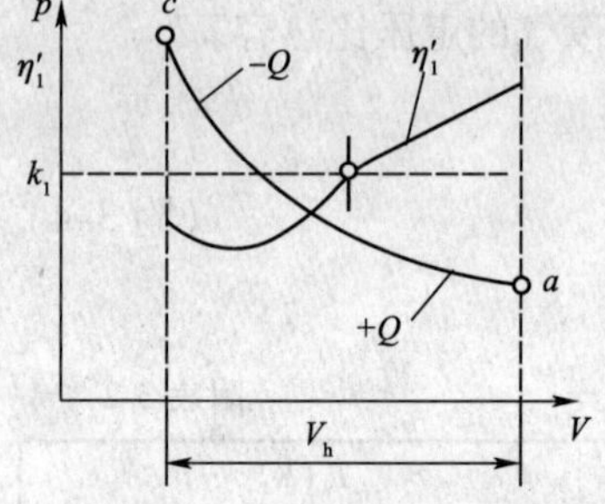


附图 3-1 压缩过程中，热交换和多变压缩指数 $\eta_1'$ 的变化

+Q-工质吸热；−Q-工质放热

热交换和比热容变化使实际的压缩过程不再是绝热过程，在压缩初期，工质的温度低于汽缸壁的温度处于吸热阶段，此阶段的多变压缩指数 $\eta_1'$ 高于绝热压缩指数 $k_1$；在压缩后期，工质的温度会超过汽缸壁的温度，处于向汽缸壁传热的阶段，其多变压缩指数 $\eta_1'$ 将低于绝热压缩指数 $k_1$。附图 3-1 用曲线形式表现了多变压缩指数 $\eta_1'$ 的这种变化规律，一般 $\eta_1'$ 是在 1.10～1.50 变化。

在实际循环的近似计算中，采用变化的 $\eta_1'$ 值将使计算过程复杂化。为简便起见，可用一个不变的平均多变压缩指数 $\eta_1$ 来取代，只要取代后的过程曲线的起点 $a$ 和终点 $c$ 与实际过程相符就可以。根据试验测定，$\eta_1$ 的大致变化范围见附表 3-4。

**$\eta_1$ 的大致变化范围** 附表 3-4

| | |
|---|---|
| 高速柴油机（活塞不冷却） | 1.38～1.42 |
| 低速及中速柴油机（活塞冷却） | 1.32～1.37 |
| 增压柴油机 | 1.35～1.37 |
| 汽油机 | 1.32～1.38 |

平均多变压缩指数 $\eta_1$ 的值接近 $k_1$，但偏低，这说明在压缩过程中存在热量损失，使实际压缩终点压力 $p_c$ 低于绝热压缩压力。$\eta_1$ 的大小主要决定于工质与汽缸壁的传热情况，受下列因素的影响。

1. 转速 $n$ 的影响

内燃机转速 $n$ 对 $\eta_1$ 具有显著的影响。$n$ 提高后热交换的时间缩短，向汽缸壁的传热量和气体泄漏量都减少，于是 $\eta_1$ 增大（附图 3-2）。

2. 负荷的影响

负荷增加后，汽缸壁的平均温度增高，使工质在压缩初期从缸壁接受的热量较多，而在后期放热量减少，于是 $\eta_1$ 增大。

3. 汽缸尺寸的影响

汽缸尺寸越小，传热损失越小，因而 $\eta_1$ 也就越大。附图 3-2 上的虚线代表缸径较小的柴油机的 $\eta_1$ 的变化情况，显然，它比工作容积大的汽缸的 $\eta_1$ 值高些。

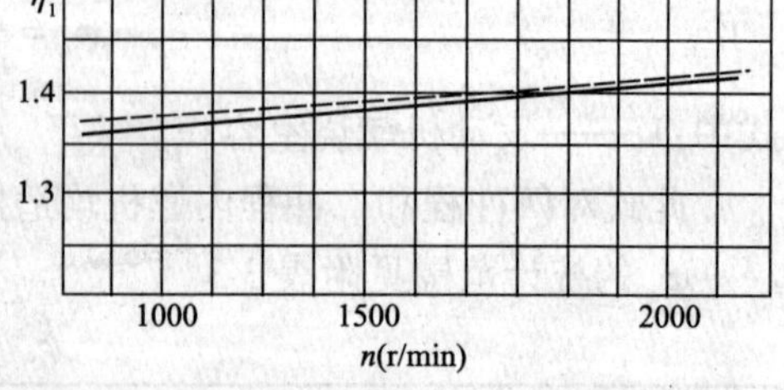


附图 3-2 平均多变压缩指数 $\eta_1$ 随转速 $n$ 的变化

同理，具有分隔式燃烧室的柴油机要比直接喷射式柴油机的 $\eta_1'$ 值低。

4. 汽缸壁各部分的冷却强度的影响

冷却强度决定工质的传热强弱程度，冷却强度提高则 $\eta_1$ 下降，反之则 $\eta_1$ 增大。

5. 压缩比 $\varepsilon$ 的影响

$\varepsilon$ 增大，则工质在压缩后期传出的热量增多，泄气量也增加，使 $\eta_1$ 下降（附图 3-3）。

6. 进气终点温度 $T_a$ 的影响

$T_a$ 越高，工质在压缩过程中传出的热量越大，$\eta_1$ 随之下降（附图 3-2）。

根据内燃机实验或统计数据，并考虑到上述因素的影响而选定值 $\eta_1$ 后，即可按下式确定压缩终了工质的状态参数：

$$p_c = p_\alpha \varepsilon^{\eta_1} \tag{附 3-7}$$

$$T_c = T_\alpha \varepsilon^{\eta_1 - 1} \tag{附 3-8}$$

从压缩过程主要参数的选用中，可以看到，在这部分计算中已经把实际循环中的工质比热容变化、部分传热损失和泄漏损失考虑进去了，$\eta_1$ 越大，这部分损失越小。

压缩比 $\varepsilon$ 是内燃机的一个重要结构参数。选定压缩比时要考虑到许多因素。压缩比在柴油机的常用范围内变化对热效率不会引起明显的作用，从实际机器所承受的机械负荷和由此带来的摩擦损失来考虑，将限制压缩比的过分提高。因此，对于它的选择主要是在避免过高的爆发压力前提下，保证柴油机的冷起动性能和所在工况下获得可靠和有效的燃烧效果。

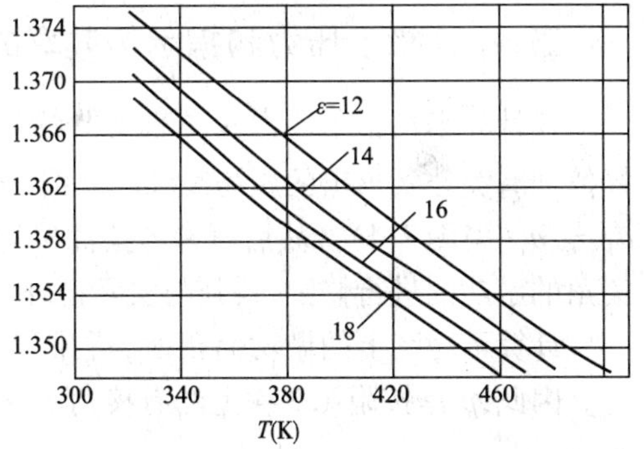


附图 3-3　内燃机中进气终点温度 $T_a$ 和压缩比 $\varepsilon$ 对平均多变压缩指数 $\eta_1$ 的影响

在空气压力为 3000kPa 时，柴油的自燃温度在 200～300℃，为了保证柴油喷入汽缸后能及时迅速燃烧，以及冷起动时的可靠着火，所选择的压缩比 $\varepsilon$ 应使实际压缩终了温度比柴油的自燃温度高出 200～300℃。例如：在非增压 135 型柴油机中，$\varepsilon = 16.5$，$p_c = 4100$kPa，$T_c = 920$K（647℃）左右。

一般来说，直接喷射式柴油机的压缩比 $\varepsilon$ 要比分隔式燃烧室的低些，这是因为前者的相对传热面积较小而压力升高比 $\lambda$ 较大的缘故。同样，由于传热的原因，缸径小的柴油机需采用较高的压缩比。此外，压缩比的提高可以使燃烧速度增加，为转速的提高带来有利的影响，所以，对于高转速柴油机可选用较高的压缩比。但有一定限度，因为高压缩比的燃烧室的结构非常紧凑，为了防止活塞在上止点与汽缸盖以及开启着的进、排气门相碰，活塞顶及汽缸盖上设有避让碰撞的凹坑，凹坑里聚集的空气往往由于柴油无法喷到而不能参与活塞在上止点时最有效的燃烧中去。显然，$\varepsilon$ 越大这部分未得到高效率利用的空气所占的比例越大，虽然它还可以在迟些时候的膨胀行程里加以利用，但毕竟降低了燃烧的效率。

在增压柴油机中，为了抑制爆发压力的增长，一般都采用较低的压缩比，最低可为 $\varepsilon = 12$。

选择 $\varepsilon$ 时，还须考虑到内燃机的用途，对于长时间在接近满负荷情况下工作的柴油机，其 $\varepsilon$ 值可选低些，而长期在部分负荷下工作的柴油机，其 $\varepsilon$ 值可选高些。其着眼点在于前者不至于受到过大的机械负荷，使用寿命可长些，而后者可在经常性的部分负荷工况下获得较高的经济性。

汽油机压缩比的选取主要受到燃料和燃烧室结构类型、排气污染和不正常燃烧现象等的限制。它的 $\varepsilon$ 比柴油机低得多。

$\varepsilon$ 的大致范围是:汽油机为 6 ~ 10;柴油机为 14 ~ 22;增压柴油机为 12 ~ 15。

$p_c$、$T_c$ 的大致范围见附表 3-5。

**$p_c$、$T_c$ 的大致范围** 附表 3-5

| 发动机类型 | $p_c$(kPa) | $T_c$(K) |
|---|---|---|
| 汽油机 | 800 ~ 2000 | 600 ~ 750 |
| 柴油机 | 3000 ~ 5000 | 750 ~ 1000 |
| 增压柴油机 | 5000 ~ 8000 | 900 ~ 1100 |

## 四、燃烧、膨胀过程计算(见第三章燃烧、膨胀做功过程计算)

## 五、平均指示压力和指示热效率的计算

在计算平均指示压力 $p_i$ 之前应先绘出 $p$-$V$ 示功图。根据各过程的始点和终点的 $p$、$V$ 坐标值和有关公式求出的压缩线和膨胀线,画出有棱角的混合加热循环 $p$-$V$ 图 $a_1$-$c_1$-$z_1''$-$z_1'$-$b_1'$-$d_1$-$r_1$-$a_1$(附图 3-4)。然后再参考柴油机的供油提前角、燃烧基本终止点、排气提前角等对有棱角的示功图进行修圆,得到与实际循环相近似的、过渡圆滑的示功图 $a_1$-$c$-$z_1$-$b_1$-$d_1$-$r_1$-$a_1$。

计算示功图上的做功面积时,进排气过程的换气功不算在内,它们将在机械损失中考虑。因此,$p_i'$是按附图 3-4 上的有棱角的 $a_1$-$c_1$-$z_1''$-$z_1'$-$b_1'$-$a_1$ 面积来计算的。

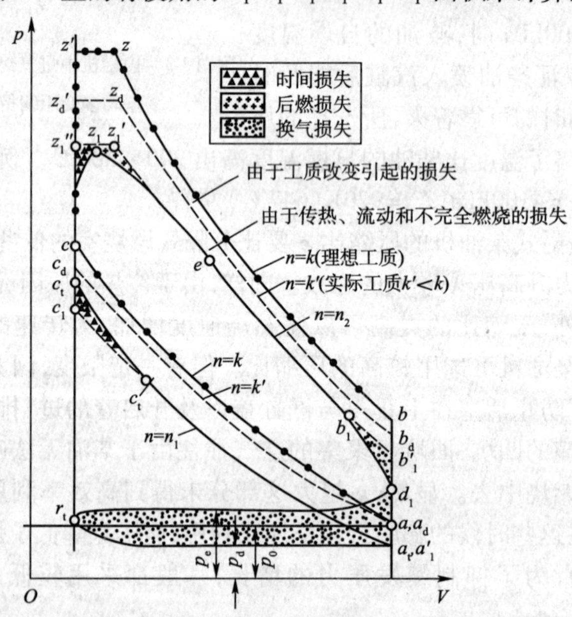


附图 3-4 发动机实际工作循环与发动机理想循环的比较

$$p_i' = \frac{W_i'}{V_h} \qquad W_i' = W_{cz} + W_{zb} - W_{ac}$$

$$W_{cz}=p_z(V_z-V_c)=\lambda p_c V_c(\rho-1)$$

$$W_{zb}=\frac{1}{n_2-1}(p_z V_z-p_b V_b)=\frac{\lambda\rho}{n_2-1}p_c V_c\left(1-\frac{1}{\delta^{n_2-1}}\right)$$

$$W_{ac}=\frac{1}{n_2-1}(p_c V_c-p_a V_a)=\frac{p_c V_c}{n_1-1}\left(1-\frac{1}{\varepsilon^{n-1}}\right)$$

$$V_h=V_c(\varepsilon-1)$$

代入这些关系式得

$$p_i'=\frac{p_c}{\varepsilon-1}\left[\lambda(\rho-1)+\frac{\lambda\rho}{n_2-1}\left(1-\frac{1}{\delta^{n_2-1}}\right)-\frac{1}{n_1-1}\left(1-\frac{1}{\delta^{n_1-1}}\right)\right] \tag{附 3-9}$$

实际循环近似示功图是经过修圆的,其有效面积比有棱角的示功图面积小,于是用一个小于1的示功图丰满系数 $\varphi_i$ 来对 $W_i'$或 $p_i'$进行修正,即可得到平均指示压力 $p_i$,即

$$p_i=\varphi_i p_i' \tag{附 3-10}$$

实际上丰满系数 $\varphi_i$ 是把实际循环中的时间损失、后燃损失和部分换气损失计入其中,对于四冲程柴油机,在有利的配气定时和喷油提前角条件下,$\varphi_i$ 一般在 0.92 ~ 0.97 的范围内;转速较高的内燃机,由于排气提前角和供油提前角均较大,$\varphi_i$ 应取较低值。

指示效率 $\eta_i$ 的计算式可由它的定义式 $\eta_i=\frac{W_i}{Q_1}$导出,$W_i=p_i V_h$。

由式(5)可知

$$M_{sh}=\frac{M_1}{\varphi_c}=\frac{\varphi_a L_0}{\varphi_c},\text{又 } M_{sh}=\frac{p_s V_h}{8.314T_s}$$

所以

$$W_i=8.314\frac{\varphi_a L_0}{\varphi_c}\frac{T_s}{p_s}p_i \qquad \eta_i=8.314\frac{\varphi_a L_0}{\varphi_c}\frac{T_s}{p_s}\frac{1}{H_u}p_i$$

又

$$Q_1=H_u$$

所以

$$V_h=8.314\frac{\varphi_a L_0}{\varphi_c}\frac{T_s}{p_s} \tag{附 3-11}$$

## 六、实际循环热计算举例

**【附例 3-1】** 试对 6135G 柴油机标定工况进行实际循环热计算。

已知条件为:

缸径:$D=135$mm;

行程:$S=140$mm;

缸数:$i=6$;

12h 功率:$p_e=88.5$kW;

转速:$n=1500$r/min;

压缩比：$\varepsilon = 16.5$；

每缸工作容积：$V_h = 2L$；

曲柄半径与连杆长度比：$R/L = 1/4$；

大气状态：$p_0 = 100kPa, T_0 = 288K$；

燃料平均质量成分：C = 0.87，H = 0.126，O = 0.004；

燃料低热值：$H_u = 42500kJ/kg$；

燃烧室形式：$\omega$ 形分开式。

1. 参数选择

根据类似柴油机的实验数据和统计资料，结合本柴油机的具体情况，可选定：

过量空气系数：$\varphi_a = 1.75$；

最高燃烧压力：$p_z = 7500kPa$；

热量利用系数：$\xi_z = 0.75$；

残余废气系数：$\gamma = 0.04$；

排气终点温度：$T_\gamma = 800K$；

示功图丰满系数：$\varphi_i = 0.96$；

机械效率：$\eta_m = 0.8$。

2. 燃料热化学计算

1）理论所需空气量 $L_0$

$$L_0 = \frac{1}{0.21}\left(\frac{C}{12} + \frac{H}{4} - \frac{O}{32}\right) = \frac{1}{0.21}\left(\frac{0.87kmol/kg}{12} + \frac{0.126kmol/kg}{4} - \frac{0.004kmol/kg}{32}\right)$$
$$= 0.495(kmol/kg)$$

2）新鲜空气量 $M_1$

$$M_1 = \varphi_a L_0 = 1.75 \times 0.495kmol/kg = 0.866(kmol/kg)$$

3）理论上完全燃烧（$\varphi_a = 1$）时的燃烧产物 $M_0$

$$M_0 = \frac{W(C)}{12} + \frac{W(H)}{2} + 0.79L_0 = \frac{0.78kmol/kg}{12} + \frac{0.126kmol/kg}{2} + 0.79 \times 0.495kmol/kg$$
$$= 0.5266(kmol/kg)$$

4）当 $\varphi_a = 1.75$ 时的多余的空气量

$$(\varphi_a - 1)L_0 = (1.75 - 1) \times 0.495kmol/kg = 0.371(kmol/kg)$$

5）燃烧产物总量 $M_2$

$$M_2 = M_0 + (\varphi_a - 1)L_0 = 0.5266kmol/kg + 0.371kmol/kg = 0.8976(kmol/kg)$$

6）理论分子变更系数 $\mu_0$

$$\mu_0 = \frac{M_2}{M_1} = \frac{0.8976kmol/kg}{0.866kmol/kg} = 1.036$$

7）实际分子变更系数 $\mu$

$$\mu = \frac{\mu_0 + \gamma}{1 + \gamma} = \frac{1.036 + 0.04}{1 + 0.04} = 1.035$$

3. 换气过程参数计算

（1）取 $p_a = 0.90p_0$，则进气终点压力为 $p_a = 90kPa$。

(2)取进气加热温升 $\Delta T=20℃$,则进气终点温度 $T_a$ 为

$$T_a=\frac{T_0+\Delta T+\gamma T_\gamma}{1+\gamma}=\frac{288K+20K+0.04\times 800K}{1+0.04}=327(K)$$

(3)充气系数 $\eta_v$

$$\eta_v=\frac{\varepsilon}{\varepsilon-1}\frac{p_a}{p_0}\frac{T_0}{T_a}\frac{1}{1+\gamma}=\frac{16.5}{16.5-1}\frac{90kPa}{100kPa}\frac{288K}{327K}\frac{1}{1+0.04}=0.81$$

4. 压缩过程计算

(1)选取平均多变压缩指数 $n_1=1.368$。

(2)压缩过程中任意点 $x$ 的压力 $p_{cx}$,$p_{cx}=p_a\left(\frac{V_a}{V_{cx}}\right)^{n_1}=90kPa\left(\frac{V_a}{V_{cx}}\right)^{1.368}$ kPa

式中,$V_{cx}$ 为 $x$ 的汽缸容积,它等于:

$$V_{cx}=\frac{\pi D^2}{4}R\left[(1-\cos\varphi_x)-\frac{R}{4L}(1-\cos 2\varphi_x)\right]+V_c$$

式中,$\varphi_x$ 为 $x$ 点从上止点算起的曲轴转角,$V_c=\frac{V_h}{\varepsilon-1}$。

可以取若干个 $x$ 点,求出若干对 $p_{cx}$ 和 $V_{cx}$ 值,以便绘制示功图上的压缩线 $a$-$c$。

(3)压缩终点压力 $p_c$ 和温度 $T_c$:

$$p_c=p_a\varepsilon^{n_1}=90kPa\times 16.5^{1.368}=4150kPa$$

$$T_c=T_a\varepsilon^{n_1-1}=327K\times 16.5^{0.368}=918K$$

$$t_c=918K-273K=645(℃)$$

(4)压力升高比 $\lambda$:

$$\lambda=p_z/p_c=7500kPa/4150kPa=1.81$$

5. 燃烧过程计算

(1)压缩终点的空气平均等压比热容 $c_p$ 可从附图3-5上查出。

在 $t_c=645℃$ 时,$c_p=7.28kcal/(kmol\cdot℃)$

$$c_V=c_p-8.314kJ/(kmol\cdot℃)=c_p-1.986kcal/(kmol\cdot℃)$$
$$=7.28kcal/(kmol\cdot℃)-1.986kcal/(kmol\cdot℃)=5.294kcal/(kmol\cdot℃)$$

(2)压缩终点的残余废气平均等压比热 $c_p''$ 可从附图3-5上查出。

在 $\varphi_a=1.75$,$t_c=645℃$ 时,$c_p''=7.65kcal/(kmol\cdot℃)$

$$c_V''=c_p''-8.314KJ/(kmol\cdot℃)=c_p''-1.986kcal/(kmol\cdot℃)$$
$$=7.65kcal/(kmol\cdot℃)-1.986kcal/(kmol\cdot℃)=5.664kcal/(kmol\cdot℃)$$

(3)压缩终点的混合气平均等容比热容 $c_v'$:

$$c_v''=\frac{c_V+\gamma c_V''}{1+\gamma}=\frac{5.294kcal/(kmol\cdot℃)+0.04\times 5.664kcal/(kmol\cdot℃)}{1+0.04}$$
$$=5.31kcal/(kmol\cdot℃)=22.2KJ/(kmol\cdot℃)$$

(4)压缩终点的温度 $T_z$ 可由式(10)算出:

$$\frac{\xi_z H_u}{(1+r)\varphi_a L_0}+c_V't_c+8.314\lambda t_c+2270(\lambda-\mu)=\mu c_p''t_z$$

将已知数值代入：

$$c_p''t_z=\frac{1}{1.035}\Big[\frac{0.75\times 42500\text{kJ/kg}}{(1+0.04)\times 0.866\text{kmol/kg}}+22.2\text{kJ/(kmol}\cdot{}^\circ\text{C)}645^\circ\text{C}+$$
$$8.314\times 1.18\times 645^\circ\text{C}+2270(1.81-1.035)\Big]=59093.5(\text{kJ/kmol})$$

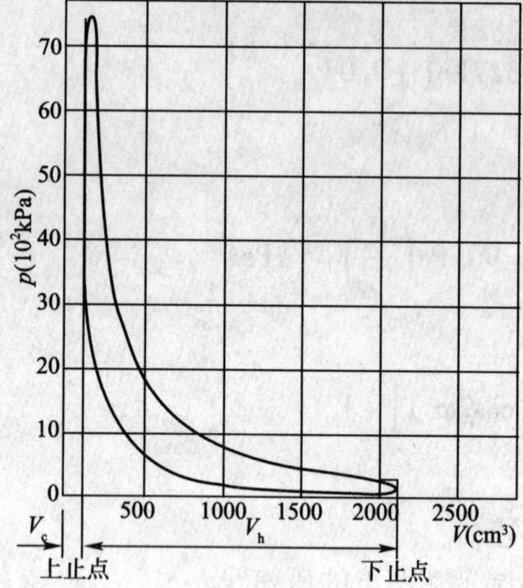


附图 3-5　6135G 型柴油机的近似计算 p-V 图

再利用附图 3-5 来确定 $t_z$ 值。先假定一 $t_z$ 值并按此假定值查得一 $c_p''$值，视其乘积 $c_p''t_z$ 与 59093.5kJ/kmol 是否相符，如相符则假定的 $t_z$ 值即为所求值；如不相符，则视其差值的大小和符号的正负，再另选一 $t_z$ 值，如此逐步试算，直到求得一 $t_z$ 值和其相应查得的 $c_p''$乘积等于 59093.5kJ/kmol 为止。

由此得

$$t_z=1680^\circ\text{C};T_z=1680\text{K}+273\text{K}=1953\text{K}$$

(5)初期膨胀比 $\rho$

$$\rho=\frac{\mu}{\lambda}\frac{T_z}{T_c}=\frac{1.035\times 1953\text{K}}{1.81\times 918\text{K}}=1.217$$

6. 膨胀过程计算

(1)后期膨胀比 $\delta$

$$\delta=\frac{\varepsilon}{\rho}=\frac{16.5}{1.217}=13.56$$

(2)选取平均多变膨胀指数

$$n_1=1.25$$

(3)膨胀过程中任意点 $x$ 的压力

$$p_{bx}:p_{bx}=p_z\left(\frac{V_z}{V_{bx}}\right)^{n_2}=75\left(\frac{1.217V_e}{V_{bx}}\right)^{1.25}$$

式中，$V_{bx}$为 $x$ 点对应的汽缸容积，求法与前述 $V_{cx}$同。

求出若干对 $p_{bx}$和 $V_{bx}$值，便可绘制示功图上的膨胀线 $xb$。

(4)膨胀终点的压力 $p_b$ 和温度 $T_b$ 为：

$$p_b=p_z/\delta^{n_2}=7500/13.5^{1.25}=288(\text{kPa})$$
$$T_b=T_z/\delta^{n_2-1}=1953/13.5^{0.25}=1017(\text{K})$$

7. 平均指示压力 $p_i$

$$p_i'=\frac{p_c}{\varepsilon-1}\Big[\lambda(\rho-1)+\frac{\lambda\rho}{n_2-1}\Big(1-\frac{1}{\varepsilon^{n_2-1}}\Big)-\frac{1}{n_1-1}\Big(1-\frac{1}{\varepsilon^{n_1-1}}\Big)\Big]=\frac{4150\text{kPa}}{16.5-1}\times$$
$$=\Big[1.81(1.217-1)+\frac{1.81\times 1.217}{1.25-1}\Big(1-\frac{1}{13.56^{1.25-1}}\Big)-\frac{1}{1.368-1}\Big(1-\frac{1}{16.5^{1.368-1}}\Big)\Big]$$
$$=766(\text{kPa})$$

$$p_i=\varphi_i p_i'=0.96\times 766\text{kPa}=736(\text{kPa})$$

8. 指示热效率 $\eta_i$

$$\eta_i=8.314\frac{\varphi_a L_0}{H_u}\frac{T_0 p_i}{p_0\eta_v}=8.314\times\frac{0.866}{42500}\frac{288}{100}\frac{736}{0.81}=0.433$$

9. 指示燃油消耗率 $g_i$

$$g_i=\frac{3.6\times10^6}{H_u\eta_i}=\frac{3.6\times10^6}{42500\times0.443}=191[\text{g/(kW}\cdot\text{h)}]$$

10. 有效热效率 $\eta_e$ 和有效燃油消耗率 $g_e$

$$\eta_e=\eta_i\eta_m=0.443\times0.8=0.354$$

$$g_e=(3.6\times10^6)/(H_u\eta_c)=(3.6\times10^6)/(42500\times0.354)=239[\text{g/(kW}\cdot\text{h)}]$$

11. 平均有效压力 $p_e$ 和有效功率 $P_e$

$$p_e=p_i\times\eta_m=736\text{kPa}\times0.8=589(\text{kPa})$$

$$p_e=(iV_hp_en)/120000=(6\times2\text{L}\times589\text{kPa}\times1500\text{r/min})/120000=88.35(\text{kW})$$

12. 按计算结果绘制 $p$-$V$ 示功图(附图 3-5)

**【附例 3-2】** 试对一台车用四冲程汽油机标定工况进行实际循环热计算。

已知条件为:

缸径:$D=92\text{mm}$;

行程:$S=92\text{mm}$;

缸数:$i=4$;

15min 功率:$P_e=51.5\text{kW}$;

转速:$n=3800\text{r/min}$;

压缩比:$\varepsilon=6.5$;

每缸工作容积:$V_h=0.61\text{L}$;

曲柄半径与连杆长度比:$R/L=1/3.65$;

大气状态:$p_0=100\text{kPa}$  $T_0=288\text{K}$;

燃料平均质量成分:$\text{C}=0.855,\text{H}=0.145,m_T=114$;

燃料低热值:$H_u=44100\text{kJ/kg}$ 燃料;

燃烧室形式:浴盆式。

(1)参数选择

过量空气系数:$\varphi_a=0.9$;

由缸壁对充量加热而引起的温升:$\Delta T=12℃$;

残余废气温度:$T_\gamma=1050\text{K}$;

残余废气系数:$\gamma=0.086$;

平均多变压缩指数:$n_1=1.36$;

平均多变膨胀指数:$n_2=1.25$;

热量利用系数:$\xi_z=0.9$;

示功图丰满系数:$\varphi_i=0.96$;

机械效率:$\eta_m=0.80$。

(2)燃料热化学计算

$$\begin{aligned}L_0&=\frac{1}{0.21}\left(\frac{\text{C}}{12}+\frac{\text{H}}{4}-\frac{\text{O}}{32}\right)\\&=\frac{1}{0.21}\left(\frac{0.855\text{kmol/kg}}{12}+\frac{0.145\text{kmol/kg}}{4}\right)=0.512(\text{kmol/kg})\end{aligned}$$

$$M_1 = \alpha L_0 + \frac{1}{M_T} = 0.9 \times 0.512\text{kmol/kg} + \frac{1}{114} = 0.470(\text{kmol/kg})$$

$$M_2 = \frac{\text{C}}{12} + \frac{\text{H}}{2} + 0.79L_0$$

$$= \frac{0.855\text{kmol/kg}}{12} + \frac{0.145\text{kmol/kg}}{4} + 0.79 \times 0.9 \times 0.512\text{kmol/kg} = 0.508(\text{kmol/kg})$$

$$\mu_0 = M_2/M_1 = \frac{0.508\text{kmol/kg}}{0.470\text{kmol/kg}} = 1.08$$

(3)换气过程参数计算

$$p_a = 0.8p_0 = 80(\text{kPa})$$

$$T_a = (T_0 + \Delta T + \gamma T_\gamma)/(1+\gamma) = (288\text{K} + 12\text{K} + 0.086 \times 1050\text{K})/(1+0.086) = 359(\text{K})$$

$$\eta_V = \frac{\varepsilon}{\varepsilon - 1}\frac{p_a}{p_0}\frac{T_0}{T_a}\frac{1}{1+\gamma} = \frac{6.5}{6.5-1} \times \frac{80\text{kPa}}{100\text{kPa}} \times \frac{288\text{K}}{359\text{K}} \times \frac{1}{1+0.086} = 0.7$$

(4)压缩过程计算

$$p_c = p_a\varepsilon^{n_1} = 80\text{kPa} \times 6.5^{1.36} = 1020(\text{kPa})$$

$$T_c = T_a\varepsilon^{n_1-1} = 359\text{K} \times 6.5^{1.36-1} = 704(\text{K})$$

$$t_c = T_c - 273\text{K} = 704\text{K} - 273\text{K} = 431(\text{K})$$

(5)燃烧过程计算

由于 $\varphi_a = 0.9$,不完全燃烧损失的热量 $\Delta H_u$ 可由下式计算:

$$\Delta H_u = 58000(1 - \varphi_a) = 5800(\text{kJ/kg})$$

燃烧终点温度 $t_z$ 用下式求解:

$$\frac{\xi_z(H_u - \Delta H_u)}{\mu(1+\gamma)M_1} + \frac{c_v' t_c}{\mu} = c_v'' t_z$$

$$c_v' = 21.5\text{kJ/(kmol)}$$

查图 1-5 并计算

$$\frac{0.9(44100 - 5000)}{1.07(1+0.086) \times 0.470} + \frac{21.5 \times 431}{1.07} = c_v'' t_z$$

$$c_v'' t_z = 71775\text{kJ/(kmol} \cdot {}^\circ\text{C)}$$

用试凑法求得

$$t_z = 2405^\circ\text{C};\ T_z = t_z + 273 = 2678(\text{K})$$

压力升高比 $\lambda$

$$\lambda = \mu\frac{T_z}{T_c} = 1.07\frac{2678\text{K}}{704\text{K}} = 4.07$$

最高燃烧压力 $p_z$

$$p_z = \lambda p_c = 4.07 \times 1020\text{kPa} = 4152(\text{kPa})$$

(6)膨胀过程计算

$$p_b = \frac{p_z}{\varepsilon^{n_2}} = \frac{4152\text{kPa}}{6.5^{1.25}} = 400(\text{kPa})$$

(7)平均指示压力 $p_i$

$$p_i' = \frac{p_c}{\varepsilon - 1}\left[\frac{\lambda}{n_2 - 1}\left(1 - \frac{1}{\varepsilon^{n_2-1}}\right) - \frac{1}{n_1 - 1}\left(1 - \frac{1}{\varepsilon^{n_1-1}}\right)\right]$$

$$=\frac{1002}{6.5-1}\left[\frac{4.07}{1.25-1}\left(1-\frac{1}{6.5^{1.25-1}}\right)-\frac{1}{1.36-1}\left(1-\frac{1}{6.5^{1.36-1}}\right)\right]=875(\text{kPa})$$

$$p_i=p_i'\varphi_i=875\text{kPa}\times 0.96=840\text{kPa}$$

(8)指示效率 $\eta_i$

$$\eta_i=8.314\frac{\varphi_a M_i p_i}{H_u}\frac{T_0}{\varphi_c p_0}=8.314\times\frac{0.470\times 840\times 288}{44100\times 0.7\times 100}\times 0.306$$

(9)指示燃油消耗率 $g_i$

$$g_i=\frac{3.6\times 10^6}{H_u\eta_t}=\frac{3.6\times 10^6}{44100\times 0.306}=266.8[\text{g}/(\text{kW}\cdot\text{h})]$$

(10)有效热效率 $\eta_e$ 和有效燃油消耗率 $g_e$

$$\eta_e=\eta_1\times\eta_m=0.306\times 0.80=0.213$$

$$g_e=\frac{g_i}{g_m}=266.8/0.8=333.5[\text{g}/(\text{kW}\cdot\text{h})]$$

(11)平均有效压力 $p_e$ 和有效功率 $P_e$:

$$p_e=p_i\times\eta_m=840\text{kPa}\times 0.80=672\text{kPa}$$

$$P_e=\frac{ip_eV_hn}{120000}=(4\times 672\times 0.61\times 3800)/120000=51.9(\text{kW})$$

## 七、热计算的计算机程序编制

由计算实例可知,实际循环热计算的数学模型虽不算复杂,但计算步骤仍较烦琐,手算很费时间。特别是在经验数据选择不当,需另选数据进行重算时尤显烦琐。如果将热计算的数学模型编成计算机程序,然后上机进行计算可大大缩短时间。读者可使用已经学习过的计算机语言,对上述热计算实例之一进行编程计算。

# 附录 4 发动机速度特性试验方法

速度特性:将发动机的油量调节机构(柴油机为喷油泵油量调节位置,汽油机为节气门开度)固定,测取的主要性能指标(转矩、油耗、功率、排温、排放等)随发动机转速的变化规律。

使用仪器:发动机性能试验测试台架、油耗仪、废气分析仪(或烟度计)。

1. 试验准备

(1)起动系统电源(控制器、测控系统、计算机等)。

(2)打开测功机冷却水泵进水闸门、起动冷却水供水泵和排水泵(注意观察小水箱水位、排水是否正常)。

(3)检查发动机冷却水箱、机油液面是否正常。

(4)检查燃油供给系统并打开燃油开关。

(5)检查各工作仪表是否正常。

2. 试验条件

(1)点火提前角在节气门全开、最大转矩点的转速下,调整至最佳位置(电控发动机无需调整)。

(2)发动机出水温度控制在 80℃、油温控制在 85℃。

(3)发动机只带本身工作所必需的附件,如燃油输油泵、喷射泵等。

3. 试验步骤

(1)将油量调节机构位置调至最大并保持,逐步减小转速,测取主要性能指标,得到发动机的外特性曲线。

(2)在外特性曲线上找到发动机的最大转矩点及其对应的转速 $n_1$,将最大转矩值等分为 10 个转矩点,每个转矩点都在转速 $n_1$ 找到其油量调节机构位置,保持该油量调节机构位置不变,转速从最大转速开始逐步往下降(每个转矩点单独成线),测取主要性能指标,整理并描绘成曲线,得到发动机的速度特性曲线(试验可以选择一两个负荷进行)。

4. 试验注意事项

(1)调节工况时,加速、加载、减速、减载速度不要太快。

(2)运转中,注意测试仪表的指示,监听发动机的运转声音,观察发动机外观,发现不正常现象应及时采取措施。

(3)停机时应缓慢卸掉负荷,再低速运转一段时间,待机油温度降至 50℃ 以下后再停机。

(4)操作及在发动机周围活动时,应避开排气管、涡轮壳等高温区以防烫伤,在发动机运转时不要在其侧面停留。

(5)发动机必须在工况稳定后方可测量记录参数。

# 附录5 发动机负荷特性试验方法

负荷特性：当发动机转速不变时，改变油量调节机构（柴油机为喷油泵油量调节位置，汽油机为节气门开度），其燃油消耗量 $B$、燃油消耗率 $b_e$、排放等性能指标随负荷而变化的关系。

使用仪器：发动机性能试验测试台架、油耗仪、废气分析仪（或烟度计）。

1. 试验准备

(1) 起动系统电源（控制器、测控系统、计算机等）。

(2) 打开测功机冷却水泵进水闸门、起动冷却水供水泵和排水泵（注意观察小水箱水位、排水是否正常）。

(3) 检查发动机冷却水箱、机油液面是否正常。

(4) 检查燃油供给系统并打开燃油开关。

(5) 检查各工作仪表是否正常。

2. 试验条件

(1) 点火提前角在节气门全开、最大转矩点的转速下，调整至最佳位置（电控发动机无需调整）。

(2) 发动机出水温度控制在 80℃、油温控制在 85℃。

(3) 发动机只带本身工作所必需的附件，如燃油输油泵、喷射泵等。

3. 试验步骤

(1) 调整测功机负荷和油量调节机构位置（以保持发动机的转速不变），使发动机在最小的负荷下开始运行，待运转稳定后，测量耗油量和耗油经历时间、测功器读数和排气温度等数据。

(2) 测量完毕，再调节测功器负荷和节气门大小，至第二点预定值，同时保持发动机转速不变，待稳定后再测取第二点数据；依次进行，直至油量调节机构位置达到最大为止。整理并描绘成曲线，得到发动机的负荷特性曲线。

4. 试验注意事项

(1) 调节工况时，加速、加载、减速、减载速度不要太快。

(2) 运转中，注意测试仪表的指示，倾听发动机的运转声音，观察发动机外观，发现不正常现象应及时采取措施。

(3) 停机时应缓慢卸掉负荷，再低速运转一段时间，待机油温度降至 50℃ 以下后再停机。

(4) 操作及在发动机周围活动时，应避开排气管、涡轮壳等高温区以防烫伤，在发动机运转时不要在其侧面停留。

(5) 发动机必须在工况稳定后方可测量记录参数。

# 附录 6　汽油机点火调整特性试验方法

汽油机的点火调整特性：当汽油机节气门开度、转速及混合气浓度一定时，汽油机功率和燃油消耗率随点火提前角变化的关系，称为点火提前角调整特性。

使用仪器：发动机性能试验测试台架、油耗仪、废气分析仪、点火正时枪。

1. 试验准备

(1) 在试验开始前，应对全部试验设备及仪器进行仔细的检查，必要时进行维护。

(2) 用频闪法确定点火提前角。

(3) 对被测试的汽油机进行例行检查和维护。然后，起动汽油机，使其运转至正常工作状态。

(4) 将节气门处于最大开度。

(5) 检查各工作仪表是否正常。

2. 试验条件

(1) 发动机出水温度控制在 80℃、油温控制在 85℃。

(2) 发动机只带本身工作所必须的附件，如燃油输油泵、喷射泵等。

3. 试验步骤

(1) 调节测功机负荷，使发动机稳定在试验转速值，测取各项原始数据：测功机读数（即发动机转矩）值、$n$ 值、$t$ 值，并做好记录。

(2) 每完成一个点火提前角度的测量后，改变点火间隔角 2°或 3°，每个测点的节气门位置应相同（电控喷射发动机要锁定在开环控制下由计算机输入点火提前角才能完成，传统分电器式点火系统靠改变分电器壳体与机体的安装角度就可以实现角度调整）。测试各项数据，并记录下来。

(3) 根据原始数据，逐点算出 $P_e$、$B$、$b_e$ 值，并绘成点火提前角调整特性曲线，一般曲线如图 5-20 所示。

(4) 需要制取其他转速的点火提前角特性，方法同前。

4. 试验注意事项

(1) 在整个测试过程中，要始终维持发动机在试验规定转速下工作，并尽可能做到准确。

(2) 在试验进行时，应分别观察并记录大气压力值，大气温度值和大气湿度值。若不符合国家标准规定，应对计算结果加以修正。

(3) 停机时应缓慢卸掉负荷，再低速运转一段时间，待机油温度降至 50℃以下后再停机。

(4) 操作及在发动机周围活动时，应避开排气管、涡轮壳等高温区以防烫伤，在发动机运转时不要在其侧面停留。

(5) 发动机必须在工况稳定后方可测量记录参数。

(6) 运转中，注意测试仪表的指示，倾听发动机的运转声音，观察发动机外观，发现不正常现象应及时采取措施。

# 附录7　汽油机燃料调整特性试验方法

汽油机的燃料调整特性：汽油机转速及节气门开度一定，点火提前角最佳，有效功率 $P_e$，燃油消耗率 $b_e$ 以及排放指标随混合气成分变化的关系（通常使用空燃比或过量空气系数来表达）。

使用仪器：发动机性能试验测试台架、油耗仪、废气分析仪。

1. 试验准备

（1）在试验开始前，应对全部试验设备及仪器进行仔细的检查，必要时进行维护。

（2）用频闪法确定点火提前角。

（3）对被测试的汽油机进行例行检查和维护。然后，起动汽油机，使其运转至正常工作状态。

（4）检查各工作仪表是否正常。

2. 试验条件

（1）发动机出水温度控制在80℃、油温控制在85℃。

（2）发动机只带本身工作所必须的附件，如燃油输油泵、喷射泵等。

3. 试验步骤

（1）节气门开度和转速固定到第一个预定值，给定循环供应量（电控发动机调整喷油脉宽取消闭环控制，化油器发动机更换主要量孔尺寸），测量每小时耗油量、有效转矩以及相关的指标。

（2）固定转速和节气门开度，第一点试验后，改变循环供油量，进行第二个预定值试验，一般试验点应当包容该转速和节气门开度下的最大功率点和最低燃油消耗率点。车用发动机节气门或油门开度的预定值一般选择25%、50%、75%、90%和100%。

（3）测量计算每小时耗油量、有效燃油消耗率和有效功率。在特性曲线图上标出该点；将所有点用光滑曲线连接，得到经济性指标和动力性指标随每小时耗油量（混合气浓度）的变化规律曲线。一般趋势如图5-22所示。

4. 试验注意事项

（1）在整个测试过程中，要始终维持发动机在标定转速下工作，并尽可能做到准确。

（2）在试验进行时，应分别观察并记录大气压力值，大气温度值和大气湿度值。若不符合国家标准规定，应对计算结果加以修正。

（3）停机时应缓慢卸掉负荷，再低速运转一段时间，待机油温度降至50℃以下后再停机。

（4）操作及在发动机周围活动时，应避开排气管、涡轮壳等高温区以防烫伤，在发动机运转时不要在其侧面停留。

（5）发动机必须在工况稳定后方可测量记录参数。

（6）运转中，注意测试仪表的指示，倾听发动机的运转声音，观察发动机外观，发现不正常现象应及时采取措施。

# 附录8　柴油机供油提前角调整特性试验方法

柴油机的供油提前调整特性：当柴油机供油提前角、转速及混合气浓度一定时，柴油机功率和燃油消耗率随供油提前角变化的关系，称为供油提前角调整特性（最佳供油提前角应随转速增高而加大）。

1. 试验准备

（1）在试验开始前，应对全部试验设备及仪器进行仔细的检查，必要时进行维护。

（2）用定时管法确定供油提前角。

（3）对被测试的柴油机进行例行检查和维护。然后，起动柴油机，使其运转至正常工作状态。

（4）将喷油泵供油拉杆固定在最大供油位置（为了防止发动机有可能飞车，供油拉杆可由调速器操纵手柄置于最大"节气门"位置）。

（5）检查各工作仪表是否正常。

2. 试验条件

（1）发动机出水温度控制在80℃、油温控制在85℃。

（2）发动机只带本身工作所必需的附件，如燃油输油泵、喷射泵等。

3. 试验步骤

（1）调节测功机负荷，使发动机稳定在试验转速值，测取各项原始数据：测功机读数（即发动机转矩）值、$n$ 值、$t$ 值，并做好记录。

（2）每做一个供油提前角度后，改变供油间隔角2°或3°（传统柴油机是通过改变高压油泵驱动的正时齿轮啮合齿的相对关系以及油泵在发动机上安装角度实现调整的，高压共轨发动机靠改变喷油触发角度或由计算机发出喷油指令的时间来改变），每个测点的循环供油量相同。测试结束后把各项数据记录下来。

（3）根据原始数据，逐点算出 $P_e$、$B$、$b_e$ 值，并绘成供油提前角调整特性曲线。

（4）需要制取其他点的供油提前角特性，方法同前。

4. 试验注意事项

（1）在整个测试过程中，要始终维持发动机在标定转速下工作，并尽可能做到准确。

（2）在试验进行时，应分别观察并记录大气压力值、大气温度值和大气湿度值。若不符合国家标准规定，应对计算结果加以修正。

（3）停机时应缓慢卸掉负荷，再低速运转一段时间，待机油温度降至50℃以下后再停机。

（4）操作及在发动机周围活动时，应避开排气管、涡轮壳等高温区以防烫伤，在发动机运转时不要在其侧面停留。

（5）发动机必须在工况稳定后方可测量记录参数。

（6）运转中，注意测试仪表的指示，倾听发动机的运转声音，观察发动机外观，发现不正常现象应及时采取措施。

# 参考文献


[1] 严家騄. 工程热力学[M]. 北京:高等教育出版社,1989.

[2] 朱明善,林兆庄,刘颖,等. 工程热力学[M]. 北京:清华大学出版社,1995.

[3] 沈维道,蒋智敏,童钧耕. 工程热力学[M]. 北京:高等教育出版社,2001.

[4] 吴沛宜. 变质量系统热力学及其应用[M]. 北京:高等教育出版社,1983.

[5] 王丰. 发动机热力学[M]. 北京:国防工业出版社,1982.

[6] 朱明善. 热力学分析[M]. 北京:高等教育出版社,1992.

[7] 霍夫曼. 气体动力学[M]. 王汝涌,译. 北京:国防工业出版社,1984.

[8] 訾琨. 车用发动机热力学分析及优化[M]. 昆明:云南科技出版社,1997.

[9] 周龙保. 内燃机学[M]. 北京:机械工业出版社,1999.

[10] 蒋德明. 内燃机原理[M]. 北京:机械工业出版社,1988.

[11] 冯健璋. 汽车发动机原理与汽车理论[M]. 北京:机械工业出版社,2005.

[12] 秦有方. 车用内燃机原理[M]. 北京:北京理工大学出版社,1997.

[13] 董敬. 汽车拖拉机发动机原理[M]. 北京:机械工业出版社,1997.

[14] 刘峥,王建昕. 汽车发动机原理教程[M]. 北京:清华大学出版社,2001.

[15] 张志沛. 汽车发动机原理[M]. 北京:人民交通出版社,2007.

[16] 韩同群. 汽车发动机原理[M]. 北京:北京大学出版社,2007.

[17] 赵丹平,吴双群. 现代汽车发动机原理[M]. 北京:北京大学出版社,2010.

[18] 颜伏伍. 汽车发动机原理[M]. 北京:人民交通出版社,2011.

[19] 吴建华. 汽车发动机原理[M]. 北京:机械工业出版社,2005.

[20] 陈家瑞. 汽车构造[M]. 北京:人民交通出版社,2004.

[21] 刘巽俊. 内燃机的排放与控制[M]. 北京:机械工业出版社,2003.

[22] А. С. Орлин,М. Г. Круглов. Двигател внутреннего сгорания. М.《Машиностроение》,1983.